무역분쟁과 상사중재

신한동 · 오병석 공저

청목출판사

머리말

오늘날 무역은 이익이 있는 곳이라면 국경을 초월해서 세계 어느 지역을 불문하고 직·간접적으로 이루어지고 있다. 과거 서류를 바탕으로 이루어지던 국제상거래가 종이 없는 전자무역을 통해서 거래방법이 크게 다르게 진행되고 있다. 종이 즉, 서류 없이 상거래가 점점 확대되면서 상사분쟁도 크게 증가될 것으로 예상된다.

그러나 지구촌에는 지구촌 전체를 규율하는 통일된 법제가 없다. 지구촌에 존재하는 국가의 수만큼 지구촌에는 다양한 법과 제도가 마련되어 있어 국제 상거래에서 발생하는 상사분쟁을 해결할 때에는 적용해야 할 법률상의 상충문제로 많은 어려움을 겪게 된다. 특히 분쟁을 해결하는 과정에서 발생하는 소요비용과 시간문제로 소액분쟁금액의 경우에는 분쟁을 해결하려는 시도 자체를 포기하는 것도 분쟁을 해결하는 좋은 방법이 될 수도 있다.

분쟁을 해결하는 방법은 여러 가지가 있겠으나 지금까지 제도적으로 확립된 방법으로는 소송제도와 중재제도로 크게 분류할 수 있다.

소송제도는 공평성과 적정성(정의)에 치중하여 사실관계를 규명하고 관련법률을 적용하여 분쟁을 해결하는 제도로서 대부분의 국가에서 마련하고 있는 가장 대표적인 분쟁해결방법이라 할 수 있다. 반면에 중재제도는 소송제도에서 도피형태로 발전되어 온 분쟁당사자의 자주법정제로서 법리보다 실리에 치중하여 분쟁을 신속하고 경제적으로 해결하는 분쟁해결제도이다. 그 외에 화해, 조정 또는 소송대체제도(ADR) 등 다양한 분쟁해결방법이 있다. 문제는 이렇게 다양한 분쟁해결방법 중에서 어떤 방법을 선택하여 분쟁을 해결하느냐 하는 선택의 문제라 할 수 있다.

분쟁이라는 병에 걸린 환자가 한의사 또는 서양병원을 찾아 진찰 또는 진료를 받을 것인가? 아니면 내과, 외과, 산부인과, 치과, 정신과 등을 선택할 수 있겠는데 이렇게 선택의 폭이 넓게 허용된 것은 불과 20~30년 전부터라 할 수 있다. 병원이라는 간판으로 모든 병을 치료하던 30여년 전의 시대가 바로 변호사 간판으로 모든 분쟁을 해결하려는 우리나라의 법률시장의 실태와 비슷하다 할 것이다.

따라서 법률시장도 부동산분쟁, 상사분쟁, 노동분쟁, 특허분쟁, 환경분쟁, 의료분쟁 등 다양한 분야로 전문변호사 시대가 머지않아 올 것으로 생각한다.

이러한 맥락에서 본 책은 소송과 중재제도에 치중하여 분쟁을 해결할 수 있는 방법과 그 중요내용과 사례를 검토하여 점증하는 상사분쟁 특히 국제무역분쟁을 해결할 수 있는 지식을 함양시키는 것에 치중하여 글을 썼다.

바다를 지배하던 나라가 세계를 지배하였고 세계무역을 지배하는 나라가 세계를 지배한다는 점을 강조하며 이 책이 출판되기까지 수고해 주신 청목출판사 임직원께 감사드립니다.

2008년 8월 10일

저자 씀

차 례

제 3 편 대법원의 중재에 관한 판결사례

§ 부록

제 1 편

클레임해결에 관한 기초법률

본 장에서는 주로 비법학도 학생들이 사회생활을 하는데 반드시 이해하고 있어야 할 기초법률에 대하여 설명하고 있다. 사람은 이성적인 판단력과 사고력이 있다는 점에서 동물과 다르며, 상부상조의 정신으로 공존과 평화로운 사회생활을 하기 위하여 누구나 지켜야 할 기초규범을 마련하고 있다. 경제인으로서 분쟁의 해결을 논하기 전에 규범의 필요성과 내용, 그리고 규범에 따른 권리와 의무, 권리행사와 구제방법이 어떠한지를 이해할 필요가 있다. 특히 종교, 도덕, 관습, 법률 규범 중에서 국가의 통치이념에 따라 비중의 정도를 달리할 수 있으므로 국제화시대에 효율적으로 적응하기 위해서는 나라마다 치중하고 있는 규범을 이해할 필요가 있다.

나라마다 다소 차이가 있으나 사람은 분쟁을 해결할 때 사건의 사실관계를 규명하고 법을 통하여 인간의 선을 실현하고자 했다. 이러한 방법은 시대와 장소를 초월해서 거의 동일하다고 할 수 있다. 제 1절에는 사람이 사회생활을 하면서 공감해 온 내용을 중심으로 형성되어 온 규범을 설명하였다. 이는 사회에서 인간에게 필요한 최소한의 법률지식을 요약하고 있다.

1
chapter

클레임해결 방법과 제도

여러분 주변에 환자가 있다면 어떤 의사를 찾아 진찰을 받고 치료를 받아야 하는지 한번쯤 고민하게 될 것이다. 내과, 외과, 안과, 치과, 산부인과, 한의원 중에 어떤 병원을 찾느냐에 따라 진찰 또는 치료결과는 크게 다를 수 있다.

분쟁의 해결과정도 같은 맥락에서 생각할 필요가 있다. 다양한 법률이 제정되어 있고 분쟁해결방법도 다양하다. 사회생활이 복잡해지면서 발생하는 분쟁도 복잡하여 해당분야에 대한 전문지식 없이는 올바른 해결을 구하기가 어려운 실정에 있다. 이는 마치 병원에서 전문의사가 필요하듯이 분쟁해결에도 전문가가 필요하다. 선진국에서는 이미 교통법원, 의료법원, 특허법원, 해사법원, 상사법원, 노동법원 등 우리에게 생소한 법원을 전문병원처럼 설치하여 병든 사회를 치료하고 있으나 한국에는 가정법원 특허법원이 있을 뿐이다.

사법고시를 합격하고 임용된 법관이나 변호사는 법률전문가가 복잡하게 얽혀 있는 각종거래의 사실관계를 파악하고 이해하는 데는 상당한 어려움이 있으므로 이들에 의해 병든 사회가 치유되기를 바란다는 것은 소망에 불과하다.

따라서, 변호사도 과거와 같이 인맥관리나 유대관계만으로는 더 이상 생존할 수 없다는 현실을 인식하고 무역, 건설, 노동, 의료, 환경 등으로 전문·특화할 필요가 있으며, 분쟁당사자도 무역분쟁은 무역전문가, 건설분쟁은 발주자·감리자·시공자·하도급자·시공참여자·자재업자·장비업자·노무자·관공서·민원인 등과의 관계특성과 각종 건설법령을 깊이 이해하고 있는 전문가의 도움으로 분쟁을 신속·경제적으로 해결할 수 있는 방법을 모색할 필요가 있다.

특히 분쟁당사자는 전문변호사를 찾아 사실관계를 설명하고 상담하는데 부담해야 할 시간과 경비를 고려해서 쟁점사항을 스스로 정리하여 가장 적절한 분쟁해결방법을 모색할 수 있는 지식과 능력이 필요하다. 분쟁의 해결방법은 분쟁의 내용과 당사자 지위에 따라 여러 가지가 있고, 그 해결절차도 다르고 분쟁해결결과에 대한 구속력도 다르다. 예컨대, 화해의 방법에도 당사자에 의한 직접화해와 제 3자에 의한 간접화해가 있으며, 구속력을 가지는 화해는 소송법상의 화해와 중재법상의 화해로 구분되므로 법과 제도에 의한 올바른 이해가 필요하다. 시간과 비용에 관계없이 어떤 희생을 감수하면서도 사회에 잘못된 것을 분명히 바로잡아 사회발전에 기여하고 정의실현에 치중하여 분쟁을 해결하려 한다면 소송을 선택하여야 할 것이고, 사회정의나 공익보다 사적인 실리에 치중하는 해결을 원한다면 당사자 타협이나 중재를 선택하여야 할 것이다.

당사자가 어떤 분쟁해결방법을 취하느냐에 따라 분쟁 이전보다 상호이익이 되는 관계로 정립될 수도 있고, 손해를 보며 파국으로 이어질 수도 있다.

이는 마치 병의 내용과 환자의 건강상태에 따라 한의학 또는 서양의학 중에 수술, 약물요법, 식이요법, 물리치료법 등의 치료요법 선택(초진)에 따라 치유결과가 달리 하듯이 무역거래 당사자는 스스로 무역클레임해결에 관한 기초법률지식과 분쟁해결제도를 올바르게 이해한 후 분쟁에 대처할 필요가 있다.

본 장은 분쟁해결과정에서 야기되는 자체모순을 검토한 후 지금까지 법과 제도 또는 관례적으로 확립되어 온 분쟁해결방법을 제시하고 있다.

제 1 절 이상적인 분쟁해결처리

1. 분쟁해결의 이상

분쟁을 해결할 때 분쟁당사자는 자신이 주장하여 무엇을 쟁취할 것이며, 재판관은 자신의 판단으로 무엇을 실현시킬 것인가? 하는 각자의 이상과 목적을 가지고 있어야 한다.

분쟁당사자들이 추구하는 목적과 이상은 그들의 권리이고, 이들의 권리를 정당화되도록 실현시키는 것이 재판관의 책임이요 의무라 할 수 있다. 판단의 주체가 되는 법원(재판관)은 분쟁의 사실관계를 확인·판단한 후 관련법률을 적용하여 사회정의가 실현될 수 있도록 당사자를 구속하는 판결을 하여야 한다. 이는 병든 사회를 건전한 사회가 유지하도록 하는 자연인과 법인에 대한 의사의 역할을 하는 것이다.

현재 지구상의 모든 국가는 사회질서를 유지하고 병든 사회를 치유하기 위한 규범으로서 실정법을 미리 만들어 놓고 사회질서를 유지하고자 하는 성문법계 국가가 있는가 하면 상식이 곧 법이**다 하고** 실정법 이전에 자연법을 근거로 사회질서를 유지하고자 하는 불문법계 국가가 있다[1].

엄격한 수많은 실정법을 만들어 놓고 사람의 행동과 사회를 통제하려는 성문법계 국가가 불문법계 국가보다 개인의 권리실현에 있어서 보다 논리적이고 타당해 보이지만 역사적으로 볼 때 수많은 인명피해를 야기하면서 세계대전을 일으켰던 레닌이나 히틀러와 같은 독재자들이 성문법계 국가에서 나왔다는 사실을 주목할 필요가 있다.

따라서, 성문법계 국가들이 수많은 제정법을 만들어 왔으나[2] 재판관이 법률을 적용하는데 부족함이 있고, 실정법 상호간에도 서로 상충되는 내용도 있어 사문화된 법이 있는가 하면 오히려 사람의 권익을 저해하거나 사회를 병들게 하는 법률도 있다.

오늘날 인간의 존엄·자유·평등·복지에 대한 권리 보장을 국가권력의 의무로서 삼고 있지만 이에 대한 실정법의 유무에 관계없이 중요한 것은 사회 구성원 개개인의 권리를 실현시킬 수 있는 제도와 최소한의 법이라 할 수 있다. 물론, 분쟁의 내용이 형사분쟁이냐 민사분쟁이냐에 따라 당사자가 추구하는 목적과 이상은 다를 수도 있다. 민사분쟁의 경우 국가와 사회에서 요구하는 정의 실현보다 당사자 실리가 중

1) 여러 국가의 실정법은 로마법으로 정리되어 1,000여 년 동안 지속되다가 불문법(common law)과 성문법(civil law)으로 발전되었다. Beckman, Law for Business and Management, McGraw-Hill.

2) 우리 나라는 1998년 3월 30일 현재 약 4,000여개의 법령이 있는 것으로 알려져 있다. 인권과 정의 제263호(1998.7), 대한변호사협회, p. 128.

요하기 때문에 분쟁당사자가 추구하는 이상과 재판관이 추구하는 이상이 다를 수 있으므로 이를 조화시켜 분쟁을 해결하는 노력이 필요하다.

이러한 맥락에서 당사자간에 처분할 수 없는 형사사건을 제외한 대부분의 민사사건은 국가권력보다 분쟁당사자의 자유의사에 따라 해결될 수 있는 법제가 필요하며, 각국은 국제상사분쟁에 한해서 당사자의 지위에 따라 주권면제의 원칙적용도 배제하고 있는 추세이다.[3)]

따라서, 분쟁해결과정에서 당사자들이나 법관이 추구해야 할 이상은 다음 4가지로 정리할 수 있으며[4)] 그 외에 추구해야 할 이상은 없다고 본다.

2. 분쟁해결의 4가지 이상

1) 분쟁해결절차는 공평하게 진행되어 공평의 이상이 실현되어야 한다.

분쟁을 해결하는 과정에서 당사자들은 자신의 주장, 입증 또는 반론을 하는데 어떤 차별이나 방해를 받아서는 사실관계를 올바르게 밝혀낼 수 없다. 당사자는 자신의 직업이나 지위고하에 따라 권력이 있고 없고 또는 돈의 유무에 관계없이 법 앞에 평등한 지위에 있다. 또한 재판관은 자신과 안면이 있고 없고 인맥(인맥)에 관계없이 당사자들에게 평등한 기회를 주고 평등하게 대우를 하여야 한다. 재판관이 안면있는 특정의 변호인에겐 무리한 유도신문을 허용하고, 안면이 없는 변호인에게 정당한 구두변론도 묵살하는 일은 없어야 한다. 이는 특히 형사사건에서 중요하지만 민사사건에서도 매우 중요하므로 재판과정의 공개되고 심지어 서방국가에서는 배심원 또는 참심원의 재판참여로 투명성을 보장하고 있다. 소송은 재판절차상 이러한 공평의 이상을 담보하기 위하여 심리과정의 공개, 법관의 제척・기피・회피, 당사자평등주의, 변론주의, 소송절차의 중지・중단, 제3자의 소송참가 등의 제도를 두고 있다.

---

3) 주권국가는 통치행위의 주체로서 주권국 상호간에 평등하다는 사상 때문에 다른 국가의 법원에서 피고가 될 수 없다는 주권면제이론은 상거래에는 적용할 수 없다는 것이다. 대법원 1975.5.23 고지74마281결정.

4) 金洪奎, 『민사소송법(上)』, 삼영사, 1988. 6(제4판), pp. 42-43.

2) 분쟁해결절차는 진실이 가려지도록 적정의 이상이 실현되어야 한다.

당사자는 사실관계가 밝혀지도록 모든 방법을 동원하여야 하고 법관은 이러한 기회를 당사자에게 충분히 제공하고 사실의 인정이 진실에 부합하고 법규의 해석적용에 오류가 없어야 한다. 권리 위에 잠자는 자는 구제 받을 자격이 없듯이 당사자는 사실이 왜곡되지 않도록 하기 위하여 자신에게 유리한 증인 또는 감정인을 통해 자신의 주장에 대한 사실관계와 객관성을 입증하여야 하고, 재판관은 진실을 확인할 수 있을 때까지 아무리 시간이 오래 걸리고 비용이 발생하더라도 증언을 들어보거나 현장조사를 하여야 한다. 특히 당사자는 자신의 주장이 힘을 받고 설득력을 확보하기 위해서는 전문가의 도움도 필요하다.

따라서, 사실관계가 규명될 때까지 아무리 시간이 오래 걸리고 경제적 부담이 되더라도 재판관과 당사자는 이를 참고 감수해야 할 것이다.

적정의 이상을 담보하기 위하여 민사소송에는 3심 제도, 재심제도, 합의제, 특별항고, 전속관할, 구술주의, 상호신문제도, 직권증거조사, 석명권(釋明權)의 행사[5] 등의 다양한 제도가 있다.

3) 분쟁은 신속하게 해결되도록 신속의 이상이 실현되어야 한다.

분쟁은 신속하게 해결되어야 한다. 신속한 분쟁의 해결은 당사자에게는 물론 국가적으로도 필요하다. 분쟁을 해결하는데 수년이 걸린다면 그 과정에서 중요한 입증자료나 물적 증거가 변질 또는 없어지는 경우도 발생될 수 있어 사실대로 인정받기가 어려워질 수도 있다. 또한 분쟁해결기간이 오랫동안 계속된다면 당사자는 기력을 잃어 병을 얻을 수도 있고, 심지어 당사자가 사망에 이르는 경우도 있다. 그리고 오래동안 진력하다 보면 다른 일에도 소홀히 하게 되어 새로운 문제를 야기할 수도 있다.

따라서, 권리의 구제는 신속해야 효과를 볼 수 있다. **"재판의 지연은 재판의 거부다"**라는 말이 있듯이 오늘날 신속한 재판은 사법부의 사활문제로까지 강조되고 있는 실정이지만 개선될 기미가 없어 보인다. 우리 헌법 제 26조 제 3항에서 **"모든 국민은 신속한 재판을 받을 권리를 가진다"**라고 규정하고 있어, 국민의 기본권의 하나로서

5) 법원은 당사자의 주장이나 공격·방어에 불명확한 점이나 모순이 있는 경우에 사건의 진상을 명확히 하기 위하여 당사자에게 사실상 및 법률상의 사항에 관하여 질문을 하고, 입증을 촉구하는 권한으로 발문권(發問權)이라고도 한다(민사소송법 126조 1항).

신속한 재판을 받을 권리를 보장하고 있다.

민사소송에는 신속의 이상을 담보하기 위하여 법원은 소송절차의 직권진행, 시기에 늦은 소송자료의 미조사, 기일연장의 제한, 기피신청의 각하[6], 증인불출석에 대한 제재 가집행의 선고, 상고이유의 제한, 단독제, 집중심리, 간이재판 등의 제도를 두고 있다.

4) 최소의 경비로 분쟁이 해결되는 경제의 이상이 실현되어야 한다.

분쟁을 해결하는 과정에서 비용을 많이 발생시킨다면 당사자와 국가에게 그만큼 경제적 부담을 가중시키게 된다. 소송에서 당사자는 인지대, 증인신문수당, 감정인 수당, 현장검증 조사비, 변호사 수임료를 부담하게 되는데 가급적 이러한 비용은 극소화시켜야 할 것이다. 너무 과다한 비용부담은 분쟁해결에 응할 수 없는 결과를 초래할 수도 있기 때문에 사법당국은 이점을 고려해야 할 것이다.

따라서, 비용부담을 가중시키는 분쟁해결 방법은 결코 좋은 제도라 할 수 없다. 민사소송에서는 경제의 이상을 실현시키기 위하여 소송의 합병, 소송이송, 소액사건 심판제도, 간이재판제도 등의 제도를 두고 있다.

이상 위에서 언급한 4가지 이상 이외에 분쟁당사자나 법원(재판관)은 더 이상 추구해야 할 이상은 없다고 본다.

제2절 분쟁해결방법의 2원화와 선택

1. 이상 상호간의 모순

위의 4가지 이상은 분쟁해결 과정에서 분쟁당사자나 법관이 반드시 실현시켜야 할 과제이지만 각기 지니고 있는 특성으로 동시에 실현시킬 수 없는 모순이 있다.

6) 무익한 고소, 고발사건의 남용을 막기 위해 범죄 혐의가 없거나 고소, 고발인이 검찰 조사에 응하지 않을 경우 사건 자체를 종결하는 불기소 처분의 일종이며, 행정심판에서 각하 처분은 본 안 심의에 앞서 심판청구의 요건이 불충분하다고 판단돼 접수 자체를 거부하는 것이다.

즉, 공평과 적정의 이상은 당사자에게 공평한 기회부여와 신중한 사실조사가 요구되고 서로 비슷한 과정을 통해서 동시에 실현시킬 수 있지만 그에 부수되는 시간과 비용발생증가로 신속과 경제의 이상은 실현시킬 수 없는 모순이 있다.

진실은 당사자에게 공평하게 대우하는 가운데 발견할 수 있다. 그러나 공평성이 보장되는 가운데 진실을 확보하기 위해서는 많은 시간과 경비를 발생시킨다.

그리고 분쟁을 신속하게 해결하다 보면 비용이 적게 발생되어 경제적 부담을 경감시키지만 공평성과 진실을 확보하는데 소홀해지기 쉽다 .

따라서, 공평과 적정의 이상에 치중하다 보면 신속과 경제의 이상실현에 소홀해질 수밖에 없고, 신속과 경제의 이상에 치중하다 보면 역시 공평과 적정의 이상을 실현할 수 없는 반대현상이 발생한다.

공평의 이상과 적정의 이상은 신속과 경제의 이상과는 별개의 특성으로서 동시에 실현시키는 데는 현실적 어려움이 있다. 사실관계를 입증하기 위해서는 필요한 경우 증인, 감정인, 녹음기 또는 거짓말탐지기를 통해서 객관성을 확보하여야 하는데 그에 따른 절차지연과 비용발생은 필연적이라 할 수 있다. 즉, 공명정대한 이상의 추구는 신중한 사실조사가 불가피하다.

이와 같이 신중한 사실조사는 보다 많은 시간과 비용이 발생하기 때문에 공평과 적정의 이상은 실현할 수 있겠으나 신속과 경제의 이상은 실현할 수 없다.

이러한 모순관계를 극복하기 위하여 분쟁당사자에게는 진실의 의무[7]가 있고 법관에게는 소송절차를 신속하게 진행시켜야 할 의무[8]가 있다.

진실의 의무는 민법(2조 1항)에 규정된 신의성실의 원칙으로서 "권리의 행사와 의무의 이행은 신의에 좇아 성실히 하여야 한다"는 것을 의미한다. 만약 당사자의 행위나 주장이 신의성실의 원칙에 위배되는 경우에 법관은 이를 부적격으로 기각하거나 또는 그 행위에 인정되는 소송법상의 효과를 부정해야 할 것이다. 진실이 결여된 판결은 상급심에서 번복될 위험이 있기 때문에 법관은 신속·경제의 이상보다 공

7) 진실의무는 오스트리아 민소법 제178조와 1933년의 독일민소법 제138조 1항에 그 의무가 인정되었으며, 고의적 진실의무위반행위는 소송비용의 부과, 과태료 부과, 손해배상채무의 부담 또는 사기죄가 성립된다.
8) 소송촉진 등에 관한 특별법 제5조, 소송절차를 지연시키거나 반복하는 행위를 금지하고 있다.

평 · 적정의 이상에 치중해서 판결로 말해야 하는 현실적 어려움이 있다.[9)]

2. 분쟁해결의 이원화와 그 당위성

공평 · 적정 · 신속 · 경제의 이상은 당사자들은 물론 시비를 판단해 주는 법관의 입장에서도 반드시 실현시켜야 할 과제이나 공평 · 적정과 신속 · 경제의 관계는 서로 이율배반의 관계를 보여주고 있다.

공평 · 적정의 이상은 사실관계가 진실하게 밝혀질 때 실현될 수 있는 상호 비슷한 내용을 지니고 있기 때문에 공정의 이상이라고 말하기도 한다. 공정은 민사소송에서 형식적 공정과 실질적 공정으로 구별되기도 한다.[10)]

형식적 공정은 소송당사자들에게 자신의 주장과 입증자료를 제출하거나 입증하는 기회를 공평하게 부여한 공개된 법정에서 정당하게 재판에 임하는 절차상의 정당성을 의미한다.

실질적 공정은 재판의 결말이 분쟁의 진상을 밝혀냄으로써 당연히 이겨야 할 당사자가 승소하고, 당연히 져야 할 당사자가 패소해야 한다는 것을 의미한다.

따라서, 공정성은 분쟁해결과정의 정당성과 결과로 나타난다.

법관의 재판업무가 주로 기록정독, 심리, 판결문 작성에 있다는 것을 고려하면 법관은 공명정대하여야 하고, 소송을 진행함에 있어서도 당사자로 하여금 신뢰감을 갖도록 하는 분위기를 조성할 필요가 있다. 법정은 당사자로부터 진실과 정의 그리고 평화와 질서가 추구되는 곳으로 신뢰받을 때 공정의 이상은 실현될 수 있다.

성경에서도 "너희는 재판할 때에 불의를 행치 말며 가난한 자의 편을 들지 말며 세력있는 자라고 두호하지 말고 공의로 사람을 재판할지며[11)]"라고 하여 재판관은 재판에서 공정성을 잃어서는 안 되고, 사람의 얼굴을 보아주어서도 안 되며, 재판관이 뇌물을 받아서도 안 된다. 뇌물은 지혜 있는 사람의 눈을 어둡게 하고, 죄 없는 사람을 죄인으로 만든다. 재판관은 오직 정의만을 따라야 하고 정의에 따를 때 재판

---

9) 신속 · 경제의 이상에 치중하여 판결된 문제는 재심이나 상급심의 대상이 되기 쉽기 때문이다.

10) 박우동, 민사재판의 공정을 위하여, [재판자료 제 19집], 법원행정처, p. 359.

11) 성경 레위기 제 19장 15절.

관도 살고 사회도 살 수 있다.

이와 같이 법관에 의한 재판제도는 비록 절차진행과정에서 차이가 있지만 동서고금을 막론하고 개인의 권리보호와 법질서유지라는 목적을 가지고 가장 구속력 있게 확립된 분쟁해결제도라 할 수 있다.

따라서, 법원은 오랜 역사를 가지고 부침(浮沈)을 거듭하면서 다소 시간이 걸리고 비용이 많이 발생하더라도 공평과 적정의 이상에 치중하여 진실된 사실관계를 밝혀 왔다.

문제는 우리 나라의 소송제도가 [유권무죄(有權無罪) 무권유죄(無權有罪)], [유전필승(有錢必勝) 무전필패(無錢必敗)] 또는 [유전무죄(有錢無罪) 무전유죄(無錢有罪)]의 산실로 비판받고 있는 실정에서 의정부와 대전지역의 변호사비리사건[12] 이 발생하기도 하였다. 이러한 사건으로 그 동안 소문으로만 나돌던 법조계의 비리가 밝혀지면서 국민들은 허탈해 하기도 하였다. 까다롭고 복잡한 절차로 승소할 당사자가 패하고 반드시 패소할 사람이 결과적으로 승소하는 결과가 되고 있다는 사실이 세상에 알려지게 된 셈이다. 더구나 [전관예우(前官禮遇)], [삼윤(三輪)의 공생의식][13] 또는 [미뤄 조지기][14]라는 법원주변에서 떠도는 용어는 세계 어디에서도 찾아볼 수 없는 특이한 속어로서 우리의 소송제도를 불신하게 하는 중요 원인이 되고 있는 실정이다.

인간의 활동범위가 넓어지고 새로운 생활방식으로 분쟁내용 역시 매우 복잡다난해지면서 소송절차는 더욱 지연되고 있다. 소송제도는 분쟁의 사실관계를 밝혀서 당사자의 권리를 보호해 주는 제도로서의 역할을 하는데는 제도적 자체 결함으로 한계가 있다는 사실을 인식하게 되었다. 특히 실리와 효율성에 치중해서 행동하는 현대인들의 욕구에 부응하는 분쟁해결제도가 되지 못하고 있다는 비판으로 소송대체분쟁

---

12) 1998년 6월 23일자 매일경제 [기자 24시]란 및 각 일간지 기사(일명 이순호 변호사 사건) 및 1999년 2월 9일 이후 각 일간지 기사내용(일명 이종기 변호사 사건) 참조.

13) 법원과 검찰, 변호사집단을 가리켜 법조 삼윤(三輪)이라 한다. 法을 떠받치고 있는 3바퀴라는 뜻으로 세 바퀴에 이상이 생기면 법과 정의의 수레바퀴는 삐걱거릴 수밖에 없어 공생의 관계에서 서로 의존한다는 뜻이다.

14) 소설가 이문열은 6가지 조지기 즉, "집구석은 팔아 조지고, 죄수는 먹어 조지고, 간수는 세어 조지고, 형사는 패서 조지고, 검사는 불러 조지고, 판사는 미뤄 조지고"를 나열하며 비판하였다.
이문열・金翅鳥, 『어둠의 그늘』, 둥지, 1995 1판 3쇄, pp. 249-318.

해결 제도(ADR : Alternative Dispute Resolution)를 탄생시켰다.

서방 선진국들은 이미 오래 전에 신속성·경제성에 치중해서 민사분쟁을 해결하는 소송대체제도(ADR)를 마련하였으며 그 이용이 날로 증가하고 있다는 것은 주지의 사실이다. 대표적인 소송대체제도로서 확립된 중재제도를 우리 나라는 1967년부터 무역에 관련된 상사분쟁에 한해 재판지연에 따른 대책의 일환으로 시행하고 있다.

특히 미국은 소송에 대신하여 분쟁당사자들이 효율적으로 분쟁을 해결할 수 있도록 여러 가지 ADR제도를 실용화시켜 당사자의 자치해결을 지원하고 있는 실정이다.

분쟁해결과정에서 실현되어야 할 이상과 분쟁해결제도상의 소송과 중재의 관계를 그림으로 나타내면 다음 〈그림 1-1〉과 같이 나타낼 수 있다.

〈그림 1-1〉 분쟁해결과정에서 실현되어야 할 이상과 분쟁해결제도

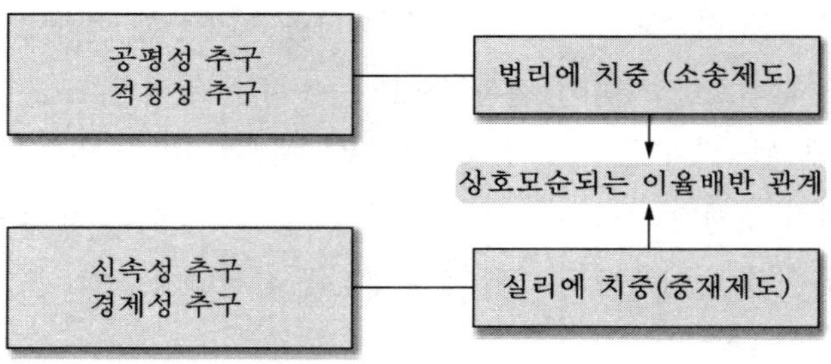

중재제도는 분쟁당사자가 자주법정을 구성하여 분쟁을 최종적으로 해결하는 단심제로서 뉴욕협약에 의해 외국에서도 그 집행이 인정되는 분쟁해결제도이다.

따라서, 소송제도는 법리에 치중하여 공평과 적정의 이상을 실현시킬 수 있는 분쟁해결제도라 한다면 중재제도는 실리에 치중하여 신속과 경제의 이상을 실현시킬 수 있는 분쟁해결제도라 할 수 있다.

우리 나라 헌법에 "모든 국민은 신속한 재판을 받을 권리를 가진다[15]"고 명시하여 국민의 기본권으로 신속한 재판을 받을 권리를 보장하고 있으나 소송지연은 해마다 가중되어 왔다. 재판지연으로 과다한 비용지출이 요구되고, 금전채권의 경우 채무자의 재산도피 기회로 나타나 결국 집행확보가 어려워 국민이 소송을 외면하게 되어

15) 과거 헌법 제24조 3항 현행 헌법 제 26조 3항

분쟁발생을 가중시키는 현상을 초래하기도 한다. 더구나 민사사건의 형사사건화 경향, 불법폭력에 의한 해결사 출현, 권력기관 또는 주무기관 심지어 언론기관 등에 직소하는 경향을 발생시켰다.

정부에서는 이의 해결책으로 소송촉진법 제정, 사법부 개혁, 변호사 강제주의 외에도 소송절차상의 신속한 방법 등을 시행하여 왔지만 여전히 재판지연은 계속되고 있다. 이러한 실정을 고려할 때 당사자가 처분할 수 있는 모든 민사분쟁과 작위 또는 부작위로 야기되는 일부 분쟁, 예컨대 의료사고분쟁, 교통사고분쟁, 환경분쟁, 노사분쟁 등에 대해서는 당사자들에게 중재로 해결할 수 있는 법제를 허용하여 분쟁해결방법의 이원화가 필요하다.

인간의 활동영역이 방대해지고 여기서 발생하는 분쟁 역시 복잡해지면 해질수록 분쟁사건의 수도 증가할 것으로 보인다. 이를 법원에서 모두 수용하려고 할 경우 예산상의 제약과 재판지연이 가중되어 국민의 불만을 증가시킬 우려가 있다.

따라서, 분쟁해결과정에서 법리를 좇아 소송을 선택하든가 실리를 좇아 중재를 선택할 수 있도록 국민의 선택 기회를 넓혀주어야 한다. 국민의 선택기회를 넓혀주는 것은 국민의 대외 경쟁력을 높여주므로 시대의 변화에 부응하는 올바른 정책이라 할 수 있다.

〈표 1-1〉과 〈표 1-2〉는 약 13년 전인 1985년과 1996년을 기준으로 우리 나라와 외국의 대국민 법률서비스 현황과 변화를 비교할 수 있도록 보여주고 있다.

〈표 1-1〉과 〈표 1-2〉의 내용은 우리 나라 국민이 외국에 비하여 권리를 구제받는 과정에서 얼마나 많은 시간과 경제적 부담을 안게 되는지를 보여주고 있다.

1997년 1월 현재 우리 나라 판사 1인당 국민을 담당하고 있는 인구는 34,566명으로 14년 전의 59,099명에 비해 많이 개선되었다고 하나 여전히 외국에 비하여 가장 많은 업무부담을 가지고 있는 것으로 분석된다.

〈표 1-1〉 우리나라 및 각국 법조인구의 비교[16)]

국 명	인 구	재판관	검찰관	변호사	각 1인당 국민수			
					재판관	검찰관	변호사	법전체
한 국	39,951,000	676	466	1,166	59,099	86,732	34,263	17,309
일 본	118,693,000	2,774 (1,983)	2,092 (1,173)	12,486	42,788 (59,855)	56,737 (101,188)	9,506	6,840 (7,588)
미 국	229,800,000	연 669 주23,073	연 1,787 주20,826	614,000	343,498 9,960	연28,595 주11,034	374	348
영 국	49,593,000	24,942 (959)		46,560	1,988 (51,713)		1,065	694
서 독	61,566,000	16,667	3,593	37,312	3,696	17,135	1,650	1,071
프랑스	53,080,000	3,590	1,062	9,806	14,786	49,981	5,413	3,671

주) 한 국 : 법관수와 검찰관수는 1983년 말의 현재원, 변호사의 수는 1983.12.31 기준.
일 본 : 재판관수와 검찰관수는 1983년의 정원, 변호사 수는 1983.4.30기준, ( )은 간이판사 이외의 수
미 국 : 재판관수는 연방은 1982년 기준, 주는 1972년 당시의 통상, 특별 및 제한 관할법원의 재판관수, 통상관할법원의 재판관수는 5,656명. 연방검찰관수는 연방검찰관보 1,693명을 포함한 1982년 현재, 주 검찰관수는 자치단체 레벨의 부검사 13,385명을 포함한 1976년 기준, 변호사수는 1983.10. 현재의 모든 변호사유자격자수, 人口는 1980년 6월말 당시의 추정수
서 독 : 재판관수는 각재판권에 속하는 전재판관의 현재원, 변호사는 공증인을 겸무하는 자를 포함(모두 1981.1.1 현재). 人口는 1980년의 추정수
프랑스 : 재판관 · 검찰관은 1977년 현재의 수, 변호사는 1978년 현재의 수, 인구는 1977년의 추정수
영 국 : 괄호 안은 무급치안판사 이외의 1982년 현재의 재판관수이고, 그 중에는 유급치안판사 52명과 촉탁판사(recorder) 445명을 포함. 변호사수는 법정변호士(Barrister) 4,860명(1982. 현재)과 사무변호사(Solicitor) 4,700명(1982. 현재)의 합계. 人口는 1980년 6월말 현재의 추정수

특히 국민의 권리보호를 대변해 줄 수 있는 변호사의 수는 미국과 비교할 수 없는 소수이지만 독일이나 영국의 인구 1천명당 변호사 1명과 프랑스의 2천명당 1명에 비하여 우리의 1만명당 1명 수준은 너무도 적은 변호사를 확보하고 있다.[17)] 우리와 비슷한 사법체제를 갖추고 있는 일본 역시 변호사 1인이 국민 6천명을 상대하고 있어 법률서비스 시장이 가장 폐쇄적이다.[18)]

과거 수십년 동안 우리 법조계는 우리경제의 규모에 걸맞지 않게 폐쇄적이고 경쟁

16) 서울지방변호사회, 法曹春秋 제 133호, 1985, p. 62.
17) 우리 나라는 1970년 사법시험 정원제를 도입하여 81년부터 매년 300명선을 유지하였고, 96년부터 500명 내지 800명으로 증가하여 현재는 1천명까지 확대하여 법조인을 공급하고 있다.
18) 법원행정처, WTO와 법률서비스 시장개방, 1997.3. p. 161.

力이 없이 현실에 안주해 온 느낌이다. 이러한 실정에서 법률서비스 시장의 개방은 법조계는 물론 국민들에게도 상당한 타격을 입히지 않을까 우려된다.19)

〈표 1-2〉 우리 나라와 주요 외국의 법조인수 비교

	인 구	판 사	검 사	변호사	1인당 국민수			
					판 사	검 사	변호사	전 체
한 국[1]	45,248,000	1,309	1,012	3,625	34,566	44,711	12,482	
일 본[2]	125,569,000	2,073	1,208	15,973	60,574	103,948	7,861	6,522
미 국[3]	262,755,570	연방 1,714 주 27,648	연방 4,485 주 20,826	841,467	연 153,299 주 9,504	연 58,585 주 12,617	312	293
영 국[4]	51,621,000	3,165	2,267	70,580	16,310	22,771	731	679
독 일[5]	81,179,000	22,134	5,375	78,822	3,668	15,103	1,030	763
프랑스[6]	58,027,300	4,591	1,367	30,092	12,639	42,449	1,928	1,610

1. 우리 나라의 법조인구는 1997년 1월 30일 기준이고, 인구는 1996년 推定値임
2. 일본의 판-검사수(간이법원판사 806명 및 부판사 919명 제외)는 1996년 정원이고, 변호사수는 1996년 4월 4일 현원이며, 인구는 1995년 기준임
3. 미국의 연방법원 판사수는 1996년 3월·주법원 판사(비상근판사는 제외)수는 1994년 기준, 연방검찰검사수는 1995년 3월·주검찰 검사수는 1976년, 변호사수는 1995년말 기준이며, 인구는 1995년 기준임
4. 영국(잉글랜드·웨일즈)의 判-검사수는 1996년 3월(법조자격이 없는 비상근 무급치안판사 30,326명 除外), 변호사수는 1995년 3월의 Barrister 8,332명과 1995년 7월의 Solicitor 66,123명을 합한 수에서 비상근 판-검사를 제외한 숫자이며, 인구는 1994년 기준임
5. 독일의 판-검사수는 1995년 1월, 변호사수는 1996년 1월 기준이고, 인구는 1993년 기준임
6. 프랑스의 판-검사수는 1994년 6월 기준, 변호사 수는 1995.4 기준으로 avocat 29,643명, avoué 363명 (1993년 1월기준), 국사원 및 파기원 변호사 86명은 제외, 인구는 1995년 기준임.

과거에 있었던 우리 나라 법조계의 처사를 "본질적인 문제를 외면하고 지엽말단적인 처사"라고 비판을 받기도 하지만20) 그 동안 법조계는 기득권을 고수하며 변화에 적응하지 못한 결과라 할 수 있다. 변호사 수요·공급의 불균형으로 소송절차가 복잡하고 사건이 누증되면 될수록 국민들은 법률서비스에 불편을 겪어 왔다. 사법고시에 합격만 하면 변호사자격증과 함께 세무사와 변리사자격증도 함께 취득하게 된다. 그 결과 한국의 대학은 전공에 관계없이 사법고시를 준비하는 고시학원으로 변질되어 있는 실정이다.

따라서, 국민에게 사법적 수요를 충족시키며 국가의 재정적 부담을 덜어주는 분쟁

19) 법원행정처, 법률서비스 시장의 개방, 사법정책연구자료 97-1, 1997.3.10
20) 김철수, 사법에의 찬가, [시민과 변호사 통권 제3호] 1994.4., pp. 7-14.

해결제도로서 중재제도를 선택할 수 있는 정책이 필요하다.

분쟁해결제도에 대한 당사자의 선택기회를 법으로 봉쇄하고 소송에 치중하도록 하는 법제는 개방경제에 역행하는 처사로서 법조계의 기득권만 옹호하게 되고 나아가 우리의 법률서비스 시장을 외국에 내줄 위험이 있다.

중재제도는 사법적 기능을 보완하고 대체하는 작용으로서 인정되고 있는 국제적 실정[21]에 비추어 분쟁당사자가 모든 민사분쟁의 해결을 소송과 중재 중에서 스스로 선택할 수 있도록 이원화할 필요가 있다.

더구나 다른 나라에 비하여 무역의존도가 매우 높은 우리 나라로서는 1996년 OECD에 가입[22]과 1995년에 설립된 WTO(World Trade Organization)의 역할증가로 우리의 법률서비스 시장을 타의에 의해 조만간 개방해야 하는 시점에 있다.

기업은 영리를 목적으로 기업활동을 한다. 기업이나 개인은 앞에서 남고 법망에 걸려서 뒤에서 밑지는 장사를 하여서는 안 될 것이다.

그러나 기업이든 개인이든 모든 경제주체는 폐쇄적 법망을 뚫고 채권을 확보하자니 자연히 무리를 쓰게 되고, 법제에 따르자니 소송을 피할 수가 없는 현재와 같은 법제에서는 막대한 경제적 부담을 해야 하는 문제점을 지니고 있다.[23] 경제행위의 주체가 소송의 노예가 되어 과중한 변론비용을 부담하며 실리 없는 소송으로 막대한 노력과 시간을 낭비할 수밖에 없는 실정이다.

따라서, 우리 나라의 법조계는 급속한 사회발전으로 부각되어온 법률서비스 요구를 외면한 채 소송수요를 스스로 구축한 폐쇄성 제도로 무시함으로써 부력을 상실하고 서서히 침몰되는 선박처럼 경쟁력을 잃었으며 국민은 희생을 강요당해 왔다.

분쟁이란 소유권을 차지하기 위한 생산성 없는 활동이라 할 수 있다. 잃느냐? 다시 찾느냐? 하는 문제이므로 포기하면 상대방에게 자비를 베풀게 되는 셈이다. 국가와 기업은 포기하지 않고 소유권을 끝까지 주장하는 과정에서 소요되는 비용과 시간을 계산하여야 한다. 즉 원가계산을 철저하게 할 필요가 있다.

---

21) 方順元, 訴訟增加와 仲裁制度活用, [仲裁] 第 81號(1978.9), pp. 2-6.

22) 우리 나라는 1995년 3월에 OECD(Organization for Economic Cooperation and Development) 가입신청서를 제출하고 1996년 10월 11일 가입이 확정(국회통과)되었다.

23) 재판을 받을 권리에 변호사 강제주의를 주장하는 法曹人이 많다. 朴禹東, 전게서, p. 361 및 김용욱, 소송의 신속, [고시연구], 1988.9, 고시연구사, pp. 20-21.

따라서, 분쟁은 대외 경쟁력을 떨어뜨리는 요인으로 작용할 뿐이므로 공평과 적정성보다는 신속과 경제성에 치중하는 중재로 해결하는 것이 현명하다. 분쟁의 사실관계는 당사자가 누구보다도 잘 알고 있다. 이런 이유로 분쟁의 사실관계는 서면에 의해서 보다 당사자의 자유분방한 대화로 풀어야 한다. "서류는 얼굴도 붉히지 않고 거짓말을 한다"는 말이 있다 오늘날 소송현상은 서류를 읽고 쓰는데 집중되고 있고, 법정은 서류의 교환장이 되다시피 하는 겉치레 구술주의로 적정의 이상을 실현하는데 상당한 노력과 경제적 비용을 유발시키는 것으로 분석된다.[24]

이에 반해 중재는 서면보다 당사자들에게 자유분방한 대화를 허용하여 여기서 형성되는 자유심증(自由心證)으로 사실관계를 확인할 수 있는 장점이 있다. 아무리 양심이 없고 거짓말을 잘한다 하더라도 이들에게 자유롭게 말할 수 있는 분위기를 조성해 주고 진술을 하게 하면 스스로 자가당착(自家撞着)의 모순에 빠지게 된다. 거짓이 있으면 자신도 모르게 얼굴표정이나 몸짓 또는 말의 더듬으로 표출하게 되는 것이 인간 특유의 감성이다.

중재인은 쟁점분야에 대한 전문적인 식견을 가지고 있는 상태에서 법관과 달리 사건과다로 업무상의 압박이 없기 때문에 누구보다도 진실에 가까운 심증을 당사자의 진술태도나 표정으로부터 얻을 수 있는 장점을 가지고 있다.

민사분쟁은 법리를 적용하여 시시비비를 가리며 해결하는 것보다 중재인에게 형성되는 자유심증에 의한 사실심으로 해결하는 것이 유익할 수 있다. 따라서, 중재절차에는 법리에 치중해서 공격과 방어를 전문으로 하는 변호사가 사실상 필요치 않다.

그러므로 기업이나 개인에게 그들 자율적으로 자주법정을 구성하여 그들의 분쟁을 중재로 해결하도록 허용하는 것은 그들의 실리를 챙기게 함으로써 대외경쟁력을 높여줄 수 있고 국가에게도 법원운영에 따른 재정부담을 격감시켜 국가경쟁력을 강화시키는 중요한 역할을 할 것으로 본다.

장차 지구촌에는 비록 정치적 국경은 유지될지 모르나 물품교역에서 서비스교역에 이르기까지 경제적 국경의 개념이 점진적으로 사라질 것으로 예상된다. 공정성과 투명성이 보장되는 가운데 관세장벽과 비관세장벽을 철폐 또는 완화시켜 비교우위의 원칙에 따라 모든 산업의 특화를 촉진하면서 무한경쟁시대가 될 것으로 보인다.

---

24) 박우동, 전게서, p. 365.

EU나 NAFTA출현은 경제영역내의 자유거래활성화는 물론 경제영역 이외의 국가간에도 영향을 주어 각종경제주체는 자율과 책임이 따르는 체제가 확립되어 분쟁해결을 위한 방법으로서 중재제도에 대한 선택의 기회는 더욱 확대될 것으로 보인다.

WTO는 그 동안 묵인 해오던 서비스·지적재산권·투자 등 새로운 분야까지 국제적인 규칙을 적용하는 동시에 분쟁해결제도를 마련함으로써[25] 우리 나라의 법률서비스 분야의 개방은 불가피하다고 본다.

그러나 우리 나라의 법률서비스분야는 법관양성에서부터 소송제도 운영상에 많은 문제점을 안고 있어 이로 인한 피해는 결국 기업과 국민이 입게 된다는 점을 언론[26], 과학자[27]들 그리고 일부 법관[28]들이 지적한 바 있다. 특히 법조계의 희소화는 앞에서도 지적한 바와 같이 법조계 자신에는 스스로 경쟁력약화를 초래하였으며 결국 국민들에게도 많은 부담을 가중시킨다. 법률 서비스분야의 개방과 더불어 변호사 업무도 송무치 중에서 분쟁을 사전에 예방하는 분쟁 방어적 업무에 치중하고 나아가 분쟁을 실리에 치중해서 해결하는 방향으로 개선되어야 할 것이다.

분쟁의 예방은 자유계약에서 실마리를 찾을 수 있다. 자유계약은 경제활동의 자유를 존중하고 경제활동에 대한 자유제한은 재산권처분의 제한이 된다. 그리고 자유계약에 따라 성립된 계약상 청구권도 재산권을 형성하므로 재산권 보장과 자유계약은 상관개념이자 연결제도라 할 수 있다. 자유계약은 사법관계로서 자본주의에서 본질을 이루고 있으므로 분쟁을 법리보다 당사자의 실리를 중심으로 해결할 수 있도록 하는 것은 너무도 당연하다. 국가의 공공질서와 안보에 관련된 분야를 제외한 모든 부분을 계약으로 정할 수 있도록 허용해야 할 것이다.

19세기 자유사상은 무엇보다도 사적자치(私的自治)를 강조하고 그 영역의 확장을 추구한 결과 오늘날 자본주의의 발전을 가져왔다고 볼 수 있다.

분쟁당사자는 합의를 통하여 모든 분쟁해결절차의 이용을 포기할 수도 있고, 국가가 관장하는 소송절차의 이용을 포기할 수 있는 것이다. 즉 당사자는 일정한 분쟁이

---

25) EC의 GATS(The General Agreement on Trade in Services)내용 및 金哲三, WTO출범과 신교역 질서, 대외경제정책연구원 [서비스 부문], 1994.
26) 대표적으로 동아일보가 1992년 6월 8일부터 50여회에 걸쳐 보도한 [法曹界 -實狀과 課題] 내용 참조
27) 金哲洙, 사법에의 국민참가 - 독일사법에서 배운다-, 시민과 변호사{통권 제 3호}, 1994. 4.
28) 방희선, 가지 않으면 길이 없다, 지성사, 1997 및 박우동, 전게서 외 다수

발생한 경우에도 합의 등을 통하여 소를 제기하지 아니하기로 하는 불제소합의가 인정된다.

사적자치의 원칙은 개인과 개인의 자유로운 의사의 합치에 의하여 이루어지는 계약이 가장 일반적이므로 계약자유의 원칙이라고도 한다.

자유계약의 기초는 사적자치의 원리에 있다. 그것은 자유사상에 따라 국가적 간섭에 대항한 자유영역으로 간주되어 개인에게는 전적으로 경쟁을 통하여 경제적 기회를 가져왔고, 국가에게는 가능한 한 경제활동영역에 개입하지 않는 것을 의미하였다. 경제는 소위 보이지 않는 손에 이끌려서 수요와 공급이 자동적으로 조절되고 합리적인 경제질서가 조성되는 특성을 지니고 있다.

비공개를 원칙으로 단심으로 분쟁을 해결하는 중재제도는 개방경제 하에서 가장 적절한 분쟁해결제도라는 점이 이미 서방 선진국에서 입증되어 왔다.

따라서, 자유계약을 근거로 발전하는 상거래뿐만 아니라 상거래로 파급되는 일반거래에서 발생하는 분쟁을 중재로 해결할 수 있을 때 모든 거래는 더욱 활성화되고 질서가 유지된다고 본다. 법리적 제약은 오히려 거래를 위축시킬 뿐이므로 분쟁해결제도의 이원화(二元化)는 개방경제에서 불가피하다고 본다.

제3절 당사자 해결

1. 당사자간의 직접타협(compromise)

당사자간의 직접타협이라 함은 제 3자의 개입 없이 분쟁당사자 스스로 분쟁사실의 원인과 문제점을 상호 분석・확인하면서 그 책임소재를 밝혀 합의에 이르는 우의적인 분쟁 해결방법(amicable settlement)을 말한다.

당사자타협은 법원의 확정판결이나 중재판정과 같은 구속력은 없지만 상대방을 비방하거나 상처를 주지 않고 평화적인 분위기 속에 상대방의 입장을 이해하며 상호간의 실리를 구하려는 절차이기 때문에 분쟁해결 이후에도 장차 거래를 지속할 수 있다는 가능성이 있어 여러 가지 분쟁해결방법 중에서 가장 이상적인 분쟁해결 방법이라 할 수 있다. 분쟁이후에도 분쟁당사자 상호간의 이익을 추구할 수 있다는 점에서 Win-Win 경영전략과 맥을 같이 한다.

문제는 당사자타협을 위한 접근을 어떻게 하느냐?인데 일반적으로 다음 3가지 방법 중에 하나 또는 단계별 분쟁해결을 모색할 수 있다.

① 기업대표자들끼리 직접 협의하여 분쟁을 해결하는 방법
② 거래실무자들의 원칙적인 합의를 한 이후에 대표자가 확정하는 방법
③ 변호사나 대리인을 선정하여 이들로 하여금 분쟁을 해결하는 방법

인간은 자존심과 개성이 강할수록 상대방의 주장을 배척하고 자신의 주장을 상대방에게 실현시키려 하기 때문에 분쟁당사자는 자신의 흠보다 상대방의 흠을 먼저 발견하게 되고 상대방을 이해하는데 인색하기 쉽다. 그러면서도 감정에 약하여 합리적인 생각으로 용서와 너그러운 관용을 베풀기도 한다. 이런 이유로 잘 해결될 수 있는 문제도 어렵게 할 수 있고, 어려운 일도 쉽게 해결할 수 있는 힘과 능력이 있다. 사사로운 문제도 말 한마디로 천냥 빚을 갚을 수도 있다. 문제는 이윤추구를 목적으로 하는 기업의 상사분쟁은 따듯한 말 한마디라 할지라도 근본적인 해결책이 될 수 없고, 상호간에 공감할 수 있는 대책이나 이익을 실현할 수 있는 방법이 있을 때 해결될 가능성이 크다.

그러므로 중소규모의 상사분쟁은 ①의 방법과 같이 기업대표자가 직접 만나 해결하기가 쉽겠으나 일정한 규모이상의 상사분쟁은 경영실적에 대한 경영진의 책임문제가 따르므로 일정한 명분과 타당한 이유 없이는 해결하기가 사실상 어려우므로 ② 또는 ③의 방법으로 해결하는 것이 현명하다 할 것이다.

상사분쟁 중 무역, 해운, 보험, 특허, 건설 등에 관련된 분쟁은 관련내용의 전문성 및 복잡성에 비추어 법원에서 실정법을 적용·해석하는 데는 현실적 어려움이 많기 때문에, 오히려 관련실무자들이나 경험자들이 외관상 보이지 않는 분쟁발생의 배경이나 원인과 같은 사실관계를 잘 파악할 수 있다.

특히 전문적 기술이나 지식이 요구되는 분야에서 사실관계나 쉽게 노출되지 않는 내용은 해당실무자보다 더 잘 알 수 있는 사람은 극히 제한되어 있고, 이들의 도움

없이는 진정한 해결을 기대하기가 사실상 어려운 실정이다.

비슷한 방법으로서 미국에서는 기업체간의 계약위반 분쟁, 반독점 금지 분쟁, 제조물 책임분쟁, 공업소유권침해 분쟁, 건설분쟁 등에 대해서 간이재판(Mini-trial)이라 하는 당사자 자치법정을 많이 이용하고 있다.

재판이나 중재는 그 해결의 결정을 당사자 이외의 제3자가 내리지만, Mini-trial과 같은 당사자 해결은 사실조사의 결과를 바탕으로 당사자 스스로가 책임여부를 가려서 상호조정하며 '화해'의 형식으로 종결시키기 때문에 당사자 자치의 원칙이 잘 지켜질 때 성공을 거둘 수 있다.

Mini-Trial은 다른 분쟁해결방법(다른 ADR 제도)에 비하여 다음과 같은 특성을 지니고 있다.

첫째, 분쟁의 해결절차를 가장 융통성 있게 간이 · 신속하게 진행한다.

제3자의 개입으로 인한 필요 이상의 형식과 절차로 시간과 경비를 최소한으로 줄일 수 있고, 중재나 소송에 비해서 주변의 법률적 쟁점을 생략시켜 당사자 자율로 상호이익에 부합되는 절차로 할 수 있다.

둘째, 분쟁해결 후에는 분쟁이전보다 거래관계를 확대 또는 우호적인 분위기에서 거래를 유지할 수도 있다.

비록 정도의 차이가 있다 하겠으나, 당사자의 의견이 대립되어 감정이 극도로 악화된 상태에서 법대로 또는 자유심증으로 판단하여 분쟁이 해결된다면, 당사자는 승자와 패자로서 차후 거래는 단절되기 쉽고, 다른 기업들에게도 좋은 인상을 주지 못한다.

셋째, 회사비밀이 보다 강하게 유지된다.

사실확정을 위한 증거조사나 입증서류들은 공개하지 않은 채 은밀하게 진행되므로, 경쟁기업에게 관련된 정보가 누출되어 이로 인한 피해를 우려하지 않아도 된다. 민사소송은 헌법상의 요청과 상대방으로부터 인부를 받아야 하기 때문에 모든 내용이 열람 · 등사될 수 있고, 중재과정에서도 중재인에게 분쟁내용이 공개되기 때문에 비밀이 공개될 위험은 그만큼 크다 할 것이다.

그러나, 당사자의 직접해결은 상대방이 합의내용을 이행하지 않는 경우에는 강제력이 없으므로 완전한 해결이라 볼 수 없는 단점이 있다. 그것은 당사자합의가 비록

"화해"의 성격을 지니고 있고, 그 효력에 있어서 소송상의 화해나 중재절차상의 화해와 같이 법원의 확정판결과 같은 효력이 없고, 다만 당사자의 계약성을 지니고 있기 때문에 분쟁은 원점으로 돌아가기 때문이다.

따라서, 당사자간의 타협은 타협내용이 이행되기 전에는 다분히 미완의 분쟁해결과 같은 성격을 지니고 있기 때문에 소송이나 중재와 같은 구속력 있는 해결절차를 다시 밟아야 하는 단점을 가지고 있다.

2. 관용 또는 청구권의 포기

국제무역 당사자는 서로 다른 국적을 가지고 있어 설사 무역거래가 상호이익에 부합하여 쉽게 성사되었다 하더라도 무역거래에서 발생하는 클레임의 해결은 당사자에게 적용될 법률이 다르고 멀리 떨어져 있는 관계로 그 해결 비용과 시간만 낭비할 위험이 있다. 그리고 무역당사자가 같은 국가에 소속되어 있고 비록 가까운 거리에 있다 하더라도 채무변제능력이 없다면 오히려 클레임 청구를 포기하거나 관용(toleration)을 베풀고 자신의 건강관리를 잘 하는 것도 분쟁을 해결하는 좋은 방법이 될 수도 있다.

청구권을 포기하거나 관용을 베푸는 원인은 주로 다음 4가지의 이유로 요약할 수 있다.

첫째, 비록 좋은 방법은 아니지만 자신의 클레임 사실을 숨기고 거래를 계속시켜 상대방을 함정으로 유인한 후, 상대방이 자신을 상대로 하는 클레임을 제기하였을 때에 자신의 클레임과 상쇄시켜 클레임을 해결하려 할 때 작전상으로 청구권을 포기하는 경우이다.

예를 들면, 수입상이 상대자로부터 수입한 상품에 하자가 있다면 이에 대한 클레임을 하지 말고 다시 주문을 해서 수출상이 상품을 추가로 선적하도록 한 후, 추가로 선적된 상품대금의 결제를 미루고 클레임을 제기 하거나, 수출상으로 하여금 수입상 자신의 상표를 부착시켜 상품을 생산(OEM수입)하게 한 다음 클레임을 제기 하는 방법 등 여러 가지 방법이 있을 수 있다.

둘째, 클레임금액이 적은 상태에서 클레임해결 절차과정이 너무 복잡하고 관련비용이 과다하여 클레임경제성이 없어 청구권을 포기하는 경우이다.

셋째, 상대방의 방어능력이 너무 강하거나 장차 거래가능 잠재성이 크기 때문에 청구권을 끝까지 요구하다가는 오히려 잃는 것이 많다고 판단되는 경우이다.

넷째, 상대방의 재력이 너무 빈약하여 클레임을 제기하여도 클레임금액을 상환 받을 가능성이 거의 없다고 판단되는 경우에는 관용을 베풀어 상대방이 재기할 수 있는 기회를 부여하는 것이다.

위의 4가지 원인 중 첫 번째를 제외한 나머지 3가지 경우에, 분쟁에 관련된 청구권에 대한 미련을 가지면 가질수록, 또는 집착하면 집착할수록 입게 되는 정신적·경제적 손실은 늘어갈 뿐이다.

인간은 감정의 동물이기 때문에 감정을 일으키기 쉬운 분쟁에서 물질적 손실은 물론 정신적·육체적 병을 얻을 수도 있다.

이러한 결과를 돌이켜 보면 적절한 구제책 없이 거래를 추진했던 자신에게도 일차적인 책임이 있고, 미래를 위한 좋은 경험적 지식으로 될 수도 있어 긍정적으로 판단하는 자세가 필요하다.

따라서, 상황에 따라서는 상대방의 양심에 맡기고 청구권을 포기하는 것도 분쟁을 해결하는 좋은 방법이 될 수도 있다.

3. 정부 또는 제 3자의 알선 또는 조정(recommendation)

상사분쟁이 발생하면 우선 당사자간의 직접 해결을 시도해 보는 것이 일반적이다. 당사자중 일방이 성실하게 대응해 오지 않으면 소송이나 중재와 같은 법적 절차를 취하기 전에, 상대방의 관할 행정관청이나 이에 준 하는 협회, 조합, 관계기관 등에 일방 또는 쌍방의 진정에 따라 제 3자의 개입으로 당사자 사이에 타협이 이루어지는 경우이다.

주로 구두나 서면으로 진정을 받은 제 3자가 중립적인 입장에서 해결을 주선하게 되는데, 이러한 방법은 법보다 보이지 않는 권력이 사회를 지배하는 후진국이나 일부 개발도상국에서 상당한 효과를 얻을 수 있다. 그 이유로는

① 관할 행정청이 자국의 기업체를 상대로 하명, 금지, 허가, 인가, 특허 등에 관한

광범위한 재량권을 가지고 있어, 피신청인의 행위가 행정청에 의해 많은 제약을 받기 쉬운 경우

② 국민 대부분이 법률에 관한 지식부족으로 법보다 정부의 권력에 의해 영향을 받고 있어 자신의 권리행사를 정당하게 행사할 수 없는 경우

③ 국가의 간섭이 지나치고 계획에 의한 국가목적을 달성하기 위해 행정 우월성을 취하고 있는 경우

를 들 수 있다.

제3자의 알선 또는 조정과정을 그림으로 나타내면 다음 2가지로 설명할 수 있다.

1) 피신청인의 관할행정청만 개입하는 경우

〈그림 1-2〉에서 보여 주듯이 A국의 클레임 신청인이 자신의 클레임을 해결해 주도록 B국의 관할 행정기관에 의뢰하면, 동 기관이 직접 피신청인을 조사하여 그 해결을 알선·조정하거나, 협회나 조합과 같은 산하 단체에 비슷한 방법으로 해결하도록 지시하여 적절한 해결이 성립되도록 하는 방법이다.

〈그림 1-2〉 피신청인의 관할행정청만 개입하는 경우

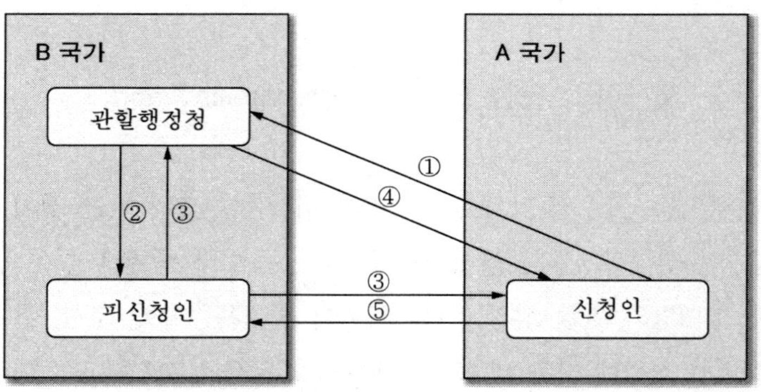

① 클레임해결 의뢰　　② 사실 조사
③ 클레임해결안 제시　　④ 회신
⑤ 수락

2) 당사자 관할 행정기관이 모두 개입하는 경우

〈그림 1-3〉에서 보여 주듯이 A국의 신청인이 자신의 관할 행정기관에 B국의 피신청인을 상대로 하는 클레임의 해결을 의뢰하면, A국의 행정기관은 B국의 행정기관에 동 클레임의 해결을 요청하게 된다. B국의 행정기관은 A국과의 외교적 관계나 친분을 고려하여 피신청인에게 분쟁해결을 종용하거나 알선·조정을 직접 하도록 하는 방법이다.

〈그림 1-3〉 당사자 관할 행정기관이 모두 개입하는 경우

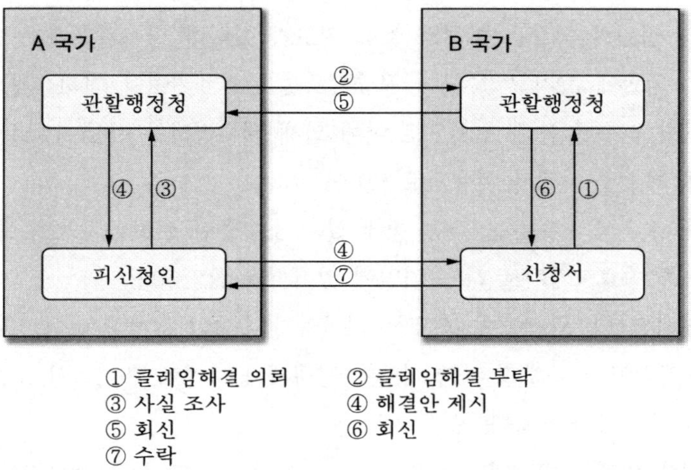

제4절 소송법상의 사법적 해결(judicial dispute settlement)

무역분쟁의 사법적 해결은 무역에 관련된 구체적인 분쟁이 일방당사자에 의해 법원에 제소되어 법관의 법률에 의한 판단으로 아래와 같이 화해, 조정 및 소송판결 됨으로써 분쟁을 최종적으로 해결하는 소송[29]을 말한다.

29) 소송은 재판에 의해서 사인간(私人間) 또는 국가와 사인 간의 분쟁을 법률적으로 해결·조정하기 위하여 대립하는 당사자를 관여시켜 심판하는 절차를 말한다. 재판의 대상이 되

1. 화해

소송상의 화해는 당사자쌍방이 소송물에 관한 주장을 상호 양보하여 소송을 종료시키는 행위로서, 소송 이전에 지방법원 단독판사 앞에서 하는 제소전의 화해와 소송신청 이후 수소법원 앞에서 하는 소송상의 화해, 2가지가 있다.

제소전 화해는 분쟁당사자가 처분할 수 있는 일반민사분쟁이 소송으로 비화되는 것을 방지하기 위하여, 소송을 신청하기 이전에 지방법원 단독판사 앞에서 화해신청을 하여, 분쟁을 해결함으로써 소송을 예방하는 것을 말한다.

이 경우의 법원의 역할은 화해의 알선 권고가 아니라 당사자간에 성립된 계약에 대한 공증적 역할에 그치고 있다. 공정증서로는 금전채권이나 대체물채권에 국한하여 채무명의화할 수 있는데 그치므로 이에 의해 채무명의를 만들 수 없는 특정물인도청구 등에 제소전 화해가 이용되고 있다.

이에 반해 소송상의 화해는 소송 중에 있는 소송물인 권리관계의 주장을 서로 양보하여 소송을 종료시키기로 하는 기일에 있어서의 합의이다.

이들의 화해요건[30]은 소송능력 또는 대리권의 흠결이 없어야 하며, 변론준비절차, 기타의 신문기일이나 화해를 위한 기일에 당사자가 법정에 출석해서 구술로 화해의 내용에 관한 진술이 필요하다.

어느 방법에 의해서 화해가 성립하든, 그 화해내용은 조서에 기재되어 확정판결과 동일한 효력을 가지게 된다(민사소송법 제 206조 및 제 356조).

당사자 상호간의 협의와 양보를 거처 분쟁을 자주적으로 해결하므로, 종국판결에 의한 일도양단적(一刀兩斷的) 승패로 흑백을 가리는 것보다는 장래의 거래지속에 좋은 영향을 줄 수 있고, 간이 신속한 분쟁해결로 당사자는 새로운 거래를 찾는데 활력소가 될 장점을 지니고 있다.

는 사건의 성질에 따라 민사소송 · 형사소송 · 행정소송 · 선거소송 · 가사소송 · 특허심판 · 정당해산 등의 국내법상의 소송과 국제사법재판과 같은 국제법상의 소송 등으로 나누어진다. 소송은 심판기관 및 당사자의 여러 소송행위의 연쇄에 의하여 진행하는 절차형태를 취하고, 그 절차의 안정 · 공정성이 법으로 보장되고 있는 점에서 법률적 절차규범이다.

30) 당사자에 관한 요건, 청구에 관한 요건, 절차에 관한 요건 등이 있다.

그러나, 경제적 사회적 약자에게 소송이외의 차원에서 강자의 요구를 강요하는 수단으로 이용될 수 있는 단점도 지니고 있다. 그리고 소송상의 화해는 비록 민법상의 화해와는 그 명칭을 같이 하지만, 그 본질은 학설[31]에 따라 상당한 차이를 나타내고 있다.

소송상의 화해가 법원에 대해서는 소송을 종료시키는 합의의 성격을 지니고 있어 소송법의 적용을 받아야 하고, 상대방에 대해서는 화해내용이 민법상의 화해계약으로서 민법상의 적용을 받아야 한다고 우리 나라의 법원판례가 형성되어 왔다.

그러나, 1962년 2월 15일 소송행위설에 따른 대법원 판례가 나옴으로써 독일 및 일본의 판례와는 다른 입장을 취하고 있다. 즉 소송상의 화해는 민법상의 화해와는 전혀 별개의 소송행위로서 소송법에 의해 지배되어야 하고, 민법이 적용되어서는 안된다는 입장을 현재 취하고 있다. 이는 분쟁당사자 쌍방이 소송물에 관하여 서로 양보해서 얻은 일치된 결과를 법원에 진술하는 합동행위로서 소송을 종료시키기는 하지만 민법의 적용이 배제되기 때문에 다음과 같은 제한이 따른다.

(1) 화해내용에 조건 또는 기한 따위의 부관을 붙일 수 없고
(2) 화해파기로 일단 화해로 종결된 내용을 소송으로 다시 부활할 수 없고
(3) 강행법규위반, 반사회 질서, 불공정한 행위 및 사기·강박[32] 따위의 실체법상의 무효·취소사유가 있어도 화해의 효력에는 아무런 영향이 없게 된다.

2. 조정

사법적 조정은 소송 중에 있는 분쟁을 당사자의 신청에 의해 법관이나 조정위원회가 구성되어 이들이 제시한 조정안을 당사자들이 받아들임으로서 분쟁을 최종적으로 해결하는 일종의 화해제도이다.

당사자의 신청이라 함은 관련당사자들의 자발적인 합의로 조정신청을 해서 제시한 조정안이 반드시 당사자들에 의해 자의로 수락하는 것을 원칙으로 하지만 예외적으로 당사자의 뜻에 관계없이 조정에 붙여지는 경우[33]도 있다.

---

31) 私法行爲說, 訴訟行爲說, 折衷說 등 세 가지가 있다. 金洪奎, 『민사소송법(上)』, 삼영사, 1988, p. 637.

32) 대법원 1979년 5월 15일 宣告, 78다 1094 판결

만약 쌍방 중 일방이라도 조정인이 제시한 조정안을 수락하지 않으면 소송으로 복귀되고, 조정이 성립되어 조정조서가 작성되면 재판상의 화해와 동일한 효력을 가지며, 그 효력은 준재심의 절차에 의하여서만 다툴 수 있게 된다.[34]

따라서, 조정제도는

① 법률을 기준으로 하는 일도량단식의 소송과는 달리 당사자간에 원한을 남기지 않고 당사자 서로가 양보한 끝에 조리에 좇아 실정에 맞게 타협하는 자주적인 분쟁해결 방법이고

② 판결절차보다는 저렴한 비용으로 분쟁을 간이·신속한 해결을 할 수 있어 분쟁해결에 경제적 효율성을 높일 수 있으며

③ 반드시 당사자의 합의를 필요로 한다는 점에서 소송과 본질을 달리하며, 조정위원회에 의한 분쟁해결절차인 점에서 법관만이 개입하는 재판상의 화해와는 다른 절차이다.

조정위원회는 법관과 비법관으로 구성되는 혼성위원회로서 다툼을 판단하는 것이 아니고 분쟁을 해결되도록 하는 일종의 알선을 하는 것이다.

따라서 조정의 절차에 관하여는 법적 규정이 없고 관련당사자의 합의로 성립되기 때문에 관련자의 항소가 없어야 한다.

모든 분쟁을 법률적, 강제적, 타율적인 강력한 해결방법으로 처리하는 것이 현재 우리 나라의 사법운영의 경향이나 당사자의 자율적 해결을 유도하고 현재의 형식적이고 산만한 조정관계법을 정비할 필요가 있다.

3. 민사소송 집단소송

민사소송은 사법상의 권리 또는 법률관계의 존부를 확정하는 재판상의 절차로서 사인의 권리보호와 사법질서유지를 위해 국가가 마련한 제도이다. 즉, 민·상법 등 사법이 규율하는 대등한 개인간의 경제상 또는 신분상의 생활관계에 관한 다툼을 심

33) 이른바 「强制調停」, 또는 「조정에 가름하는 재판」이라 하며 우리나라 소액사건 심판법 제 13조, 借地借家 조정법 제 33조, 간이절차에 의한 민사분쟁사건 처리특례법 제 7조 등 산발적 규정이 있다.

34) 대법원 68년 10월 22일 선고, 68 바 32판결

판하는 법률상의 절차이다.

일반적으로 원고가 관할권 있는 법원에 소를 제기하고, 소장을 송달 받은 피고가 이에 응소함으로써 민사소송이 시작된다. 일정한 규칙 하에서 당사자가 다툼이 있는 권리나 법률관계에 관하여 대립되는 주장을 하고, 이에 대한 입증을 하는 등 일련의 소송과정을 거쳐 실체적 진실이 명백히 드러나게 된 때에는 법원이 공권력을 통하여 권리 있는 자를 승소시키고 권리 없는 자를 패소시킴으로써 분쟁을 종결한다. 다만 재판의 적정과 공평을 위하여 법이 허용하는 범위 내에서 상소와 재심이 가능하다.

넓은 의미에서 민사소송은 통상소송절차와 특별소송절차로 대별되며, 전자는 재판절차와 강제집행절차로 후자는 간이소송절차와 파산절차로 구분된다. 판결절차는 소에 의하여 개시되어 법원의 종국판결에 의하여 종료되고, 강제집행절차는 판결절차에 의해 확정된 사법상의 의무가 임의로 이행되지 않는 경우에, 채권자의 신청에 기하여 국가 강권으로 사법상의 이행의무가 실현되도록 하는 절차이다(민소법 제7편 이하).

따라서, 집행절차는 판결절차에 필연적으로 부수되는 절차도 아니며 독립된 별개의 절차로서 취급하는 기관도 다르다. 다만 판결절차에 부수하는 것으로써 증거보전절차 및 소송비용액확정절차가 있고, 강제집행절차에는 가압류·가처분 및 집행문 부여절차가 있다.

민사소송은 이처럼 일반적, 공권적, 강제적, 획일적 해결방법이라는 점에서 당사자에게 자율이 인정되는 화해나 중재와는 다르다.

민사소송은 국가의 공권력이 확립되면서 사인의 자력구제[35]를 금지하는 대신 사인의 권리를 국가가 보호해 주도록 운영되어야 한다는 사권보호설과 국가는 스스로 제정한 민·상법 등의 법질서를 유지하고 그 실효성을 확보하여야 한다는 법질서유지설로 크게 분류된다.

그리고 2가지 설로 합치하는 즉, 개인의 보호와 법 질서유지를 함께 포섭하면서 동시에 사인간의 생활관계로 발생되는 분쟁을 강제적으로 해결하도록 하는데 그 목적이 있는 분쟁해결설이 있다.

---

35) 西洋에서 自力救濟를 禁止한 것은 로마의 마르크스 아우렐리우스 황제의 즉위 때(AD 161-180)부터였다.

물론 보는 관점에 따라 3가지 견해로 차이를 보이고 있지만 민사소송은 국가공권력에 의해 법원을 구성하고, 관련법률에 의거하여 분쟁을 공정·신속한 절차로 해결하는 법적 제도이다.

이에 반해 집단소송이란 소액, 다수의 피해자가 관련된 집단적 분쟁을 집단대표자나 관련단체가 나서서 일괄적으로 해결할 수 있도록 한 현대적인 분쟁해결시스템이라고 볼 수 있다. 집단소송 중에서 가장 대표적인 것이 미국의 집단소송(class action)이다. 미국의 집단소송은 시대의 흐름을 반영하여 현대형의 집단적 분쟁을 해결하기에 알맞도록 설계되어 있으며 실제운영에 있어서도 가장 실천적인 의미를 지니고 있다. 증권시장과 관련하여 시장의 건전성을 담보하고 투자자를 보호하는 중요한 기능을 수행하고 있다고 평가받고 있다. 미국의 집단소송을 예로 들어보면, 소장에 기재된 원고의 자격을 갖춘 사람이 적극적으로 탈퇴의사를 밝히지 않는 한 자동적으로 재판에 참여할 수 있고, 원고 집단을 구성하기가 매우 용이하다. 집단소송은 피해자가 불특정다수이고, 전체 피해액이 막대함에도 불구하고 각자가 입은 피해액은 비교적 소액이어서 개별적으로는 과다한 소송비용과 복잡한 소송절차로 인하여 피해구제를 청구하기 어려운 경우에 유용하다.

제5절 중재법상의 해결

이미 언급했던 바와 같이 상사분쟁을 당사자가 직접 해결하거나 행정기관과 같은 제 3자의 개입을 통해서 알선·조정으로 해결하는 방법은 스스로 이행하기 전에는 구속력이 없어서 문제이고, 소송을 통해서는 비용, 소송기간, 준거법 적용, 관할권 및 집행문제로 역시 적절하지 못하다.

따라서 대부분의 국가는 2가지 문제점을 보완하는 형식의 상사분쟁해결 방법으로 중재법을 제정하여, 국내외 무역에 관련된 상사분쟁은 물론 일반 사적분쟁까지도 중재법에 근거를 두고 화해, 조정, 중재 형식으로 최종 해결하고 있는 실정이다.

사법적 절차는 법원의 공권적 판단에 의하여 강제적으로 해결하는 절차이므로, 국가가 직접 이해관계를 가지지 않는 사건에 대하여는 되도록 당사자의 자주적 해결에 맡기는 것이 원칙이다.

영국은 이미 12세기(헨리2세)부터 법관만이 재판할 수 있다는 고정 관념에서 탈피하여 배심제를 채택하였고, 우리 나라에서도 대외무역에 관련된 상사분쟁을 중재로 처리하도록 법제화되었음은 이미 주지의 사실이다.

1. 화해(Compromise)

중재절차상의 화해도 법원의 소송상의 화해와 같이 당사자가 상호 양보하여 그들 사이의 분쟁을 중지할 것을 중재인 앞에서 약정함으로써 성립하는 특별계약이다.

역시 법원의 확정판결과 동일한 효력을 가지고 있으며, 당사자가 중재절차 중에 상대방의 주장을 부분적으로 승인하고, 자신의 주장을 부분적으로 철회하여 화해를 하였을 경우에, 당사자의 요구로 중재인은 합의된 화해의 내용을 판정으로 기재하게 된다(상사중재규칙 제 53조).

이렇게 내린 판정을 화해판정이라 하며, 중재인이 자유심증으로 판단하여 내리는 중재판정과는 효력은 같지만, 당사자의 의견이 균형적으로 반영되어 당사자들에게 만족을 준다는 점에서 다르다.

중재과정 중 당사자의 합의로 중재인에 의해 확인된다는 점에서 소송법상의 화해와 다르고, 효력은 전술한 소송법상의 화해와 같이 확정판결과 같다.

2. 조정(Mediation, Conciliation)

미국의 저명한 조정 전문가 Christopher w Moore씨는 자신의 저서 "*The Mediation Process*"에서 다음과 같이 정의를 내리고 있다.

"Mediation is the intervention into a dispute or negotiation by an acceptable, impartial, and neutral third party who has no authoritative decision-making power to assist disputing parties in voluntarily reaching their own mutually acceptable settlement of issues in dispute[36)]"

36) christopher W. Moore, *The Mediation Process*, Jossey-Bass Inc, Publishers(SanFrancisco),

당사자 쌍방이 그들의 분쟁해결에 덕망이 있고 공정하면서 중립적 지위에 있는 제 3자를 개입시켜, 분쟁이 상호 수락하는 상태로 해결이 이루어지도록 도모하는 행위이다.

이미 앞에서 밝힌 바와 같이, 조정은 법원의 소송 중에 있는 분쟁이 판사의 판결이 있기 전에는 언제든지 가능하며, 중재 중에 있는 분쟁 역시 중재인이 중재판정을 내리기 전에는 언제든지 조정이 가능하다. 상호 합의로 선정된 조정자가 분쟁에 대한 조정안을 작성하여, 분쟁당사자에게 제시하고, 당사자가 이를 수락함으로써 비로소 성립된다.

이러한 조정자의 노력에도 불구하고, 그 조정안에 대하여 어느 일방의 당사자라도 수락을 하지 않으면 효력을 상실하게 된다.

당사자 수락이 필수적이라는 점에서 이미 언급한 화해와 동일한 성질의 자아적 해결이 되며, "화해에 의거한 판정"과 동일한 방법으로 처리되는 것이므로 결국은 중재판정과 같이 분쟁 당사자를 최종 구속하게 된다.

조정은 제3자의 개입(intervention)과 당사자의 합의(acceptability)라는 특성을 지니고 있기 때문에, 여기에는 적절한 절차과정이 중요하게 작용한다.

예컨대, 국제상업회의소의 조정규칙과 국제개발은행(International Bank For Reconstruction and Development, IBRD)의 국제투자분쟁을 해결하기 위한 중재 및 조정규칙의 내용은 당사자 분쟁을 조정으로 해결하는데 많은 기여를 하고 있다. 조정은 현재 상거래에서 인식되는 의미와는 상당한 차이가 있으나, 오랜 역사를 가지고 있다.

성경에서 "예수(Jesus)는 인간과 하느님 사이의 조정자"라고 했으며, 교회와 성직자는 그들의 신자 사이나 기타 분쟁당사자들 사이에 개입하여 조정자로서 역할을 가끔 해왔다. 르네상스 이전까지 만해도 서부유럽 가톨릭 교회는 서부사회에서 조정자로서 또는 분쟁해결 기관으로 중심이 되어 왔었다.

이렇게 형성 되어온 조정은 역사의 변천과 더불어 오늘날 국제무역 분쟁해결에 있어서 중재와 함께 중요한 몫을 차지하고 있다는 점은 부인할 수 없다.

1986, p. 14.

3. 상사중재(Commercial Arbitration)

중재는 분쟁당사자가 스스로 처분할 수 있는 사법상의 분쟁을 당사자 쌍방의 임의적 합의로 선정한 제3자에게 그 판단을 부탁하고, 그들이 내린 판정에 복종함으로써 분쟁을 최종적으로 해결하는 구속력 있는 분쟁당사자의 자주적인 분쟁해결 방법이다.

미국 중재협회 회장 로버트 쿨손(Robert Coulson)씨는 그의 저서 「*Business Arbitration*」에서 "Arbitration is the submission of a disagreement to one or more impartial persons with the understanding that the parties will abide by the arbitrator's decision"이라고 정의하였으며, 대부분의 국내외 학자들도 비슷한 정의를 내리고 있다.

우리 나라 중재법은 사법상의 분쟁을 당사자 합의로 법원의 판결에 의하지 아니하고 중재인의 판정에 의하여 신속하게 해결함을 목적으로 제정되었다.

여기서 사법상의 분쟁중 상행위로 발생하는 분쟁을 대상으로 하는 중재를 상사중재라 부르며, 이러한 분쟁에 대한 중재합의는 강제성이 없이 객관적으로 인정받을 수 있도록 명시적으로 분명하게 하여야 한다.

중재를 담당할 중재인 선정, 중재에 적용할 준거법이나 중재심문 장소를 어떻게 결정하느냐에 따라 중재경비와 중재내용을 좌우할 만큼 중요하다.

따라서, 이러한 3가지의 결정을 두고 당사자 상호간의 이해관계가 충돌하기가 쉽고, 거래 실무과정에서 결정하기가 어려우므로 대한상사중재원과 같은 상설중재기관의 중재규칙에 따라 결정될 수 있도록 중재합의를 할 때에 미리 상설중재기관의 중재규칙을 서면으로 합의해 둘 필요가 있다.

상사중재에서 중재인이 내리는 중재판정은 해당분쟁을 최종적으로 해결하는 구속력을 가지므로 중재인의 권한은 막강하다. 더구나 분쟁에 관련된 증거의 유용성과 신빙성을 상관습과 자유심증으로 판단할 수 있으므로 당사자는 특히 중재인 선정에 신중할 필요가 있다.

한편, 중재인은 법관이 아닌 사인의 지위로서 공인의 역할을 하지만 반드시 법률 전문가일 필요는 없다. 이러한 중재인의 자격은 시비를 판단할 수 있는 정상적인 사고력이 있는 자로서 매우 소극적으로 제한하고 있다.

그러나, 거래관계에 적용할 분명한 실정법을 무시하여서는 안 된다.

중재는 역사적으로 소송으로부터 도피형태로 발전되어 왔고, 거래실정에 맞는 융통성 있는 해결(Flexible resolution)을 구할 수 있어 오늘날 국내외 상사분쟁의 해결에 널리 이용되고 있는 실정이다.

2
chapter

법과 사회질서

인간은 사물의 이치를 논리적으로 생각하고 판단할 수 있는 능력이 있기 때문에 다른 동물과 구별된다. 따라서 인간을 이성적 동물이라 한다. 인간은 자신의 이익과 행복을 위하여 크고 작은 여러 형태의 사회를 이루면서 스스로 지켜야 할 최소한의 규범을 만들어 놓고 이에 기꺼이 구속받고 있다.

본 장에서는 인간의 사회생활과 규범의 필요성과 법의 이념 및 그 집행상의 문제점을 설명하고 있다.

제 1 절 사회 규범과 질서

고대 그리스의 철학자 아리스토텔레스(Aristotles)는 『**인간은 사회적 동물**(Man is social being)』이라 불렀고, 기에르케(Kierke)는 『**사람의 사람된 소이(所以)는 사람과 사람과의 결합에 있다.**』라고 하였으며, 독일의 하이데거(Heidegger)는 『**인간의 존재는 타인과의 공존에 있다.**』라고 하였듯이 인간은 사회를 떠나 혼자 고립(孤立)해서 살 수는 없다.

따라서, 인간은 옛날부터 생활에서 얻은 경험을 토대로 가족, 회사, 학교, 마을, 국가와 같은 사회를 이루면서 공존공영을 모색하고 있다.

그러나, 인간은 감정과 개성이 서로 다르고 불완전한 존재이기 때문에 사회생활을 하면서 알력과 갈등을 경험하게 되었고, 비록 정도의 차이가 있을 뿐 사회 있는 곳에 분쟁이 항상 있게 마련이다.

인간의 본성은 원래 선천적으로 선한 상태로 태어났다는 맹자의 성선설과 악한 상태로 태어났다는 순자의 성악설로 대별되기도 하지만 인간은 사회적 욕망이 무한하다는데 분쟁이 발생하기 마련이다.

영국의 사상가 홉즈(T. Hobbes) 역시 국가성립 이전의 자연상태에서의 인간관계를 「만인의 만인에 대한 투쟁」이라 하였는데 이는 인간을 「이리」와 같은 존재로 보았기 때문이다.

한 인간이 다른 인간을 해칠 수 있는 체력을 가지고 있다면 그 체력에 미치지 못하는 자는 꾀를 부려서라도 자기를 지키려고 하거나 자신의 입장을 주장하는 과정에서 분쟁은 발생하게 된다. 만약 체력이 월등한 인간이 연약한 인간을 해칠 수 있는 「약육강식」의 「정글의 법칙」이 성립된다면, 공존공영의 사회질서가 유지되기 어려울 것이다.

따라서, 인간은 이러한 행위를 규율하는 규범이 필요하다.

자신의 욕망을 충족시키기 위해서 남의 물건을 훔치거나 타인에게 육체적 고통을 주어서도 안 되며, 반드시 정당한 절차를 밟아서 질서를 지켜야 한다는 것을 인류공존의 첫 번째 의무로 삼아 왔다.

오랜 역사를 가지며 인간이 확립하여 온 규범으로서 관습, 도덕, 종교, 법 등이 있는데 이러한 규범들은 시대와 국가의 사회유형에 따라 내용을 달리하여 왔으며 현재도 달리하고 있는 나라가 있다.

고대에는 이들 규범들이 혼연일체를 이루어 사회규범으로서 유지되어 왔지만 오늘에 와서는 자유사상에 힘입어 수없이 분화·발전되고 있고, 심지어 서로 중복·충돌하고 있는 실정이다.

특히 국경을 초월하는 인간의 경제행위에 대하여 어떤 규범을 우선적으로 적용하는지 인간 스스로가 고민하게 되면서, 이로 인한 분쟁은 더욱 복잡미묘하여 그 해결에 어려움을 겪게 되었다.

아랍과 같이 종교를 중요하게 여기는 국가에서는 종교규범이 법규범의 내용을 이루고 있어 종교와 법이 동등의 위치에 있지만 일반적으로 법규범이 다른 규범에 우선하여 가장 강력한 사회통제수단으로서 기능을 하고 있다.

따라서 인간의 모든 사회활동은 법에 의해 강제로 규제받는 대상이 되고 있는 실정이다. 그러나 오랜 세월을 두고 형성되어 온 사회풍습이나 생활방식은 인간의 내부적 행동에 관한 것이기 때문에 법으로 규제할 수 없는 규범으로서 법으로 제정하지 않는, 제정할 수도 없는, 제정을 원치 않는 관행이라고 프랑스 법학자 몽테스키외는 그의 저서『법의 정신』에서 주장하였다.

국민은 관습에 심한 집착을 느끼고 있기 때문에 그것을 난폭하게 법으로 규제하려할 때에 불행을 초래하기 쉽다. 그러므로 국가는 단지 이를 스스로 변경하도록 오랜 시간을 두고 계몽하는데 그쳐야 할 것이다.

법은 국가를 조직하고 그 활동을 규율할 뿐만 아니라 개인의 행위를 명령하거나 금지함으로써 사회질서를 유지한다. **"사회 있는 곳에 법이 있다"**는 법언(法諺)이 있듯이 인간의 일상생활의 대부분은 법적 관계로 이루어지고 있으며, 경제활동과 같은 행위도 국내적이건 국제적이건 눈에 보이지 않는 법망 속에 이루어진다고 할 수 있다.

최근의 급속한 교통수단과 과학의 발전으로 국경을 초월하는 경제활동이 증가되면서 일정한 지구촌의 경제질서를 필요로 하고 있다. 사회 경제질서는 개인과 기업 등 경제주체의 경제적 자유와 창의를 존중함을 기본으로 하고 있다(헌법 제119조1항).

국민경제의 성장 및 안정과 적정한 소득의 분배를 유지하고, 시장의 지배와 경제력의 남용을 방지하며, 경제주체간의 조화를 통한 경제의 민주화를 위해 국가는 자국을 중심으로 경제에 관한 규제와 조정을 할 수 있도록 법으로 규정해 둠으로써 외국기업의 국제경제활동은 여러 가지 제약을 받고 있다.

그리고, 국가는 법을 통하여 개인행위의 정당성 및 부당성과 그 합법성여부를 평가함으로써 분쟁을 예방하거나, 또는 분쟁을 조정 · 중재 · 재판함으로써 경제활동의 평화를 유지하는데 중요한 기능을 하고 있다.

그러나 이러한 법이 사회적 지위가 높은 사람에게는 보호막이 되기 쉽고 지위가 낮은 사람에게는 올가미가 되는 사례가 많다. 국가마다 정도의 차이가 있을 뿐 법에 대한 비판과 속어가 많으므로 법을 집행하는 사람의 양심과 내면의식에 의해 그 진가를 발휘하여야 한다. 체코 속담에 『**법은 거미줄이다. 풍뎅이는 뚫고 나가고 파리만 잡힌다**』라는 속어가 있는가 하면 우리 나라에는 『**법은 코에 걸면 코걸이 귀에 걸면 귀걸이**』라는 속어가 있다.

다른 나라에 비해 특히 우리 나라 공무원들은 공정한 업무집행을 한다는 취지로 **"거미줄처럼 복잡한 법망을 만들어 놓고 여기에 걸릴 힘없는 풍뎅이나 파리를 기다리고 있다"**는 어느 기업인의 목소리를 공직자들은 귀담아 들을 필요가 있다고 필자는 생각한다.

제 2 절　법의 이념

법이란 원래 수(水)자와 록(鹿)자 그리고 거(去)자를 합해서 만든 합성 글자로서 법(灋)이라 썼다.

水는 水面과 같이 평평한 것, 즉 공평함을 뜻하는 것이고, 鹿은 해태라고 하는 전설적 동물로서 시비곡직(是非曲直)을 가리는 상징적인 것을 나타낸다. 해태는 불을 삼키는 동물이므로 불붙은 분쟁을 가라앉힌다고 하여 중국에서는 재판을 해태상 앞에서 하였다고 전해지고 있다.[1] 또한 거는 악을 제거하는 것으로 응징적이며 강제성을 의미한다.

국가는 법을 제정하여 강제규범으로서 실효성을 부여하고 있다. 국가는 법을 제정하는데 있어 그 입법과정은 주권자가 누구냐에 따라 다르다. 군주주권 국가의 입법과정은 군주에 의해서 주도되는 경우가 많으며 신하들의 협찬으로 좌우된다. 그러나 국민주권주의 국가에서는 국민들에 주도된다. 프랑스 인권선언은 『법률은 국민총의(總意)의 표현』이라고 하였다. 그 주된 이유는 법의 제정이 국민의 의사에 따라서 제정된다고 보기 때문이다.

따라서, 법은 국민의 의사로서 형평, 정의, 강제성의 이념과 특성을 함축하고 있다고 할 수 있으며, 이는 인간사회의 각종 사회분쟁과 분쟁해결방법을 규제하는 사회

---

1) 서울대학교 출판부, 『법학통론』, 1984, pp. 47-48.

통제수단으로서의 역할을 해왔다.

서양에서도 법은 정의를 의미한다. 라틴어의 jus, 독일어의 Recht, 불어의 droit는 법이라는 뜻도 있고 정의라는 뜻도 있다. 정의는 옳다는 것으로 영어에서는 Justice로 표기하여 재판이라는 뜻과 함께 쓰인다. 그러므로 서양에서도 법은 정의를 실현하는 것이라는 관념과 일치한다.

희랍신화에 나오는 정의의 여신 디케는 눈을 가린 채 한 손에 저울을, 다른 한 손에는 힘의 상징인 칼을 잡고 있는 것을 볼 수 있다. 눈을 가리고 저울대를 든 것은 공평과 공정을 상징하는 것이고 칼은 정의를 구현시켜 사회질서를 바르게 확립하자는 것 즉, 실현을 의미한다.

또한 저울은 개인간의 권리관계를 규율하는 민사법을 의미하고, 칼은 사회질서를 파괴하는데 대한 제재를 가하는 형사법을 의미하기도 한다. 그리고 눈을 가리고 있는 것은 정의를 실현시키기 위해서는 어느 편에도 기울지 않는 공평무사한 자세를 가져야 한다는 뜻을 지니고 있어 법의 이념과 바람직한 법관상을 가장 잘 상징해 주고 있다.

법은 그 시대의 사회생활을 반영하기도 한다. 정의가 군주 또는 전제자의 독점물(獨占物)로 되었을 때의 법은 그 나름대로 법에 나타난 양상이 왜곡되게 마련이다. 차별이 있는 곳의 법은 그 차별의 맹점이 법에 들어있다.

따라서 한 나라의 정치, 경제구조와 관련되어 그 구조적 특징은 법으로 수용되어 법에 반영되어 나타나기 쉽다. 만일 정의가 잠자거나 빈사상태에 있으면 그 사회는 그 나름의 진통과 시련을 겪지 않으면 안 된다. 그래서 인간은 좌절되고 수난 당하면서도 끈질기게 법의 이념인 정의를 추구해 왔다.

일찍이 아리스토텔레스는 정의를 평균적 정의와 배분적 정의로 분류하고 전자는 절대적 산술적 평등을, 후자는 상대적 비례적 평등을 원리로 역설하였다. 평균적 정의는 평등자 사이의 법령관계에 타당하고 배분적 정의는 불평등자의 상하관계에 타당하다는 것을 의미한다. 만약 차등의 가치가 동등하게 평가된다면 이것은 정의의 기능을 해치기 때문이다.

그러나 정의의 개념은 인간이 사회생활을 시작한 이래 많은 논의를 해 왔지만 시대, 민족, 문화, 정치형태 심지어는 개인의 입장에 따라 매우 다양하게 표출되기 때문에 하나로 단정지을 수는 없다.

고대 희랍시대에서부터 중세, 근세, 현대에 이르는 동안 인간은 자연법과 실정법을 통하여 정의를 실현시키고자 수많은 부침의 역사를 거쳐 왔지만 정의는 아직도 밝혀지지 않은 숙제로 되어 있다.

옛말에 **"최고의 정의는 최대의 부정의"**니, **"법의 극치는 악의 극치"**니, **"법률 있는 곳에 부정이 있다"**고 하였고, 아리스토텔레스는 **"수학자로부터 그럴듯한 이야기를 듣고자 하는 것은 법률가에 대하여 엄밀성을 요구하는 것과 같이 어리석은 일"**이라고 한 점은 단순히 역설적인 표현이라고 넘겨버리지 못할 진리를 함축하고 있다.

법이란 그 시대의 개연적인 것을 집약한 것이고 고도의 타당성의 산물이라고 이해할 때에 그 본질을 어느 정도 파악할 수 있다.

인간의 본성을 항상 선하다고 평할 수 없을 뿐더러 인간 각자의 마음에는 항상 자신의 행동을 정당화하고자 하는 성향이 들어 있기 때문에 때와 장소에 따라 항상 상대적인 평가를 받을 필요가 있다.

따라서, 정의는 절대적인 개념이 아니라 상대적인 개념이어야 할 것이다.

거의 모든 국가는 정의의 상징이라고 하는 자유와 평등을 자국의 헌법 속에 기본권으로 보장하고 있다.

그러나, 자유와 평등은 실정법상의 표현으로 보장되는 것이 아니고 사법과정을 통하여 실질적으로 실현될 때 보장되는 것이다.

자유와 평등은 법의 이념이면서 정의의 내용으로서 어떤 의미에서는 이율배반의 관계에 있다. 즉 자유를 극대화하면 불평등이 나타나고 평등을 극대화하면 부자유가 나타나는 것이 일반적인 현상이다.

따라서, 양자의 모순점을 어디에서 조화시켜 실질적인 자유와 평등을 함께 실현시킬 것인가 하는 것이 법이 풀어야 할 과제라 할 것이다.

제3절 법의 정당성과 실효성

오늘날 민주주의의 법률은 법을 국민의 표현이라 보고 모든 민주헌법은 국민·국가간의 계약의 문서로서 정당성을 가진다고 생각하고 있다.

우리 나라 헌법전문에서 『헌법은 국민투표에 의하여 제정되고 개정되어야 한다』를 명시하고 있다. 국민투표에 의한 다수결의 원칙이 최선은 아니라고 하더라도 민주적 정당성을 부여하는 근거로 삼고 있다.

국민투표에 의한 다수결의 원칙이 국민의 총의(總意)를 수렴하는 절대적인 방법으로 볼 수는 없지만 오랜 역사를 거치며 터득하여 온 가장 보편타당한 원칙으로 인식되고 있다.

국민이 투표를 통해 자신의 의사를 올바르게 반영하고 확인하면서 사회질서를 확립하게 하는 것은 무엇보다 정치에 의해 좌우될 수 있다.

원래 법은 정치의 역학적 과정에서 제정되는 것이 현실이기 때문이다.

정치적 변동의 극치를 이루는 것은 혁명이다. 혁명이란 지배계급의 정치적 주도권을 피지배계급이 탈취하는 변혁이다. 이것은 구법질서의 파괴와 신법질서의 창조이다. 낡은 법제를 폐기하고 새로운 법제를 세우는 것이다.

시민혁명의 하나인 1789년의 프랑스 혁명은 봉건적인 구법체제를 전복하고 시민법제를 정립시키는 계기가 되었다.

따라서, 법을 창조하는 것은 정치권력이라고도 생각할 수 있다.

혁명과 구별되는 쿠데타에 의해서 변화를 가져오는 법률도 그 보편타당한 정당성을 국민투표로 인정받는 경우도 있기 때문에 법은 정치의 아들로 보는 시각도 있다.[2)]

그러나, 혁명이나 쿠데타와 같은 변혁은 국민의 법적 권리행사에 많은 희생이 따르므로 선거에 의한 평화적 정권교체나 또는 법률의 제정이나 개정을 통해서 법의 변화를 가져 와야 한다.

근대입헌주의란 정치권력의 행사를 법의 규제 하에 둠으로써 국민의 기본적 인권을 보장하고자 하고 있다.

만약 정치의 힘이 아무런 제약을 받지 아니한다고 한다면 정치의 현실은 암담해지고 법은 그 실효를 거둘 수 없게 될 것이다.

정치권력자가 국민의 총의로 제정한 법을 무시하고 국민의 의사를 반영하겠다고

2) 韓相範·延基榮 공저, 『법학개론』, 법문사, 1990, pp. 26-27.

하는 것은 모순이다.

이러한 의미에서 정치는 법에 의해서 마땅히 규제받아야 할 것이다.

정치와 법의 실현과정에서 그 정당성을 국민으로부터 외면당하면 정치권력자는 정치생명을 잃게 된다는 사실을 과거 역사를 통해서 알 수 있다.

특히 우리 나라의 경우 반공의 논리와 민의의 명분으로 강권체제를 지속하면서 부정선거로 정권을 계속하려 했던 이승만 정권이 비참한 종말을 맞았고, 안보와 평화통일을 내세워 임시조치와 비상조치를 번갈아 시행하면서 유신헌법을 옹호하려 했던 위정자들 역시 고도의 경제성장으로 가난으로부터 탈피하는 거대한 업적을 남기고도 비참한 종말을 맞았다.

이들은 저마다 많은 정치적 공로에도 불구하고 국민의 총의를 법으로 수렴하여 실현하지 못한 결과로 비참한 종말을 맞은 것이다.

국가의 권력에 의한 인간성의 침해로 실정법상의 정의를 무색케 하고 실정법을 악법으로 만들었기 때문에 그 정당성이 부인되었던 것이다.

지구상에는 악법도 법이라고 실정헌법의 정당성과 경고성을 강조하면서도 이를 평가할 수 있는 규범은 없다고 하는 법실정주의자들이 있는가 하면 법초월적 정의를 주장하면서 실정법에 비관적인 자연법 논자가 있다.

그러나, 천부인권 사상에 치중하여 인간의 존엄성, 생명의 가치 등을 초국가적인 불가침권으로 보는 자연법 사상은 모든 나라의 헌법으로 구체화되어 있는 것으로 보아 자연법은 모든 실정법의 정당성의 근거가 되고 있다.

자연법은 비록 국가가 인위적으로 만든 법은 아니지만 인간의 본성과 사물의 본성에 근거하고 시대와 민족과 장소를 초월하여 보편타당성을 가지므로 실정법이 자연법에 위반되는 경우 그 효력은 당연히 부인되어야 할 것이다.

따라서 모든 실정법의 정당성은 자연법에서 찾아야 한다.

그리고 헌법은 국가 최고의 실정법으로서 자연법을 실정법화한 것이므로 모든 법령의 범위 내에서 제정되고 변경되어야 한다.

헌법을 정점으로 하는 법률, 명령, 규칙, 처분 등의 순서로 상하의 단계구조를 이루며 하위법은 상위법에 위배되어서는 그 정당성이 없고 그 실효성도 부인되어야 한다.

우리 나라는 이러한 정당성을 확보하기 위하여 위헌법률 심사제도와 위헌, 위법 명령 심사제도를 인정하고 있다.

정당한 법이면 정당하다는 이유만으로 효력이 인정되어야 한다.

그러나 자연법은 국가에 의하여 강제되지 않으므로 단기적으로는 실정법에 비하여 실효성이 떨어진다.

설사 위정자의 부당한 법안이 자의든 타의에 의하든 국민이 승인함으로써 효력이 발생하여 형식적인 정당성을 가질지 몰라도 진정한 정당성은 없다고 본다.

파스칼은 **"실력 없는 정의는 무력하며 정의 없는 실력은 폭력이다"**라고 하였다. 때문에 형식적인 절차로 정당성을 인정받았다 하여도 이는 폭력에 불과하며, 「캄플」 주사약처럼 일시적인 효력 외에는 진정한 실효를 얻을 수 없을 것이다.

그러므로, 자연법의 위력은 악법의 효력을 상실케 하고 실정법의 정당성을 판단하는데 기준이 되며 악법을 개정시키는 원동력이 된다. 상식에 벗어나지 않는 실정법, 이는 곧 실정법의 정당성이라 할 수 있다.

제 2차 세계대전 이후 자연법의 재생은 실정법의 정당성에 대한 법초월적 정의의 도전이라고 볼 수 있다.

제 4 절 법과 재판

로델(F. Rodell)은 그의 저서 『**법률가들아, 저주받을진저**』〈*Woe unto you, Lawyers! 1939*>에서 법률가를 〈**현대의 주술가**〉라고 비평했다. 그는 부족시대에는 주술가가 있었고, 중세에는 승려가 있었으며, 오늘날에는 법률가가 있다고 했다.

법률가들은 거래의 비결을 알고, 그 지식을 애지중지하는 자들로서 그들의 전문지식을 통해 국민의 상위에 있는 인간이라고 했다.

그밖에 성경에서도 법률전문가를 비판하는 문구가 있는 것(누가 제11장 52절[3])으로 보아 당시의 법률가들은 법적 절차와 요식 행위 등에 관한 지식을 독점하고 국민

3) 화 있을진저 너희 율법사여. 너희가 지식의 열쇠를 가져가고 너희도 들어가지 않고 또 들어가고자 하는 자도 막았느니라 하시니라

들 위에 군림하면서 횡포를 자행하였음을 알 수 있다.

오늘날 법을 실현하는 장소는 법정이다.

법정은 〈정의의 산실〉이며 국민의 총의로 제정된 헌법에 근거하여 국민의 권리를 최대한 보호해 주는 마지막 장소이다.

법정의 재판이 공정성을 잃는다면 사법부 전체가 국민으로부터 신뢰를 받을 수 없게 되고, 사법부의 독립성과 권위도 지닐 수 없다.

이러한 실정에서는 사회정의와 법질서를 바로 세울 수 없게 되어 국민 전체가 피해를 보게 된다.

오늘날 일부 후진국가의 법정이 정치성을 지닌 사건에서 불고불리의 원칙(검사가 소송을 제기하지 않는 한 심리를 할 수 없다는 형사소송법의 원칙)을 내세워 상식적으로 납득할 수 없는 소극성을 보임으로써 기소독점주의에 따른 사법부의 권위를 스스로 실추시키는 경우가 있다.

이는 사법권과 사법부의 독립을 스스로 포기하는 것이며, 사법부의 정치예속을 자초하는 결과를 가져와 장차 후손에 좋지 못한 선례로 작용될 수 있으므로 국민들로부터 우려와 저항을 받기도 한다.

더구나 법의 실현절차는 까다롭고 번거로우며 법관이 사용하는 법률용어나 판결문은 설사 대한민국에서 최고의 교육을 받은 사람들일지라도 이해할 수 없는 어려운 표현으로 일관되어 있는 실정이다.

판결문은 특유의 장문으로 엿가락처럼 길게 늘어져 한참 읽다보면 옳다는 말인지 그르다는 말인지 전문가가 아니면 알 수 없을 정도로 이해하기 어려우며 읽다보면 숨이 넘어갈 정도이다.

특히 간결한 직설법을 피하고 긍정과 부정이 엎치락뒤치락 하는 글로 되어 있어 법률전문가가 아닌 보통사람으로서는 이해하기가 매우 힘들다.

이들 법관들은 모두 우리 나라의 최고의 교육을 받았을 뿐만 아니라 고등교육을 받을 때에는 주어와 술어를 잘도 구분하면서 쉼표와 마침표를 정확하게 사용하는 최고의 지성인들이었다.

그러나, 법관 또는 변호사와 같은 법률전문가가 일단 되고 나면 하나같이 어려운 낱말과 어려운 문구로 판결문과 관련문서를 작성하여 독특한 법률문화를 형성하고 있다.

이러한 현실은 법관 자기네들의 영역을 누구도 침범하지 못하도록 하려는 의도인 듯 표현의 장벽을 스스로 구축하려고 하는 것인지?, 또는 권위와 품위를 높이려고 그들의 독특한 표현의 기법으로 자신들을 상징하려 함인지?, 아니면 그 동안 익혀 왔었던 표현의 방법으로는 한계가 있어서인지? 참으로 이해할 수 없는 현실이다. 그러면서도 이들은 법과 양심을 앞세워 국민의 권리를 최종 보호해 주는 심판자로서 권리를 누리고 있다. 물론, 이들의 권한은 법으로 보장되어 있고 이들의 영역도 법으로 보장되어 있다.

이러한 법률문화의 독특한 장벽 외에도 사회구조가 복잡다기한 상태로 발전되면서 실정법도 다양하게 그리고 복잡하게 되어 가고 있는 실정이다.

법령의 수도 사회변화에 따라 수 없이 제정되기도 하고 철폐되기도 하여 설사 법관과 같은 법률전문가라 할지라도 법에 따라 행동하며 법을 실현하는 과정에는 수많은 시간과 경비가 소요되고 있다.

따라서 법에 대한 장벽은 의연히 존재하게 된다.

인간의 능력은 한계가 있고 스스로 결함이 있을 수 있는 인간이 법을 통하여 타인을 심판한다는 것이 도덕적으로나 종교적인 규범에서 모순된 일이라 할 수도 있다.

그러나, 인간의 세속적인 생활을 평화롭게 하기 위해서는 인간 스스로 법을 제정하고, 제정된 법률에 따라 심판을 받고 구속받을 필요가 있다.

법에 따라 시비를 가리는 신속한 재판 없이는 법의 실효를 거둘 수 없고 나아가 사회질서 역시 유지하기가 어렵게 될 것이다.

오늘날 어느 나라를 막론하고 사건의 증가와 복잡한 내용으로 사실확인과 올바른 법률을 적용하기 위해서는 재판의 지연이 불가피한 것으로 보인다.

중세로부터 현대에 이르기까지 법의 실현과정은 그리 쉽지가 않았다.

중세 프랑크 왕국에서는 재판과정에 300인의 증인이 동원된 사실이 있었는가 하면 우리 나라에서는 서울 중곡동 땅 사건에 17년의 재판기일이 소요된 적이 있어 법의 실현이 얼마나 어려운가를 단적으로 말해주는 사례라 할 수 있다.

제5절 법의 연원과 형식

1. 법원의 개념

법은 사회생활의 준칙으로서 의식의 세계에 존재하는 것이며, 공간적·외형적으로 존재하는 것은 아니다. 법은 실천적 사회규범으로서 그 내용은 어떤 소재를 통하여 인식할 수 있는 것이어야만 한다.

따라서, 법은 일정한 형식으로 나타나고 존재할 필요가 있다. 이와 같이 법을 인식할 수 있는 실재형식을 가리켜서 법의 연원 또는 법원이라고 한다.

법원은 법을 형성하는 원동력, 법을 경험적으로 인식할 수 있는 자료, 또는 법의 타당근거 등으로 의미하는 경우도 있다.

법의 타당근거를 법원으로 삼는 것은 법의 효력이나 구속성의 근원을 말하는 것이기 때문에 법철학 중 어려운 문제이다. 어떤 사람은 자연법을, 어떤 사람은 정의를, 어떤 사람은 법 자체를, 어떤 사람은 주권자 혹은 국민의 총의를 법원이라고 하듯이 각자 보는 관점에 따라 그 설명을 달리할 수가 있다.

이에 대하여 법의 존재형식을 법원으로 하는 것은 성문법, 판례법, 관습법과 같이 사람들이 경험적으로 인식할 수 있는 형식으로 존재하는 것을 말하며, 일반적으로 이를 법원이라 한다.

법원에는 크게 나누어 다음과 같이 성문법과 불문법으로 분류된다.

성문법은 제도상의 입법권을 가지는 자에 의하여 만들어지고, 그 내용이 문서로 표시되어 일정한 형식 및 절차에 따라 제정되는 법이며 일명 「제정법」이라고도 한다.

불문법은 성문법 이외의 법을 말하며, 입법기관에 의하여 문서로 제정·공포되어 있지 않기 때문에 비제정법이라고도 한다.

설사 불문법의 내용이 문서에 기재되어 있다고 하더라도(예컨대 판례집) 적법의 입법기관에 의하여 제정되어 있지 않는 한 성문법으로 볼 수 없다.

2. 성문법

성문법은 문자로 표현되고 문서의 형식을 갖추고 있는 법으로서 사회의 여러 조직의 내부질서를 형성하고 일상의 사회생활에서 인간의 행위를 현실적으로 규율하는 일명 살아 있는 법(living law)할 수 있으며 불문법과 대립되는 개념이다.

국가적인 입법기관에서 일정한 절차를 거쳐 제정되는 법을 제정법이라 한다면 성문법은 모두 제정법이 된다. 성문법은 헌법을 국민의 기본법으로서 국민의 직접적인 총의(總意)로 정해두고, 그 하위법으로서 법률, 명령 및 규칙, 조례와 조약을 미리 문서로서 작성해 두고 있다.

성문법은 합리적인 법의 구체화에 적합하고 여러 제도를 급속히 개혁하는 데 편리하며, 법의 존재와 그 내용이 명백하여 법생활의 안정성을 확보할 수 있다는 등의 장점이 있으나, 유동하는 사회실정에 즉시 적응할 수 없고, 입법이 복잡·기술화하여 국민의 체계적 이해가 어렵다는 단점이 있다.

그러나 법의 형식으로서 성문법을 중심으로 하는, 이른바 '성문법주의'가 오늘날에는 지배적이나 불문법주의에 입각한 영미법에서도 관습법으로 규율할 수 없는 사회현상이 급증함에 따라 성문법이 점차 많아지고 있다.

따라서 국민은 사전에 제정·공포되어 있는 법에 의해서만 규제 당한다는 원칙이 전제된다.

독일, 프랑스, 일본, 우리 나라를 대표적인 성문법국가로 들 수 있으며 다음과 같은 내용을 가지고 있는 것이 특징이다.

첫째, 사후 입법 또는 소급입법의 금지
둘째, 형사법에서 죄형법정주의의 확립
셋째, 재판기관의 독립 보장

종래의 봉건적 관습법 하에서는 일반 민중이 법이 무엇인지 파악하기가 어려웠고, 권력자는 법의 이름으로 권력을 남용하는 경우가 많았다.

그러므로 국민은 자신의 행위의 한계를 사전에 예측하여 합리적으로 행동 할 필요가 있었다. 이러한 연유로 대륙계 국가는 시민혁명을 일으켜 봉건적 관습법을 타파 또는 폐지하고 성문법주의를 허용하게 된 것이다.

프랑스 인권선언문에서 법률이 국민의 일반의사(총의)로 표현되고 있는 것은 성문법이 곧 국민의 대표기관인 국회에 의해서 제정되는 법률이며 이는 법률생활의 예측, 계산 가능성을 보장한다는 의미이기도 하다.

1) 헌법

헌법[4]이란 국민의 기본권 보장과 국가의 통치구조를 규정한 국가 최고의 규범으로서 그 정당성의 근거는 자연법에 있고 국민의 총의로 결정된다.

근대 이전의 헌법에서는 국가의 통치체제에 관한 기본사항을 정한 국가의 기본법, 즉, 국가 최고기관의 조직과 권한, 기관 상호간에 관계, 국가와 국민의 관계에 관한 기본원칙을 정하였었다. 이에 대하여 근대 시민혁명이 성공하면서 기본적 인권보장, 국민주권, 권력분립 등의 원리를 헌법에 도입하게 된다. 이를 근대의 입헌주의 헌법이라 하며, 개인주의, 자유주의, 법치주의, 의회주의 등을 추구하며 개인의 자유와 권리를 보장하고 권력분립에 의한 국가의 남용을 억제하는 것을 내용으로 한다. 그 후 현대국가는 사회적 기본권보장, 실질적·절차적 법치주의 확립, 헌법재판제도의 강화, 행정국가의 경향, 정당정치의 활성화, 국제평화주의를 지향하고 있다. 정당과 관련하여서는 근대에서는 의회 민주주의 형태를, 현대에서는 정당제 민주주의 형태를 추구하고 있다.

우리 나라는 대한제국의 홍범(洪範) 14조, 대한국국제(大韓國國制)와 대한민국 임시정부의 헌법 등 해방 이전의 법을 근대적 국가기본법으로 보아 이를 최초의 헌법이라는 주장이 있으나 통상 우리 헌정사는 1948년 제헌헌법부터 시작되는 것으로 보고 있다. 1945년 8월 15일 일제로부터 해방된 후 3년 동안의 미군정기를 거쳐 1948년 7월 17일 공포되었다. 그 후 지금까지 9차례나 개정되어 현재에 이르고 있으며 법률,

4) 세계 최초의 헌법은 고대 바빌로니아 제1왕조의 제6대 왕인 함무라비왕(재위 BC 1792~BC 1750)이 그의 만년인 BC 1750년경에 제정된 성문법으로서 1901년 말 프랑스 탐험대가 페르시아의 고도에서 발견하였다. 높이 2.25m 되는 돌기둥의 게시법으로, 쐐기문자[楔形文字]에 의하여 전문·후문 이외에 282조의 규정이 새겨져 있고 현재 완전한 원형으로 루브르 미술관에 소장되어 있다.

명령, 규칙 등 모든 실정법의 정당성에 대한 기본이 되고 있다.

우리 나라의 헌법은 국민의 직접적인 의사결정(직접국민투표)으로 제정, 변경 또는 폐기시킬 수 있는 특징을 가지고 있다.

2) 법률

법률은 헌법에 다음가는 국법으로서 국민의 대표기관인 국회에 의해 제정 · 공포되며, 하위의 법규범인 명령, 규칙의 정당성 여부에 대한 기본이 된다.

법률의 제정권은 말할 것도 없이 국회에 속하는데 그 입법제안은 정부도 할 수 있으며, 의결된 법률은 대통령이 국가의 원수로서 공포함으로써 확정된다.

법률이 가지는 가장 중요한 의의는 주로 국민의 권리를 제한하거나 국민에게 의무를 부과하려면 반드시 법률에 의해서 원칙상 가능하다는 점이다.

국민의 기본권에 관한 사항 이외에도 국가의 통치에 대한 중요 사항은 반드시 국회의 법률에 의하도록 하고 있다.

그리고 헌법 제 51조에 따른 대통령의 비상조치에 의한 비상명령과 일반적으로 승인된 국제법규와 조약(헌법 제 5조)은 법률과 동일한 효력이 인정되고 있다.

국가기관의 행정집행의 준칙이 되는 예산은 역시 법률과 같은 효력이 있다.

일반적으로 승인된 국제법규와 조약은 헌법 제 5조가 정하고 있듯이 법률과 동일한 효력을 가진다.

법과 조약이 충돌하면 일반법과 특별법, 전법과 후법 등의 관계로서 해결될 수 있으므로 법으로서는 같은 효력이 있다고 보아야 할 것이다.

3) 명령 및 규칙

명령이란 국회가 제정한 법률에 의거해서 각 행정기관이 제정하는 성문법을 말한다.

모든 법규는 법치주의의 이상에 따라 국민의 대표기관에 의해서 제정되는 것이 소망스러운 것이지만, 실제로 세부적인 법규까지 국회가 제정하기란 사실상 어려운 실정이다.

오히려 법집행기관인 행정기관에 의하여 전문적이며 기술적인 사항을 입법하도록 위임해 두고 행정기관이 필요에 따라 신축성 있게 운용하는 것이 훨씬 효율적이라 할 수 있기 때문이다.

명령에는 법률에 의하여 구체적으로 범위를 정하여 위임받은 사항을 정한 위임명령과, 당해 법률을 집행하기 위해서 필요한 사항을 정한 집행명령(시행령)이 있다.

또한 이 명령은 제정하는 주체가 누구냐에 따라서 대통령이 정하는 명령을 대통령령이라고 하고(헌법 제 75조), 국무총리 또는 각부장관이 소관사무에 관하여 법률이나 대통령령의 위임 또는 직권으로 제정하는 총리령 또는 부령이 있다(헌법 제 95조).

그밖에 행정기관이 아닌 국회나 법원 기타 기관이 사무 처리를 위해 법률에 의거하여 제정하는 법으로서 규칙이 있다. 이를 명령이라고 아니하고 규칙이라고 하지만, 법률의 하위의 국법으로서 명령과 동위의 법규범이다.

먼저 대통령은 법률에 저촉되지 아니하는 범위 안에서 소송에 관한 절차, 법원의 내부규율과 사무처리에 관한 사항을 규칙으로 정할 수 있다(헌법 제 108조).

4) 조례

조례는 지방자치단체 의회가 법령의 범위 안에서 그 지방에 효력을 가지도록 자치에 관한 사항을 정한 법규를 말하며, 동 조례에 따라 지방자치 단체장이 제정한 것을 「규칙」이라 한다.

우리 나라 지방자치 단체는 주민의 복리에 관한 사무를 처리하고 재산을 관리하며, 법령의 범위 안에서 자치에 관한 규정을 정할 수 있다(헌법 제 117조).

그러나, 지방의회의 조직, 권한, 의원선거와 지방자치단체장의 선임방법 및 지방자치단체의 조직과 운영에 관한 사항은 법률로 정하도록 하고 있다.

5) 조약

조약이란 국가 사이에 또는 국가와 국제단체 사이에서 문서에 의해 맺은 합의로서 당사자를 구속하는 법규범이다.

보통 「조약」이라고 할 때에는 협약, 협정, 헌장, 의정서, 결정서, 선언, 교환문서 등 이름이 각기 다르다고 할지라도 사실상 국가나 국제단체 사이에 문서로 맺은 합의일 때에는 조약에 포함되는 것이다.

이러한 조약은 국제법의 중요한 성문의 법원이 되는 법규범이다.

그러나 조약이란 법규범에는 국내법과 달리 그 위반이나 불이행에 대해서 강제적인 조치를 강구할 수 있는 국제조직이 미흡한 상태이다.

따라서 조약이나 국제법은 법이라고 하기보다는 실정도덕 이라고 하는 이론이 있을 수 있다. 원시시대의 자력구제나 보복 등의 수단에 의해 사회질서를 유지했던 원시법과 비슷하다고 할 수 있다.

오늘날 교통통신 수단의 발달로 국제교류가 빈번해 지면서 많은 조약이 체결되고 있어 이러한 조약내용의 준수는 중대한 책무이다.

그래서 우리헌법 제 5조에서는 조약을 법률과 동일한 효력으로 인정하고 있다.

3. 불문법

영미법계 국가에서는 코몬로오(Common Law)라고 하는 불문법, 즉 상식이 곧 법률이라는 기본인식 하에서 제정법은 이를 수정・보충하는 것으로 삼고 있다.

문화의 발달로 사회질서의 명확화라는 요청에 의하여 성문법의 중요성이 인식되고 있지만 복잡다기하고 시시각각으로 급변하는 사회현상을 규율하기 위하여서는 성문법만으로는 사실상 불가능하다.

따라서 아무리 성문법 만능주의 국가라 할지라도 불문법을 완전히 무시할 수는 없다. 불문법으로서는 관습법, 판례법, 조리법이 있다.

1) 관습법

관습법은 관습에 의하여 형성된 법으로서 사회생활상의 무의식적으로 반복되어 나타나는 행동양식인 관습을 바탕으로 형성된다. 제정법이 정비됨에 따라 관습법의 역할은 줄어들었다고 할 수 있으나 그래도 관습법은 불문법주의의 국가에서는 물론이고 성문법주의의 국가에서도 여전히 의의가 크다.

관습법을 제1차적 법원이라는 주장이 있지만, 근대의 중앙집권적 체제, 자연법론과 법실증주의에서는 관습법을 법원으로 인정하지 않는다. 관습법은 생활에서의 관행을 통하여 성립하므로 규범과 사회적 사실이 일치하는 법의 가장 직접적인 형태로서 법원으로 인정될 수 있으며, 민법과 상법은 명문에 의하여 관습법을 법원으로 인정하고 있다(민법 제1조, 상법 제1조). 상대적으로 성문법이 발달하지 않은 국제법에서는 관습법이 중요한 법원이 된다.

관습법이 성립하기 위해서는 관습이 존재하고, 관습이 선량한 풍속 기타 사회질서에 위반되지 않고, 법적 확신에 의하여 지지되어야 한다. 다만 법적 확신의 존재는 불분명한 것이므로 관습법의 존재는 결국 법원의 판결에 의하여 확인된다. 특히 민사에 관하여 법률에 규정이 없으면 관습법에 따르게 되므로(민법 제1조) 관습법은 성문법에 대한 보충적 효력을 가진다. 그러나 상사에 관하여는 상관습법이 민법에 우선하는 예외가 있다(상법 제1조). 그 밖의 여러 경우에도 관습법의 변경적 효력을 인정하여야 한다는 견해가 유력하다. 국제법에서는 국제사법재판소의 규정이 분쟁의 해결을 위한 법원으로서 조약과 관습법을 순차로 열거하고 있으나(국제사법재판소 규정 제38조), 조약과 관습법 사이에 효력의 우열은 없는 것으로 본다.

관습법으로는 분묘기지권(墳墓基地權)과 법정지상권(法定地上權), 명인방법(明認方法)에 의한 지상물에 대한 권리변동, 양도담보와 사실혼 등이 인정된다. 국제관습법으로는 Incoterms 1990, 신용장통일규칙 등이 인정된다.

인간의 행위에 대하여 아무리 많은 성문법을 제정해 둔다 하더라도 복잡한 인간의 생활에는 관습이 생기게 마련이다. 관습은 비록 강제력이 없을지라도 법규범의 역할을 하고 있음을 주위에서 흔히 경험할 수 있다.

예컨대, 우리의 관혼상제는 국가가 아무리 간소화시키려고 노력하지만 법률에 구속되지 않고 그대로 존속 유지되고 있는 실정이다.

현대사회에서 관습법은 주로 민·상법 분야에서 공서양속(公序良俗)에 어긋나지 않는 한 성문법의 미비나 불비를 보충하는 기능을 하고 있다.

그러나 국가나 공공단체가 권력의 주체로서 국민에 대하여 명령·강제하거나 처벌하는 행정법 또는 형법에서는 관습법을 원칙상 인정하지 않고 있다.

따라서 행정기관이 관습법에 의해 국민에게 의무를 강제하거나 기득권을 박탈하거나 기타 불이익이 되는 처분을 할 수 없다.

형사법에서도 법의 지배 또는 죄형법정주의가 있기 때문에 관습법에 의해 역시 처벌할 수는 없는 것이다.

불문법중 관습법은 민중 사이에서 발생하는 민중법이라고 한다면 판례법은 법률가에 의하여 생성되는 법률가 법이라 할 수 있다.

2) 판례법(判例法)

판례(precedents)는 법원이 특정 소송사건에 대하여서 법을 해석·적용하여 내린 판단·판결례를 말한다.

당사자의 제소에 의하여 법원이 그 구체적인 소송에서 내린 법원의 판단은 그 사건에 관하여서만 효력이 있는 것이고, 다른 사건에는 구속력이 없는 것이지만, 그 뒤에 같은 종류의 사건이 제소되어 법원이 재판을 할 때에는 먼저의 재판이 참고가 된다.

이렇게 되면 먼저의 재판이 나중의 재판의 선례가 되어 사실상 구속력을 발휘하게 된다. 이처럼 선례가 되는 재판이 판례이다. 영미법계에서는 불문법제도를 취하고 있으므로, 판례에 법적 구속력이 인정되고 있다.

따라서 여기에서는 판례가 법원이 되는 데 의문이 없다. 그러나 한국과 같은 성문법 국가에서는 판례가 다만 법률해석의 기준을 제시하는 데 그치므로, 판례에는 정면으로 구속력이 인정되어서는 안 된다는 주장이 있다.

따라서 판례를 법원의 일종으로 볼 것인지에 관하여는 의문이 있다.

판례에 법원성을 인정하면 법원에 입법권을 인정하는 셈이 되어서 삼권분립의 이론에 어긋나게 된다. 그러므로 법원성을 부인하는 견해가 유력하다. 그러나 대법원이 판례(해석·적용에 관한 의견)를 변경하려고 할 때에는 전원합의체에서 하도록 신중한 절차를 요구하고 있으며(법원조직법 7조 1항 3호), 또한 하급법원도 대법원에서 판례위반으로 파기될 만한 판결은 좀처럼 하지 않으므로, 판례의 실무상 구속력은 막중하다.

이러한 점을 고려하여 판례에 법원성을 인정하는 견해도 나올 수 있다. 더욱이 소액사건 심판법 제3조 2호의 규정은 판례를 법원으로 보려는 견해에 유력한 근거를 제공하고 있다. 민사소송법 제406조 2항 후단이 상고법원의 파기 이유로 한 사실상과 법률상의 판단에 대한 하급심의 기속력을 규정하고 있으나, 이것은 심급제도의 성질에서 생기는 구속력으로 풀이하는 것이 상당하다. 현재 우리 나라 최고법원에 의해서 판결·제시된 의견은 하급법원을 구속하며, 만약 하급법원이 상급법원의 판례에 상반되는 판단을 하면 상고 이유가 되기도(법원 조직법 제 18조) 하지만, 법관은 헌법과 법률에 의하여 그 양심에 따라 독립하여 심판한다(헌법 제103조)고 규정되어 있어서 상급법원의 판례가 하급법원을 반드시 구속한다는 원칙이 인정되지 않는다.

영미법계 국가에서는 보통법(Common Law)이라고 하는 불문법이 기본이 되고 있고 제정법은 불문법을 수정・보완하는 위치에 있다.

따라서 대륙법계의 국가에서는 판례가 법원으로서 존재하여야 할 법리는 성립되지 않는다. 그러나, 사법기관의 일관된 통일성을 유지하여야 하기 때문에 법령의 해석에 있어서 최고법원의 판례가 구속력을 가져야 한다. 이는 법의 안정을 기하고 나아가 경제적으로 불필요한 소송낭비를 증대시킬 필요가 없기 때문이다.

어떤 사건에 대한 법원의 판결이 반복되면 거기에 추상적인 법칙이 발생하게 되고, 다른 비슷한 사건에 대해서도 그 법칙을 적용할 개연성을 가지게 되므로 여기에 판결에 의한 일반적인 법규범이 성립하게 된다.

이런 이유로 판례는 「살아 있는 법」으로서 우리 나라를 비롯한 대륙법계 국가에서도 중요한 법규범으로 인정되고 있는 실정이다.

판결문은 판결주문과 이유로 구성되는데 주문은 결론부분이며, 이유는 판결결론에 이르도록 하는 사실에 대한 법원의 법적 평가이다.

3) 조리

조리는 도리, 사리, 사물의 성질 또는 형평이라는 뜻으로 사람의 이성에 의하여 생각하는 규범이다. 다시 말해서 자연의 성질에 적합하기 때문에 인간으로서 마땅히 하여야 할 도리이다. 사회통념, 사회적 타당, 신의성실, 사회질서, 공서양속, 형평정의, 이성법에 있어서 법체계 조화, 법의 일반원칙 등의 이름으로 표현되기도 하며 인간이 공동생활에서 지켜야 할 기본 원리이다.

성문법과 관습법이 아무리 완벽하다 하더라도 그 법만으로는 복잡・미묘한 사회생활을 규율할 수는 없다.

조리가 법과 관련을 가지는 것은 다음과 같은 두 가지 점에 있다.

첫째, 실정법 및 계약의 내용을 결정함에 있어서 표준이 되는 점이고

둘째, 적용할 준거법이 존재하지 아니할 때 조리에 따라 재판하여야 한다.

어떤 구체적인 사건을 재판하기 위하여 꼭 들어맞는 법이 없을 때에 법관은 법의 흠결을 이유로 재판을 거절할 수 없는 것이니, 불가피하게 조리에 근거하여 재판할 수밖에 없다. 특히 사법관계인 민・상법의 분야에서는 개인의 다툼이 법원에 제소되었을 때 법관은 이를 거부할 수 없다.

법원은 이러한 민・상법에 관련된 분쟁에 대하여 유권적인 심판을 해야 할 의무가 있다. 적용할 법이 없다고 해서 회피 하여서는 안 된다.

우리 민법에서는 **"민사에 관하여 법률규정이 없으면 관습법에 의하고 관습법이 없으면 조리에 의한다(민법 제 1조)"**고 규정되어 있으므로 조리는 다른 법원을 보충하는 역할을 하고 있다.[5)]

그러나, 법률이 없으면 죄도 없고 형도 없다는 죄형법정주의가 통용되는 형사법에서 명문의 법규(성문법)가 없으면 어떤 행위가 아무리 반사회적인 행위라 할지라도 어떻게 할 수가 없다. 물론 관습법과 판례법에서도 적용해야 할 법규범을 발견하지 못할 경우이다.

법관이 관습법이나 판례법과 같은 실정법에서 확인된 사실관계에 적용할 법규정이 없다 하더라도 사회통념상 인정되는 사리와 조리로 신의성실한 자세로 시비를 판단할 수 있는 제도가 중재제도이며 영미법계의 주된 장점이라 할 수 있다.

5) 스위스 민법 제1조2항에서는 재판관이 적용할 법이 없으면 관습법에 따르고, 관습법이 없으면 재판관 자신이 만일 입법자였다면 제정취지의 규범에 따라 재판한다고 규정되어 있다.

3
chapter

법의 생성과 발전

본 장에서는 법이 생성되어 발전하게 된 과정을 요약 설명하고 있다. 현재 지구촌에 존재하는 법으로서 크게 대륙법과 영미법계로 구분·설명하였고, 법의 생성이 인간에 의해서 사회질서를 유지하기 위하여 인위적으로 만든 실정법과 인간의 인위적 행위와는 무관한 자연의 리치에 근거를 두고 발전된 자연법에 대하여 설명하였다. 그리고 국내법과 국제법의 개념과 그 차이점을 요약·설명하고 있다.

제 1 절 법의 생성

원시사회를 지배했던 규범은 법과 종교 및 도덕이 혼합된 일종의 관습규범이었다. 인류문화가 발전함에 따라 습속에서 법이 분화되어 법적 규범으로 발전하게 되었지만 당시에는 타부(Taboo)와 복수가 사회질서를 유지하는데 중요한 역할을 했다.

신령의 우상으로 인정된 특정의 사람과 물체에 대하여 접촉을 금지하고 이 금지를 범한 때에는 신벌이 씨족 또는 부족의 전체에 과해진다고 믿음으로서 타부신앙이 생성되었다.

인간이 자연에 대한 공포감과 신앙심에서 신벌을 두려워하여 이에 공동대처 하고

자 공동생활을 시작하였고, 스스로 정한 금지(타부)행위를 범한 자에게는 엄한 사형적이며 신앙적인 처벌을 과했던 것이다.

이것이 현대형법의 기원으로 생각되며 사회조직의 강화로 공권력이 출현하면서 사형적 처벌이 금지되고 공형벌로 발전되었다.

그리고 타인으로부터 재산 또는 신체적 손상을 입은 자는 가해자에게 일정한 정도의 보복을 가할 수 있도록 인정한 일종의 해악제도가 복수이다.

복수의 범위와 한계를 제한하기 위하여 피해자가 입은 동종·동일 정도의 해악을 가해자에게 가할 것이 허용된 형벌제도이며 이에 의하여 원시사회의 질서가 유지되었다.

성경에서도 "생명은 생명으로, 눈은 눈으로, 이는 이로, 손은 손으로, 발은 발로[1]" 위증에 대한 복수를 허용하고 있다.

이러한 복수는 피해자의 개인에 국한되지 않고 피해자가 속한 혈연단체 전원이 가해자 개인은 물론 그가 속하는 혈연단체 전원에게 가하는 것으로 비화되었다.

이와 같은 집단복수가 사회질서를 문란하게 함으로써 이를 제약할 사회조직이 강화되었고, 정치적 국가단체가 확립됨으로써 법은 공권력에 의한 강행력을 갖게 되었다.

복수제도는 국가권력에 의한 형벌과 손해배상제도로 바꾸어 오늘의 민사소송제도로 발전된 것으로 판단된다.

제 2 절 법의 발전

가족을 사회의 구성단위로 했던 고대사회는 이미 사유재산제도가 발전하였음과 동시에 노예제도가 확립되었으며, 종교적 색채가 강한 관습법으로 사회질서가 유지되었었다. 이는 국왕과 가신 및 영주와 농노라는 봉건사회로 발전되어 주종관계를 이루는 신분 특유의 관행이 엄격하게 성립되었다.

봉건사회의 상공업 중심인 길드제도는 독립 자영농민, 상인, 수공업자의 세력확대를 가져왔고, 봉건영주의 지배력이 약화되었다.

1) 신명기 제 19장 21절.

산업사회에서는 가족이 생산의 단위가 아니라 개인이 사회활동의 단위가 되고 그에 따라 인격의 독립성이 요구된다. 특히 시민사회는 경쟁의 사회이며 경쟁의 윤리는 직업윤리의 정립을 요청하였다.

여기서 「신분에서 계약으로」라는 원칙이 사회생활 전반에 관철되게 된다. 그리하여 시민계급과 결부된 국왕이 점차 세력을 확대강화 하여 민족국가의 성립을 가져왔다.

국가의 정치기구의 발전을 반영하는 공법의 출현과 중앙행정기구와 관료제도가 정비되면서 사법제도로 발전되었다.

사법이 발전되어 가족법을 낳게 하였고 상법을 독립시켰다. 그 결과 분쟁의 증대로 민사소송법과 형사소송법의 분리·독립을 보게 되었다.

자유·평등을 목적으로 하는 근대 시민혁명은 봉건사회의 몰락을 가져왔고 국민적 국가의 확립 및 자유로운 자본주의 경제로 발전되었다.

각자의 생존은 각자 스스로의 책임에 의해 해결되는 것이니 재화의 사소유권은 시민의 권리에 으뜸이 되는 것이었다.

따라서, 프랑스 인권선언 제 17조는 소유권을 「신성불가침의 권리」라고까지 했다.

근대시민사회의 자본주의 발전은 사적자치를 사적사회생활의 법의 기본원리로 확립하였다. 국가는 개인생활에 대한 간섭을 최소한으로 하여 개인의 자유로운 활동을 보장하고 이로 인하여 전체의 복지가 증진한다는 사상이 지배적이었다.

또한 국민의 권리를 확실하게 보장하고자 성문법의 경향이 강하게 나타남으로서 법의 성숙시대를 가져왔다.

그러나 자유자본주의 발전은 그 자체모순인 독점의 폐단을 노출시켰고, 사적자치는 자유방임으로 나타나면서 노동자계급은 법 앞에서 형식적으로 평등했지만 사회적·경제적 지위에 있어서는 실질적으로 불평등한 입장에 있게 되었다.

이에 국가는 국민의 사회경제생활 영역에 깊숙이 간섭하여 각종 사회입법과 각종 행정기구를 창설하게 된다.

계약의 자유 또는 사적자치의 이름으로 경제적 강자의 부당한 지배를 방치할 수 없어 공정거래법에 의해 규제를 받게 되었다.

자본주의 사회가 사유재산제도를 기본으로 함에는 변함이 없지만 공공복리를 위하여 대기업의 재산권을 제한하고 반사회적인 재산권의 행사를 억제해야만 했다.

따라서 재산권은 절대적 권리가 아니라 상대적 권리라는 점이 강하게 나타나면서 재산권의 신성불가침은 수정되었다. 이와 같은 정책의 방향이 현저하게 나타난 것은 1919년의 독일 바이마르 헌법이고, 경제정책은 세계 제 1차 대전 후의 통화관리체제 정책으로서 그 이론적 대표자는 「케인즈」이다.

현대법은 조세, 재정, 금융, 노동정책, 무역 등의 주로 경제분야에 대하여 행정법을 적용하는 성격을 띠고 있다.

제3절 대륙법과 영미법

독일과 프랑스를 중심으로 하는 유럽대륙의 법을 대륙법이라고 하고, 영국과 미국을 비롯한 캐나다 · 오스트레일리아 · 인도 등의 법을 영미법(Anglo-American Law)이라 한다. 오늘날 세계에 있어서 2대법계(二大法系)를 이루고 있는 것이 대륙법계와 영미법계인데, 서로 대조적인 특색을 가진다. 영미법은 게르만법의 관습법을 토대로 한 보통법에 의거하여 개개의 판결로 이루어진 판례법을 근간으로 형성하고 있는데 대하여(판례법 · 불문법주의), 대륙법은 게르만법과 로마법이 혼합되어 있으나, 로마법이 지배적이어서 개인주의적이고 분석적 · 논리적이며 법전주의 · 성문법주의인 것이 특색이다. 대륙법이라 하더라도 그 중에서 주로 독일 · 프랑스의 법을 대표적으로 말하며, 러시아 · 이탈리아 · 스칸디나비아 3국 등 기타 국가의 법은 약간의 특이성이 있으므로 보통 대륙법이라 할 때에는 이들 나라의 법은 제외된다. 또한 대륙법도 개별적인 법에 따라 각각 특이성이 있어서 일률적으로 말하기는 어렵다. 예컨대, 민법전에 있어서 프랑스 민법전은 18세기의 자유주의적 개인주의사상의 결정이고, 독일 민법전은 19세기의 성숙한 개인주의 사상을 반영하고 있으며, 스위스 민법은 20세기 초의 단체주의 사상을 취하고 있는 것과 같다. 한국은 대륙법(주로 독일법)을 계수하여 왔기 때문에 대륙법계에 속하나, 최근에는 형사소송법상의 당사자주의 · 구속적부심사제도, 사법상의 신탁제도 등 영미법계의 법제도가 부분적으로 계수되고 있다.

1789년 혁명으로 구체제를 전복시켰던 프랑스에서는 정치에 입헌민주화가 철저히 반영되었고, 나폴레옹 군사독재하에서도 민법 등 사법분야에서 전면적인 개혁을 통하여 신민법의 원리가 유지되었다. 형사법의 분야에서도 봉건적인 야만성을 지양하고 죄형법정주의와 인도적인 형사절차를 확립시켰다.

그러나, 독일은 시민계급의 미숙한 발달로 정치의 기본질서가 외면적 입헌제로 좌절되어서, 정치의 민주화와 법의 성문화가 지체되었으며 내용에서도 프랑스에 비해 미흡했다.

오늘날 프랑스법계에 속하는 국가는 프랑스, 이탈리아, 벨기에, 룩셈부르크, 스페인, 포르투갈, 스위스, 네덜란드, 스웨덴, 노르웨이, 덴마크, 일본 및 우리 나라가 있다.

영미법은 넓은 뜻으로는 보통법(common law)을 가리킬 때도 있다. 영미법은 대륙법과 함께 오늘날의 자유세계 여러 나라에서 쓰이고 있는 중요한 법 계통이며, 법에 대한 사고방식이나 취급방법이 대륙법과는 아주 판이하다. 대륙법은 합리주의를 근본으로 삼고 있으나, 영미법은 역사주의적이라 할 수 있다. 또 대륙법은 법의 각 부문에 관한 법전(성문법)을 가지고 있는 데 반하여, 영미법은 판례법·관습법을 근간으로 삼고 있다. 따라서 영미법은 역사적 계속성, 곧 혁명이나 법전편찬 등에 따른 법의 발달에 단층이 없는 특색을 지니고 있다. 이 밖에 법의 지배, 배심제, 보통법, 형평성(equity)과의 이원적 발달 등이 그 특색이다.

미국은 영국법을 계수하기는 하였으나, 독립 후에 독자적인 발달을 이루어 현재는 영국법과 미국법 사이에 많은 차이점을 나타내고 있다. 한국의 법은 원래 대륙법 계통에 속하였으나, 최근에 영미법 특히 미국법에서 많은 영향을 받았기 때문에 법의 체계가 매우 복잡 다양화되었다. 이와 같은 한국법을 통일적으로 모순 없이 해석·적용해 나가야 하는 것이, 한국의 법조계나 법률가에 부과된 큰 과제라 하겠다.

대륙법계의 나라에 비하여 영국은 재판관이 상식에 의해 만드는 법을 실정법화 했다고 할 수 있다. 상식은 같은 종류의 사건에서 과거에 재판했던 내용을 조사한 판례를 의미한다.

영국은 지리적 관계로 대륙으로부터 직접적인 영향을 적게 받았고, 전통적으로 답습해 온 보수적 기질로 경험을 중시했던 결과로 분석된다.

영국에서 일어났던 시민혁명의 주장도 구체제의 테두리 안에서 반영되도록 정치적인 양보와 타협이 계속되어 왔었고, 영국의 법률가는 자신의 직업적 권위로 왕권을 제한하고 사회적 요청을 보통법에 반영시켜 주었던 것이다.

이러한 영국법은 미국이 영국의 식민지로 있을 당시부터 미국에 계수되어 미국법화되었으며, 영국으로부터 독립한 캐나다, 오스트레일리아, 뉴질랜드 등이 영미법계에 속한다. 영미법계는 판례법 위주로 되어 있으나 최근에는 성문법의 수가 증가하고 있는 추세를 보이고 있다.

한편, 최근 우리 나라 법제에서도 영미법적인 색채가 행정법을 비롯한 여러 법 분야에서 나타나고 있다.

제 4 절 자연법과 실정법

자연법이란 인간의 경험적인 근거에 의해 존립하는 시간과 공간을 초월하는 영구불변의 초경험적인 이상적인 법을 말한다. 즉 자연법은 이성에 의해 선험적으로 인식되고 정의의 이념을 내용으로 한 초실정법적인 법규범이라고 할 수 있다. 실정법이 법사회에 따라 내용을 달리하는 데 대해 자연에 기초를 두는 자연법은 불변적이며 보편적인 효력을 가진다. 그러나 실정법 이외에는 법규범을 인정하지 않는 법실증주의는 이러한 자연법의 존재를 부정한다. 자연법 사상은 고대로부터 현대에 이르기까지 여러 형태로 존재해 왔는데, 자연에 대한 관념의 차이에 따라 그 형태도 다종다양하다.

아리스토텔레스는 자연법은 항상 똑같은 효력을 지니므로 인간의 판단에 근거한 실정법의 정의와 항상 일치하는 것은 아니라고 보았다. 반면에 스토아학파는 자연법이야말로 '올바른 이성'에 맞는 완전히 평등한 법이라고 보았고, 키케로 역시 '진정한 법은 모든 인간 안에 스며있는 올바른 이성'이라고 주장했다.

중세에 들어와 자연법은 그리스도교의 교의와 결합되면서 신법(神法)과 동일시되었다. 즉 자연질서는 신의 이성인 영구법이므로 인간은 이를 따라야 하며, 자연법은 이 영구법을 따르는 것이라고 보았다. 결국 신이 정한 인간사회의 질서인 자연법은 형이상학적으로 존재하며, 인간은 실천이성을 통해 구체적으로 그 질서를 발견하게 되고 그에 따라 자연법도 발전한다고 본 것이다.

그러나 종교개혁 이후 중세 교회의 권위와 구속에서 벗어나자 자연법의 개념은 새로운 전기를 맞이했다. 즉 자연법은 인간의 이성이 만들어내는 것이며 이성에 의해 발견되는 것이므로, 인간의 사회생활을 이성적으로 분석하면 민족이나 사회 · 시대에 보편적으로 적용할 수 있는 법체계의 기반을 세울 수 있다고 믿은 것이다. 이처럼 법의 근원을 인간의 이성과 일치하는 사회 질서에서 찾으려는 시도는 신권설(神權說)에 대항하여 절대 왕정의 합리적 법률제도를 정립하는 계기가 되었다. 이러한 변화 속에서 자연법은 근대에 들어와 '자연권' 관념으로 바뀌었고, 이 자연권이 법을 창조하는 인간의 주관적 권리로 여겨졌다.

이후 자연법에 관한 논란은 실증주의적 사상의 우위와 산업사회의 발전 및 가치관의 다양화 등 여러 사상적 · 사회적 요인으로 영향력을 잃어갔다.

이에 반해 실정법은 인간이 스스로의 질서를 유지하기 위하여 인위적으로 만든 법으로서 초경험적인 성격을 지닌 자연법과 대립된 개념이며 일명 실증법이라고도 하는데 성문법 · 관습법 · 판례법 등이 있다.

근대사회에 이르러 역사적으로 인식이 가능한 창조행위(주권자의 의사, 국가 의사)가 법의 실정성으로 강조되었으며 실정법만을 법학의 연구 대상으로 하는 법실증주의에 의하여 실정법의 성질 · 구조 · 기능이 세련되어 자연법에 대립하는 개념으로 되어 왔다. 사물 또는 인간의 본성에 의거하여 성립되는 영원하고 보편적인 자연법과는 달리, 실정법은 가변성과 역사적 상대성을 특징으로 한다.

따라서 자연법은 시대와 민족과 사회 등을 초월하여 보편타당성을 가지는 초실정법 적인 정의의 법이라고 할 수 있다.

자연법은 실정법의 정당성이나 효력의 근거가 되고 있어서 실정법이 자연법에 위반되는 경우 그 효력이 부인되기도 한다.

오늘날 천부인권사상, 인간의 존엄, 생명의 가치 등을 초국가적인 불가침권으로 보는 자연법사상은 헌법, 법률 등의 실정법에 구체화되어 있다.

이러한 자연법적 관념은 고대 그리스 시대로부터 현대에 이르기까지 법률문화의 발전에 많은 영향을 미쳐 왔다.

존 로크(John Locke : 1632-1704)는 자연상태를 타인에 종속됨이 없이 자연법의 범위내에서 자기의 재산이나 신체를 처리할 수 있는 완전한 자유의 상태로 보았고,

이를 유지하기 위하여 국가가 필요하다고 하였다.

이와 같이 국가를 인간의 천부인권을 보장하기 위한 기구로 본 몽테스키외(Montesquieu)나 루소(Rousseau), 토마시우스(Thomasius)의 사상이 있다.

18세기의 시민혁명은 이성에 의해 파악된 자연법을 제시해서 구체제의 부당성을 주장하였다. 인간의 천부인권과 저항권의 사상을 자연법의 이름으로 제기하여 구체제의 부당성을 규탄하고 새로운 체제의 필요성과 그 정당성을 변호하였던 것이다.

그러나 19세기에 나타난 법실증주의는 자연법을 부정하기에 이르렀다.

자연법이란 하나의 정치성을 띤 주장을 법의 이름으로 내세우는 것이니 법학의 전당에서 추방되어야 한다고 한 것이다.

독일 나치스 시대의 악법도 실정법으로 정립된 법이니 준수하여야 한다는 법사고의 허무주의 시대를 체험한 후로는 자연법을 바르게 계승 발전시켜야 하며, 실정법이라 할지라도 악법인 경우에는 이에 저항하여야 한다는 점에서 자연법을 재인식하게 되었다.

오늘날 인간이 법학의 대상으로 삼는 것은 자연법에 근거를 두고 있는 실정법이다. 불문법이든 성문법이든 불문하고 인간을 실제로 구속할 수 있는 실정법을 해석하고 그 근본적인 이념을 탐구함으로써 인간의 정의를 실현시켜 나가고 있다.

제5절 국내법과 국제법

국내법(municipal law)은 국가의 법제정권에 의하여 국내의 사항에 관하여 제정한 법으로서 국제법(International law)에 대응하는 말이다.

근대국가는 그 권위를 스스로의 권력에 의하여 확립하고 타국에 대하여 독립을 주장하며, 영역 내에서는 최고의 지배권을 가진다. 국민은 물론 체류하는 외국인에 대해서도 지배권을 가지며, 국내법에 의하여 규제한다.

국가의 공권력의 발동·양태·기관 등에 관하여 규정한 것을 공법이라 하고, 국민 사이의 관계를 규율한 것을 사법이라 한다.

국제법은 국가간에 명시되거나 묵시된 합의를 기초로 하여 형성된 법으로서 국제공법이라고도 한다. 주로 국가 상호간의 관계를 규정하는 것으로서 최근에는 개인이나 국제조직(국제연합 등)도 국제법상의 법률관계의 당사자(국제법 주체)로서의 지위를 인정하는 사례가 많아졌다.

국제법은 국가 상호간에 명시된 합의에 바탕을 둔 조약과 여러 국가의 관행을 기초로 하여 성립되는 관습국제법으로 성립되고 있다. 조약은 그 조약에 참가한 국가밖에 구속하지 않기 때문에 현재도 국제사회 일반에 타당한 국제법은 관습국제법의 형태를 취하고 있는데, 그런 의미에서 국제법 전체 가운데서 관습국제법은 아직도 중요한 지위를 차지한다.

국제법이 법인가 아닌가에 대해서는 이론(異論)의 여지가 있다. 그러나 국제법에서도 위반사항에 대하여 전혀 제재가 없는 것은 아니다. 피해국에 의한 자조행위가 일반적으로 제재수단으로서 인정되고 있는 사실 외에 제1차 세계대전 후에는 한정된 범위 내에서이지만 국제조직(국제연맹이나 국제연합)에 의한 집합적 제재의 형태도 인정하게 되어 있다. 따라서 국제법을 법이 아니라고 할 수는 없으나, 국제사회 전체를 지배하는 권력기구가 존재하지 않기 때문에 국내법에 비하여 법의 제정·적용·집행면에서 다른 특징이 인정되고 있다.

국제법의 특징은 국내법과 같은 입법기관이 없다는 것이다. 명시된 법제정 절차를 취하는 조약은 국가의 합의에 의하는 것이어서 국가를 초월한 입법기관에 의하여 제정되는 것은 아니다. 제1차 세계대전 후 다수의 국가에 관계되는 다변적 조약(多邊的條約)에 있어서는 조약안이 국제조직에서 심의·채택되는 예가 많아졌지만, 이런 경우에도 국가의 서명 또는 비준이 없으면 조약으로서의 효력이 생기지 않는다. 이와 같이 입법기관이 없기 때문에 국제사회 전반에 적용되는 일반 조약을 제정하는 것은 매우 곤란하며, 또 현실과 조약 내용과의 사이에 차질이 생긴 경우에 그것을 조정하는 것도 쉬운 일이 아니다.

국제법의 적용에 있어서 특히 재판의 기능에 있어서도 상당한 한계가 있다. 국내법의 경우에 재판은 국가권력을 배경으로 하여 강제적으로 행해지지만, 국제법의 경우에는 분쟁당사국 쌍방의 동의 없이는 재판을 하지 못하게 되어 있다. 19세기에 일반적으로 행해졌던 것처럼 분쟁이 있을 때마다 당사국의 합의에 의해 재판관을 선정하는 중재재판의 형태를 대신하여 오늘날에는 국제사법재판소와 같은 상설적인 국제재판소가 설치되어 있으나, 이 경우에 있어 재판을 하기 위해서는 당사국의 합의가 있어야만 한다. 따라서 재판에 회부되는 것이 옳다고 여겨지는 이른바 법률적 분쟁이 재판에 회부되지 못한 채로 미해결의 상태로 남아 있는 예가 많다.

국제법의 가장 현저한 특징은 국제법의 침해에 대하여 법을 집행하는 강제적인 절차가 충분히 조직화되어 있지 않다는 것이다. 앞에서 말한 바와 같이 제재의 수단으로서 일반적으로 인정되고 있는 것은 피해국이 스스로의 힘으로 대항하는 자조행위인데, 이 수단은 상대가 강대국일 경우에는 거의 효과가 없다. 제1·2차 세계대전 후로는 각종 위법적 무력행사에 대하여 국제연맹이나 국제연합 주도에 의한 여러 나라의 협력으로 대항하는 집합적 제재의 형태를 볼 수 있게 되었다. 그러나 집합적인 제재라 하더라도 각국의 협력을 기초로 하는데다가 상대가 강대국인 경우에는 세계전쟁으로 발전할 위험이 있기 때문에 많은 나라가 주저하는 일이 보통이어서 제재면에서 크게 기대할 수는 없다.

이와 같이 국제법은 국내법과 비교해 볼 때 권력적 요소가 희박하고 실효성이 없다고는 하나, 여러 나라의 관계를 합리적으로 조정하기 위해서 없어서는 안 될 규범으로서 일반적으로 인정받고 있다. 실제로 잘 준수되고 있다는 점에서는 국내법과 별로 다름이 없다.

19세기 이전의 국제법은 국가간의 극히 한정된 정치관계만을 규정하는 것이었고, 또한 당시의 절대주의 체제의 영향을 받아 국제분쟁을 재판으로 해결하는 일은 거의 없었다. 그러나 19세기에 들어와서 산업혁명에 의한 국제무역의 발전과 교통기관의 급속한 발달에 따라 국제관계는 긴밀해졌고, 국제법의 내용은 비약적으로 충실해졌다. 먼저 주목되는 것은 조약의 수가 눈에 띄게 많아졌다는 사실이다.

1815년부터 1924년에 걸쳐 체결된 조약의 수는 1만 6,000에 달하고 있다. 더욱이 통상·영사직무, 범죄인의 인도, 우편·전신·철도·저작권·공업소유권 등 국민상호의 교류를 규정하는 상업적·행정적·기술적인 성격의 조약이 점차로 많아졌다. 또한 다수의 국가가 참가하는 다변적 조약이 많이 체결된 것도 19세기에 들어와서 나타난 특징이라고 할 수 있다. 국제재판도 1794년의 '제이 조약'에 의하여 미국·영국 간의 분쟁이 해결된 것을 시작으로 그 후 점차 많아졌다.

한편 국제법은 제1·2차 세계대전을 계기로 한층 새로운 전개를 보이고 있는데,

그 하나가 일정한 전쟁의 위법화가 제도적으로 확립되었다는 점이다. 제1차 세계대전 이전에는 전쟁은 국제분쟁을 해결하는 최후의 수단으로서 일반적으로 합법성이 인정되었다. 그러나 제1차 세계대전 후 분쟁해결을 위한 전쟁은 점차 금지하도록 되었다. 또 하나 주목되는 것은 인권의 존중이 국제법에서 거론되어 1966년에 국제인권규약이 국제연합 총회에서 채택된 일이다. 국제법이 국내문제를 규정하는 경향은 최근에 한층 강해졌다고 할 수 있다.

여기서 국제사법(涉外私法)은 국제법이 아니라 국내법의 일부로 보고 그 문제를 해결하고 있어 절차상의 어려움이 있으나 사실상 국제법이다.

따라서 UN을 주축으로 정치적 이해관계로 효력을 가지게 되는 국제법은 국제공법으로서 상사분쟁의 해결과는 상당한 거리가 있다고 할 수 있고, 다만 경제적 이해로 성립되는 Incoterms1990 이나 화환신용장통일규칙과 같은 국제관습은 당사자합의를 바탕으로 하는 국제사법상의 국제법이라 할 수 있다.

국제 상거래상의 계약적 성격을 지니고 있는 사건은 국제공법의 범위 내에서 국제사법상의 국제법의 적용을 받고, 그 분쟁을 해결하고 있을 뿐이다.

국제공법으로서 국제법은 그 권리 · 의무의 주체가 국가가 되므로 여기에 관련된 분쟁은 주로 유엔의 정치적 협상 또는 유엔의 국제사법 재판소에 의해서 해결되어야 할 문제이다.

그러나 국제사법상의 국제법의 권리 · 의무의 주체는 개인이나 기업이 주로 되며 국가는 상행위로 관련되었을 때만이 예외적으로 인정받고 있다.

여기서 국제공법상의 국제법과 국내법의 차이점을 정리하면 다음 3가지로 지적된다.

첫째, 법의 연원 : 국내법은 한 국가에 의해서 제정-승인된 단독의사임에 반하여 국제법은 국가간의 명시적 혹은 묵시적 합의이다.

둘째, 법의 주체 : 국내법은 국가와 그 아래에 있는 국민과의 관계 또는 개인상호간 의 관계를 규율하나 국제법은 국가간의 관계를 규율한다.

셋째, 법의 적용 : 국내법은 국내법원이 이를 적용하고 그 판결에 따라서 법규를 강행하는 집행기관이 있으나 국제법에서는 외교관계, 국제중재 또는 국제재판에 의하여 해결하며 이를 강행하는 집행기관이 존재하지 않는다.

4
chapter

법의 분류와 효력

인간은 사회질서를 확립하기 위하여 여러 가지의 실정법을 만들어 놓고 있다. 그 중에서 국가와 개인의 생활관계를 규율하는 공법과 개인 상호간의 권리·의무 관계를 규율하는 사법이 있다. 공법은 개인에 대한 국가의 우월적 지위를 보장하며 국가의 권력행사를 위한 국민에 대한 통제를 목적으로 하지만 사법은 이러한 공법질서에서 개인들에게 맡겨진 영역이라고 할 수 있다. 한 국가의 헌법, 행정법, 형법과 같은 실체법과 민사소송법, 형사소송법 및 행정소송법과 같은 절차법은 그 국가의 공법으로서 원칙상 그 국가의 영토로 제한하여 효력이 있지만, 국제사회에는 별도의 조약이나 협정과 같은 약정이 없으면 그 효력을 인정받기가 어려운 실정이다.

따라서, 국내 또는 국제사회는 공익성 질서유지에 필요한 법률이 요구되며, 이러한 공법의 실현과 운영을 국민 개인들의 자치적 활동에 맡겨 개인의 법적 지위와 재산관계를 규정할 사법이 필요하다.

법이란 보는 시각에 따라 여러 가지로 분류할 수 있으나 일반적으로 인간이 사회질서를 유지하기 위하여 인위적으로 만든 실정법을 말하며, 실정법 이외의 상식적인 내용을 자연법이라 한다.

실정법은 법의 적용대상과 범위, 내용, 절차, 효력에 따라 국내법과 국제법, 공법과 사법, 실체법과 절차법, 성문법과 불문법, 민사법과 형사법, 사법법과 행정법, 일반법과 특별법, 강행법과 임의법, 원칙법과 예외법 등이 있다. 법의 상호관계를 쉽게 이해할 수 있도록 그림으로 그려보면 다음 〈그림 4-1〉과 같다.

〈그림 4-1〉 실정법의 분류

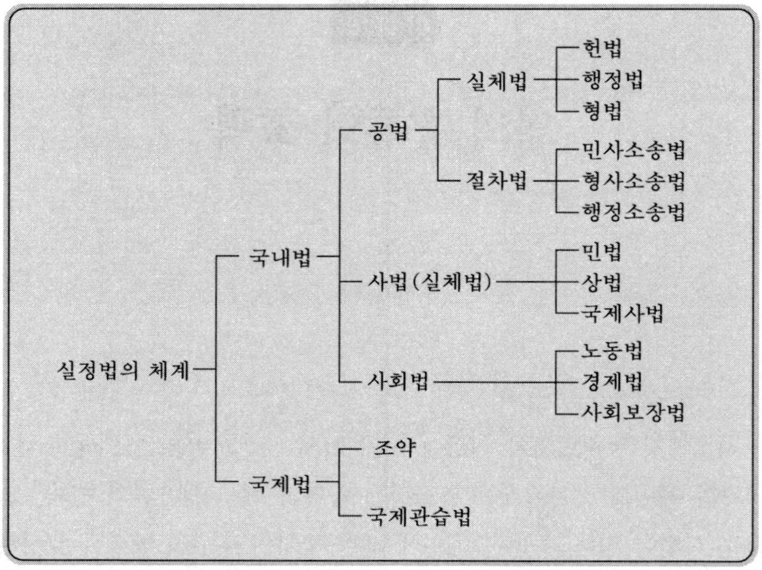

제1절 공법과 사법

법질서는 원칙상 공법과 사법의 2원적 구조로 되어 있다.

공법은 국가와 개인간의 관계를 규율하는 수직질서를 나타내고, 사법은 개인들 상호간의 관계를 규율하는 수평질서를 보이고 있다.

공법은 개인에 대한 국가의 우월적 지위를 보장하며, 동시에 국가의 권력행사에 대한 통제를 목적으로 한다. 사법은 그러한 공법질서에서 개인들에게 맡겨진 영역이라고 할 수 있다. 비록 개인들의 자유의사를 기본으로 하여 사적자치가 인정되나, 사적자치도 엄연히 법적 질서 안에서의 자치일 뿐이다.

민법은 흔히 사법이라고 말한다. 그러나 민법 자체가 사적으로 만들어진 것은 아니다. 민법도 다른 법률들과 마찬가지로 국민의 총의로서 제정된 것으로서 각 개인들에 대하여 우월한 효력을 행사한다. 민법의 여러 기본 원칙, 즉 소유권 절대의 원칙, 과실책임의 원칙, 계약자유의 원칙은 모두 강행적 규율이다. 개인들이 마음대로 그러한 원칙을 수정할 수 없다. 다만 계약 자유의 원칙에 따라서 민법은 개인의 법적 지위와 재산관계를 개인의 의사에 의하여 변동, 성립시킬 수 있다. 바로 여기에 사적자치의 성격이 있다.

국가의 합법적 명령은 그 자체로 유효하다. 물론 사후에 그 효력을 부정할 수 있지만, 국가의 명령을 개인이 단순한 자신의 자의로서 거부할 수는 없다. 그 경우, 국가는 자신의 명령을 직접 실현할 수 있다. 즉 강제 집행할 수 있다. 그 강제집행은 유효한 법의 집행이다. 국가의 합법적 명령, 즉 일방적 권력행위는 입법, 사법, 행정의 명령으로 구분된다. 법률의 명령, 판결의 명령, 행정처분의 명령 등은 그것이 타방 개인의 의사와는 무관하게 유효하다.

반면에 개인 상호 간의 명령은 그 자체로 유효하지 않다. 일방의 타방에 대한 명령은 타방의 승인(많은 경우 반대급부라는 매개과정을 동반하지만)을 통하여 유효하게 된다. 타방의 승인, 자유의사에 의한 승낙이 없을 경우, 일방의 명령은 아무런 법적 효력도 발하지 않는다. 일방이 타방의 거부의 의사에도 불구하고 자신의 명령을 강제로 실현하는 것은 법의 집행이 아니라 불법적 폭력에 지나지 않는다.

이와 같은 입법, 사법, 행정의 관계, 즉 국가작용과 개인간의 관계를 다루는 것이 공법이다.

사법질서에서의 법률관계들은 원칙적으로 당사자들의 의사 즉 법률행위에 의하여 정해진다. 사람들은 자신의 경제적 이해관계와 신분적 지위에 대하여 자유의사로 결정해 나갈 수 있다. 그 영역에서 공적 권위가 간여할 부분은 오직 그러한 당사자들의 의사가 그대로 실현될 수 있도록 도와줄 뿐이다.

예컨대 공무원 임용에서는 당사자의 의사보다 국가의 임명행위가 보다 본질적이다. 국가의 임명이라는 행정처분은 비록 당사자의 신청을 조건으로 하고 있지만 당사자의 의사에 구속되는 것은 아니다. 반면에 부동산 소유권의 취득에 필요한 등기는 비록 행정행위이기는 하지만 이는 당사자의 의사에 구속된다. 공무원임용의 행정행위가 유효한 것은 당사자의 의사보다는 국가의 의사에 의하여 결정되었기 때문이고, 반면에 등기가 유효한 것은 국가의 의사보다는 당사자의 의사에 의하여 결정된 사항이기 때문이다.

공법(公法: public law)은 넓은 의미에서 헌법, 행정법, 형법, 소송법 등을 말하나 좁은 의미에서는 헌법과 행정법 및 행정소송법을 지칭한다.

좁은 의미의 공법관계에서 제기되는 소송이면 행정소송이 되고 민사소송과는 달리 행정소송법에 따라 직권에 의한 증거조사가 행해지며 이에 적용되는 소송절차도 다르다.

일반적으로 학자들은 공사법의 구별을 다음 3가지 학설로 주장하고 있다.

1. **이익설**; 국가의 지위와 공익을 목적으로 하는 법은 공법이고, 개인의 지위와 이익에 관한 법은 사법이라는 설
2. **주체설**; 권리·의무의 주체가 국가인 것을 공법, 사인인 것을 사법이라고 하는 설
3. **법률관계설**; 명령복종의 권력관계에 관한 법이면 공법이고, 대등한 자 사이의 법률관계는 사법이라는 설

공법과 사법의 구별은 고대 로마법시대로 소급하여 분류하기도 하지만 오늘과 같은 내용의 공사법의 구별은 국가와 시민의 지위가 명확하게 구분되었던 근대에 와서다.

로마법을 공법과 사법으로 구별하기도 하는데 그것은 이미 당시의 로마법이 시민사회적인 성격을 띠고 있었기 때문이다.

게르만은 시민사회가 아니었기 때문에 게르만법에는 공법과 사법의 구별이 없었으며, 영미법에는 행정재판제도가 따로 없는 것으로 보아 역시 공법과 사법의 구별이 인정되지 않음을 알 수 있다.

이것은 영미법계가 대륙법과는 다른 법 발전을 해 왔던 결과이지 영미가 시민사회가 아니라서 그런 것은 아니다.

동양의 중국법제에서는 형벌이 일찍부터 공적성격을 띤 법으로 나타났었는데 이것은 국가권력을 배경으로 한 공법의 일부로서 형법을 인정했다고 볼 수 있어 오늘의 사법에 대응하는 공법은 아니라고 할 수 있다.

우리 나라도 중국과 비슷한 입장을 보이고 있다. 그것은 시민의 지위를 인정하는

상태는 아니었으므로 공법과 사법의 구별은 없는 것으로 판단된다.

그러나 시민사회는 자본주의 경제와 함께 생성되어 사법의 원리로 작용했다고 할 수 있다. 당사자의 사법적인 법률관계에도 국가가 개입하게 되었고, 사법의 영역에도 공법적인 요소가 가미되었다.

계약의 자유, 소유권의 자유, 또는 과실책임이라 하는 사법상의 원리는 여러모로 제약을 받지 않을 수 없게 되었다. 이러한 현상에서 법질서는 국가질서와 사회질서로 이원화된다. 즉, 국가질서에 대한 법이 공법이고, 사회질서에 대한 법이 사법으로 구분되었다. 국가질서에 대한 법률관계는 국가나 그에 준한 공공단체와 개인의 관계로서 사법관계에 비해 자율성이 떨어지고 공익성이 우선하며, 배분적 정의에 치중된다.

그러나 사인간의 법률관계는 대등한 자유의사의 주체로서의 관계이고, 각자 자신의 이익을 추구하는 경쟁의 관계이다.

따라서 공평한 자유경쟁이 가장 핵심적이기 때문에 평균적 정의에 치중하게 된다. 사법관계에는 사적자치가 원칙적으로 보장되어야 한다. 국가는 개인의 자유경쟁의 질서인 사법관계에는 개입하지 아니하는 것을 이상으로 해왔다.

사인간의 분쟁도 당사자의 합의를 통해서 중재로 해결할 수 있으며, 중재합의가 있는 경우 사법기관인 법원서도 개입을 할 수 없도록 되어 있다(민소법 제 234조 2항). 국가나 공공단체라 할지라도 이익을 위한 상거래에서 계약의 주체로 등장할 때는 사법의 적용을 받는다. 국가가 계약을 위반하거나 채무를 이행하지 아니하면 중재판정을 받거나 법정에서 사인과 마찬가지로 재판을 받게 되고 강제집행도 당하게 된다.

하지만 자본주의 경제가 발전되면서 경제적 약자와 강자의 대립, 또는 노사간의 대립 등의 사회적 모순이 나타났고, 이를 시정하기 위하여 국가는 사권 특히 소유권과 계약의 자유에 대한 새로운 공법적 제한이 요구되어 사법적 생활 영역에 공법적 제재를 가미한 사회법을 제정하였다.

사회법은 국가의 사회정책, 노동정책, 경제 정책적 입법으로서 공법이나 사법도 아닌 공법과 사법의 중간적 성향을 지니고 있으며 노동법, 경제법, 사회보장법 등이 있다.

노동법은 노동자의 근로조건개선, 자주적 노동 운동의 보장, 근로자들의 생활수준의 향상을 위해 제정된 근로기준법, 노동조합법을 말하고, 사회보장법은 국민 모두가 최소한의 인간다운 생활을 영위할 수 있도록 사회 정책적인 차원에서 제정한 법으로 사회보장기본법이 있으며, 경제법은 독과점 기업에 대한 규제, 정의 사회의 실현, 균형 있는 국민 경제의 발전을 위하여 필요한 범위 안에서 경제를 규제·조정할 목적으로 제정된 독점 규제 및 공정 거래에 관한 법률 등이 있다.

※ 사회보장기본법

사회보장에 관한 국민의 권리와 국가 및 지방자치단체의 책임을 정하고 사회보장제도에 관한 기본적인 사항을 규정함으로써 국민의 복지증진에 기여함을 목적으로 제정된 법률. 1995년 12월 30일 법률 제5134호로 제정되었다. 이로써 사회보장에 관한 법률은 폐지되었다. 전문 4장 35조와 부칙으로 되어 있다. 제1장은 총칙으로 사회보장기본법의 정의 및 국가나 지방자치단체의 책임 등에 관한 내용이고 제2장은 사회보장을 받을 권리 등이 규정되어 있다. 제3장은 사회보장심의위원회, 제4장은 사회보장제도의 운영 등으로 되어 있다. 이 법은 모든 국민이 인간다운 생활을 할 수 있도록 최저생활을 보장하고 국민 개개인이 생활수준을 향상시킬 수 있도록 제도와 여건을 조성하여 그 시행에 형평과 효율의 조화를 기하여 복지사회를 실현하는 것을 기본이념으로 한다.■

–§ 공권 · 사권 · 사회권 –

① **공권** : 헌법이나 형법과 같은 공법에 의해 발생되는 권리이다.

* 국가적 공권 : 국가 및 기타 공공 단체가 가지는 권리이며, 국가 권력의 작용에 따라 입법권, 행정권, 사법권으로 구분할 수도 있고, 국가적 목적을 기준으로 경찰권, 형벌권 등으로 구분할 수도 있다.
* 개인적 공권 : 국민이 가지는 권리로서 헌법에 보장된 자유권, 평등권, 참정권 등이다.

② **사권** : 사법에 의해 사적 법률관계를 바탕으로 인정되는 권리인데, 권리의 내용에 따라 인격권, 신분권, 재산권 등으로 분류된다. 인격권 신체·생명·자유·명예 등과 같이 인간과 끊을 수 없는 것을 말하고, 신분권은 친자·부부·친족과 같이 신분에서 나오는 권리이며, 재산권은 경제적 가치가 있어서 거래의 대상이 되는 권리로서 물권, 채권, 저작권 같은 무체재산권(無體財產權) 등을 포함한다. 참고로 사원

권이란 사단법인의 구성원인 사원이 그 법인에 대해 가지는 포괄적 권리인데, 주식회사에서의 주주권이 대표적이다.

③ **사회권** : 자본주의의 고도화에 따른 심각한 폐해와 빈부 격차 및 계급 대립의 격화를 완화하기 위해 등장한 권리이다. 사회권적 기본권을 비롯하여 노동법상의 권리, 사회 보장법상의 권리, 경제법상의 권리 등이 있다.

제 2 절 실체법과 절차법

실체법은 권리·의무의 내용, 성질, 주체, 객체, 발생, 변경, 소멸 등을 규정하는 법이고, 절차법은 권리·의무를 실현하는 절차, 즉 권리·의무의 행사, 보전, 이행, 강행 등을 규율하는 법을 말한다.

따라서 헌법, 민법, 형법, 상법 등은 권리·의무관계의 실체를 규정하는 법이므로 실체법이 되고 민사소송법, 형사소송법, 행정소송법과 같은 소송법과 파산법, 부동산 등기법 등은 모두 절차법으로 분류된다.

그러나 민법이나 형법의 속에도 절차에 과한 법규내용이 있는가 하면 소송법과 같은 절차법 속에도 실체성 법규가 들어 있어 분명한 구별은 어렵다.

실체법에서 아무리 권리·의무관계를 엄격히 규정하고 있더라도 이를 운용하여 그 권리관계를 실행하고 표현하는 절차법이 없으면 유명무실한 권리에 불과한 것으로 되기 때문에 실체법과 절차법은 서로 밀접한 관계를 가지고 있어 소송법은 실체법에 종속하는 법이라 할 수 있다.

벤담(J. Bentham, 1748-1832)이 실체법을 주법(Principal code), 소송법을 보조법(Accessary Law)이라 한 것도 이러한 관계를 말해 주고 있다.

소송법은 국가기관인 법원과 당사자 사이의 관계를 규제하는 것이므로 앞에서 언급한 공법과 사법을 구별하는 입장에서는 공법에 속하면서도 민소법의 당사자 처분주의를 고려하면 사법적인 내용을 나타내고 있다.

따라서 절차법의 내용을 어떻게 정하느냐에 따라 실체법의 효력이 좌우될 수도 있기 때문에 실체법이 살아있는 법으로서 작용하려면 절차법을 떠나서 생각할 수 없다.

실체법과 절차법의 관계는 다음과 같다.

1. 실체법이 존재하지 않을 때는 이를 이유로 재판을 거절할 수 없으나, 절차법이 존재하지 않을 때는 재판을 개시하거나 진행할 수 없다.
2. 법률효력 불소급의 원칙은 실체법에 있어서 원칙이며 절차법에 있어서는 특별한 규정이 없는 한 새로운 신절차법이 적용된다. 그 이유는 절차법은 권리 · 의무의 실질에 관한 것이 아니기 때문에 신법을 적용하더라도 법 주체간의 권익을 침해할 우려가 없기 때문이다.

제3절 일반법과 특별법

일반법과 특별법은 법의 적용을 받는 사람, 장소, 사항에 대하여 법의 효력 범위가 일반적인가 또는 특수적인가를 기준으로 구별된다.

예컨대 사람을 표준으로 하여 국민 일반에게 적용되는 민법 · 형법 등은 일반법이며, 특정인인 공무원이나 근로자 등에 대해서는 국가공무원법과 근로기준법이 각각 특별법으로 적용된다. 장소에 관한 특별법으로서는 지방자치단체란 한정된 지역에 적용되는 자치법규가 있다. 그리고 사항에 관한 특별법으로서는 재산거래 중에 상행위란 비교적 좁은 범위에 적용되는 법으로서 상법은 민법에 대해 특별법의 지위에 있다.

일반법과 특별법의 구별은 절대적인 것이 아니라 상대적인 것이다. 예를 들면 상법은 민법에 대해 특별법이지만 은행법, 보험법, 어음법에 대해서는 일반법이다.

이러한 구별은 법령 상호간의 관계에 있어서 뿐만 아니라, 한 조문중의 각 조항 사이에도 있다.

일반법과 특별법을 구별하는 실익이나 필요성은 법 적용의 순위를 정하는데 있다. 즉 특별법은 일반법에 우선한다는 원칙 때문이다.

상거래에 대해서는 민법보다 상법이 우선적으로 적용하고 상법에 규정이 없는 경우에 한하여 보충적으로 민법을 적용한다.

제4절 강행법과 임의법

법의 효력이 당사자의 의사 여하를 묻지 않고 강제성을 띤 법을 강행법이라 하고, 그렇지 아니한 법을 임의법이라고 한다.

예컨대 「신용장 조건에 별도의 명시한 바가 없으면 은행은 다음 선적서류를 수리한다」고 할 때에 「별도의 명시한 바가 없으면……」이라고 하는 것은 임의법이다. 따라서, 헌법, 행정법, 형법, 소송법 등 공법의 대부분은 강행법에 속하며 민법, 상법 등 사법의 대부분이 임의법에 속한다.

그러나 공법이라고 해서 모두 강행법은 아니다.

예컨대 민사소송법은 공법에 속하지만 제 1심의 재판관할에 대하여 당사자 합의로 정할 수 있으므로 임의법규이다.

그리고 민법은 사법이지만 내용가운데 권리능력, 행위능력 또는 상속에 대한 규정은 강행규정이다.

강행법인가 임의법인가의 구별은 법문내용 가운데 "다른 의사가 없으면"이라고 되어 있으면 임의법규이고 "…하여야 한다" "…하지 못한다"로 되어 있으면 강행법규이다.

그러나 명문의 규정으로 직접 또는 간접의 표시가 없을 때에는 공익을 위해서 설정한 것이냐?,거래의 안전을 위해 필요 불가결한 것이냐?, 경제적 약자를 보호하기 위한 규정이냐 하는? 점과 그 규정의 취지나 사회실정을 고려해서 강행성 여부를 판단하여야 한다.

강행법은 효력규정과 명령규정으로 나눌 수 있다.

효력규정이란 규정에 반하는 행위의 효력이 무효가 되거나 불완전하게 되는 강행법이며, 명령규정은 규정에 반하는 행위는 유효하지만 제재나 불이익을 받게 되는 강행법이다.

임의법은 보충규정과 해석규정으로 나눌 수 있다.

보충규정은 당사자가 당해 규정과 다른 의사를 정하지 않았을 때에 적용되는 규정이고, 해석규정은 당사자의 의사가 표시되었지만 그 내용이 불명확해서 다툼이 생길 때 당사자의 의사를 보다 분명히 하기 위해서 해석하도록 정해진 규정이다.

그러나 무엇이 보충규정이고 해석규정인지를 구분하기가 실무상 어려운 문제이다. 독일민법에서는 임의법규에 관한 용어를 구분하고 있지만, 우리 민법에서는 그렇지 않으므로 해당규정의 입법이유나 사회적 수요를 따져서 결정할 문제이다.

제5절 법의 효력화

법은 현실사회에서 작용하는 살아있는 사회규범으로 존재하여야 한다. 어떤 특정의 법이 특정한 사회에서 실제로 그 기능을 발휘하는 것을 법의 실정성이라 하고, 실정성을 구비한 법을 실정법이라고 한다. 법이 효력이 있다고 하는 것은 타당성과 실효성을 필요로 한다. 타당성은 논리성의 요청이고, 실효성은 힘의 요청이기도 하다. 법의 효력은 사람, 장소 및 시기 등 세 가지 면에서 논할 수 있다.

1. 사람에 관한 효력

사람에 관한 법의 효력에 관해서는 속지주의와 속인주의를 원칙으로 적용한다. 한나라의 법령은 국민주권에 대한 대인고권의 발동으로 국민이 자국 안에 있거나 다른 나라에 있거나를 불문하고, 그 국민전체에 적용되는 원칙을 속인주의라 한다.

그러나, 국가의 대인고권은 다른 나라의 영토 고권과 경합하여 다른 나라 안에 있는 자국민에 대하여 자국법을 적용하기가 곤란한 경우가 있다.

국가 대 국가의 관계는 상호주의 원칙이 적용되므로 다른 나라에 있는 자국민을 타국법에, 자국에 있는 타국민을 자국법에 속하게 하는 일이 많다.

즉, 자국의 영토 내에 있는 사람이면 모두 자국법을 적용시키는 원칙을 속지주의라 한다.

이 두 원칙이 상치될 때에는 영토고권이 대인고권에 우선한다는 원칙 때문에 속지주의가 우선하게 된다. 단, 다음 몇 가지에 있어서 예외적인 경우가 있다.

첫째로 국제법상 특수한 신분을 가진 외국인(외국의 원수, 외교사절 및 그 가족과 수행원, 일정한 책임 있는 지휘자의 인솔하에 있는 군대 등)은 체류국의(거주성을 불문하고) 법을 적용받지 아니하고 본국법의 적용을 받는다. 이것을 치외법권이라 한다.

둘째로 참정권, 청원권, 병역의무 등 공법상의 권리・의무는 국민의 기본적 지위에 근거한 것이므로 역시 체류국의 법이 적용되지 않는다.

셋째로 내란죄, 통화에 관한 죄, 유가증권, 우표・인지에 관한 죄에 대하여는 자국의 영역 밖에서 그 죄를 범한 외국인에게도 자국의 형법을 적용한다(우리 나라 형법 제 5조).

2. 시기에 관한 효력

법의 효력이 언제부터 언제까지 유효한가 하는 시기에 대해서는 다음의 원칙에 근거한다.

1) 법의 시행과 불소급의 원칙

성문법은 제정・공포된 후 일정한 주지기간을 지나서 시행하는 것이 원칙이다. 별도규정이 없는 한 법률은 공포한 날로부터 20일이 경과함으로써 효력이 발생한다. 법령에 따라 공포한 날로부터 효력이 발생하도록 하는 예외적인 경우도 물론 있다.

따라서 공포일과 시행일 사이에 여유를 두는 기간을 주지기간 이라 하고, 법은 시행일로부터 폐지하는 날까지 효력을 가지며 그 기간을 시행기간이라 한다.

주지기간을 두는 것은 법치주의 요청인 예측가능성을 보장하려는데 있다. 그래서 사후입법 또는 소급입법은 원칙으로 금지된다(헌법 제 13조).

이것은 어떠한 법이든 시행기간 중에 생긴 사항에 대해서만 적용되고 시행기간 전후에 생긴 사항에는 적용되지 않는다는 원칙이다.

만일 법의 소급효를 인정한다면 법적 안정성을 헤치고, 국민에게 불안감과 법에 대한 불신감을 일으키게 할 염려가 있기 때문이다.

민법과 상법에서 사후입법이 일부 허용되기도 하지만, 그것은 예외적인 것으로서 기득권을 침해하거나 그밖에 불이익을 과하는 사후입법은 인정되지 아니한다. 그리고 형사법에서도 사후입법은 죄형법정주의의 원칙에 따라 인정되지 아니한다.

그런데 여기에서도 국내외 역사를 돌이켜 볼 때 극히 드문 일이지만 예외는 있었다.

1948년 제헌당시에 헌법부칙에 의해 해방 전 일제하에서 반민족적 행위를 한 자를 처벌케 했던 사례가 있었고, 1960년 4·19 의거 및 1961년 5·16 혁명을 계기로 반민주, 반혁명 및 용공행위자를 사후입법으로 처벌한 적이 있었다.

그리고 세계 제 2차 대전후 연합군이 제정한 국제사법재판소 조례에 의해 일본과 독일의 전쟁범죄자를 인류문명의 이름으로 단죄해야 할 범죄행위자라고 규탄하며 처벌했었던 사례가 있었다.

2) 법의 폐지

법의 폐지는 법이 갖고 있던 효력을 소멸시키는 것을 뜻하며, 이를 명문규정에 의한 명시적 폐지와 그렇지 아니한 묵시적 폐지가 있다.

명시적 폐지는 시행기간을 미리 정한 경우(기한부 입법)에 시행기간이 경과하였거나, 입법기관에서 폐지결의를 하였거나, 신법을 제정하거나 또는 일부를 개정할 때에 생긴다.

묵시적 폐지는 법의 규정이 신법에 저촉되거나 특별법에 의하여 일반법의 조문이 사문화되는 경우와 사회실정이나 관습과의 괴리 때문에 사문화되는 경우이다.

그리고 불문법의 소멸시기는 성문법의 명문규정에서 그것을 정하거나, 또는 불문법과 양립될 수 없는 성문법이 제정된 때로 보아야 할 것이다.

법의 시에 관한 효력에 대하여 "신법은 구법을 개폐한다."라든가 "일반적 신법은 특별적 구법을 개폐하지 못한다."라는 원칙들이 있다.

3) 경과규정

구법이 폐지되고 신법이 시행됨에 따라 법적용의 문제를 해결하기 위하여 제정되는 법률을 경과법이라 한다.

동일한 한 개의 사항이 법의 시행 전후기간에 발생한 때에는 신·구의 양 법이 모두 한 개의 사항에 적용되는 불합리한 결과가 발생할 수가 있다.

이러한 경우 신·구 양법에 해당하는 사항 등에 대하여 그것을 어떻게 무슨 법을 적용하느냐에 관한 특별한 규정을 경과규정이라 한다.

이러한 경과규정은 어떤 법령이나 법령 끝에 부칙이란 이름으로 정해지는 것이 대부분이다.

3. 장소에 관한 효력

법이 어떠한 지역범위로 한정해서 적용되느냐 하는 법의 공간적 효력을 말한다. 한 국가의 법은 그 국가의 통치권이 미치는 영토, 영해 및 영공에서 일반적으로 효력이 있으며 외환관리법에서는 거주자와 비거주자로 구분하여 법을 적용하고 있다.[1)] 자기 나라의 국민이건 외국인이건 또는 무국적자이건 모든 사람에게 법의 효력이 미치는 것을 원칙으로 한다. 다만 국제법상 치외법권에 의해 한 나라 안에서도 그 나라의 법이 적용되지 못하는 경우나, 반대로 한 나라의 법이 장소에 불문하고 다른 나라의 영역 안에 있는 자국의 군함에 대해 적용되는 경우가 예외적이다.

공해상의 선박도 기국법(旗國法)에 따라 국기를 게양한 나라의 영토의 연장으로 보고 동 선박이 공해상에서 취득 또는 채취한 수산물이나 공물은 모두 국기를 게양한 국가의 자산으로 귀속된다.

1) 거주자·비거주자 외국환관리법 및 소득세법상 법의 적용범위를 정하기 위하여 설정된 개념. 국적에 의한 구별과는 반드시 일치하지 않으며 한국의 외국환관리법에 의하면 거주자란 국내에 주소 또는 거소를 둔 자연인, 국내에 주사무소를 둔 법인, 비거주자의 국내지점·출장소 기타 사무소이다. 거주자 이외의 모든 자연인과 법인은 비거주자로, 국적상 한국인이라도 외국에 생활의 근거가 있으면 비거주자이고 외국인이라도 국내에 생활 근거가 있으면 거주자로 된다. 외국환관리법의 적용은 그 대상이 거주자인가 비거주자인가에 따라 크게 달라진다. 거주자의 경우에는 비거주자와의 사이에서 이루어지는 모든 거래 혹은 거주자 상호간에 있어서도 외화표시증권의 거래가 규제되는 데 비하여, 비거주자의 경우에는 그들이 행하는 원화의 거래에 대해서만 외환관리법의 규제를 받을 뿐이다.

5
chapter

법의 해석과 권리의무

사람은 법을 통하여 권리와 의무를 가지며 이를 행사하고 실현한다. 그러나 종교나 도덕에는 의무사항은 있지만 권리규정이 없다.

인간의 법적 권리구제는 소송을 통해서 가능하다. 그리고 상대방의 부당한 법적 요구는 역시 법을 통해서 항변을 하여야 한다. 이와 같은 당사자의 주장에 대하여 법관은 관계법을 해석하여 구체적 사건에 적용하여야 한다. 법의 해석은 객관적이어야 하지만 사안에 따라서 유권해석과 법리해석과 같이 법을 해석하는 사람의 주관적 시각에 많이 좌우될 수 있다. 본 장에서는 지금까지 확립된 법률해석의 원칙과 권리·의무에 대한 법률상의 특성을 설명하였다.

제1절 권리와 의무

로마에는 "누구나 생각하는 것만으로는 벌을 받지 않는다"는 말이 있고, 독일 격언에는 "사상에는 세금이 붙지 않는다."는 말이 있다. 이는 법이 개인의 마음속에 관여하지 말라는 의미를 지닌 것이라고 볼 수 있다. 우리 나라 헌법 제 19조에도 "모든 국민이 양심의 자유를 가진다"고 함으로써 인간의 양심이 외면적 행위로 나타나지 않는 한 실정법이 간섭할 바가 아니라는 것을 인정하고 있다. 즉, 마음과 생각을 떠나 다른 사람에게 피해를 입히지 않으면 그에 따른 책임과 의무가 발생하지 않으므로 권리도 발생하지 않는다는 것이다.

종교나 도덕에서는 종교적 의무나 도덕적 의무는 있지만, 그 의무에 대응하는 종교적 권리나 도덕적 권리는 없기 때문에 도덕에는 제재가 없으나 법은 타율성을 지니며 제재가 있다.

성경에서 「원수를 사랑하고 여러분을 박해하는 사람들을 위해 기도하시오」라는 문구는 찾을 수 있으나 원수와 박해하는 사람이 나를 사랑하고 나를 위해 기도해 달라고 청구할 수 있는 권리는 찾을 수 없다.

관습에서도 이웃으로부터 인사(대접)를 받으면 자신도 이에 상응하는 인사(대접)를 하여야 한다는 의무는 있으나, 인사(대접)를 했으니 너도 인사(대접)를 하라는 청구를 할 수 있는 권리는 없다.

또한 도덕규범에서 어린이는 어른을 공경(효행)할 의무는 있지만 어린이는 자신의 공경(효행)행위에 대한 어떤 반대급부를 청구할 권리는 없다.

따라서 법은 권리와 의무를 원칙으로 하지만, 법 이외의 사회규범은 의무를 원칙으로 할뿐이다. 권리의 개념은 사법의 영역에서 인정되었으며 사법 이외의 영역에서는 분명치 않다. 공법상 권리는 국가가 사인에 대하여 갖는 공권과 사인이 국가에 대하여 갖는 공권으로 분류된다.

형벌권, 경찰권, 재정권은 국가가 사인에 대한 권리로 볼 수는 있으나 이는 오히려 권력 또는 권한을 뜻하는 경우가 많다. 그리고 참정권, 수익권, 자유권은 헌법에서 보장되어 있는 권리로서 사인이 국가에 대하여 가지는 기본적 인권이다. 기본적 인권이란 인간으로서 살아가기 위해 당연히 누려야 하며, 국가의 구성원으로서 활동하기 위하여 누려야 할 자유와 권리이다.

이러한 권리는 인간이 태어날 때부터 누구에게도 양보할 수 없는 천부의 권리로 이해하는 것이 근대 인권의 사상이다. 그것은 인간의 존엄과 가치의 존중이라는 데서 나온 사상이기도 하였다. 국가라는 것도 천부인권을 누리기 위하여 사람들 사이의 합의에 의하여 성립한 것으로 보고 있다.

따라서 모든 법률이 지향하는 최고의 이념은 인권의 존중에 있다. 개인의 존엄성과 행복을 추구하도록 헌법에 규정된 인권의 내용을 보면 우선적으로 평등권을 들 수 있다.

모든 인간이 법 앞에 평등을 실현하지 않고는 봉건적 특권계급의 시대에서 벗어날 수가 없기 때문이다. 이러한 관념은 중세의 신 앞에 평등이란 사상이 근대에 이르러 자연법 적인 인간존엄 이란 사상으로 정립된 것이다.

현대법제에서 모든 국민은 법 앞에 평등하며 사회생활에서 인종, 신앙, 성별, 사회적 신분에 차별 받지 않도록 보장되어 있다.

다음으로 자유권을 들 수 있다. 신체의 자유, 거주·이전의 자유, 사생활의 기밀과 자유의 불가침, 통신비밀의 보장, 신앙과 양심의 자유, 사상표현의 자유, 학문과 예술의 자유, 재산권의 보장 등이 규정되어 있다.

그리고 생존권으로서 인간다운 생활을 할 권리, 교육을 받을 권리, 노동의 권리, 근로자의 단결·단체교섭·단체행동의 권리 등이 있다.

한편, 기본권을 확보하기 위한 청원권, 재판을 받을 권리, 국가배상 청구권 및 형사보상 청구권 등이 보장되고 있다.

그러나 이러한 기본권은 20세기에 이르러 공공복리에 장애가 되지 않는 범위 내에서 가능하며, 필요한 경우 법률에 의해 제한을 받을 수 있지만 자유와 권리의 본질적인 내용을 침해할 수는 없다(헌법 제 37조).

오늘날 사회관계는 항상 권리·의무의 관계로 법률이 정해진다. 상품매매에 있어서 매도인은 매수인에게 상품대금을 받을 권리가 있는 동시에 상품을 인도할 의무가 있으며, 매수인은 상품을 인도 받을 권리가 있고 돈을 지급할 의무가 있다. 여기에서 권리를 가진 자와 의무를 가진 자 사이에 이해관계가 대립된다. 일반적으로 상품을 파는 사람은 비싸게 팔려고 하고, 상품을 사려고 하는 사람은 싸게 사려고 한다.

사람은 거래관계를 통해서 자신의 이해를 계산하여 권리의 주체로서 서로 경쟁하며 공존하는 이익사회를 지속하고 있는 것이 오늘의 사회 실정이다.

오늘날 자유 경쟁사회에서는 법에 의한 권리를 스스로 주장하고 수호하는 자에게 권리가 보장되는 것이지 방관자에게는 해당이 되지 않는다.

「권리 위에 잠자는 자」는 보호받지 못하는 것이 경쟁사회의 현실이기 때문이다. 법률관계는 모두 권리 본위로 구성되어 있으며 의무는 권리에 대응해서 존재한다.

자신의 의사여하에 불문하고 일정한 행위를 하여야 할 또는 하여서는 안될 법률상의 구속이 의무이다.

따라서, 하여야 할 의무를 작위의무라 한다면 하여서는 아니될 의무를 부작위 의무라 한다. 부작위 의무 중에서도 타인의 일정한 행위를 참고 견디어야 할 의무는 용인의무(認容義務)라 한다.

그밖에 의무자의 직무상 작위·부작위를 막론하고 특정인이 부담하여야 하는 충실의무가 있다. 예컨대, 영업사용인과 영업주와의 관계 또는 회사의 업무집행기관과 회사와의 관계 등에서 인정되고 있다.

의무에는 그 내용에 따라 작위를 내용으로 하는 적극적 의무와 부작위를 내용으로 하는 소극적 의무가 있다. 돈을 꾸었으면 이를 갚아야 하는 의무가 전자이고, 남의 땅에 건물을 짓지 않겠다는 계약상의 의무가 후자이다.

책임은 의무의 담보로서 의무위반에 의하여 형벌, 강제집행, 손해배상 등의 제재를 받게 되는 원인이 되기도 한다. 권리의무의 주체가 될 수 있는 법률상의 지위를 권리능력이라 하고 권리능력이 있는 자를 사법에서 법인격이 있다고 한다.

우리 민법 제 3조에 "사람은 생존하는 동안 권리와 의무의 주체가 된다"고 규정하고 있는 것은 자연인에 대하여 권리능력 즉 법인격을 인정한 규정이다. 권리능력은 자연인에게만 있는 것이 아니고 사람의 집단이나 재산에도 인정된다.

제 2 절 권리 · 의무의 주체와 객체

권리는 일정한 이익을 누릴 수 있도록 법이 인정하는 힘으로 본다면, 이러한 힘을 누가 가지느냐? 또는 누구에게 돌아가느냐?가 문제이다.

그리고 자신의 의사여하를 불문하고 일정한 행위를 하여야 할 법적인 강제를 의무라 하는데 누가 법적인 강제를 받느냐가 문제가 된다.

여기서 「법적인 힘」을 가지는 자를 「권리의 주체」라 하고 법적 구속을 받는 자를 「의무의 주체」라 한다.

즉, 권리 · 의무의 귀속자를 권리 · 의무의 주체라 한다.

모든 권리 · 의무는 그 주체가 있으며, 주체 없는 권리나 의무는 있을 수 없다.

권리 · 의무의 주체는 사람이다. 법률상의 주체가 될 수 있는 지위 또는 자격을 법률상의 인격이라 하고 이를 가지고 있는 사람을 법인격자라 한다.

법인격자는 자연인과 법인(法人, 자연인 이외에 법에 의하여 권리능력이 인정된 자)으로 구분되며 사람의 집단이나 재산의 집합체도 될 수 있다.

자연인의 권리능력은 사람으로서 출생(태아가 모체로부터 전부 노출한 때)과 함께 인정되고 사망과 함께 소멸된다.

자연인의 권리능력은 성별, 연령, 직업, 계급, 국적 등의 여하를 불문하고 평등하지만, 외국인에 대해서는 토지권이나 광업권 등 일정한 경우에 제한하고 있다.

〈그림 5-1〉 법인의 종류

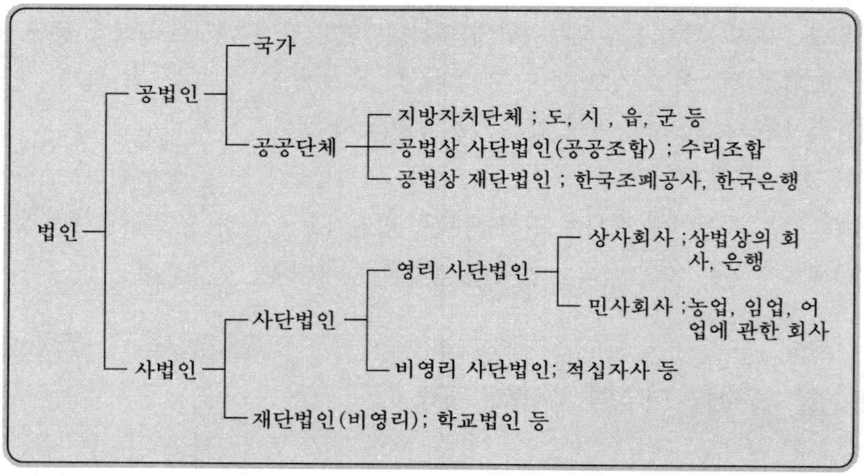

법인은 주무관청으로부터 허가를 받든가 등기를 하는 등 법적 요건을 갖출 때 비로소 권리 · 의무의 주체가 된다.

법인은 아래의 〈그림 5-1〉에 도시된 것처럼 통치작용을 담당하는 국가, 지방자치단체, 수리조합 및 조폐공사 등과 같은 공법인과 개인사업을 목적으로 하는 사법인으로 크게 나눌 수 있다.

사단법인은 일정한 목적 밑에 결합한 사람의 단체에 법에 의하여 법인격이 부여된 것을 말하며, 재단법인은 일정한 목적 밑에 출연된 재산에 대하여 법에 의하여 법인격이 부여된 것을 말한다.

그리고 권리의 힘이 미치는 대상을 권리의 객체라 부른다. 권리의 객체는 권리의 종류에 따라서 달리 한다.

물권(유체물 및 전기 기타 관리할 수 있는 자연력 : 민법 제 98조)에 있어서는 일정한 물건, 채권에 있어서는 채무자(특정인)의 행위, 상속권에 있어서는 상속재산, 생명, 신체, 자유, 명예 등 그 주체와 분리할 수 없는 이익을 내용으로 하는 인격권에 있어서는 권리주체 자신이 각각 권리의 객체이다.

제 3 절 법의 적용

인간의 생활관계나 반사회적 행위를 인위적으로 규율하기 위하여 제정·형성된 실정법은 언어로 구성된 일반적이며 추상적인 규정과 명제의 형식을 취하고 있다.

그러므로 구체적인 사건(사실)이 발생하여 그것이 법률문제 될 때에는 실정법의 어느 규정이 그 사실에 들어맞는지를 음미·판단하여야 한다.

법의 적용이라는 것은 이러한 음미의 작업과 그 결과 내려진 판단을 말한다. 다시 말해서 법의 적용은

첫째로 구체적 사실이 어떠한가를 확정하여야 할 것이고

둘째로 확정된 구체적 사실에 적용될 법이 어떤 것이냐를 찾아 그 법의 의미·내용을 확정하여야 한다. 따라서 법의 적용은 원칙적으로 법규를 대전제로 하고 구체적 사실을 소전제로 하여 그에 대한 판단(결론)이 내려진다는 3단논법의 형식을 취한다.

사실의 확정문제는 증거법의 문제이기도 하다.

사실확정에 대하여 민사소송과 형사소송에 차이가 있다. 민사소송은 개인이 자신의 이익을 추구하여 소송을 진행하는 것이므로 당사자주의에 따른다.

증거가 될 자료를 제출하는 것은 당사자의 책임이며, 상대방의 주장을 부정하여 다투지 않으면 자백으로 본다.

따라서 민사소송은 형식적 진실주의를 채택하고 있는 것으로 볼 수 있으므로 입증에 번거로움을 피하고 당사자 사이에 정의와 공평을 추구하면서 또는 공익상의 필요성 때문에 일정한 사실의 존재나 부존재를 추정할 수 있도록 입법화 되어 있다. 즉 민법 제 197조의 점유상태에 관한 규정이 그 예이다.

만약 상대방이 그 점유가 선의이고 평온 · 공연한 것이 아니다 라고 주장하려면 그것을 반증해서 그 추정을 뒤집어야 한다.

추정 이외에 일정한 사실이 존재한다거나 존재하지 아니한다는 것을 결정적으로 확정해서 반증을 하지 못하면 사실의 의제가 성립된다. 즉, "간주 한다", 또는 "~로 본다"는 내용으로 된 규정을 의제규정이라 한다.

민법 제 28조에서도 실종선고를 받은 자가 그 기간을 만료한 때에는 죽은 것으로 확정하여 그에 관한 법적 처리를 할 수 있도록 규정하고 있다.

그러나 형사소송법은 민사소송과는 달리 실체적 진실발견주의를 원칙으로 하며, 피고의 자백만으로는 처벌할 수 없고, 입증책임은 원고인 검찰관이 부담해야 한다. 이것은 사람을 유죄로 하여 처벌하는 재판절차는 신중해야 한다는 인권보장이란 공익의 요구가 있기 때문이다.

행정소송도 민사소송에서처럼 당사자주의를 취하는 내용이 있으나, 진실발견에는 실체적 진실발견주의를 원칙으로 하고 있어 공익성을 보장시키려는 내용이 강하게 반영되어 있다.

제4절 법의 해석

법의 해석이라 함은 일반적 · 추상적인 법규의 의미 · 내용을 구체적으로 밝히는 것을 말한다.

법의 해석은 성문법뿐만 아니라 불문법에 있어서도 그 의미 · 내용을 구체적으로 밝히는 것은 마찬가지나, 불문법은 그 존재자체에서 내용을 나타내고 있으므로 그 해석보다는 그 존부가 문제이다.

따라서 성문법주의를 원칙으로 하는 나라의 법 해석은 주로 문서로 되어 있는 성문법이 중심이 된다.

법을 제정할 때 아무리 주의를 하고 면밀한 검토를 거처 법규를 정하겠지만 사회의 복잡다기한 모든 현상을 빠짐없이 망라하여 제정하기란 사실상 불가능한 일이며, 급변하는 사회현상을 충족시킬 법률의 사전예측은 사실상 어려운 실정이다.

그러므로 입법당시에는 예상조차 할 수 없었던 새로운 사실이 발생할 때에는 이에 알맞도록 해석하여야 할 것이다.

법학에 있어서 법규범의 의미를 밝히는 법 해석학은 법학의 왕자적인 지위에 있다고 할 수 있다.

로마법에서 발달했던 해석학이 중세말의 주석학파를 거쳐서 근대에 발전한 해석학은 법학교육의 주된 과목이 되고 있다.

그것은 해석학의 실용성 때문이며, 법이 지닌 객관적 의미를 실제로 어떻게 해석하느냐 하는 것은 법을 해석하는 사람의 관점에 따라 많이 좌우될 수 있기 때문이다.

이런 의미에서 법의 해석은 객관적이며 주관적인 양면성을 지니고 있다.

우리 나라의 속담에 법을 비유하여 "코에 걸면 코걸이, 귀에 걸면 귀걸이"라는 말이 있듯이 법의 해석에는 자연 필연적으로 해석자의 주관이 작용하게 마련이다.

법 해석과정에서 이해의 대립이나 정치의 입김에 의해 작용받을 수 있다. 그러나 법이 추구하는 것은 정의·공평이기 때문에 법의 바른 이념을 추구하여 객관적 타당성이 있도록 이를 실현시키도록 하지 않으면 안 된다.

1. 유권해석

유권해석이란 법규의 의미를 국가의 권한있는 기관에 의하여 법령이나 판례로 명시하는 해석이다.

유권해석은 입법해석, 사법해석 및 행정해석으로 세분하여 설명되고 있다.

입법해석은 입법기관이 입법으로 특정의 법규내용, 또는 문구의 의미를 밝히는 것을 말한다. 예컨대, 상법 제 4조의 "자기명의로 상행위를 하는 자를 상인이라고 한다."는 내용에서처럼 법문으로 어떤 용어의 정의를 내리는 것을 말한다.

사법해석은 법원의 판례법이 법원이 되고 법적 다툼이 최종적으로 법원에서 판가

름 난다는 점에서 사법부의 해석도 하나의 유권해석으로 본다.

물론 이것은 법률상의 구속력은 없지만 사실상의 구속력이 있으며 특히 대법원의 해석은 하급심을 구속한다.

행정해석은 행정청이 내리는 해석이며, 상급행정청은 법령의 집행에 관하여 그 의의를 해석해서 하급행정청에 훈령을 내리거나 하급행정청의 질의에 대하여 내리는 지령을 말한다.

그러나 이러한 훈령이나 지령은 그것이 가지는 영향력으로 보아서는 유권해석으로 볼 수 있으나 엄밀한 의미에서 재판상의 구속력이 없기 때문에 유권해석으로 볼 수는 없다.

그런데 행정부는 법의 집행자로서 무엇이 법인가 하는 의미를 확정시켜서 실무상의 법질서를 창조한다. 특히 행정부의 해석에 따른 처분이 법원에서 뒤집히지 아니하는 한 국민의 생활을 구속한다.

이러한 점에서 행정부의 법해석도 넓은 의미의 유권해석의 일종이라 할 수 있다.

2. 학리해석

학리해석(學理解釋)이란 법조문자체, 법의 입법취지, 그 법을 적용할 사물의 성질 등을 기초로 어학적 및 논리적 방법에 의하여 법의 의의 또는 내용을 밝히는 것을 말한다.

이는 학설상의 해석이라고도 부르며 유권해석과 같은 강제력이 없어 무권 해석이라고도 한다.

학리해석은 문리해석과 논리해석으로 나누어 설명되고 있다.

문리해석은 법규의 문장·용어를 기초로 하여 문자 그대로 해석하는 방법을 말한다. 문리해석의 일반원칙으로서 법령의 자구의 의미는 법령 제정 당시에 지녔던 의미로 이해할 것이냐 하는 문제가 있다.

종래에는 법령 제정 당시에 내포되었던 의사의 재구성을 목적으로 하는 연역적 해석설[1)]이 유력하였으나 오늘날은 현실의 사회적 수요에 대응해서 현재의 의미로 해

1) 법의 성립과정에서 표시되어진 여러 가지 의사를 참조하여 해석하는 것이다. 예컨대 법안의

석함으로써 사회에 이바지할 것이라는 진화적 해석설이 유력하다.

예를 들면 선량한 풍속 기타 사회질서라는 개념(민법 제 103조)은 사회의 발전·변화에 따라 내용이 달라질 수 있는 만큼 이것을 어디까지나 법률제정 당시의 의미에만 충실해서 해석한다는 것은 오히려 역효과를 초래할 수도 있을 것이다.

따라서 문리해석은 해석의 기본방법이기는 하나 법령의 진의를 잘못 파악하거나, 사회사정의 변동을 무시하여 구체적 타당성을 잃는 해석이 되기 쉽다.

법령의 자구를 해석함에는 사회의 일반인이 이해하여 수긍할 수 있는 의미로 하는 것이 원칙이고, 법령에 명문이 없거나 그렇게 하여야 할 분명한 필요성이 없는 한 전문가에게만 특유한 의미의 해석은 피해야 한다.

이리하여 논리해석이 필요하다.

논리해석은 법령제정의 목적이나 조문과 조문의 관계, 타 법령과의 관계 등을 고찰하여 모든 논리적인 방법에 의하여 해석하는 방법으로서 다음 몇 가지가 있다.

a) **확대해석과 축소해석** : 확대해석은 용어상의 보통 뜻보다 넓게 해석하는 방법이며 축소해석은 반대로 보통의 뜻보다 좁게 해석하는 방법이다.

예컨대 "정당한 사유"의 의미에 출장, 와병 등을 포함한다고 해석하는 것이 확대해석이고, 천재지변의 경우에 한한다고 해석하는 것이 축소해석이다.

확대해석은 죄형법정주의의 원칙상 형사상 처벌법규에는 적용할 수 없으므로 형사상의 피의자에게 불이익한 처벌법규를 확대·적용할 수 없다.

b) **유추해석** : 어떤 특정한 사항에 관하여 법에 규정이 있으나 이와 유사한 다른 사항에 관해서는 규정에 없는 경우에 양자의 공통적 요소를 발견하여 법리상 타당하다는 내용을 적용하는 것을 말한다.

유추적용을 법률상 명문으로 인정하는 것을 "준용"이라고 한다. 준용규정은 입법기술상 편리한 점이 많기 때문에 많이 사용되고 있다.

c) **반대해석** : 반대해석이란 일정한 사항을 규정한 법문이 있을 때에 다른 사항에 대하여는 반대의 효과를 발생할 것이라고 해석하는 방법을 말한다.

예를 들면 헌법 제 37조 2항에서 "국민의 모든 자유와 권리는 국가안전보장, 질서

이유서, 제안자의 의견, 의사록, 입법정책상의 이유, 외국법의 모법적 관계 등을 참작하여 법을 해석하는 것이다.

유지 또는 공공복리를 위하여 필요한 경우에 한해서 법률로써 제한할 수 있다"고 했으니, 반대해석을 하면 그러한 필요가 없을 때는 명령으로 인권을 제한할 수는 없다고 해석하는 경우이다.

제5절 법의 실현

어느 사회를 막론하고 입법기관을 통해서 법령이 제정되어 있거나, 관습법 또는 판례법이 형성되어 있다. 그리고 추상적 · 관념적인 법규범을 구체적 사건에 적용하여 구체적 · 현실적인 법규범으로 하는 것을 법의 실현이라 한다.

따라서 입법이 추상적 · 관념적인 법규범을 정립하는 것이라고 한다면 재판은 추상적 · 관념적인 법규범을 구체화 · 현실화하는 것이라 할 수 있다.

우리 나라 헌법 제 101조 제 1항에 "사법권은 법관으로 구성된 법원에 속한다."로 되어 있고 역시 헌법 제 103조에는 "법관은 헌법과 법률에 의하여 그 양심에 따라 독립하여 심판한다."로 규정되어 있어 사법권은 법원에 속하고, 법원의 법관은 오직 법과 양심에 따른 심판의 독립성을 보장하고 있다.

여기서 「양심」이라는 것은 「법관으로서의 양심」을 말하며 헌법 제 19조에 규정된 「양심」을 뜻하는 것은 아니다.

사법부는 입법부와 행정부로 독립되어 있다. 그것은 재판의 성질상 심판은 제 3자적 공평 · 공정에 힘써야 하기 때문이다. 권력분립의 사상은 존 로크(Jhon Locke, 1632-1704)나 몽테스키외(Montesquie, 1689-1755)에서 유래한다.

몽테스키외는 영국의 정치조직이나 그 운영에서 깊은 감명을 받고 그의 저서 『법의 정신』에서 삼권분립을 주장하였다.

그의 주장은 오늘날 전세계 각국의 사법권을 입법부와 행정부, 양권과 동등하며 동시에 서로 견제 또는 균형을 이루도록 하는데 기여를 하였다.

사법은 정치적으로 무색하고 중립적일 때, 비로소 그 기능을 정당하게 발휘한다. 그러나 사법권의 중립성은 매우 어려운 문제이다. 법관이나 학자가 법을 해석함에 있어서 아무리 객관적인 입장에 서고자 하여도, 의식적 또는 무의식적으로 어떠한 입장에 치중할 수도 있는 위험이 항상 존재하고 있다.

사법권의 독립을 위한 간접적인 요소로서 사법부의 자주권과 용단성이 필요하다. 아무리 제도적으로 보장된 사법권의 독립도 법관 자신이 그것을 지킬 자주성과 용단성이 없이는 실현되기 어렵다.

그러나 법의 실현이 독립된 사법부에 의해서 성취된다는 것은 어디까지나 원칙론에 불과하다.

법의 형성이라 할 때 반드시 입법기관에 의한 입법의 방법만이 있는 것이 아니고 관습법 또는 판례법과 같이 재판을 통해서 정립되듯이 법의 실현이라는 것도 반드시 사법부의 재판에 의해서만 이루어지는 것은 아니다.

재판이전에 당사자 사이에서 또는 행정기관을 통해서 실현되는 일이 많으며, 이는 경제성을 고려할 때 오히려 바람직한 현상이라 할 수 있다.

법원에 의하여 법의 실현은 법의 적용 대상에 따라 형사소송, 민사소송, 행정소송을 들 수 있다.

1. 사법상의 실현

사법상의 실현은 민법 및 상법 등의 사법규정을 위반한자 즉, 타인의 권리를 침해하거나 자기의 의무를 게을리한 자에 대하여 가하는 재판상의 제재(민사소송)를 말한다.

중요한 내용으로 손해배상, 강제집행, 권리실권 등이 있다.

여기서 권리실권이라 함은 일정한 권리를 갖는 자가 법에 위반하여 권리를 행사하거나, 또는 가지고 있는 권리를 너무 오랫동안 행사하지 않거나 하면 법률상의 자격 또는 권리를 상실하게 하는 것을 말한다.

2. 형사법상의 실현

형법 및 기타 형벌법규에 위반한 자에 대하여 국가가 범인을 체포·구금하고 압수·수색하여 범인을 기소하여 그 유죄여부를 확정해서 형벌을 과하는 일련의 절차

(형사소송)이다. 이러한 형사사건에는 형사소송 이외에 소년범에 의한 형사절차, 즉 심제도, 및 군사재판 등이 있다.

3. 행정법상의 실현

행정행위를 하는 공무원과 행정법상의 사인에 대한 제재를 통해서 법을 실현시키고 있다. 공무원의 직무상의 명령 또는 처분이 법규위반이기 때문에 취소 또는 변경할 수 있는 것과 공무원의 파면, 감봉, 견책 등의 징계처분을 하는 신분에 관한 법의 실현이다.

그리고 사인의 행정법상의 의무위반에 대하여 국가 또는 공공단체가 일반행정 작용에 의하여 국민에게 과하는 벌로써 법을 실현하기도 한다.

행정벌(行政罰)은 행정형벌(行政刑罰)과 질서벌(秩序罰)로 나눌 수 있는데, 행정형벌은 형벌로서 징역, 금고, 구류, 벌금, 과료, 몰수를 하는 경우를 말하며, 질서벌은 과태료를 부과하는 경우를 말한다.

이러한 행정사건에 대한 소송절차는 민소(民訴)와는 달리 소원 전치주의가 적용되며, 직권심리가 허용된다. 그리고 행정소송의 제 1심은 고등법원으로 하는 특성을 지니고 있다.

제 2 편

상사중재제도

제 1 편에서 민사분쟁을 해결하기 위한 방법으로서 여러 가지가 있지만 그 중에서 분쟁을 최종적으로 당사자들을 구속할 수 있도록 해결하는 방법은 소송과 중재제도 뿐이라는 사실을 설명하였다.

제 2 편에서는 중재제도에 관한 지구촌의 통일화 과정과 지구촌의 실정법으로 되어 있는 뉴욕협약을 중심으로 중재계약의 성립, 중재절차의 진행, 중재판정, 중재판정의 집행 등에 관한 우리나라 대법원의 판례와 주요 선진국의 법원판례와 함께 검토하였다. 특히 중재제도에 관한 법리적 성격규명과 함께 선진국의 법원이 경제성에 치중하여 중재제도를 장려하고 있다는 내용을 판례를 들어 설명하고 있다.

6
chapter

중재제도의 개념

중재제도는 분쟁당사자의 자주법정제도로서 오랜 역사를 지니고 발전되어 오늘날 소송을 대신하는 공인된 분쟁해결 방법이다. 특히 유엔의 지원으로 성립된 뉴욕협약이 체결된 이래 중재제도는 국제상사분쟁, 즉 건설, 해운, 보험 및 상품거래에서 발생하는 분쟁은 거의 필수적으로 이용되고 있을 뿐만 아니라 지적소유권과 같은 특수한 분쟁까지도 해결하는데 이용되고 있다. 본장에서는 중재제도의 개념, 분류, 적용대상 및 중재절차를 진행하기 위한 필요요건 등을 설명하였다.

제 1 절 중재제도의 의의와 특징

1. 화해와 재판의 혼합형 분쟁해결제도

일반적으로 「중재 : arbitration」란 「제 3자가 싸움에 개입하여 쌍방을 화해시키는 것」으로 인식하고 있다. 중재라는 용어는 언론분쟁중재, 노사분쟁중재, 공해분쟁중재, 환경분쟁중재 등 분쟁이란 낱말 다음에 특별한 제한 없이 사용되고 있어 용어상의 혼란이 있기는 하지만 여기서 의미하는 중재는 우리 나라 중재법 및 국제연합(UN)

의 뉴욕협약에 의해 규정된 내용을 말하며 흔히 언론, 노사 또는 환경분쟁과 관련하여 사용되는 중재와 그 의미상 다르다.[1)]

옛말에 「싸움은 말리고 흥정은 붙여라」는 말이 있듯이 중재제도는 싸움을 말린다는 뜻으로 이해되기도 하며, 외환거래에서는 환율적용상의 기술적 용어인 환재정(arbitration of exchange)으로 사용되어 이종통화간의 교환비율을 의미하기 때문에 중재판정은 구속력이 없는 것으로 인식하고 있다.

그러나 『중재』라는 개념은 당사자의 화해와 국가 공권력에 바탕을 둔 소송의 대체개념으로서 다음과 같은 법률적 의미[2)]를 지니고 있다.

중재란 분쟁의 해결을 공권력에 바탕을 둔 법원의 판결에 의하지 아니하고 당사자간의 합의로 私人인 제 3자(중재인)에게 부탁한 후 그(중재인)로부터 내린 중재판정에 스스로 복종하게 하여 분쟁을 최종적으로 해결하는 단심의 당사자 자주법정의 분쟁해결 제도이다.

분쟁당사자 스스로 그들의 분쟁에 대한 재판청구권을 포기하고 자신이 구성하는 자주법정의 중재판정부가 분쟁의 시비를 판단하게 하여 분쟁을 최종적으로 해결하겠다는 합의에 비중을 두고 스스로 분쟁해결절차를 진행할 수 있다는 점에서 당사자의 화해의 특성을 지니고 있고, 사인(私人)의 지위에 있는 중재인에 의해서 내린 판정에 법원의 최종판결과 같은 구속력을 부여하고 있다는 점에서 법원의 재판과 당사자 화해제도를 혼합한 분쟁해결제도라 할 수 있다.

따라서 당사자간의 상호양보나 제3자가 타협안으로 제시하는 조정안에 동의하여 분쟁을 해결하는 것이 아니고 제3자의 판단에 의해 분쟁의 시비를 최종적으로 가려서 분쟁을 최종적으로 해결한다는 점에서 재판과 유사하고, 화해나 조정과 구별된다.

시비를 판단하는 제3자 즉, 중재인의 자격과 선정은 법관처럼 엄정한 자격요건이 요구되는 것이 아니고 당사자의 합의에 바탕을 두고 결정되며, 중재인은 사실조사나 사실에 대한 책임의 유무 또는 경중에 대한 판단 역시 당사자가 직접 수집하여 제시

---

1) 언론 또는 노사분쟁 중재는 원칙상 소송전치주의에 의하여 관계전문가가 사실관계에 치중하여 그 시비를 판단하는 방법으로서 중재법에서 의미하는 법원의 확정판결과 같은 효력이 없다.

2) 중재법 제 3조에는 "중재"라 함은 당사자간의 합의로 사법상의 분쟁을 법원의 재판에 의하지 아니하고 중재인의 판정에 의하여 해결하는 절차를 말한다"고 정의하고 있다.

하는 자료와 주장하는 내용에 의거 사회관행, 관습, 현장의 경험법칙 등을 고려하여 자유심증으로 판단하고 있다는 점에서 가장 합리적인 분쟁해결제도라 할 수 있다. 그리고 중재인은 재판관보다 유연하게 그리고 법리보다 분쟁사실관계와 당사자실리에 치중해서 시비를 판단할 수 있다는 점에서 재판관의 지위나 권한과는 차이가 있다.

이러한 내용은 우리 나라 중재법과 중재규칙에 규정되어 있으며, 주요선진교역국가들 대부분이 비슷한 내용의 법제를 가지고 있는 실정이다.

따라서, 중재제도는 공적차원의 강제력을 지닌 재판제도에 오랜 역사를 가지고 당사자의 화해와 같은 실리에 바탕을 두고 혼합하여 형성되어온 당사자의 범세계적 분쟁해결제도라 할 수 있다.

2. 자주법정제로서 분쟁해결제도

중재제도란 엄밀히 말해서 당사자간의 합의에 의하여 사법상의 법률관계에 관한 현존 또는 장래에 발생할 분쟁의 전부 또는 일부를 법원의 판결에 의하지 아니하고 사인인 중재인에 의해 구속력 있는 판정으로 분쟁을 최종적으로 해결하도록 국가가 허용한 사인의 자주법정제이므로 법원과 대립하는 분쟁해결 법정제도라 할 수 있다.

중재합의는 국민의 기본권으로 보장되어 있는 재판청구권을 상실하게 하는 행위이므로 당사자의 중재합의에는 일방당사자의 물리적 행위나 타인의 강제력이 없이 상호간의 자발적인 의사의 합치로 성립하는 것을 원칙으로 한다. 다만 공공의 이익이나 질서를 위하여 필요한 경우에는 분쟁의 내용과 지역에 따라 강제중재를 허용하는 국가도 있으나 중재제도는 당사자의 합의를 본질로 삼고 있다. 따라서, 중재제도는 국가로부터 재판권을 위임받은 것이 아니라 당사자의 자치에 따른 자주법정제도로서 당사자의 약정에 따른 행위의 결과를 법원으로부터 인정된 분쟁해결제도라 할 수 있다. 분쟁당사자는 자유계약의 원칙에 따라 중재인을 선정할 수 있고 상호간의 편의에 치중하여 중재장소를 결정해서 중재절차를 진행할 수 있다. 그리고 중재 판정된 내용도 당사자에 의해 자발적으로 이행하는 것을 원칙으로 하며 자발적 이행이 없으면 부득이 법원에 의해 강제적으로 이행될 수 있도록 별도의 절차를 밟아야 한다.

당사자의 중재합의는 당사자의 합의로 변경 또는 취소할 수 있으나 일방당사자의 주장 또는 법률에 의해 그 효력이 취소되는 경우는 거의 없는 실정이다.

3. 단심제로서 분쟁해결제도

중재제도의 실효성은 분쟁을 신속하고 적은 비용으로 당사자를 구속할 수 있는 단심제도라는 데에 있다. 재판제도는 중국과 같이 2심제로 하고 있는 특정의 지역을 제외하고는 일반적으로 3심제를 원칙으로 하고 있어 분쟁사건의 증가와 법관의 제한이라는 현실에서 재판의 지연은 불가피한 것으로 보인다.

중재판정은 법원의 판결과는 달리 분쟁의 시비를 당사자 실리에 치중하여 판단하므로 법리상 다소 문제가 있겠으나 법원에 대립하는 사적 자주법정으로서 그 구속력이 요구되고, 이러한 맥락에서 대부분의 국가는 중재판정에 대하여 법원의 확정판결과 같은 효력을 부여하고 있어 단심제의 분쟁해결제도이다. 그 결과 오늘날 중재제도는 분쟁당사자의 편의와 실효성에 치중하는 경향을 지니고 있어 각종 국제분쟁을 해결할 수 있는 수단으로서 그 권위를 각국의 실정법과 국제법으로 보장받고 있는 추세이다.

재판의 지연은 재판의 거부와 같다는 법언(法諺)이 있듯이 분쟁해결의 지연은 분쟁당사자에게 심각한 손해와 영향을 끼칠 수 있다. 오늘날 통신과학의 발달로 모든 행위가 신속하게 진행되고 있고, 시간이 경제적 가치를 증대시키는 중요한 변수로 작용하는 실정에서 분쟁해결의 지연은 현대경영철학의 적이라 할 수 있다. 중재제도는 오늘날 현대적 개념과 비록 차이가 있으나 이미 인간의 사회생활과 더불어 자생하여온 관행 이였다는 사실, 그리고 최근의 국제상거래분쟁의 해결을 위해 제도적으로 정비되어 그 이용이 활성화되었다는 사실을 고려하면 분쟁의 해결과정에서 법원의 관할권한계나 판결의 한계를 극복하는 중요한 분쟁해결수단으로서 작용하고 있다. 더구나 단심제로서 중재제도는 분쟁을 해결하는 과정에서 추구하여야 할 4대 이상(공평, 적정, 신속, 경제) 상호간의 모순을 극복하며 소송의 약점을 보완하는 분쟁해결제도로서 당위성을 가진다. 즉, 공평과 적정의 이상실현에 다소 문제가 있더라도 당사자의 합의와 선택적 자유계약의 형식에 정의라는 비중을 두고 신속과 경제적

이상을 얻을 수 있다는 점에서 역시 『당사자만족』이라는 개념을 높이 평가하여 최적의 분쟁해결방법이라 할 수 있다.

제 2 절 화해 · 조정제도와 비교

영국의 스미토프(C. M. Schmitthoff) 교수는 "중재는 소송보다 좋고, 조정은 중재보다 좋으며, 분쟁의 예방은 조정보다 좋다"고 주장했다.[3] 그는 분쟁을 당사자 자치 · 자주적으로 해결하는 방법으로 중재제도보다 화해(compromise)와 조정제도(conciliation)를 적극 권장하면서 그 장점을 강조하였다.

조정은 법원의 판결이나 중재절차에 의한 판정에 의하지 아니하고 당사자가 합의 선정한 조정인에 의해서 조정안을 당사자들에게 제시하도록 하고, 당사자들은 동조정안을 수락함으로써 분쟁을 최종적으로 해결하는 방법을 말한다. 그러나 조정인이 제시한 조정안을 당사자중 어느 일방이라도 수락을 거부하면 아무런 효력을 가지지 못하고 원점에서 다시 중재절차를 밟아야 한다.

조정은 조정을 위한 별동의 요청으로 진행되기보다는 중재신청이 사무국에 접수된 기준 일로부터 국내중재의 경우 15일 이내에, 국제중재일 경우 30일 이내에 쌍방당사자로부터 조정요청이 있는 경우 중재절차를 진행하기에 앞서 사무국은 조정절차를 시도하도록 규정하고 있다.[4]

조정인은 중재원의 사무국에 의하여 사무국에 비치되어 있는 중재인단 명부 중에서 1인 또는 3인이 선정되며, 조정절차는 조정인이 정당하다고 인정하는 방법으로 진행된다.

조정인이 선정된 날로부터 30일 이내에도 조정이 성립되지 아니하는 경우에는 당사자합의가 있는 경우를 제외하고 조정절차는 종료되며, 상사중재규칙에 따라 즉시 중재인선정 및 중재절차가 속행된다고 규정하고 있다.

따라서, 중재규칙에 따라 처음부터 당사자의 조정신청으로 조정절차를 개시하는

3) Clive M.Schmitthoff, Schmitthoff's export trade, 7th edition, London Stevens & Sons Ltd., 1980, p. 411.
4) 2000.4.27. 대법원의 승인을 받은 상사중재규칙 제 18조 1항.

것보다 중재절차를 진행하는 도중에 조정신청을 하거나 중재인의 권유로 조정형식의 화해를 시도하는 것이 보다 실리적이라 할 수 있다.

중재법상의 화해는 「당사자가 상호 양보하여 당사자간의 분쟁을 종결할 것을 약정함으로써 그 효력이 생긴다」고 민법 제 731조에 규정되어 있고, 상사중재규칙 제 53조에서는 「중재판정부는 합의된 화해의 내용을 판정으로 기재할 수 있다」고 규정함으로써 당사자간에 직접합의로 성립되는 화해와는 달리 중재인에 의한 화해판정은 중재판정과 같은 효력을 가질 수 있다.

따라서 화해는 조정이나 중재절차진행 과정에서 언제든지 성립될 수 있으나 조정은 중재규칙상 한시적으로 시도될 수 있고, 일단 중재인의 주도로 화해나 조정이 성립되어 판정문에 기재되면 중재판정과 동일한 효력(즉, 법원의 확정판결과 동일한 효력)을 가진다.

특히 조정이나 화해에 관한 규정은 대부분의 상설중재기관의 중재규칙에 수용되어 있거나, 국제상업회의소(International Chamber of Commerce : ICC)의 중재재판소와 국제부흥개발은행(International Bank for Reconstruction and Development : IBRD)의 ICSID(International Center for Settlement of Investment Dispute)의 규칙에서는 중재와 조정을 별도로 규정하고 있는 것으로 보아 국제적으로는 중재와 함께 큰 비중을 차지하고 있다고 할 수 있다.

제 3 절 소송과 중재제도의 비교

1. 제도상의 차이

우리 나라의 중재법 및 상사중재규칙과 민사소송법을 기준으로 중재와 소송을 비교하면 다음과 같은 특성이 있으며, 이러한 특성은 어느 나라를 막론하고 비슷한 실정이다.

① 소송은 3심과 재심이 가능하나 중재는 단심제도이다.

일반적으로 소송제도는 항소가 가능한 3심제도(단 중국은 2심제이다)로서 재심이 허용되나 중재제도는 중재판정결과에 불복할 수 없는 단심제도(單審制度)이다.

소송은 공권력에 바탕을 두고 있는 법원이 분쟁당사자의 주장을 듣고 그 시비를 판결해 주고, 당사자들이 판결내용에 복종하게 하는 제도로서 신속성과 경제성의 이상 보다 공평성과 적정성의 이상실현에 치중하는 분쟁해결제도 이기 때문에 설사 1심에 패소한 당사자라 하더라도 2심에 항소할 수 있고, 2심에서 다시 패소하더라도 다시 3심인 대법원에 상고할 수 있는 3심제도이다.

그러나 중재제도는 신속성과 경제성의 이상실현에 치중하는 분쟁해결제도이기 때문에 중재판정은 대내외적으로는 법원의 확정판결과 같은 효력(중재법 제 35조)을 가진다. 따라서 사건별로 구성된 중재판정부는 당사자의 합의로 구성되는 1회성 임의법정으로서 중재판정이 끝나면 즉시 해체되므로 중재판정에 패한 당사자는 다시 항소할 수 있는 중재법정이 없다.

중재제도는 원래 소송제도의 단점을 보완하는 차원에서 소송의 단점인 분쟁해결의 지연이라는 소송제도로부터 도피형태로 발전되어 왔기 때문에 신속한 분쟁해결제도라는 것이 최대의 장점이라 할 수 있다.

② 소송의 효력은 국내적이나 중재의 효력은 국제적이다.

소송은 관할권을 가지고 있는 법원에 의해 주도되기 때문에 소송판결의 효력은 법원이 소속된 국가의 영역으로 제한되나 중재판정의 효력은 국내뿐만 아니라 뉴욕협약에 의하여 뉴욕협약 회원국에 한해서 승인 또는 강제 집행될 수 있기 때문에[5] 국제적인 효력이 있다고 할 수 있다.

소송에 의한 재판은 설사 소송국가에서 확정적이라 할지라도 소송집행국가와 정부차원의 사법공조와 같은 특별한 협정이 없는 한 소송국가의 통치권이 미치지 못하므로 그 집행을 할 수 없지만, 중재판정은 적어도 뉴욕협약 가입국가의 영토에서는 법원의 확정판결과 같은 효력으로 집행 받을 수 있다.

---

5) 우리 나라는 1973년 5월 9일 42번째로 상호주의와 상사중재에 한해 적용하는 유보조건으로 뉴욕협약에 가입하고 있다

③ 소송은 당사자의 합의가 필요하지 않으나 중재는 당사자의 중재합의가 반드시 필요하다.

한 국가에 소속된 국민은 누구나 그 국가의 헌법상 보장된 기본권의 하나로 국가가 설치·운영하고 있는 법원에 재판청구권이 인정되어 있고, 소송을 통해 자신의 권리를 주장하거나 권리를 실현할 수 있도록 보장하고 있다.

따라서, 소송은 당사자간에 그들의 분쟁을 소송으로 해결하겠다는 분쟁당사자 사이에 합의가 없더라도 당사자 중 일방이 관할법원에 소송청구로 가능하나, 중재는 반드시 당사자간의 명시적 중재합의가 있어야 중재가 가능하다.

구두로 중재합의된 것은 나중에 입증이 어렵게 되거나 부정될 위험이 있어 이론상 가능하나 실제로 이용된 사례는 없는 것으로 보인다. 중재제도의 장점은 무엇보다 신속성에 있으므로 신속한 중재절차나 중재판정의 효율적 집행을 위해 서면에 의한 중재합의가 바람직하며, 서면 합의내용에는 어떤 단서나 조건 없이 분쟁당사자 자유의사로 하여야 한다. 혹시 중재합의가 강압적인 분위기에서 또는 강제로 성립되었다면 이는 헌법에 보장된 재판청구권을 침해하는 결과가 되므로 중재합의는 무효가 될 수도 있다.

현재 중재제도는 주요 무역국가를 중심으로 주로 건설 또는 국제상사분쟁을 해결하는 방법으로 널리 이용되고 있지만 국내상거래 분쟁을 해결하기 위해서는 아직도 소송제도를 많이 이용하고 있는 실정이다. 이는 소송제도가 중재제도에서 요구하는 중재합의 없이도 신청인이 언제든지 일방적으로 소송을 신청할 수 있다는 편리함이 있는데 반해 중재제도는 당사자가 반드시 중재합의를 해야 하는 불편함이 있고, 중재제도에 대한 일반적 인식이 낮기 때문이다.

④ 소송은 국가가 임명한 판사에 의해 주도되나 중재는 당사자가 선정한 중재인에 의해 주도된다.

법원에서 재판을 주도하고 판결을 내리는 사람은 판사다. 대법원을 제외한 각급법원의 판사는 공무원에 속한다. 판사가 되려면 사법시험에 합격하여 사법연수원의 소정 과목을 마치거나 검사·변호사 자격이 있어야 하며 대법원장에 의해서 직위가 부여되고 임명된다. 판사의 임기는 10년으로 하며, 임용절차와 같은 방법에 의하여

연임할 수 있으며, 탄핵 또는 형벌·징계처분에 의하지 아니하고는 파면·정직·감봉 또는 불리한 처분을 받지 아니한다.

따라서, 판사는 객관적으로 엄격한 검증절차를 거쳐 일정한 지식과 경륜을 검증받은 자격자 가운데 공익적 차원에서 선정된다고 할 수 있다.

그러나, 중재제도는 분쟁당사자의 자주법정제도이므로 중재를 주도하는 중재인은 당사자의 합의에 의하여 선정되는 것을 원칙으로 하며 공인(公人)이 아닌 사인(私人) 중에서 선정되는 것이 일반적이다.

따라서 소송은 일정한 시설을 갖추고 엄격하게 선발된 공직자로 구성된 상설기관인 법원이 일정한 절차(민사소송 또는 형사소송)에 따라 진행하도록 하고 있다. 그러나 중재는 당사자의 자율에 근거를 두고 있는 분쟁당사자의 단심의 자치법정제로서 당사자의 합의로 당사자의 편의에 따라 중재절차를 진행하는 것을 원칙으로 한다. 그리고 판사는 소송사건을 자신의 심증보다는 확실한 물증과 법에 의해 판단하여 판단이유에 구속받아야 하지만 중재인은 사실관계의 판단에서 보다 자유로우며 자신의 자유심증에 의한 판단으로 자신의 명예에 구속된다고 할 수 있다. 오늘날 과학의 발달로 각종 유가증권은 물론 공공서류까지 위조하여 교묘한 방법으로 사실관계를 조작하고 있는 실정에서 소송법정은 얼굴도 붉히지 않고 거짓말을 한다는 서류교환장소로 변질되어 있다는 비판을 받기도 한다. 그 결과 소송절차를 통해서 사실관계의 진위를 판단하는 데는 상당한 오판이 있을 수도 있고, 판결이 있더라도 승복을 거부하게 되는 외면적 해결에 불과하다.

그러므로 중재제도는 소송제도상의 이러한 한계를 극복할 수 있도록 중재인은 풍부한 사회적 경륜과 경험 그리고 전문적 지식이 있는 자로 구성하고 중재인은 여유를 가지고 당사자 또는 증인과의 자유롭고 솔직한 대화로 참된 사실관계를 확인하여 분쟁을 내면적으로 해결할 수 있는 제도라 할 수 있다.

⑤ 소송절차는 공개를 원칙으로 하나 중재절차는 비공개를 원칙으로 한다.

현대사회는 국가와 국가 사이에 또는 기업과 기업 사이에 무한경쟁을 요구하면서 투명하고 공정한 거래를 요구하고 있어 국가경영과 기업활동을 어렵게 하고 있다. 미국은 이라크가 핵무기 개발 또는 보유 여부를 투명하게 공개하지 않는다는 이유로

2003년 이라크를 침공한 사실이 있다. 같은 맥락에서 지적재산권을 침해하였다는 이유로 제 3의 기업으로 하여금 전략적으로 특정기업을 상대로 소송을 제기하게 하거나 또는 직접 소송을 제기하였을 경우 소송절차상 회사의 비밀사항이나 개인의 이익이 보호받는데 한계가 있다.

이에 반해 중재절차는 법원의 간섭이나 통제는 필요한 경우 최소한에 그치며, 당사자의 입장과 이익에 치중하여 비교적 신속한 절차로 비공개로 진행하는 것을 원칙으로 한다.

따라서, 중재제도는 중재절차의 진행이 법에 묶이지 아니하여 탄력적이며, 특히 엄격한 소송절차법칙이 적용되지 않아 시간과 비용을 절약할 수 있다.

그러나 중재제도는 소송제도에 비해 ① 중재절차가 충분한 사실관계의 조사부재로 경제적·사회적 강자로부터 양보를 얻어내는 분쟁해결 수단으로 활용될 수도 있다는 점, ② 신속하고 저렴한 비용에 치중한 나머지 공정한 분쟁해결이 침해받을 가능성이 있다는 점, ③ 중재판단의 기준이 애매하여 중재인의 주관적·자의적 판단에 좌우되므로 중재결과를 예측할 수 없다는 점, ④ 항의절차가 없기 때문에 중재인의 잘못된 판정은 중재당사자 중 일방에게 돌이킬 수 없는 부담을 줄 수 있다는 위험 등이 있다는 단점도 있다.

2. 소요비용의 차이

소송은 3심과 재심이 허용되므로 분쟁당사자 중 일방이 분쟁해결에 미온적인 태도를 취하고자 한다면 기업의 경영전략 또는 분쟁해결 전략적 차원에서 소송을 통해 항소와 재심절차를 밟으며 장기간에 걸쳐 분쟁의 해결을 지연시킬 수 있어 합법적인 분쟁해결지연수단으로 악용되기도 한다. 비록 1심, 2심, 3심 등 심급이 올라갈수록 인지료[6]가 1.5배와 2배로 증가하고 변론을 위한 변호사 수임료도 심급마다 별도로 증가하겠지만 상대방 역시 장기간 소송(변호사 수임) 또는 변론준비에 많은 시간과 비용을 부담하여야 하기 때문에 자금사정이 좋지 못하다면 중도에 포기하게 되거나

6) 민사소송등 인지법(1990.12.31) 제 2조-3조에 따르면 소가에 0.5%를 곱하여 산출한 금액의 인지를 첨부하여야 하며, 항소장에는 제 1심 인지대의 2배를, 상고장에는 제 1심 인지대의 3배의 인지를 붙이도록 규정하고 있다.

불리한 입장에서 타협에 굴복하기 쉽다.

따라서, 소송의 결과는 『有錢無罪 無錢有罪』 또는 『有錢必勝 無錢必敗』로 될 확률이 많으므로 소송과정의 비용은 재판결과를 좌우할 만큼 중요한 변수로 작용하고 있는 실정이다.

중재제도는 단심제도로서 집중심리제이기 때문에 분쟁당사자는 비록 단기간에 집중적인 노력과 시간을 투입하게 되는데 이를 경제적 가치로 환산하면 소송에 비해 훨씬 저렴한 비용이 발생하는 것으로 분석되고 있다.

가. 소송비용과 중재비용

소송비용은 재판절차를 진행하는 과정에서 직접 발생하는 재판비용과 당사자가 개별적으로 변론하는 과정에서 발생하는 당사자비용으로 구분된다.

재판비용은 소송을 수행하기 위하여 법원에 납부하는 수수료의 성질을 가지는 인지료, 송달료, 증거조사비 등을 말하며, 당사자비용은 당사자가 소송을 수행하는 과정에서 법원 이외의 제3자에게 지출하는 소요비용으로서 변호사수수료, 증거조사 과정에서 소요되는 여비 및 숙박료, 우편료와 소송기간동안의 잡비 등 법원에 직접 지출하는 비용 이외의 모든 비용을 말한다.

중재비용은 중재절차를 진행할 때 발생하는 비용으로서 중재요금, 경비, 수당으로 구분되며,[7] 중재신청을 하는 당사자가 우선 예납한 후 중재판정에 의하여 결정되는 부담비율에 따라 분쟁당사자가 부담한다. 중재요금은 관리요금과 심문연기요금으로 구분하며, 경비는 중재인 및 서기의 소요경비, 증거, 증인 또는 감정인의 소요경비, 검사 또는 조사경비, 녹음 또는 속기록의 작성경비, 통역 또는 번역경비, 기타 중재에 소요되는 일체의 경비를 말한다. 다만 중재절차진행 과정에서 당사자가 자신의 권리를 주장하고 변호하기 위하여 변호사를 선임하였거나 대리인을 선임하여 이들에게 지출된 보수, 수수료나 비용은 중재합의 내용에 포함되어 있거나 별도로 합의된 사항이 없으면 중재비용으로 상대방에게 부담하도록 청구할 수 없다.[8]

따라서, 중재를 할 때 소요되는 비용 역시 중재절차를 진행할 때 직접 발생하는

7) 우리 나라 대한상사중재원 중재규칙 제 62조 이하.

8) 소송에서는 민사소송법 제109조 및 대법원 규칙 제01829호(2003.6.9)에 의거 변호사 선임비용을 재판비용 이외의 당사자비용으로서 승소자가 패소자에게 청구할 수 있다. 대한상사중재원 중재 제03111-0076호 판정내용 참조.

중재비용과 당사자가 개별적으로 대리인 또는 변호사를 선임할 때 소요되는 당사자 비용으로 나눌 수 있다.

민사소송 등 인지법(1998.10.08.규칙제1568호) 제2조에 따르면 소장에는 소송목적의 가액(일반적으로 소가라 함)에 따라 다음 각 호의 금액 상당의 인지를 붙여야 한다.

1. 소가(訴價)가 1천만원 미만인 경우에는 소가에 1만분의 50을 곱하여 산출한 금액
2. 소가가 1천만원 이상 1억원 미만인 경우에는 소가에 1만분의 45를 곱하여 산출한 금액에 5천원을 가산한 금액
3. 소가가 1억원 이상 10억원 미만인 경우에는 소가에 1만분의 40을 곱하여 산출한 금액에 5만 5천원을 가산한 금액
4. 소가가 10억원 이상인 경우에는 소가에 1만분의 35를 곱하여 산출한 금액에 55만 5천원을 가산한 금액

그리고, 동 법 제3조에서는, 항소장(2심)에는 1심 인지금액의 1.5배 액의 인지를, 상고장(대법원에 제출하는 소장)에는 1심액의 2배 액의 인지를 붙이도록 규정하고 있다.

중재절차상의 비용이란 협의의 중재비용으로 중재당사자 등이 중재절차의 개시 및 진행을 위하여 중재를 관리하는 기관에 납부하는 비용으로서

① 중재기관자체의 관리 사무에 대한 실비의 충당을 위하여 당사자에게 징수하는 요금

② 중재인의 사무처리에 대하여 당사자가 중재인에게 지급하여야 하는 수당 및

③ 중재심문절차의 진행상 증거조사·증언 또는 통역이나 번역 등의 노무제공을 필요로 하는 경우, 그러한 노무의 제공자에 대한 여비, 수당, 숙박비의 경비 등이 있다.

그리고 당사자비용이란 중재당사자가 중재관리기관 이외의 제3자에게 지출하는 비용으로서 당사자 본인(만일, 변호사가 선임되는 경우에는 변호사의 보수를 포함하여 변호사)의 여비, 일당, 숙박료 등이 있다.

중재관리요금은 상사중재원의 주요한 사업수입원으로서 상사중재규칙의 요금표에 의하여 청구금액별로 요율이 최고 3%에서 최저 0.25%로 구분되어 있으며 청구금액이 클수록 요율은 다음과 같이 체감하도록 규정하고 있다.

1. 8백만원 이하인 경우에는 3%

2. 8백만원 초과 1천6백만원 이하인 경우에는 24만원에 8백만원 초과액의 2.5%를 가산한 금액
3. 1천 6백만원 초과 2천 4백만원 이하인 경우에는 44만원에 1천 6백만원 초과액의 2%을 가산한 금액
4. 2천4백만원 초과 4천만원 이하인 경우에는 60만원에 2천 4백만원 초과액의 1.5%를 가산한 금액
5. 4천만원 초과 8천만원 이하인 경우에는 84만원에 4천만원 초과액의 1%를 가산한 금액
6. 8천만원 초과 1억 6천만원 이하인 경우에는 124만원에 8천만원 초과액의 0.5%을 가산한 금액
7. 1억 6천만원 초과 164만원에 1억 6천만원 초과액의 0.25%를 가산한 금액
8. 청구금액이 없는 경우 40만원

청구금액 1천만원 이하의 국제중재의 경우 중재인 수당 및 판정문 작성 수당으로 당사자는 700,000원을 기본적으로 부담하여야 하나 청구금액이 1억원 이상이 되면 중재인 수와 신청금액에 따라 추가로 부담하여야 한다.

〈표 6-1〉 대한상사중재원의 중재요금과 법원의 소송이지금액 비교

(단위: 천원)

구분/금액	5천만	1억	10억	500억
중재(A)	1,690	2,840	9,090	134,140
소송(B)	6,116	10,250	47,650	1,493,150
A/B(%)	27.6	27.7	19.1	9.0

※ 소송의 경우 1-3심까지의 인지대금을 포함하며 변호사 비용은 포함하지 않았음

나. 소송과 중재의 총비용 비교

중재는 사실심으로서 단심제지만 소송은 법률심에 가까운 3심과 재심이 허용되기 때문에 단순히 중재비용과 제1심의 재판비용만을 비교한다거나 변호사수수료를 포함한 당사자 비용까지 합하여 총체적으로 비교한다고 하여도 현실적이지 못하고 객관성이 떨어진다는 문제점이 있다.

중재절차를 취할 때 중재당사자 모두에게 변호사를 반드시 선임하도록 변호사선임 강제주의를 채택하고 있지 않지만[9] 소송의 경우에는 현실적으로 변호사 선임을 강제화하고 있고, 1심 2심 3심 등 소송의 심급마다 별도의 변호사 선임비를 부담하여 한다.

따라서, 소송이 어느 심급에서 종결되느냐 또는 심급마다 변호사를 선임하느냐 그 여부에 따라 소송비용과 중재비용의 차이는 크게 나타난다.

다음 〈표 6-2〉는 중재비용과 1심을 기준으로 하는 소송비용을 상호 비교한 결과를 보여주고 있다. 〈표 6-2〉의 내용을 과거에 있었던 사례로 보아 1천만원 이하의 소액사건, 1천만원 이상 1억원 이하의 사건, 그리고 1억원 이상의 고액사건으로 등 3가지로 분류하여 검토하는 것이 매우 현실적이라 생각한다.

1천만원 이하의 소액사건은 일반적으로 1인의 중재인에 의해 중재를 하게 되는 것이 일반적이고 소송에서도 변호사를 선임하지 않고 1심에서 종결되는 경우를 가정하면 소송비용이 중재비용보다 훨씬 저렴하다고 할 수 있다. 그러나 변호사를 선임하게 되면 결과가 달라지므로 보다 면밀한 분석이 필요하다[10].

청구금액이 2천만원이 넘고 1억원 미만인 중재사건의 경우에는 중재인을 3인으로 하는 사례가 적으므로 중재인 1인을 기준으로 하고 소송은 변호사를 선임하여 1심으로 종결하는 것을 기준으로 할 때 중재비용은 소송의 30~40%에 불과하다.

마지막으로 청구금액이 1억원을 넘게 되면 중재인 3인을 선정하여 중재를 한다 하더라도 변호사를 선임한 1심의 소송과 비교하면 중재비용은 청구금액이 크면 클수록 소송비용에서 차지하는 비중이 점점 적어진다는 사실을 확인할 수 있다.

그러나 이러한 비교분석은 중재에서 변호사와 같은 전문 대리인을 선임하지 않는 것과 소송에서는 변호사를 선임하는 경우를 전제하여 나타나는 결과이나, 현실적으로는 중재에서 변호사를 선임할 수도 있고 소송에서도 변호사를 선임하지 않을 수도 있다.

---

9) 중재신청금액이 크고 복잡하면 변호사 또는 대리인(전문가)을 선임하는 것이 유리하며, 이들에게 지급한 수수료 또는 비용에 대하여 별도로 중재합의를 하여 중재판정 내용에 중재비용으로 반영하도록 할 필요가 있다.

10) 국제상업회의소(ICC) 중재규칙에 따라 중재를 할 경우에는 당사자의 변호사 선임비용과 법률검토비용을 중재비용으로 삽입되어 판정된다. ICC중재규칙 제 20조 제2항.

〈표 6-2〉 중재와 소송비용의 차이점

구분	중 재 비 용	소 송 비 용
비용	중재는 중재비용과 당사자비용으로 나눈다. 1. 중재비용 : 협의의 중재비용으로 당사자 등이 중재절차의 개시 및 진행을 위하여 중재를 관리하는 기관에 납부하는 비용 1) 중재기관자체의 관리사무에 대한 실비의 충당을 위하여 당사자에게 징수하는 요금 2) 중재인의 사무처리에 대하여 당사자 중재인에게 지급하여야 하는 수당 3) 중재심문절차의 진행상 증거조사, 증언 또는 통역이나 번역 등의 노무제공을 필요로 하는 경우, 그러한 노무의 제공자에 대한 여비, 수당, 숙박비 등의 경비 등이 있다.	소송수행을 위하여 당사자가 직접 지출하는 비용 1. 재판비용 : 당사자가 법원의 활동에 대하여 국가에 납부하는 비용 1) 인지대(수수료) : 당사자가 소를 법원에 신청을 할 때에 납입하는 비용 2) 체당금 : 국고가 채무자로서 특정소송을 위하여 지출한 비용 - 송달료, 감정료 등
	1) 관리요금 2) 중재인수당 - 중재인(심문) 수당 - 판정문 작성 수당 3) 기타비용 : - 우송료 - 증인의 여비, 일당, 숙박비 - 감정료 - 통역, 번역료, 녹취료 등	1) 인지대 2) 기타비용 - 송달료 - 증인의 여비, 일당, 숙박비 - 감정료 - 통역, 번역료 등
	2. 당사자비용 : 중재에 소요되는 비용으로서 당사자가 중재관리기관에 납부하는 비용이 아니라 직접 제3자에게 지출한 비용을 말하며 당사자 본인(또는 변호사)의 여비, 일당, 숙박료 등이 있다.	2. 당사자비용 : 당사자가 소송을 위하여 법원 이외의 기관에 지출하는 소요총경비를 말한다. -변호사보수, 서류작성비(서기료), 당사자(본인 및 변호사)가 기일에 출석하기 위한 일당. 여비 등
	1) 서기료 2) 제출비용 3) 당사자 또는 대리인의 기일출석비용 4) 변호사 보수 등	1) 서기료 2) 제출비용 3) 당사자 또는 대리인의 기일출석비용 4) 변호사 보수 등
부담자	- 중재비용은 패소자의 부담으로 하는 것을 원칙 - 중재절차상의 비용은 대체로 중재규칙 및 사무처리규정에 의하여 정하여져 중재비용으로 인정받지만 당사자가 실제로 지출한 당사자비용이 중재비용으로 인정되는지의 여부는 당사자의 청구에 의하여 중재판정부가 결정한다.	- 소송비용은 패소한 당사자의 부담으로 하는 것이 원칙임.

더구나 소송에서 소가 소액(訴價 金額)이 5천만원 이상이 되는 경우 1심에서 종결되는 사례가 없다는 점을 고려한다면 소송비용은 적어도 위의 1심을 기준으로 평가되는 비용보다 배로 증가될 수도 있다.

따라서, 청구금액 1천만원 이하의 소액분쟁은 소송절차를 취하는 것이 중재를 취할 때보다 비용을 다소 절감할 수 있다고 할 수 있고, 그 외의 경우에는 중재절차를 취하는 것이 소송에 비해 비용을 크게 절감할 수 있다는 점을 알 수 있다.

〈표 6-3〉 금액별 중재와 소송비용(변호사보수 포함)의 비교표

(단위 : 천원)

구 분 \ 청구금액			1천만	3천만	5천만	1억	5억	10억	50억	500억	1,000억
중재비용	국제중재	1인(A)	1,090	1,490	1,740						
		3인(B)				2,740	4,490	6,440	16,440	130,240	255,240
	국내중재	1인(C)		1,469	1,744						
		3인(D)				2,784	4,649	6,724	17,724	142,774	280,274
	신속절차	1인(E)	479								
소송비용	1 심	인 지 대	50	140	230	455	2,055	4,055	18,055	175,555	350,555
		송 달 료	23	36	36	45	45	45	45	45	45
		변호사보수	-	3,770	5,850	9,750	30,550	43,550	147,550	1,317,550	2,617,550
		계(F)	73	3,946	6,116	10,250	32,650	47,650	165,650	1,493,150	2,968,150
비율 %	A / F		1,493	38	28						
	B / F					27	14	14	10	9	9
	C / F			37	29						
	D / F					27	14	14	11	10	9
	E / F		656								

※ 1. 변호사보수 = 착수금 + 성공보수{변호사보수기준에 관한 규칙 제3장 제18조(본안 사건의 보수 요율) 적용}
2. 소액재판(2,000만원 이하)의 소송비용에는 변호사보수를 제외함.
3. 국내중재의 경우 1,000만원 이하인 사건 중재비용에는 중재인 수당이 제외됨.
4. 환율은 US$ 1 : 1,350원으로 계산함.
5 비율 A/F = 중재비용 ÷ 1심 소송비용
6 송달료 ◎ 1심 - 소액사건(2,000만원 이하) : 22,600원 (5회x2당사자x2,260원 = 22,600)
- 단독사건(2천만원~5천만원 이하) : 36,160원 (8회x2당사자x2,260원 =36,160)
- 합의사건(5,000만원 초과) : 45,200원 (10회x2당사자x2,260원 = 45,200)
◎ 2심(항소심) : 45,200원(10회 기준)
◎ 3심(상고심) : 36,160원(8회 기준)
7 변호사 비용 - 변호사보수기준에 관한 규칙 제18조(본안사건의 보수요율)에 의한 보수 적용
- 상기 보수는 착수금 요율과 성공보수 요율까지 적용하여 산출된 금액임.
- 2,000만원까지 소액재판이므로 1심 변호사보수는 적용하지 않았음.

3. 장 · 단점의 차이

현대사회는 과학과 고도의 기술발달로 인간의 생활은 다양하게 복잡 · 전문화되어 어느 특정분야에 대한 전문적 지식이 없으면 이해할 수 없는 사회로 변하고 있다. 이러한 다양한 생활 역시 법치로 통제하여야 하나 생활의 모든 부분을 법으로 정해서 통치하기란 사실상 어렵다. 이를테면 특정분야에 대한 질서를 위해 법률이 마련되어도 예외가 있게 마련이고, 예외에 대한 질서를 위해 다시 법률을 만들어야 한다면 인간은 법의 노예가 되어 법으로부터 얻는 혜택보다 오히려 불편하게 될 것이다.

따라서, 영국은 "상식(common)이 곧 법이다"라는 인식에서 영국은 인간의 행동 하나 하나를 규정하기 위한 실정법을 많이 만들지 않고 정상적인 사고력을 가진 보통사람으로서 누구나 공감하며 상식에 의해 행동하고 상식에 의해 그 당부를 판단할 수 있는 『Common Law』를 기본으로 하고 있다.

따라서, 세계는 영국을 『신사의 나라』라는 호칭을 붙이고 있다.

반면에 우리 나라나 독일과 같은 민법계 국가들은 인간 개개인의 권리를 보호 존중한다는 취지로 수많은 실정법을 만들어 사회를 통치하지만 역사적으로 지탄을 받아야 할 독재자는 법을 많이 가지고 있는 민소법 국가에서 출현하였고, 인권침해 사례도 많았다. 히틀러와 일본천황은 법을 내세워 세계대전을 일으켰고 수많은 사람들을 전쟁터로 내몰아 목숨을 잃게 하였다.

이러한 맥락에서 법률은 상식을 보충하는 수단으로 활용할 필요가 있다. 특히 전문적 지식이 요구되는 특정분야에 대한 분쟁의 해결은 법률적 논리로는 실정에 알맞는 해법을 찾기가 어렵다. 행동이나 거래 하나 하나를 예상하여 이를 통제할 수 있는 법을 모두 제정할 수도 없고, 고도의 전문적 지식이 필요한 생활을 법리로 규제하려 한다면 이러한 법망을 교묘한 방법으로 피하면서 자행되는 부작용이 훨씬 심각할 것으로 예상된다. 사실관계의 시비를 판단하기가 어려울 뿐만 아니라 판단에 소요되는 노력과 시간지연 그리고 비용과중으로 생활자체가 편법과 불의로 혼란에 처하게 될 것이다.

그러므로 전문화되어 있는 특정분야의 사실관계는 법관이 판단하는 것보다 오히려 이러한 분야에서 오랜 경륜을 갖춘 사람의 판단이 필요하다.

분쟁을 합리적으로 해결하기 위해서는 무엇보다 쟁점의 사실이 사실대로 확인·규명될 필요가 있으므로 재판관이나 중재인은 분쟁이 야기된 거래관계에 대한 경험이나 전문적 지식을 가지고 있어야 한다.

따라서, 중재제도의 장점은 ① 중재인은 법관과 달리 제출된 증거의 신빙성과 유용성을 자유심증으로 판단할 수 있다는데서 찾을 수 있다.

② 소송에서 국가에게 인정되는 주권면제 이론이 상사중재에는 인정되지 않으므로 정부 또는 공공기관을 상대로 중재로 분쟁을 해결할 수 있다.

법원은 국가가 소송당사자가 되는 경우 국제관습법상 재판관할권을 가지지 못한다는 주권면제의 원칙을 인정하고 있다. 그러나 중재합의는 자유와 평등을 기초로 성립하는 계약이며, 영리를 목적으로 하는 상거래에는 주권면제의 원칙을 적용할 수 없다는 것이다. 즉, 국가는 중재계약을 체결할 때 상대방과 대등한 위치에서 주권면제의 특권을 포기한 것으로 보아야 한다는 원칙이 1970년 이후 미국을 중심으로 형성되어 왔다. 따라서 국제상사중재에 한하여 주권면제의 원칙이 배제되고 있다.

③ 중재절차를 진행할 때 변호사 도움 없이 당사자가 직접 자신의 권리를 주장하고 방어에 임하거나 변호사가 아닌 거래실무자나 기타 전문가를 대리인으로 지정하여 변론에 임할 수 있어 변호사비용을 절감시킬 수 있다.

다만 변호사자격이 없는 자가 대리인으로 선임되었을 때에 변호사법 위반여부가 논란의 대상이 될 수 있으나 아직까지 이에 관한 처벌규정이나 문제된 사례가 없는 것으로 보아 중재대리인이 영업을 목적으로 금전적 수수료를 받지 않고 거래 업무상 선의로 하는 경우에는 무난할 것으로 생각한다.

그러나 소송절차에서는 변호사 도움 없이는 자신의 권리를 행사하기가 어려운 분위기로 조성되어 있고, 심급이 바뀔 때마다 변호사를 선임하여야 하는 실정이기 때문에 많은 비용을 발생시킨다.

따라서 당사자는 사건에 대한 변론능력의 유무를 불문하고 변호사를 선임해야 하기 때문에, 변호사 선임에 따른 막대한 수수료 부담을 가지게 된다.

④ 재판절차는 사회치안사건을 제외하고는 원칙적으로 모두 공개되고, 판결결과도 공간(公刊)되므로 분쟁에 관련된 거래비밀이 유지될 수 없는데 비하여 중재절차는

공개되지 않으므로 기업거래의 비밀을 유지·보장할 수 있어 신용상 위험이나 영업상 손실을 방지할 수 있다는 장점이 있다.

⑤ 중재제도는 당사자간의 분쟁을 대화와 이해로 풀어가기 때문에 중재가 끝난 뒤에도 우호적인 관계를 지속할 가능성이 있다.

그러나 법원에서 법적 투쟁을 벌리게 되면 당사자는 사실관계와 거리가 먼 법률문제로 감정이 악화되고 오히려 상대방을 험담하는 결과를 초래하여 소송이 끝난 뒤에도 거래가 계속될 가능성은 거의 없게 된다.

이에 반해 중재는 거래에 관한 법률적용문제보다는 사실관계를 규명하여 이에 대한 책임여부를 쌍방의 의견과 양보여부 및 구체적 관습을 조정하여 분쟁을 해결하게 되므로 당사자를 이해하고 우의적인 관계로 진행될 가능성이 다분히 있다.

그밖에 분쟁해결 결과에 대한 예견가능성을 두고 2가지 상반되는 관점으로 주장이 대립하고 있다.

중재는 소송과는 달리 법률에 구애되지 않고 관습, 조리 또는 과거의 경험에서 얻은 지식을 중심으로 사안을 판단할 수 있기 때문에, 판단의 기준이 중재인의 자의나 주관에 의하여 좌우될 위험이 크고, 중재판정의 공정성이 충분히 담보되어 있지 못하다는 점에서 분쟁해결 결과에 대한 예견가능성이 재판에 비해 떨어진다는 주장이다.[11)]

그러나, 국제거래에서는 서로 다른 실체법이 적용되므로 일국의 법원에 의한 소송으로 국제상사분쟁을 해결하려고 시도할 때는 적어도 당사자중 일방에게는 소송결과에 대한 예견가능성이 존재하지만 그 상대방에게는 예견불확실성이 따른다.

따라서 양당사자들은 국제계약서 상에 준거법과 중재장소가 결정된 중재조항을 삽입해 둠으로써 또는 중재합의 이후 중재에 적용할 실체법과 법의 충돌에 대하여 국제사법을 자유롭게 선택하게 되므로 분쟁해결 결과에 대한 예견가능성을 얻을 수 있다는 주장이다.[12)]

분쟁해결 결과에 대한 예견은 나라마다 실체법이 다르고 국제사법 역시 통일되어 있지 않은 실정에서는 매우 불확실하다.

---

11) 森井 淸, 國際商事仲裁硏究, 1970, p. 245 및 高濬煥, 國際商事仲裁論, 法文社, 1980.
12) 岩崎一生, 新版英文契約書(作成의 理論과 實際), 同文館, pp. 140-141.

지구촌의 전체에 적용할 실정법이 없는 현실에서 중재제도는 국제거래가 바라는 모든 요구를 충족시킬 수 있을 만큼 탄력성을 가지고 상사분쟁을 해결하여 주는 유일한 분쟁해결 수단이라 할 수 있다.[13)]

중재판정문에 중재판정이유를 붙이지 않는 미국의 실정에서는 중재판정에 대한 예견가능성을 의심케 한다고 Domke 교수는 지적하면서도 대체로 중재제도의 판정결과에 대한 예견가능성을 옹호하는 입장을 취했다.

위 2가지를 종합할 때 국내중재사건의 경우 중재판정에 대한 예견가능성이 불확실하나 국제중재사건의 경우 예견가능성이 크다고 할 수 있다.

그러나 중재의 결과는 중재인에 의해 너무 좌우되고 있으므로 중재제도의 단점으로 지적되기도 한다.

일반적으로 중재제도에서 단점으로 지적되는 내용은 소송제도의 장점으로 분석되고 있다.

제 4 절 중재제도의 연원과 역사

1. 서 언

일찍이 인간의 사회집단은 그들 자체의 질서유지나 존속을 위하여 그들의 행동체계에 순응하는 자를 칭찬하고 이탈하는 자를 저지하려는 제약이나 규제를 가지고 있었다.

"사회 있는 곳에 규범이 있다"라는 법언(法諺)에서 암시해 주듯이 인간사회의 역사만큼이나 중재제도는 오래 되었던 것으로 추정된다.

특히 상법의 발달과정에서 상사중재제도는 상사분쟁을 해결하기 위하여 상거래에 살아있는 법규범을 적용 또는 확인해 옴으로써 상법발전에 중요한 역할을 해 왔다고 볼 수 있다.

---

13) Kopelmanas, The settlement of Disputes in international trade,Colum, L. Rev, p. 390, 1384, (1961).

중재제도에 관한 각 지역의 기원과 발전과정을 검토하면 사법상 재판제도의 보조적 기능을 수행해온 것으로 인식되며, 그 기원은 오히려 재판제도보다 오래된 것으로 추정된다.

2. 한국과 동양

우리 나라의 箕子八條敎와 중국의 사서에는 범법자에 대한 처벌 규정이 있었던 것으로 보아 우리 나라에도 분쟁의 해결방법에 대한 역사는 매우 깊었던 것으로 생각된다 .

이미 원시 씨족공동체에서 촌락공동체로 변천·발전되면서 형성된 것으로 추정되는 당시의 사회제재관행인 「동내매」, 「주먹드라미」, 「덕성모리」, 「뭇매」, 「부락추방」 등의 개념[14]은 관청에서 주도한 분쟁해결 방법이라기보다 자주적인 사적 해결방법으로서 오늘날과 비슷한 중재제도라 할 수 있다.

이러한 용어는 지형적으로 산으로 둘러싸여 외부세계와 교통이 적은 강원도 산간지방과 경북북부지방에서 보존·이용되고 있었고, 퇴화된 원시촌락의 제재잔영(制裁殘影)으로 추측되는 용어로서 제재를 가하는 촌락의 자치적 재판의 성격을 띤 초기의 중재제도라 할 수 있다.

이러한 자주적인 분쟁해결방법은 오랜 세월을 두고 하나의 사회 관행으로 이용되어 오다가 구한말 1895년 11월 10일에 법제화되었던 것으로 확인된다.

법률 제 17호로 제정하였던 당시의 「상무회의소 법칙」의 내용을 보면 "관계자의 청구를----상사에 관한 분의(紛議)를 재결(裁決)하는 事"로 되어 있었고, 1901년과 1902년에 외국인사이의 중재사례(우리 나라 중재제도 참조)가 있었다.

따라서, 비록 기록상으로 분명하지 않고 내용상 차이가 있지만 우리 나라에서는 이미 오래 전부터 중재제도를 시행해 왔었다고 볼 수 있으며, 현대적 의미의 중재제도를 시행한 것은 1895년이라 할 수 있다.

비슷한 제도는 고대 중국의 「律制[15]」에서도 찾아볼 수 있으며, 고대 인도시대에

14) 金宅圭, 『韓國部落慣習史』, 한국 문화사 대계 Ⅳ-풍속, 예술사(下), pp. 764-676 및 韓國農耕歲時의 硏究, 영남대학교 출판부, 1985, p. 376.

15) 黃山德, 東洋古代의 法思想, 「法學」 第 13號, 서울대 출판부, 1965, p. 80.

는 법을 집행하는 제도로서 Panchayati라는 중재제도가 있었다.[16)]

인도의 중재제도가 오늘날 현대적인 개념으로 제도화된 것은 1859년 인도 민사소송법 제 8편에 명문규정으로 성문화되었고, 1899년에는 이미 중재법으로 독립 제정된 바 있었다.

3. 서 양

서양에서 중재제도는 이미 영국의 보통법 제도가 있기 전에 수세기 동안 하나의 분쟁해결 방법으로서 존재하였던 것[17)]으로 보아 국가단위의 사법제도보다 일찍이 생성되어 사법제도와 함께 발전되었던 것으로 보인다.

일반적으로 유럽법 체제는 보수적인 영국법계보다 당사자에게 자율성을 많이 허용하고 있다고 볼 수 있어 중재제도는 로마법과 교회법을 중심으로 하는 중세의 상인법을 중심으로 발전되어 왔다고 할 수 있다.

P. B. Boucher씨는 "인류역사만큼이나 오래된 상거래는 상사분쟁의 해결을 위한 다른 어떤 형태의 재판기능도 초기단계에는 존재하지 않았다"고 하면서 "인류사회의 초기에는 일반적으로 분쟁이 주로 가족의 가장에 의해 해결되었으며 이 때문에 가부장적 재판이라 부를 수 있었는데 지금은 그 기능이 중재인들에게 맡겨지고 있다"고 주장하였다.[18)]

상사중재는 페니키아나 그리스 무역상에까지 이용되었으며,[19)] 기원전 6세기 중엽 아테네의 한 마을에서는 구속력 있는 판결을 내렸던 분쟁해결제도가 있었다고 한다.[20)]

아테네에는 diaeta라고 부르는 두 가지의 중재절차가 있었는데 하나는 중재인이 실정법에 따라 판정하였으며 패한 자는 법원에 상소가 허용되었고, 다른 하나는 중

---

16) National Reports-INDIA, Yearbook Commercial Arbitration Vol.Ⅱ-1977, ICCA (Netherland).
17) For some ancient sources and early developments of arbitration, See Murray, "*Arbitration in the Anglo-Saxon and early Norman Periods*," 16 Arb. J. 193(1961)
18) 張文哲, 商事仲裁와 商法의 發展, 商事法 硏究 제 7집, 韓國商事法學會, 1989, p. 659.
19) Frances Kellor, American Arbitration(New York:Kennikat Press, 1984), pp. 3-4.
20) Gertude Smith, *The Greeks had a Word for it-25 Centuries ago*, Arbtration Magazine (1943), p. 5.

재인이 사회정의에 따라 판정하되 법원에 상소가 금지되었다.[21]

이렇게 오랜 역사를 가진 중재제도는 로마인들의 12표법이나 유스티니안 법전에서도 볼 수 있는데 당시의 중재인은 arbiter와 Judex로 불리면서 두 가지의 중재형태, 즉 법에 따른 중재와 형평과 선에 따른 중재로 진행되었다.[22]

이러한 이원적인 중재형태는 오늘날 프랑스의 일반적 중재(arbitration proper)와 우호적 중재(amicable compositeur)의 기원이 되었다고 할 수 있다.

그 후 중재제도는 게르만법과 교회법의 영향을 받으며 중세상인의 상법발전에 크게 기여를 하면서 발전하였다. 특히 교회법의 특징은 중재합의에 선서한 당사자들이 그 합의에 따라 반드시 합의내용을 지키도록 규정하고 있으며, 법률논쟁보다는 우호적인 해결을 권하는 기독교적 논리로서 분쟁을 해결하도록 강조하게 되었다.[23] 중세 상인법의 특징은 국제적이고 통일적인 성격, 상인법원에 의해 적용되었던 자율적인 관습법, 신속하고 간이한 절차, 형평의 원칙 등으로 평가되는데 당시의 국제무역의 상관습법으로 크게 이용되었다.

한편, 1066년 Norman의 정복자 William이 영국을 정복할 당시에는 영국에 통일적인 재판소가 없어 각 지방재판소(local court)가 그 지방의 관습에 따라 민·형사 분쟁을 처리하였으며, 왕은 점진적으로 영국 전체에 동일한 법률을 적용하는 왕 자신의 재판기구를 만들었는데 이것을 보편적(common)인 것이라 하여 보통법이라 부르게 되었던 것이다.[24]

중재제도를 몹시 신봉했던 역사적 인물로서 솔로몬왕(King Solomon; B. C. 990-993)을 들 수 있다. 성경 열왕기(상) 제 3장 16-28절 사이의 기록에 따르면 솔로몬왕은 본인이 직접 진행하였던 분쟁 해결방법이 오늘날 중재인에 의해 진행되는 중재절차와 거의 비슷했던 것으로 추정할 수 있다.

그리고 알렉산더 대왕의 아버지인 마케도니아(지금의 그리스 북부지역)의 필립 2

21) Ernst J. Cohn, *Commercial Arbitration and the Rules of Law*, Toronto L. J. (1941), pp. 24-25.

22) arbiter나 judex는 당사자의 요청에 따라 praetor라고 불리는 執政官에 의해서 지명되었으며 arbiter는 衡平과 善에 의해 중재판정을 할 수 있었으나 judex는 엄격히 實定法에 따라 판정을 내렸다.

23) Cohn, *ibid*, p. 11.

24) 韓光世, 英國의 司法制度「外國 司法研修 論集」, 裁判資料 제 10輯, 法院 行政處, 1981, pp. 371-373.

세는 B.C. 338-337년 경에 남부 그리스 도시국가들과 체결했던 평화조약에서 도시국가 상호간에 영토문제로 야기되는 분쟁은 중재로 해결한다는 취지의 내용[25]을 삽입하였다는 사실을 알 수 있다.

최근의 역사적 인물로서 중재제도를 철두철미하게 신봉했었던 사람은 죠지 워싱턴(George Washington; 미국 초대 대통령)을 들 수 있다.

그는 서면으로 된 유언장에서 다소 중복되는 용어를 사용하면서 자신의 사후 분쟁이 발생되지 않기를 간절히 바라지만, 이러한 자신의 소망에도 불구하고 분쟁이 발생하면 전문지식을 갖추고 있고, 공정하며 덕망 있는 세 사람의 중재인을 선정하여 해결하도록 다음과 같은 내용을 남기고 있다.

"But having endeavored to be plain and explicit in all the Devises--even at the expense of prolixity, perhaps of tautology, I hope, and trust, that no disputes will arise concerning them; but if contrary to expectation the case should be otherwise from the want of legal expression, or the usual technical terms or because too much or too little; has been said on any of the devises to be consonant with law, my will and direction expressly is, that <u>all disputes (if unhappily any should arise) shall be decided by three impartial and intelligent men</u>, known for their probity and good understanding; two to be chosen by the disputants, each having the choice of one, and the third by those two.-- which three men thus chosen, <u>shall</u> unfettered by Law, or legal constructions, <u>declare their sense of the Testator's intention; and such decision is to all intents and purposes to be as binding on the Parties as if it had been given in the Supreme Court of the United States."</u>[26]

위 내용 중 밑줄 친 부분에서처럼 강력한 의지를 반복 사용하고 있는 것으로 보아 죠지 워싱턴의 소망이 얼마나 간절했는지를 짐작할 수 있다.

따라서 중재제도는 오랜 역사를 통해 반영되어 온 각종 관습이나 자료를 종합해 볼 때 인간들 사이의 분쟁을 구속력 있게 해결하는 방법들 중에서 가장 오래된 분쟁해결제도라고 할 수 있다.[27]

---

25) Fox, The Search for Alexander, 113-114(Little Brown and Co., 1980)

26) American Arbitration Association(AAA), Arbitration News, No.2(1963). 동 내용은 이미 수년전에 미국연방정부에 의해서 발행된 출판물에 잘 설명된 바 있었다.

초기의 중재제도는 오늘날처럼 민・형사사건 구분 없이 모든 분쟁을 중재의 대상으로 하였으나, 권력의 중앙집중화와 국가의 공권적 차원의 왕권이 강화되면서 중재제도는 해사나 상사에 한하여 제한되어 왔던 것으로 보인다.

그러나 로마의 마르크스 아우렐리우스 황제 때(AD 161-180)부터는 분쟁해결에 국가의 사법질서가 확립되면서 제약을 받아오던 중재제도는 민사소송의 대체제도로서 중세이후 형성된 자치도시와 자치단체(길드 또는 준프트)에서 부분적으로 이용되어 왔었다.

사법질서가 개인에게 권리를 부여하고 의무를 부담시키는 내용으로 확립되면서 권리자는 자기권리의 실현방안을 강구하는 방법으로 자력구제를 모색하게 되었고, 중재제도는 초기의 촌락시대에 형성되었던 중재제도를 변형시키고 소송제도의 단점을 보완하는 형식으로 오늘날과 같은 중재제도가 확립되었다고 볼 수 있다.

제 5 절 중재제도의 분류

1. 서 언

중재제도는 원칙적으로 분쟁당사자의 중재합의를 전재로 성립하는 분쟁해결제도이다. 그러나, 분쟁당사자의 의사에 관계없이 중재대상이 되는 해당분야의 거래질서 확립과 공공의 이익을 위해 강제중재를 시행하고 있는 국가도 있다. 강제중재는 인간의 기본권인 재판청구권을 침해한다는 이유로 강제중재를 시행하고 있는 나라에서는 국가의 통치권을 활용하여 당사자로 하여금 중재합의를 하지 않으면 행정조치를 취하여 불이익을 받도록 하는 것이 일반적이다.

따라서, 중재제도는 강제중재라는 명칭에 관계없이 당사자의 중재합의를 전제로 다음 4가지 형태로 크게 분류할 수 있다.

① 중재인이 엄격하게 실정법에 의하여 중재판정을 하느냐 또는 형평과 선에 의하

27) McAmis V Panhandle Pipe Line Co. 사건을 담당했었던 미국의 한 법원에서도 이와 같은 내용을 표시 하였다. 23 LA 570,574 (Kan. city ct. of App., 1954)

여 중재판정을 하느냐 하는 중재인의 중재판정권을 기준으로 하는 법적 중재와 우의적 중재,

② 당사자 또는 당사자영업소의 주소와 성격 즉, 당사자의 지위에 따라 구분되는 국내중재와 국제중재,

③ 중재대상의 내용과 범위에 따라 구분되는 민사중재와 상사중재,

④ 일정한 인적자원과 시설을 갖추고 있는 상설중재기관에서 주도적으로 중재절차를 진행하느냐 또는 당사자 합의에 의해 임시로 구성된 중재판정부에 의해서 중재절차를 진행하느냐에 따라 기관중재와 임시중재로 분류할 수 있다.

특히 민사중재는 중재대상의 내용과 범위에 따라 특허중재, 공해분쟁중재, 의료분쟁중재, 교통사고중재, 노사중재(노동중재), 임대차분쟁중재 등으로 분류되기도 한다. 그리고 상사중재는 기본적인 상사중재에서 분쟁의 특성을 살려 상사중재, 해사중재와 건설중재로 세분하기도 한다.

이와 같은 중재유형의 분류기준은 나라마다 약간씩 달리하고 있는 실정이며, 그 주된 분류의 필요성은 중재판정의 승인 및 집행문제,[28] 중재요금의 적용 또는 절차상의 효율성[29] 그리고 분쟁대상의 중재허용[30]과 직접적으로 관련되어 있기 때문이다.

2. 법적 중재와 우의적 중재

중재인이 사실관계를 확인한 뒤 실정법을 근거로 중재판정을 하는 것을 법적 중재라 하고, 형평(equity)과 선(good faith), 공익(public policy)과 정의감(sense of justice)에 근거하여 중재판정을 내리는 것을 우의적 중재라 한다.

일반적으로 분쟁당사자가 자신의 분쟁을 중재로 해결하기로 중재합의를 할 때 중재에 적용할 준거법을 미리 합의하였을 경우에 중재인은 반드시 합의된 준거법에 따라 중재판정을 하도록 하는 것을 법적 중재라 한다. 준거법에 대하여 분쟁당사자간에 분명하게 합의된 내용이 없는 경우에는 중재지의 법이나 당사자간의 거래특성과

28) 1958년 New York 협약 제 제1조 1항
29) 우리 나라 중재규칙 제2조, 제12조 제20조, 제26조, 제28조 등에서 요금과 기일 산정에서 차이를 두고 있다.
30) New York 협약 제 2조 1항

당사자의 의사를 탐구하여 적용할 수 있는 법률을 발견하여 발견된 법을 기준으로 분쟁을 해결하여야 국제중재의 경우 중재판정을 승인 또는 집행 받을 수 있다. 그리고 중재인은 중재대상에 적용할 실체법을 찾지 못하면 법원의 의견을 구하거나 판단을 받아야 한다.

따라서 중재인은 중재심문과정에서 발생한 법률문제를 법원의 의견에 따라야 하고 판정내용에도 이 사실을 기재하여야 한다.

이러한 법적 중재는 실체법에 근거를 두고 시비가 판단되고 중재판정의 내용 역시 법원의 통제하에 두고 있기 때문에 판정의 타당성, 중재판정의 예측가능성 및 법적 안정성이 있다는 장점이 있지만 중재절차가 지연되기 때문에 신속성과 경제성의 장점을 살릴 수 없다는 단점이 있다.

그러나 우의적 중재는 중재인이 명백하게 준거법을 발견할 수 없는 경우 중재인의 자유심증으로 시비를 판단하고 중재판정을 하였을지라도 분쟁당사자를 구속하는데 아무런 문제가 될 수 없다는 논리이다.

따라서, 중재판정은 중재인과 같다는 말이 있듯이 중재는 중재인의 양심과 인격에 좌우된다고 할 수 있다.

3. 국내중재와 국제중재

일반적으로 국내중재란 중재당사자가 동일한 국가의 국적, 주소지 또는 주된 영업소를 가지고 당사자의 영토 내에서 중재절차가 진행되어 중재판정이 되는 것을 말하고, 국제중재란 국내중재를 제외한 중재를 말한다. 그리고 당사자의 국적은 같으나 당사자의 영토가 아닌 다른 국가에서 중재절차가 진행되어 판정된 것을 외국중재라 한다.

국내중재와 국제중재로 분류하는 필요성은 첫째, 중재요금의 공정한 산정 및 부과와 신속한 중재절차를 진행하고자 하는 것이며 둘째, "외국중재판정에 관한 승인 및 집행에 관한 협약(뉴욕 협약)"을 적용하기 위하여 국내중재판정과 구분이 되어야 하기 때문이다.[31]

31) 영국의 법원은 국제중재에 대하여 비교적 관대하나 국내중재에 대하여는 미온적인 태도를

① 국내법상의 기준

우리 나라 중재규칙에는 쌍방당사자의 국적, 주소지 또는 주된 영업소가 우리 나라영토 내에 있는 상태에서 중재가 진행되는 경우를 국내중재라 하고, 당사자중 일방이라도 다른 나라의 국적을 가지고 있거나 당사자 모두가 다른 나라의 국적을 가지고 우리 나라에서 중재하는 것을 국제중재라 한다.

대한상사중재원의 상사중재규칙에는 한국 내에 주된 사무소나 주소를 두고 있는 당사자간의 중재를 국내중재(Domestic Arbitration)라 하고, 국내중재를 제외한 중재를 국제중재(International Arbitration)로 규정하고 있다(제2조).

그러나, 우리 나라의 국적을 가지고 있는 두 당사자가 외국에서 중재절차를 진행하였을 경우 국내중재로 볼 것인가 또는 외국중재로 볼 것인가 하는 문제가 발생할 수 있으나 중재규칙은 대한상사중재원이란 상설기관이 중재절차를 효율적으로 진행하기 위하여 제정한 규칙에 불과하므로 공평한 중재절차 진행과 현실적인 중재요금을 책정할 때 기준이 될 뿐이다.

대한상사중재원에서 상사중재규칙으로 국내중재와 국제중재로 분류하게 된 기본적인 배경은 중재당사자 쌍방이 모두 국내에 거주하는 경우 중재당사자중 일방이라도 외국에 거주하는 것 보다 우편비용을 줄일 수 있고 중재절차도 신속하게 진행할 수 있게 되므로 관련중재비용도 중재장소를 중심으로 적게 발생하게 된다. 이런 문제를 고려하여 중재장소를 중심으로 분쟁당사자의 주된 주소지가 중재장소와 같은 국가에 있다면 국내중재로 보고 그렇지 않으면 국제중재로 판단하여 적절한 중재요금을 적용시키도록 하고 있다.

국내중재의 관리요금을 국제중재에 비하여 낮게 적용하고 있고(요금표 참조), 중재인 선정, 절차진행 통지기관과 중재인 부적격 고지기간을 30일에서 15일로 단축시키고 있다(규칙 제 20조, 제 22조, 제 26조 등).

한편, UNCITRAL 모범중재법 제 1조 3항에서는 다음에 해당되는 경우에는 국제적이라고 비교적 광범위하며 신축적으로 해석하도록 하고 있다.

i) 중재합의 당사자가 중재합의 당시에 상이한 국가 내에 영업소를 두고 있는 경우,

ii) 약정된 중재장소, 업무수행과 가장 밀접하게 관련된 장소, 또는 분쟁의 핵심사

취할 수 있도록 법원의 재량권에 위임(보수적임)되어 있다.

항과 가장 밀접하게 관련된 장소 중 하나의 장소가 당사자의 소재지 국가의 밖에서 중재가 진행되는 경우,

iii) 또는 중재합의 주제가 2개국 이상에 관련되어 있는 경우

② 뉴욕협약에 의한 기준

일명 UN협약이라고 불리는 뉴욕협약에는 국제중재와 국내중재로 구분하는 분명한 명시규정이 없으나 중재판정의 장소에 따른 다음 두 가지 선택적 기준에 의해 국내중재와 국제중재의 존재를 검토할 수 있다(협약 제 1조 제 1항).

첫째, 중재판정의 승인 및 집행을 요구받은 국가 이외의 어떤 국가의 영토 내에서 내린 판정(arbitral awards made in the territory of State other than the State where the recognition and enforcement of such awards are sought)에 뉴욕협약이 적용된다고 규정하고 있어 당사자의 국적이 아닌 중재장소를 기준으로 중재유형에 대한 판단의 근거로 삼고 있음을 알 수 있다.

따라서, 자국 이외의 다른 국가에서 내린 중재판정은 사실상 외국중재판정으로서 중재장소를 기준으로 하고 있기 때문에 당사자의 국적 또는 거주성을 근거로 판단하는 국제중재판정과 판단기준을 달리하고 있다.

둘째의 기준은 중재판정의 승인 및 집행을 요구받은 국가에서 국내중재판정으로 간주되지 아니하는 중재판정에 한하여 뉴욕협약이 역시 적용된다고 규정(-shall also apply to arbitral awards not considered as domestic awards in the State where there recognition and enforcement are sought)함으로써 중재판정을 내렸던 국가의 실정법에 맡기고 있다.

위의 두 가지 기준에서 두 번째의 "also"라는 단어를 사용하고 있는 것으로 보아 두 번째 내용은 첫 번째 기준에 대한 추가기준이라 할 수 있다.

따라서, 대한상사중재원에서 내린 국제중재판정은 본 뉴욕협약(UN협약)에 근거하여 한국에서 승인 및 집행될 수 있으며, 뉴욕협약의 제목 즉 "Foreign Arbitral Awards"은 국제중재판정을 의미한다고 할 수 있다.

이러한 해석은 뉴욕협약의 입법역사를 검토할 때 몇몇 민법계 국가들의 주장이 본 협약에 반영되어 삽입된 결과라는 점에서도 확인할 수 있다.[32)]

---

32) Yearbook Commercial Arbitration Vol. XⅣ-1989, 「Court decisions on the New York

사회주의 국가들과 독일 등 민법계 국가들은 당사자들이 다른 국가의 중재법에 따라 중재판정집행 예정국가에서 중재판정을 받은 후 동 국가의 국내법보다는 UN협약에 따라 중재판정의 집행을 보장받고자 원했던 결과이다.

미국 항소법원에서도 중재판정의 강제집행을 요구받은 국가에서 동 국가의 중재법에 따라 중재판정이 되었지만 외국 또는 국제적인 요소를 지니고 있는 중재판정은 추가기준에 포함하여 뉴욕협약이 적용된다고 판결한 바 있다.[33)]

4. 상사중재와 해사중재

중재는 사법상의 법률관계로서 당사자가 스스로 처분할 수 있는 분쟁을 대상으로 한다. 이것은 엄격히 말해서 민사에 관한 사항이라 하여 민사중재라 할 수 있는데 그 중에서 상거래 행위에 관련된 중재를 상사중재라 한다(중재법 제 4조 제 3항).

흔히 쓰이는 "상사(commercial affairs)"와 중재법상의 「상행위」와의 사이에는 어느 정도 개념상의 차이가 있을 수 있으나, 상사는 계약상의 법률관계뿐 만 아니라 불법행위와 같은 비계약상의 상사사건을 포함하여 상거래 성질을 가진 모든 법률관계로부터 발생하는 문제를 포함한다고 할 수 있다.[34)]

우리 나라 상법 제 46조에서는 「동산, 부동산, 유가증권, 기타의 재산의 매매」를 비롯하여 금융, 운송, 보험, 제조, 광업 등 모두 18가지 종류에 달하는 여러 행위를 지칭하고 있다. 따라서, 오늘날 상사의 개념은 국가마다 약간의 차이를 보이고 있으나 일반적으로 상품의 수출입 뿐만 아니라 기술이전, 국제특허, 해외투자 등 넓은 의미로 확대해석하고 있는 추세이다.[35)]

상거래 중에서 해상운송이나 해상보험에 관련되는 중재를 특별히 해사중재라 하며, 영국, 미국, 소련에는 해사중재위원회와 해사법원이 별도로 있고 일본 역시 해사중재를 전담하는 별도의 상설중재기관(해운집회소)이 있다.

그리고 건설에 관련된 분쟁을 중재하는 것을 특별히 건설중재라 하는데 일본에는

Convention」, p. 535.

33) bergesen 대 Muller 사건, 국제상사중재 연감 제 9권 p. 487.

34) UNCITRAL 모델중재법 제 1조.

35) 고범준, 국제상사중재법의 해의, 대한상사중재원, 1991, p.16 이하

「건설분쟁 조정위원회」라는 건설중재를 전담하는 상설중재기관이 있고 미국은 미국중재협회에서 건설중재는 물론 다양한 중재를 마련하여 그 이용자들에게 호평을 받고 있는 실정이다.

그 외에도 중재대상이 되고 있는 분쟁의 내용 및 성격에 따라 상사중재는 국가마다 여러 가지로 분류할 수 있으나 국제상사에 한하여 중재 판정된 내용은 뉴욕협약에 따라 다른 외국에서도 승인 또는 집행 받을 수 있기 때문에 중재대상이 국제상사의 범위에 속하느냐 하는 점은 매우 중요하다.[36)]

특히 중재 판정된 중재대상에 대한 상사적 성격규명을 두고 분쟁당사국 사이에 개념상의 차이가 있을 경우 뉴욕협약에 의거 승인 또는 집행이 거부될 수 있으므로[37)] 상사중재에 대한 교역당사국의 실정법상의 개념을 중재합의를 할 때에 반드시 확인할 필요가 있다.

5. 기관중재와 임시중재

중재는 중재절차가 일정한 시설과 전문행정가를 갖추고 있는 상설기관의 도움을 받아 진행하느냐 또는 외부 도움 없이 순수하게 당사자 자치로 진행하느냐에 따라 기관중재(Institution Arbitration 또는 administrated arbitration)와 임시중재(Ad Hoc Arbitration non-administrated arbitration)로 구분된다.

중재는 분쟁당사자의 사적 자치분쟁해결 제도이므로 법원과 같이 일정한 시설이나 관리행정요원을 갖춘 상설기관의 개입 없이 당사자가 스스로 중재절차를 진행·관리하는 것을 원칙으로 하고 있지만 사실상 상설기관의 지원 없이 당사자 스스로 중재를 진행하기란 매우 어려운 실정이다. 중재절차를 진행하기 위한 중재인선정, 상호 의사전달 또는 우편물 통지, 중재심문을 위한 중재장소결정 등 많은 난제들 때

36) 뉴욕협약 제1조 3항은 협약회원국가가 자국법에 의하여 상사에 관한 법률관계만 적용하는 조건부 가입(reservation)을 허용하고 있으며 우리 나라도 상사에 한하여 적용하는 유보조건으로 가입하고 있다.

37) 서독의 법률상 농업협동조합은 상인성으로 간주되었지만 서독의 섭외사법에 의거 프랑스법으로 적용될 경우 프랑스 법률상 농업협동조합은 商人性이 부인되어 문제가 된 사례가 있었다. 홍정식, 외국중재판정의 승인과 집행에 관한 국제연합협약해설, 대한상사중재협회, 1971, p. 25.

문에 중재절차가 지연되거나, 심지어 중재절차를 둘러싸고 또 하나의 분쟁이 될 수 있다.

따라서, 효율적인 중재를 위해 중재절차 개시에서부터 중재판정에 이르기까지 중재사무를 관장할 상설중재기관이 필요하다.

상설중재기관은 중재에 적용할 중재규칙을 제정해 두고 당사자의 이해가 대립하는 중재인 선정, 준거법 적용, 중재장소 결정을 합리적으로 결정 · 관리할 수 있기 때문에 중재절차를 신속하게 진행시킬 수 있다는 장점이 있는 반면에 당사자의 자치의 범위를 축소시켜 당초의 중재제도의 장점을 살릴 수 없다는 비판을 받기도 한다.

이와 같이 상설중재기관에 의하여 중재절차가 주도되는 것을 기관중재 또는 상설중재라 부르기도 한다.

특히 상설중재기관은 중재절차의 신속성과 공정성을 높이기 위하여 중재기관마다 독특하고 다양한 중재규칙과 표준중재계약조항을 마련해서 중재기관의 신뢰성을 높이며, 자신의 서비스를 많이 이용하도록 선의의 경쟁을 하고 있다.

임시중재는 분쟁당사자의 필요에 의해 중재절차를 주도할 중재판정부를 구성하고 중재에 적용할 준거법, 중재장소 등 일체의 필요한 사항을 당사자 자율로 결정하여야 하기 때문에 당사자의 진정한 준법정신을 기본으로 한다.

신속한 중재판정으로 오히려 불리하다고 예측하는 당사자가 중재절차진행에 필요한 결정에 미온적인 태도를 취하면 법원의 도움으로 결정하여야 하기 때문에 오히려 소송보다 지연되는 결과를 초래할 수도 있다.

그리고 임시중재는 성공적으로 중재가 되더라도 해당 중재사건의 중재판정과 함께 모든 것이 사실상 소멸되므로 중재기록의 보관과 중재판정의 집행에 대한 사후관리가 어렵다는 단점이 있다.

이러한 문제점으로 우리 나라에서 임시중재사례는 찾아볼 수 없고[38] 영국, 프랑스, 독일 등 주로 유럽에서 그 사례를 찾아볼 수 있으나 기관중재에 비해 그 활용비중은 점점 줄어드는 경향을 보이고 있다.

UN협약 제 1조 2항과 UNCITRAL 중재법 제 2조에서 임시중재와 기관중재를 별

38) 우리 나라에 상설중재기관이 없었던 조선말기에 2건의 임시중재사례(1901년 11월 18일 한 · 미인간 및 1902년 2월 24일 불 · 청인간의 손해배상 사건)가 있었다.

도로 규정하고 있으나, UN협약은 임시중재판정이든 기관중재판정이든 구분 없이 적용된다고 함으로써 집행에는 아무런 차별이 없다.

우리 나라에는 대한상사중재원이 유일한 상설중재기관이지만, 미국, 영국, 독일, 프랑스, 일본에는 무수한 상설중재기관이 설립되어 있고 중재기관마다 독특한 특징과 신뢰성을 구축하며 사회질서 확립에 기여하고 있는 실정이다.

중재기관이 법원처럼 단일기관으로 되어 있는 국가를 제외하고 여러 기관으로 난립되어 있는 국가에서 중재를 할 때에는 공신력이 있는 상설중재기관을 선택하도록 각별히 주의할 필요가 있다.

6. 강제중재와 임의중재

분쟁당사자의 의사와는 관계없이 특정기관의 중재로 분쟁을 구속력 있게 최종 해결하도록 하는 것을 강제중재(Compulsory Arbitration)라 하고 분쟁당사자의 중재합의에 의해 분쟁을 중재로 최종해결 하는 것을 임의중재(Voluntary arbitration)라 한다.

강제중재는 노사관계(Industrial -Relation)와 같은 특정분야의 분쟁이 공익상 필요한 경우 공권력으로 특정의 상설기관에 의해 강제중재로 해결하도록 법제화되는 경우가 대부분이다. 특히 호주의 강제중재제도는 오랜 역사와 경험을 가지고 있어 세계적으로 유명하다. 즉, 1900년 Western Australia 주에서 처음으로 강제중재법이 제정된 후 연방에서 공식적으로 채택하게 되었다.

영국은 제1차 대전의 전시 중에 파업이나 공장폐쇄와 같은 극단조치를 금지하고 노사분쟁에 대한 강제중재를 적용하였으며, 현재는 전기, 공공기관, 가스, 토지, 특허 등 비교적 광범위한 분야에 대하여 법정중재(Statutory arbitration)로 해결하도록 하고 있다. 미국은 1920년 Kansas 주를 시작으로 노사분쟁에 대한 강제중재법이 제정[39]되어 현재 대부분의 주에서 채택하고 있고, 캐나다 역시 노사간의 단체협상에 분쟁에 한하여 1967년부터 강제중재제도를 적용하고 있는 실정이다.[40]

우리 나라는 노동쟁의조정법상의 중재, 언론중재위원회법상의 심의판정, 차지차가

---

39) Ch. 29 L.1920(Law of Kansas).

40) Compulsory Arbitration, D.C. Heath and Company, 1976.

조정법(借地借家調停法)상의 강제조정 및 가사심판법상의 심판 등이 강제중재와 같은 맥락으로 볼 수 있으나, 엄밀하게 말해서 이러한 분쟁해결제도는 중재제도가 지니고 있는 단심제가 아니고 항소가 허용된다는 점에서 개념상 차이가 있다.

따라서, 강제중재는 공공근로자의 임금협상과 같이 분쟁의 파장이 사회전반에 걸쳐 불편을 주거나 부정적인 영향을 미치는 경우를 대비하여 특별한 국가적 목적을 달성하기 위하여 시행하고 있는 특별한 분쟁해결제도라 할 수 있다.

제 6 절 중재대상과 요건

1. 중재대상과 목적

사법질서는 개인에게 권리를 부여하고 의무를 부담시키는 것을 원칙으로 하고 있기 때문에 국가의 개입은 오히려 개인의 거래를 위축시킬 위험이 있다.

국가에 의한 권리구제는 거래의 실정에 적절한 정확성 및 신속성을 높이지 못하고 있는데 반해 자력구제는 권리실현이 신속하고 경제적이기 때문이다.

분쟁에 얽힌 권리관계를 확정하기 위한 절차과정에서부터 확정된 권리 내용을 최종적으로 이행하기까지는 타율보다는 자율적으로 이루어져야 할 것이다. 타율에 의한 일도양단(一刀兩斷)의 이해조정은 상대방에 대한 원망과 함께 추가손해를 끼치는 물리적 행위로 확대될 수도 있고, 거래를 다시 유지할 수 없는 상태로 험악한 상태로 되기도 한다. 심지어 당사자의 소속국적을 달리할 경우 국가간의 전쟁으로 비화되기도 한다.41)

중재제도는 이와 같이 힘에 의한 강제구제나 국가구제를 원칙상 반대하고, 사법상의 분쟁을 당사자들이 자주적으로 신속하게 해결하는 것을 목적으로 하는 소송대체제도(Alternative Dispute Resolution : ADR)이며, 법원 판례에서도 이와 같은 취지에 부합되는 것으로 나타나 있다.42)

---

41) Frank Elkouri, How Arbitration works, The Bureau of National Affairs, Inc. 1985, p. 3.

42) 대법원 판결 72 다 1926 (1972.12.26), 대법원 판결 79 다 2041 (1981.1.13), 대법원 판결

중재법에는 사법상의 분쟁을 중재에 의하여 적정·공평·신속하게 해결하는 것을 목적으로 하고 있음을 명시하고 있다(1조). 사법상의 분쟁은 공법상의 분쟁을 제외하는 분쟁이므로 형사분쟁은 중재의 대상이 될 수 없다.

사법상의 분쟁 대부분은 상사분쟁이며, 상사분쟁은 신속한 해결로 해결결과에 대한 손익계산서를 해당사건에 한정시켜 작성하였을 때 설사 손해를 보더라도 장기적인 안목에서 계속적인 상거래를 통해 이익을 얻을 수 있는 가능성을 가진 특성이 있다.

우리 나라 헌법 제 27조 제 1항에는 "모든 국민은 헌법과 법률이 정한 법관에 의하여 법률에 의한 재판을 받을 권리를 가진다"고 규정하고 있지만 중재법에서는 "당사자간의 합의로 사법상의 분쟁을 법원의 재판에 의하지 아니하고 중재인의 판정에 의하여 해결하는 절차를 말한다"(법률 제6083호)고 규정하고 있어 사법상의 분쟁이라 하더라도 당사자 사이에 중재합의가 있어야 중재의 대상이 될 수 있다.

중재의 대상이 될 수 있는 분쟁에 대하여 "중재 판정권이 존재한다"라고 한다면 국가권력으로 처리할 수 있는 민사분쟁은 "민사 재판권이 존재한다"라고 할 수 있어 중재대상 여부는 중재판정권의 존부와 직결된다.

법원의 재판권은 국가의 공권력에 바탕을 두고 있어 적용범위나 대상에 제한이 없으나 중재는 사권에 바탕을 두고 있기 때문에 중재의 대상은 원칙상 「당사자가 처분할 수 있는 사인간(私人間)의 분쟁」으로 한정된다.

국가와 국가간의 분쟁은 외교적 해결이나 국제사법 재판소를 통하여 해결되어야 하고 국가와 사인간의 분쟁은 원칙상 공법상의 문제이므로 중재에 의하여 해결될 수 없고, 영리를 목적으로 한 상거래분쟁을 제외하고는 모두 행정소송의 대상이 된다고 할 수 있다.

UN협약 제 2조에서는 "Concerning a subject matter capable of settlement by arbitration"으로 하여 각국의 관습 및 입법내용에 따라 포괄적으로 중재대상을 정할 수 있도록 허용하고 있고, UNCITRAL 중재법 제 1조에서는 동법의 적용범위를 "applies to international commercial arbitration, subject to any agreement in force States"로 규정함으로써 국가간에 체결되어 있는 협정에 따라 국제상사중재에만 적용하도록 구체적으로 명시하고 있어 중재범위를 축소시키고 있다.

---

88 다카 183-184 (1989.6.13) 및 대법원 1부 판결 84 다카 1003 (1988.2.9)등 다수가 있다.

우리 나라는 아직까지 특허 및 상표등록에 관한 분쟁을 중재의 대상으로 허용하지 않고 특허청에서 일괄 처리하도록 하고 있으나 미국에서는 모두 중재의 대상으로 허용하고 있다.

2. 중재판단의 범위

중재인이 판단하여야 할 중재범위는 중재절차가 진행될 중재지(중재장소)소속국가의 법 테두리 안에서 당사자가 합의한 중재계약, 즉 당사자의 중재합의 내용에 따라 결정된다.

중재인(판정부)은 자신의 권한 및 이와 관련된 중재합의의 존부 또는 유효성에 대한 이의에 대하여 결정할 수 있다(중재법 제17조). 불행하게도 중재합의 내용이 불충분하여 일부내용에 중재판정권이 존재하지 않거나, 무효이거나, 효력을 상실하였거나 또는 중재합의 이행이 불가능한 경우에는 당사자중 일방이 본안에 대한 최초의 변론을 할 때까지 항변을 하고 법원에 그 판단을 별도로 요청할 수 있으나 그 외의 이유로 제소된 내용은 법원에 의해 각하되도록 규정하고 있다(중재법 제9조). 법원은 중재법에 정해 있는 경우를 제외하고는 중재법에 관한 사항에 관여할 수 없다(중재법 제6조). 중재합의 유효성 여부에 관한 법률적 판단은 법원이 하여야 하나, 피신청인에 의한 이러한 항변권(중재거부권)은 중재사건의 본안에 대한 최초의 변론기일 이전에 할 수 있다.

당사자 중에 중재법의 임의규정 또는 중재절차에 관한 당사자 합의내용에 대하여 위반한 사실을 알고도 지체없이 이의를 제기하지 아니하거나 이의제기 기간내에 이의를 제기하지 아니하고 중재절차가 진행된 때에는 그 이의신청권을 상실하게 된다. 피신청인에 의해서 설사 중재합의 효력에 관한 소송이 법원에 신청되거나 계속중인 경우에도 중재판정부는 중재절차를 개시 또는 진행하거나 중재판정을 내릴 수는 있다.[43)]

분쟁당사자가 소송과 중재 중에 선택하여 그들의 분쟁을 해결하기로 하는 선택적

43) 본 내용은 대법원 1996. 2. 23. 선고, 95다 17083 판결의 내용을 반영하여 1999년 중재법이 개정되었다.

중재합의가 있는 경우에 신청인이 중재신청을 하고 피신청인이 별다른 이의 없이 중재절차에 응했다면 중재계약으로서 그 효력이 있다는 판결이 우리 나라 주류[44]를 이루면서 대법원 판결[45]이 있었으나, 대법원은 다시 종전의 판결을 뒤엎는 판결[46]을 내림으로써 앞으로 선택적중재합의계약에 대한 효력을 논란은 계속될 것으로 보이므로 분명한 중재합의가 필요하다.

중재인(판정부)은 당사자들이 지정한 법에 따라 판정을 내려야 한다. 특정 국가의 법 또는 법체계가 지정된 경우에 달리 명시되지 아니하는 한 그 국가의 섭외사법이 아닌 분쟁의 실체에 적용될 법을 지정한 것으로 본다. 지정된 법이 없는 경우에는 중재인은 분쟁의 대상과 가장 밀접한 관련이 있는 국가의 법을 적용하여야 하며, 당사자들이 명시적으로 권한을 부여하는 경우에 한하여 형평과 선[47]에 따라 판정을 내릴 수 있다.

따라서, 중재인(판정부)은 계약에서 정한 바에 따라 판단하고 해당 거래에 적용될 수 있는 상관습을 고려하여야 하므로 중재인이 중재절차를 진행할 때 광범위하게 판단할 수 있도록 그리고 모든 분쟁을 중재합의에 포함되도록 중재합의를 포괄적으로 해둘 필요가 있다. 이를 충족시키기 위해서는 중재합의 용어가 다소 중복되긴 하지만 미국 또는 영국의 상설중재기관에서 권유하는 표준중재조항의 일부내용을 그대로 사용하여 중재합의조항으로 약정해 둘 필요가 있다.

예컨대 "all disputes, controversies, or differences-----"에서 분쟁이란 용어가 중복되고 있지만 후일의 분쟁을 피하기 위해 필요한 조치라 할 수 있다. 어휘에 대한 개념이 잘 발달되어 있는 영국에서는 각 용어마다 뜻하는 의미가 법원판례로 형성되어 있어 이러한 중재조항이 사용되고 있는 실정이다.

따라서 용어를 잘못 선택하거나 일부용어만 사용하여 어느 한 부분의 분쟁이라도 중재합의 내용에서 제외되거나 애매모호한 내용으로 되어 있으면 하나의 사건을 구속

44) 김대현, 선택적 중재조항 관련 대법원 판례의 해석과 의미, 대한상사중재원 중재지 제312호(여름), pp. 48-52.
45) 대법원 2003.8.22. 선고 2003다318호 사건.
46) 대법원 2004.3.12.선고 2003다21995판결
47) 중재인이 법을 무시하는 것이 아니라 상식적 견해로 법적 전문성에 구속되지 않고 관대하게 법규칙을 해석할 자유가 있다는 것을 의미한다. 장복희, 중재계약상 형평조항, 중재 제312호(여름), p. 28.

력 있게 해결하기 위해서는 소송과 중재를 번갈아 해야 할 불편을 겪게 될 것이다.

나라마다 용어에 대한 해석을 달리할 수도 있고, 개념정리가 불확실하기 때문에 그리고 법원의 보수적 시각에 말려들 염려가 있으므로 중재합의 내용에 중재인의 중재판정권이 확실히 존재하도록 해야 할 것이다.

완전한 중재합의는 당사자 사이에 별도로 추가합의가 없는 한 취소되거나 무효로 되지 않는 불가철회성을 지니고 있고 계약자체로서 독립성을 가진다.

3. 중재의 요건

소송요건상 결함이 있으면 법원은 본안판결이나 본안심리를 하여서는 안 되듯이 중재요건상 미비점이 있으면 중재인은 중재절차를 진행할 수 없다. 그리고 중재요건상 미비점에도 불구하고 중재판정이 되면 그 효력을 상실하게 된다.[48]

일반적으로 중재는 다음 사항을 중재요건으로 하고 있다.

① 중재당사자는 당사자 적격성에 결격사유가 없어야 한다.

권리・의무의 주체로서 자연인과 법인을 원칙으로 한다. 다만 국가가 영리를 목적으로 하는 상거래의 주체자로서 행위를 하였을 경우에는 사인의 지위로 간주되므로 중재의 당사자가 될 수 있다.

국가는 주권을 가지고 있고 국가상호간에 평등하기 때문에 다른 나라의 법원에서 피고가 될 수 없다는 주권면제이론(Sovereign immunity doctrine)이 관례적으로 인정되어 왔었다.

그러나 최근에 와서 주권국가라 할지라도 상거래와 같은 영리목적의 사적계약을 체결할 때에는 상호 대등한 위치에서 계약을 체결해야 하는 당위성이 인정되어야 하기 때문에 주권면제의 원칙을 부정하고 있는 추세이다.[49]

미국연방대법원은 1969년 자국의 Amkor회사가 한국은행을 상대로 한 계약위반 사건에서 한국은행이 주권면제원칙을 주장하자 이를 배척한 바 있다.

48) 高田昇治, 仲裁契約の成立, 日本國際商事仲裁協會, 昭和 55년 2월, pp. 9-19.
49) 土井輝生, 主權免除와 仲裁, 商事仲裁研究所 委託研究論文, 日本國際商事 仲裁協會, 昭和 49年 11月, pp. 1-22.

그 후 미국은 1976년에 주권면제법(Foreign Sovereign Immunities Act)을 개정하여 국가의 상행위에 대해 주권면제를 인정하지 않는 것으로 규정하였다. 그리고 중재 당사자는 중재합의를 한자가 수인이면 복수로도 가능하다.

다만 중재대상에 이해 당사자로서의 법적 능력과 중재합의에 결격사유가 없어야 할 것이다.

한편 합법적으로 승계 받은 자가 전회사에 의해 체결되었던 중재합의에 구속되어 중재당사자로 될 수 있는가 하는 문제이다. 이러한 문제는 사건별로 법적 승계내용을 면밀히 검토하여 준거법에 따라 관할법원에 의해 개별적으로 해결되어야 할 문제라고 생각한다.

이와 비슷한 사례로 중재조항이 포함된 계약서를 양도받아 추가확인 없이도 계약내용을 이행하였거나 수출대행을 하였다면 후임자가 전임자와 동등한 지위로 중재당사자가 될 수 있느냐 하는 문제가 발생할 수 있다.

이에 대하여 일반적으로 중재조항이 포함된 계약서는 중재조항 자체가 독립성을 가지게 된다는 중재조항 독립분리의 원칙이 적용되고 있음을 고려할 때 문제의 계약을 양도받은 후임자가 별도로 또는 추가로 합의한 바가 없다면 중재당사자로 볼 수 없는 것으로 보아야 할 것이다.

② 분쟁이 반드시 현실적으로 존재하여야 한다.

UN협약 제 2조 1항에 "to submit to arbitration all or any differences"로 규정된 내용으로 보아 분쟁은 반드시 존재하여야 한다.[50)]

당사자중 일방이 관련사건의 소송절차를 고의적으로 지연시키기 위해 분쟁이 존재하지 않는 것을 중재에 붙일 수도 있어 법원은 이를 단호히 거부하여야 한다(뉴욕협약 제 2조 3항).

---

50) *Builders Federal (Hong Kong) and Josef V. The Turner Construction*, US District Court, Southern District of New York, 20 March, 1987

③ 분쟁은 법률문제로서 서면에 의한 중재합의 범위 내에 속해 있어야 한다.

중재합의에 포함되지 않은 분쟁은 중재판정권이 존재하지 않으므로 당연히 중재판정의 대상이 될 수 없고 중재합의사실을 입증할 수 없을 경우에도 중재로 해결할 수 없다.

당사자 일방이 보낸 여러 문서중에 중재조항이 들어 있다는 것만으로는 「서면에 의한 중재합의」의 요건을 충족시키지 못한다. 이것은 기껏해야 중재조항을 묵시적으로 승낙한 것이 될 뿐이므로 상대방의 합의로 입증 또는 표면화되지 못한 것이 된다.

당사자가 서명한 계약서 그 자체에 중재조항이 들어있거나 당사자가 상호 교환한 전보나 텔렉스 중에 중재합의가 들어 있어 입증이 되어야 한다.

국제무역거래에 있어서 일반적 지시문구에 의하여 중재조항이 들어 있는 일반조항(general conditions)이나 표준약관(standard contract)을 원용하는 경우가 있는데 이러한 중재합의는 새로운 분쟁으로 야기되어 많은 논란이 되어 왔고 그 효력 유무에 대하여 각국의 판례도 다양하기 때문에 확실한 직접적인 합의를 해 두는 것이 후일의 분쟁을 예방할 수 있다.

용선계약서상의 중재약관과 선하증권상의 일반적 지시문구에 들어 있는 중재조항에 대하여 일본의 법원은 중재를 인정하는 판례를 남기고 있고,[51] 구미 선진국에서도 비슷한 입장을 취하고 있으나 전 세계가 통일된 입장은 아니다.

용선계약서에는 「본 용선계약에 관련하여 발생하는 일체의 분쟁은 런던에서 중재에 의하여 해결한다.」는 조항이 있고, 선하증권에는 중재조항에 관한 직접적인 기재사항이 없이 다만 「용선계약서 중에 일체의 조항·조건·면책약관은 모두 본 증권에 합체된 것으로 한다.(all the terms, conditions and exceptions contained in which charter are herewith incorporated)」는 취지의 일반적 지시문구만 기재되어 있었는데, 선하증권소지인이 운송인에 대하여 운송계약상의 채무불이행을 이유로 법원에 손해배상 청구를 하자 법원은 운송인은 방소항변(妨訴抗辯)을 받아들여 소송청구를 각하한 바 있다.

매수인인 미국회사가 송부한 구매주문서(purchase order)에는 중재조항이 포함되어 있지 않았으나, 그 후 매도인이 한국회사가 미국회사에 송부한 매도증서(sales

51) 喜多川篤典, 국제상사중재의 연구, 동경대학 출판부, 1978, p. 325 이하 참조

note)의 안면 밑 부분에는 이 증서의 뒷면에 기재된 일반적인 계약내용과 조건에 따른다(subject to the general terms and conditions set forth on the back hereof).라는 문구가 있었다. 그리고 그 뒷면에는 중재조항이 포함되어 있었으며 양당사자는 이 문구 바로 윗부분에 서명하였다 .

이러한 사안에 대하여 뉴욕주 대법원은 당사자가 중재조항을 포함하고 있는 매도증서에 서명을 하였기 때문에 중재에 관한 명시적인 합의가 있었던 것으로 인정된다고 판시하였다.[52)]

우리 나라 법원에서도 비슷한 사안에 대한 중재합의의 존부를 판결한 바 있었는데, 위의 판례들과 상반되는 듯한 하급법원의 판결이 있었으나 대법원에서는 최종적으로 중재합의의 존재를 인정한 바 있다.[53)]

한편 중재범위에 관하여 스위스, 캐나다, 미국[54)]등 극히 일부 국가이기는 하나 특허, 저작권 및 상표와 관련된 지적소유권분쟁도 중재를 허용하는 국가가 있는가 하면 브라질, 아르헨티나, 칠레 등과 같이 중재대상의 범위를 매우 좁게 규정하고 있는 국가도 있다.

우리 나라에서는 당사자가 처분할 수 없는 분쟁은 중재의 대상에서 제외된다고 이미 앞에서 밝힌 바 있다. 분쟁의 주제가 당사자 또는 중재지 국가의 법률에 따라 중재로 해결할 수 없다는 점을 집행국가의 법원이 알게 되면 동 법원은 자진해서 집행을 거부할 수 있기 때문에(UN협약 제 2조 1항) 당사자 및 중재지의 입법내용에 유의할 필요가 있다(UN협약 제 2조 2항).

---

52) 뉴욕주 대법원(Court of Appeals) 1981.1.20 재항고결정 52NY 2d 888. (법률신문 1983.3.14 자 10면)

53) 대법원 1부 84 다카 1003 1988.2.9.판결

54) 미국의 Patent Arbitration Statute(1983),35 U.S.C & 294

연 습 문 제

1. 주관식 문제

1) 중재제도의 성립과 발전과정을 설명하시오.
2) 중재제도와 소송의 차이 및 장단점을 설명하시오.
3) 중재의 대상과 범위를 설명하시오.
4) 중재요건을 설명하시오.
5) 중재의 종류를 설명하시오.
6) 구속력유무를 기준으로 분쟁해결 방법을 설명하시오.
7) 중재법상의 화해 및 조정과 소송법상의 화해 및 조정을 상호 비교하시오.
8) 중재판정에 대한 예견가능성을 논하시오.
9) 자연법사상과 중재제도의 관계를 설명하시오.

2. 용어해설 문제

1) Alternative Dispute Resolution(ADR).
2) 재판의 3심제와 단심제
3) 중재비용과 재판비용
4) 임시중재(Ad hoc arbitration)
5) 기관중재
6) 조정
7) 화해
8) 국내중재와 국제중재
9) 상사중재와 해사중재
10) 주권면제론
11) 재심제도
12) 신속절차

7 chapter

중 재 계 약

분쟁을 중재로 해결하려면 당사자 사이에 중재계약이 있어야 한다.

중재합의는 분쟁이 발생하기 전에 장차 분쟁이 발생하면 중재로 해결하겠다는 서면조항을 미리 계약서에 삽입해 두는 사전중재합의 방법과 이미 발생된 분쟁을 중재로 해결하겠다고 서면으로 합의하는 사후중재합의방법이 있다. 어떤 방법으로 중재합의를 하던 효력에는 차이가 없으나 분쟁이 발생한 후에 중재합의방법은 중재에 불리하다고 판단하는 당사자의 반대로 사실상 중재합의가 어려우므로 사전중재합의가 필요하다. 본 장에서는 중재계약시 기재하여야 할 내용과 중재합의의 법적 효과 및 구체적 사례를 검토한다.

제 1 절 중재계약의 법적 성질

1. 중재계약의 의의

우리 나라 중재법 제3조 1항에는 『"중재"라 함은 당사자간의 합의로 사법상의 분쟁을 법원의 재판에 의하지 아니하고 중재인의 판정에 의하여 해결하는 절차를 말한다』고 규정하고, 2항에는 『"중재합의"라 함은 계약상의 분쟁인지의 여부에 관계없이 일정한 법률관계에 관하여 당사자간에 이미 발생하였거나 장래 발생할 수 있는 분쟁의 전부 또는 일부를 중재에 의하여 해결하도록 하는 당사자간의 합의를 말한다』라고 규정하고 있다.

여기서 사법상의 법률관계라 하면 일반적인 소송에 의해 판결절차로서 해결할 수 있는 분쟁을 말하며, 비송사건, 가사심판사건, 집행사건, 보전소송사건 등은 사법상의 법률관계와 관련된 내용일지라도 중재계약으로 할 수 없다.

따라서 형사사건은 중재의 대상으로 할 수 없고, 제 3자로 하여금 사실의 존부 또는 내용을 확정하게 하는 소위 중재감정계약 역시 중재계약으로 할 수 없다.

그런데 UNCITRAL Model Law에서는 『계약상의 것이거나 아니거나를 불문하고 소정의 법률관계를 포함하여 ------특정한 분쟁을 중재에 부탁하기로 하는 당사자간의 합의』로서 객관적으로 합의를 입증할 수 있는 『서면합의』로 규정하고 있다. 그리고 뉴욕협약에서는 다음과 같이 모델법과 유사한 내용으로 규정하고 있다.

Each Contract State shall recognize an agreement in writing under which the parties undertake to submit to arbitration all or any differences which have arisen or which may arise between them in respect of a defined legal relationship, whether contractual or not, concerning a subject matter capable of settlement by arbitration(뉴욕협약 제 2조 1항).

여기서 "whether contractual or not"란 용어는 중재합의가 특수한 계약이나 특수한 계약들에 관계될 뿐 아니라 불법행위의 분쟁을 포괄적으로 포함시킬 수 있음을 의미한다.

불법행위와 같은 분쟁이 중재합의 범위 내에 있는지의 여부는 중재합의의 표현내용과 불법행위의 분쟁이 주된 계약에 따른 분쟁에 충분히 관련되어 있는지 여부에 달려 있다고 할 것이다.

미국의 항소법원은 1984년 10월 10일 제 2회 순회재판 판결문[1]에서 법원은 소송으로 제기된 법적 원인보다는 불평하고 있는 사실적인 주장에 비중을 두고 중재계약

1) Yearbook Commercial Arbitration Vol. XI-1986, pp. 572-576, Mineracao Vs. Samitri 사건

을 검토해야 한다고 하였다.

즉, "In determining whether a particular claim falls within the scope of the parties' arbitration agreement, we fours on factual allegations in the complaint rather than the legal causes of action asserted"

동 항소법원은 이러한 판단의 기준을 설정하고 중재계약의 내용이 "All claims and disputes of whether nature arising this contract"로 되어 있을 경우 정당하지 못한 부의 축적(Unjust enrichment ; money had and received), 부당경쟁행위(Unfair competition) 및 사기행위(Fraud; Racketeer Influenced and Corrupt Organizations Act(RICO))까지도 중재합의의 범위에 속한다고 판결하고 있다.[2)]

그러나 고용인과 피고용인 사이의 뇌물에 관련된 분쟁은 중재합의의 범위에 포함되지 않는다고 Genesco 대 Kakiuchi 사건에서 판결하고 있다.[3)]

이처럼 중재계약에 대한 개념에 있어서 우리 나라 중재법과 UN협약상의 내용에 차이를 보이고 있다. 즉, 우리 나라 중재법은 사법상의 법률관계로 반드시 계약에 관한 것을 요구하지만, UN협약에서는 계약에 의한 것이나 아니거나를 불문하고 일정한 법률관계가 당사자간에 형성되어 있고 동 법률관계로부터 발생되는 분쟁을 중재에 부탁하기로 하는 취지를 서면으로 명시할 것을 요구하고 있다.

일본에서는 분쟁사안에 대하여 화해의 권리가 있는 경우(일본민소법 제 786조)에 중재합의의 효력이 인정되고, 독일의 민소법 제 1025조에서는 우리 나라와 비슷한 취지를 가지고 있어 중재계약의 대상을 좁게 제한하고 있다.

그러나 프랑스(민소법 제 1442조), 영국(1950년 중재법 제 32조), 및 미국(미국연방중재법 제 2조)에서는 UN협약과 비슷한 입장이며 UNCITRAL표준중재법에서도 같은 입장을 취하고 있어 상대적으로 넓게 해석하고 있다.

다만 어느 나라를 막론하고 중재는 중재합의 계약에 근거하여 성립되며 중재계약이 일단 성립되면 양당사자의 동의가 없는 한 취소될 수 없고, 법원에 재판을 청구할 수 있는 재판청구권이 소멸된다는 점을 인정하고 있다.

---

2) 孫京漢, 「仲裁契約에 관한 一般的 考察」, 仲裁論叢(1972-1990), 大韓商事仲裁院 p. 274.
3) Yearbook Commercial Arbitration Vol. XIV-1989, p. 545.

중재계약에는 중재대상으로 하는 분쟁내용과 중재인 및 장소를 명시하여야 하는데 중재인을 미리 명시하기는 사실상 어려우므로 상설중재기관의 중재규칙을 명시하거나 또는 정형화되어 있는 표준중재조항을 인용하는 것이 후일의 논란을 방지할 수 있다. 특히 중재계약의 문언은 간단하고 쉽게 이해될 수 있도록 해야 한다.

2. 소송계약설과 실체법계약설

중재는 중재계약의 존재를 전제로 한다. 중재계약의 법적 성질은 중재판정의 효력과 집행력에 결부되어 소송계약설과 실체법계약설로 대립되고 있다.[4]

중재계약은 분쟁당사자가 재판청구권을 포기하고 중재인에게 당사자간의 법률관계를 결정할 수 있는 권한을 부여한 후 중재인이 내린 판단에 법원의 확정판결과 동일한 효력을 가지도록 하는 당사자간의 합의를 말한다.

따라서 분쟁을 법원의 재판관할에서 제외시켜 방소항변(妨訴抗辯)의 근거가 되며 중재계약의 목적은 사법상의 분쟁을 법원의 재판에 의하지 아니하고 중재인의 판정에 의하여 해결하는 절차라는 점에서 소송계약설의 특성을 지니고 있다.

중재계약의 목표는 공인이 아닌 사인의 지위에 있는 중재인에 의해 분쟁을 종식시키는 데 있고, 중재판정은 중재계약에 명시된 당사자의 의사를 구체화하는 실체법상의 규정이므로 중재계약은 소송법적 효과를 수반하는 특수한 사법상의 계약이라 할 수 있다. 따라서, 중재판정을 통한 분쟁해결의 기초가 당사자의 의사에 있다는 점에 비추어 당사자의 행동관계를 스스로 형성할 수 있는 권능, 즉 권리 · 의무는 중재계약에 의존되므로 중재계약은 당사자의 실체법적 처분권에 해당된다.

실체법과 절차법이 모순될 때에는 일반적으로 실체법이 우선하지만 법원은 절차법이 없을 때에는 재판을 할 수 없으므로 중재계약은 당사자의 실리에 치중하는 특수계약으로서 그 특성이 인정될 때 중재계약의 실효성이 인정될 수 있다.

하지만 중재계약의 법적 성질은 중재제도의 법적 성질에 의하여 결정되어야 하고, 중재의 목표는 중재판정이며 이는 실체법상의 권리 · 의무의 형성행위가 아니라 하나의 재판행위이므로 중재계약은 실체법상의 계약이 될 수 없다는 주장이다.

4) 손경한, 전게론문, 「중재계약에 관한 일반적 고찰」, p. 273.

독일의 판례는 중재계약도 관할합의와 마찬가지로 소송법적 관계에 관한 실체법적 계약으로 정의하고 있다.[5] 이런 시각에서 판례에서는 중재계약의 직접적인 효력으로서 중재판정이 조속히 이루어지도록 법원은 협조하여야 하고 이러한 목적에 위배되는 행위를 하지 않아야 할 의무가 있다.

중재계약이 소송을 배척할 것을 목적으로 하는 점에서 소송법적 성질을 가진다 할 수 있으나, 당사자는 자유로 중재절차를 선택하고 정할 권리를 인정하여야 한다는 점에서 중재계약의 실체적 계약의 성질이 있다는 데 설득력이 있다.

중재판정이 법원의 확정판결과 동일한 효력이 인정된다는 제도적 특성과 중재계약은 중재지 소송법의 적용을 받아야 한다는 점을 들어 소송계약의 성질을 지니고 있다는 주장[6]이 있으나, 우리 나라를 비롯하여 지배적인 견해는 실체법상의 계약설을 취하고 있다.[7]

중재당사자가 중재판정에 구속되는 것은 당사자의 자유의사에 근거한다는 점과 중재계약을 통하여 사인이 내리는 중재판정에 승복함으로써 분쟁을 종료시킬 것을 합의하는 것이므로 그 성질이 실체법상의 화해계약과 유사하여 실체법상의 계약으로 보기도 한다.[8]

만약 중재계약의 성립 및 효력에 관해서 국제사법상의 당사자 자치원칙을 적용하지 않고 중재절차가 행해지는 장소의 법에 따른다면 중재계약의 요건 및 효력도 당연히 중재절차가 진행될 장소의 법에 따라야 할 것이다.

이렇게 되면 중재계약은 소송법의 적용을 받아야 할 계약이고, 국제사법상의 당사자 자치원칙이 적용될 여지가 없게 될 것이다.

---

5) BGHZ 23, 198
6) 김연호, 중재계약의 효력 범위, 중재논총(1991-1998), 대한상사중재원, 2002.12., p. 285.
7) 金洪奎, 外國仲裁判定의 承認·執行의 要件 및 節次, 大韓商事仲裁院(1980) p.29 이하 및 李鎬元, 「外國仲裁判定의 承認과 執行」 裁判資料 第 34集(1986), p. 658 이하.
8) 安春洙, 「仲裁管轄 合意 및 仲裁契約과 그에 適用될 法」, 연세 行政論叢 第17輯, p.190 이하

제 2 절 중재계약의 방법과 효력

1. 중재계약의 성립요건

중재계약은 중재대상이 되는 분쟁을 중재로서 원만하게 해결할 수 있도록 중재계약당사자가 합의되어야 하고 추후 중재합의에 이의를 제기할 수 없도록 완전하게 할 필요가 있다. 중재인선정에서부터 심문장소 결정, 준거법 적용, 중재심문연기문제 및 중재사무관리 등 모든 사항을 중재합의 내용으로 명시한다는 것은 사실상 어려운 문제이기는 하나 신속한 중재절차를 위해서는 반드시 필요한 내용이다.

따라서 중재당사자가 자율적으로 자치법정을 구성하여 분쟁을 스스로 해결하고자 하려는 의지가 무엇보다 중요하다. 중재당사자 중에 어느 일방이라도 의도적으로 중재절차 진행을 방해할 우려가 있다면 중재는 사실상 불가능하게 된다. 예컨대 간단한 내용으로 된 약식의 중재조항 즉, "X도시에서 중재로 해결한다"로 되어 있는 중재계약의 경우 과연 완전한 중재합의로 보고 중재절차를 진행할 수 있는가? 하는 문제는 국가마다 또는 지역에 따라 서로 그 해석을 두고 서로 다른 해석결과를 초래할 수 있음을 염두해야 한다.[9]

대부분의 중재법은 중재계약의 요건을 규정하고 있고, 이러한 요건을 갖추지 못한 중재계약(또는 합의)은 중재가 불가능한 것으로 규정하고 있다.

중재계약을 채결할 때 당사자의 적격성에 문제가 없고 중재의 대상이 되는 분쟁에 대하여 중재판정권이 존재한다 할지라도 중재기관, 중재장소 및 준거법 결정을 분명하게 합의해 두지 않으면 중재절차의 지연은 거의 필연적으로 발생한다.

심지어 중재기관, 중재장소 및 준거법에 대한 아무런 합의가 없거나 확실하게 결정할 수 없으면[10] 그 중재진행은 어렵게 되거나 또는 심지어 중재이행불능으로 법

9) Yearbook Commercial Arbitration Vol. XIV-1989, pp. 545-546.

10) 뉴욕협약 제 2조의 내용으로 보아 중재계약에는 분쟁을 중재에 부탁하기로 한다는 서면합의만 요구하고 있어 중재기관 및 준거법을 중재요건으로 요구하지 않고 있다(대법원 1990.4.10.선고89다카20252판결).

원의 소송에 의해 해결할 수밖에 없게 된다.

(1) 상설중재기관의 중재규칙

중재는 당사자의 자발적인 의사로 그 절차가 진행되고, 당사자는 중재인의 판정에 스스로 복종하여야 하기 때문에 무엇보다 당사자의 준법정신이 기본적으로 필요하다. 우리 나라나 일본에서 임시중재사례를 찾아볼 수 없는 것은 영국, 프랑스, 미국과 같이 당사자가 합의한 내용을 스스로 이행하려는 의지와 준법정신이 매우 결핍되어 있다는 증거이기도 하다.

이태리 민사소송법 제 809조에는 국내중재의 경우 중재합의서에 중재인들의 이름을 포함하고 있거나 또는 중재인수와 함께 동 중재인의 선정방법을 명기하도록 하고 있으나, 국제중재사건의 경우에는 예외적인 것으로 하고 있다.[11)]

따라서 중재인 선정에서부터 중재절차를 원만하게 진행하여 중재판정을 할 수 있도록 하는 규정을 가지고 있거나 중재인 선정을 신속하게 할 수 있는 상설 중재기관의 중재규칙을 명시하는 안전장치가 필요하다.

중재인은 분쟁자체에 대한 시비를 가리는 판정권한을 가지고 있을 뿐 아니라 사항에 따라서는 중재지 결정 및 중재절차를 둘러싼 사소한 내용을 보충적으로 결정할 권한까지 가지고 있어(중재법 제 7조)서 중재에서 중재인 선정은 중재결과를 좌우할 만큼 중요하다. 그러므로 당사자간에 중재인을 미리 선정해 두고 기타 중재절차에 필요한 내용은 상설중재기관의 중재규칙에 따르도록 합의해 두는 것도 좋은 방법이다.

(2) 중재장소

당사자간에 중재장소를 어느 곳으로 결정되느냐에 따라 당사자의 경비와 편의성 그리고 중재절차 진행에 영향을 미칠 수 있다.

중재에 사용될 언어도 당사자간에 특별한 합의가 없는 한 중재장소에서 사용하는 언어가 중재절차를 진행할 때 사용되고, 중재에 적용될 준거법도 당사자 사이에 별도 합의가 없는 한 중재지법이 중재절차에 적용되므로 중재지 결정을 놓고 당사자간

11) 이태리 최고법원이 1986년 10월 29일 판결한 사건번호 6339번; Compania (Spain) Vs. Crinos Industria(Italy)

의 이해가 첨예하게 대립될 수 있다.

우리 나라 중재법에는 중재지 결정에 대하여 다음과 같이 규정하고 있다(중재법 제21조).

① 중재지는 당사자간의 합의로 정한다.

② 중재지에 대한 합의가 없는 경우에 중재판정부는 당사자의 편의와 당해 사건에 관한 제반 사정을 고려하여 중재지를 정한다.

③ 당사자간에 다른 합의가 없는 경우에 중재판정부는 제1항 및 제2항의 규정에 의한 중재지외의 적절한 장소에서 중재인들간의 협의, 증인·감정인 및 당사자 본인에 대한 신문, 물건·장소의 검증 또는 문서의 열람을 할 수 있다.

뉴욕협약 제 5조 1-a항에는 당사자간의 준거법 지정이 없는 경우에는 중재지가 소속된 국가의 법령이 적용되고, 동 법령에 의하여 중재합의가 무효로 될 수도 있다고 규정되어 있다.

따라서 당사자간의 별도 합의가 없는 한 중재장소는 준거법, 중재인의 선정, 중재의 대상범위 및 중재절차에 영향을 미치게 되므로 당사자는 중재계약을 체결할 때에 특별히 유의할 필요가 있다.

(3) 준거법

내국인간에 체결되는 중재계약에는 준거법에 대한 별도합의가 없어도 민법 또는 상법 등의 실체법과 민사소송법과 같은 내국절차법이 적용되므로 중재절차진행에 어려움이 없겠으나 국적을 달리하는 당사자 사이에서는 준거법에 대한 분명한 합의가 없는 경우에는 원만한 중재절차는 기대하기 어렵게 된다.

그러므로 분쟁금액이 큰 국제중재계약에서는 그 중재계약에 적용할 실체법과 중재절차에 적용할 절차법과 같은 준거법을 어떻게 결정할 것인가 하는 문제로 분리해서 신중하게 합의할 필요가 있다. 그것은 중재의 대상인 실체적 법률관계 즉, 분쟁의 대상에 대하여 적용되는 법률은 별도의 합의가 없는 한 원칙적으로 중재절차상의 준거법을 결정하는데 대하여 영향을 미칠 수는 없기 때문이다.

그럼에도 불구하고 국제중재에서 그 절차가 여러 나라에 걸쳐 진행될 수도 있기 때문에 예외적으로 분쟁대상의 실체에 대하여 적용되는 특정한 국가의 법을 준거법으로 결정할 수도 있는 것이 국제사법상 일반원칙이다.

분쟁당사자가 상사분쟁을 해결하기 위하여 쌍방합의로 직접 준거법을 지정하는 것을 당사자자치의 원칙이라 하며, 국제중재에서 이러한 원칙은 허용된다.[12)]

당사자자치의 원칙은 준거법 결정에서 2가지 의미를 가진다고 할 수 있다.[13)] 하나는 강행법규에 위반되지 않는 범위 안에서 법률행위의 내용을 스스로 규정하는 것이고, 다른 하나는 그 법률행위에 적용되는 법률, 즉 섭외사법에서 준거법 자체를 연결점으로 하여 당사자가 지정하는 것이다.

당사자자치의 원칙은 여러 입법예에서 찾아볼 수 있으며 유엔협약 제 5조 제 1항 (a)의 규정도 중재합의가 당사자들이 지정한 준거법에 의하여 무효인 경우에 중재판정의 승인 및 집행을 거부할 수 있다는 취지로 되어 있다.

그러나, 당사자가 명시적 또는 묵시적으로 중재계약의 준거법을 지정하지 아니한 경우에는 어떠한 방법으로 준거법을 결정할 것인가 하는 것이 문제가 된다. 이러한 경우에는 해당 중재계약에 가장 밀접한 관련이 있는 국가의 법률을 발견하여 이를 준거법으로 정하여야 할 것인바, 즉 준거법 지정에 관한 당사자의 추정의사를 탐구할 뿐 아니라 계약의 법적 관계의 성질, 이행관계의 특성 및 기타 계약전반에 내재하는 제반요인의 종합적 내지 연관적 파악을 통하여 결정하여야 할 것이다.

이와 같은 방법에 따라 지정될 수 있는 준거법은

i) 주된 계약의 준거법을 중재계약의 준거법으로 하거나

ii) 중재장소에 관한 합의가 있을 때에는 그 중재지법이 중재절차의 준거법이 될 뿐만 아니라 중재계약의 준거법으로 합의하였다고 볼 수도 있고,

iii) 국제사법상 준거법 결정의 일반원칙인 행위지법을 적용한다고 한다면 중재계약의 체결지법이 준거법으로 될 수 있을 것이다.

1923년 제네바의정서 제 2조에서 당사자의 의사와 중재지법의 동시적용을 규정한 이래 UN협약이나 국제상업회의소 부설 중재기관의 조정 · 중재규칙은 중재지법에 우선하여 당사자가 지정하는 법을 적용하였으며[14)], UNCITRAL 중재규칙은 중재절차에 적용될 강행법규의 留保하에 당사자의 합의로 동 규칙을 적용할 수 있도록 하

12) 중재계약과 사실상 아무런 관계도 없는 국가의 법을 준거법으로 지정하여서는 안 된다는 것이 종전의 지배적 견해였으나 최근에는 무제한적이다.

13) 손경한, 중재계약에 관한 일반적 고찰, 중재논총, 대한상사중재원 調硏 91-03, p. 282.

14) ICC규칙(1975년) 제11조 및 UN 협약 제 5조 제 1(e)항.

고 있다(규칙 제 1조).

우리 나라 중재법 제 7조에서는 「중재절차는 중재계약으로서 정할 수 있다. 중재절차에 관하여 당사자의 합의가 없는 경우는 중재법이 정하는 절차에 의하고, 중재법에 특별한 규정이 없는 사항은 중재인이 정한다」라고 규정함으로써 중재절차의 준거법은 당사자가 정하도록 하는 원칙을 취하고 있다.

중재계약 또는 중재합의 조항을 포함하는 주된 계약의 준거법에 관하여 당사자간에 합의가 존재하는 경우 본 합의를 중재절차의 준거법으로 적용하는 것은 아니고, 이럴 경우 중재절차에 관한 합의가 없는 것으로 보아 중재지의 절차법을 적용하여야 한다.15)

중재계약의 준거법이나 중재장소에 대한 합의가 없으면 앞에서 전술한 바와 같이 행위지법이 적용되는 것을 원칙으로 하므로 중재계약을 체결했던 장소의 법률이 적용된다.

2. 중재계약의 요식성

중재계약의 요식성은 중재절차를 신속 · 저렴한 경비로 원만하게 진행시키는 동시에 중재판정된 내용을 용이하게 승인 · 집행 받는데 필요하며, 대부분의 국가에서는 자국에 설치된 상설중재기관의 표준중재조항을 중재계약으로 활용하도록 권유하고 있다.

중재합의는 독립된 합의 또는 계약중 중재조항의 형식으로 할 수 있으며 서면으로 하여야 하며, 서면합의로 인정되는 경우는 다음 4가지로 제한된다(중재법 제8조).

① 당사자들이 서명한 문서에 중재합의가 포함되어 있는 경우

② 서신 · 전보 · 전신 및 모사전송 기타 통신수단에 의하여 교환된 문서에 중재합의가 포함되어 있는 경우

③ 일방 당사자가 당사자간에 교환된 문서의 내용에 중재합의가 있는 것을 주장하고 상대방 당사자가 이를 다투지 아니하는 경우

④ 계약이 중재조항을 포함한 문서를 인용하고 있는 경우에는 중재합의가 있는 것

15) 서울 민사지방법원 82 가 합 5372 및 7439 판결내용 참조

으로 본다. 다만, 그 계약이 서면으로 작성되고 중재조항을 그 계약의 일부로 하고 있는 경우에 한한다.16)

간단한 중재조항, 이를테면 "Arbitration to be settled in London"17)과 내용의 중재합의를 하는 경우에도 관련분쟁을 중재로 해결할 수 있도록 허용되는지 여부는 나라마다 통일되어 있다고 할 수 없기 때문에 가능하다면 간단하면서도 분명한 내용의 중재조항이나 특정상설기관의 표준중재조항을 인용하여 명시할 필요가 있다.

상설중재기관은 중재절차의 효율성을 높이고 적법한 중재절차의 진행을 위하여 중재기관마다 중재규칙을 제정해 두고 있을 뿐만 아니라, 당사자들이 중재계약을 체결할 때 활용할 수 있도록 표준중재조항을 마련해 놓고 있다.

ICCA에서 발행하는 국제상사중재 연감에 따르면 국제상업회의소 부설기관인 ICC 중재원과 미국중재협회(American Arbitration Association : AAA)가 국제적으로 많이 이용되고 있고, 국제 해상운송이나 보험 등 해사분쟁은 영국의 상설중재기관을 많이 이용하고 있는 것으로 분석되고 있다.

오늘날 비교적 국제적 규모와 신뢰성을 확보하여 세계적으로 명성을 얻고 있는 상설중재기관과 우리 나라가 장차 많이 이용할 것으로 생각되는 상설중재기관이 권유하고 있는 표준중재조항을 예시하면 다음과 같다.

① 국내 중재조항의 예 : "이 계약으로부터 발생되는 모든 분쟁은 대한상사중재원의 중재규칙에 따라 중재로 최종 해결한다."

② 국제 중재조항의 예 : "All disputes, controversies, or differences which may arise between the parties, out of or in relation to or in connection with this

16) 본 내용은 당사자 사이에 체결된 일반계약서에 중재조항이 명기되어 있는 경우로 제한하지 아니하고 중재조항을 포함하는 일반거래약관 등 다른 문서를 인용하는 경우에도 당사자가 이를 계약의 내용으로 삼은 이상 중재합의를 인정하여야 한다는 대법원의 판례(대법원88다카23735판결, 대법원89다카202판결 및 대법원96다24385판결)를 반영하여 종전의 중재법을 개정하였다.

17) 영국의 항소법원은 1965년 12월 13일 『Tritonia Shipping Inc. v South Nelson Forest Product Corporation』 사건에서 간단한 문구도 중재합의로 인정하였다.Michael J. mustill Stewart, The Law and Practice of Commercial Arbitration in England,1982, London Butterworths, p. 76.

contract, or for the breach thereof, shall be finally settled by arbitration in Seoul, Korea in accordance with the Arbitration Rules of the Korean Commercial Arbitration Board and under the Laws of Korea. The award rendered by the arbitrator(s) shall be final and binding upon both parties concerned."

③ 피신청인주의 중재조항의 예 : (위 ②의 '표준중재조항' 삽입이 상대방의 반대로 어려울 경우 아래 같은 피신청인주의 중재조항을 중재계약으로 체결하는 것이 바람직하다.

"All disputes that may arise under or in relation to this contract shall be submitted to arbitration in the country of respondent (a)under the Arbitration Rules of the Korean Commercial Arbitration Board if the arbitration is to be held in the Republic of Korea or (b) under the Commercial Arbitration Rules of the Japan Commercial Arbitration Association if the arbitration is to be held in Japan. The award rendered by the arbitrator(s) shall be final and binding upon both parties concerned."

만약 당사자간에 신청인주의에 의한 중재합의를 원한다면 "in the country of respondent" 대신에 "in the country of applicant"로 문구를 바꾸고, 또한 일본이 아닌 다른 국가일 때는 그 나라의 명칭으로 중재기관과 준거법을 바꾸어 사용하여야 할 것이다.

④ 만약 당사자가 신청인주의나 피신청인주의에 의한 중재합의에 실패하고 제3국 중재기관을 활용하려는 중재합의를 하였다면 제3국 소속 중재기관이 권장하는 중재조항을 인용하여 중재계약으로 삽입하는 것이 이상적일 수 있으나, 중재비용이 크게 증가하고 증거서류 번역 및 통역문제로 중재절차 역시 지연될 것이라는 점을 고려할 필요가 있다.

**국제상업회의소(ICC: International Chamber of Commerce)부설 국제중재법원(ICA: International Court of Arbitration)을 활용하기로 하였다면 다음과 같은 표현

이 필요하다.

"All disputes arising out of or in connection with the present contract shall be finally settled under the Rules of Arbitration of the International Chamber of Commerce by one or more arbitrators appointed in accordance with the said Rules."

**미국중재협회(American Arbitration Association : AAA)가 권유하고 있는 표준중재조항을 활용하기로 하였다면 다음과 같은 표현이 필요하다.

"Any controversy or claim arising out of or relating to this contract, or the breach thereof, shall be settled by arbitration in accordance with the Rules of the American Arbitration Association, and judgement upon the award rendered by the Arbitrator(s) may be entered in any Court having jurisdiction thereof."

**세계은행의 국제투자분쟁센타(The International Center for Settlement of Investment Disputes : ICSID)가 권유하는 중재합의 조항은 다음과 같다.

The [Government] / [name of constituent sub-division or agency] of name of Contracting State (hereinafter called the 'Host State') and name of investor (hereinafter called the 'Investor') hereby consent to submit to the jurisdiction of the International Centre for the Settlement of Investment Disputes (hereinafter called 'the Centre') all disputes arising out of this agreement [or relating to any investment made under it], for settlement by [conciliation] / [arbitration] / [conciliation followed, if the dispute remains unresolved within time limit of the communication of the report of the Conciliation Commission to the parties, by arbitration] pursuant to the Convention on the Settlement of Investment Disputes between States and Nationals of Other States (hereinafter called 'the Convention').

** 스위스 쥬리히 상업회의소 중재재판소가 권유하는 중재합의 조항

Any disputes arising from the present agreement are to be submitted to the Court of Arbitration of the Zurich Chamber of Commerce for final decision pursuant to its Conciliation and Arbitration Rules.

**런던 중재재판소가 권유하고 있는 중재합의 조항

The validity, construction and performance of this contract (agreement) shall be governed by the law of England* and any dispute that may arise under or in relation to this contract (agreement), including its validity, construction and performance, shall be determined by arbitration under the rules of the London Court of Arbitration** at the date hereof. The parties agree that service of any notices in reference to such arbitration at their addresses as given in this contract (agreement) (or as subsequently varied in writing by them) shall be valid and sufficient.

**스웨덴의 스톡홀름 상업회의소 부설 중재기관이 권유하고 있는 중재합의 조항

All disputes arising in connection with the present contract shall be finally settled by arbitration (in Stockholm) in accordance with the Rules of the Arbitration Institute of the Stockholm Chamber of Commerce.

3. 중재계약의 방법

중재계약의 체결은 법률행위이므로 당사자 사이에 중재계약을 체결하여야 하며, 당사자가 아닌 미성년자 또는 금치산자는 법정대리인 없이 중재계약을 체결할 수 없다. 한정치산자 역시 후견인의 동의를 받아야만 스스로 중재계약을 체결할 수 있으며, 당사자 중에 하나가 국가실체이거나 국가가 소유하고 있는 실체(국영기관이나 회사)일 경우에는 이들이 나중에 주권면제를 주장하여 중재를 무력화하거나 중재절차를 지연시킬 우려가 있다.

영리를 목적으로 하는 상거래상의 계약행위는 상호 평등한 지위에서 체결되어야 한다는 것이 국제적 관행이고, 같은 맥락에서 상거래계약이나 중재판정의 집행에는 주권면제가 허용되지 않고 있으나 이러한 원칙을 분명히 하여 확실한 집행을 보장받기 위해서는 중재조항에 "당사자들은 관할권으로부터 또는 그 관할에 따른 판정의 집행으로부터 특권 또는 면제에 관한 권리를 포기한다"는 내용을 추가로 명시하는 것이 좋다.

중재합의는 중재의 대상이 되는 분쟁이 발생하기 이전에 장래의 분쟁과 관련하여 당사자가 미리 계약으로 합의해 두는 것은 사전중재합의(arbitration clause)라 하고, 이미 발생되어 있는 분쟁을 중재로 해결하기 위하여 합의하는 것을 사후중재합의 또

는 중재부탁합의(submission to arbitration)라 한다.

사전중재합의에 의해서든 사후중재합의에 의해서든 일단 중재판정된 내용은 차별 없이 UN협약에 따라 승인 또는 집행될 수 있으나 (UN협약 제 2조 1항) 남미의 일부국가에서는 사전중재합의에 대한 효력을 부정하기도 한다.

즉, 도미니카를 비롯한 중남미 일부국가들과 포르투갈은 사후중재합의를 인정할 뿐 사전중재합의는 원칙적으로 부정하고 있으며, 아르헨티나, 오스트레일리아, 볼리비아, 큐바 및 벨기에 등은 사전중재합의는 현실적으로 관련분쟁이 발생했을 때 다시 중재합의를 한 후 중재에 임하도록 하는 국가도 있다.[18]

한편 미국에서도 사전중재합의와 사후중재합의를 모두 인정하는 법을 특별히 현대중재법(Modern Arbitration Statutes)이라 칭하고 아직까지 10여개 주가 채택하지 않고 있는 실정이다.[19]

사전중재합의계약은 계약당사자 사이의 권리・의무를 종합적으로 규정하는 주된 계약과 동시에 체결되는 것이 보통이나, 별개의 독립된 계약으로 체결하는 경우에는 주된 계약과 관련된 분쟁임을 구체적으로 명시할 필요가 있다.

사전중재합의든 사후중재합의든 원만한 중재절차의 진행을 위하여 앞에서 언급했던 3가지 요건내용이나 상설중재기관의 중재규칙을 중재계약에 명시하여야 하나, 주된 계약서에 삽입(포함)되어 있는 중재합의조항이나 주된 계약서와는 별도로 약정한 중재합의조항이 주된 계약과의 관계에 있어서 주된 계약이 무효가 되어도 중재계약은 주된 계약과 운명을 같이 하여 무효가 되는가? 아니면 주된 계약과 분리・독립의 지위를 가지고 중재계약으로서 독립된 효력을 가지는가? 하는 문제가 발생한다.

중재합의와 관련된 주된 계약이 무효 또는 실효되는 경우에도 중재조항은 주된 계약과는 별도로 분리・독립된다는 원칙을 중재합의조항의 독립원칙 또는 중재합의 분리의 이론(Doctrine of Separability)[20]이라 하는데 미국과 영국의 법원은 중재조항의 분리이론(독립성)을 인정하며 지지하는 입장이다.

본 이론의 원칙이 없으면 분쟁해결의 지연을 희망하고 중재합의 이행을 거절하려

18) 손경한, 전게논문, pp. 266-267.
19) Alanl. Widiss, Arbitration(Commercial Disputes, Insurance, and Tort claims), Practising Law Institute N.Y. 1979, pp. 343-344.
20) 道田信一郎 譯, 仲裁の裁判所, 日本 國際商事仲裁協會,昭和 54年 3月, pp. 10-12.

고 하는 당사자가 재판소에서 소송을 통하여 중재조항의 효력을 무력화할 가능성이 있을 뿐만 아니라 중재제도 자체를 무력화할 우려가 있기 때문에 중재제도의 사활에 관한 문제라 할 수 있다.

국제상업회의소 부설 중재기관의 중재규칙은 중재인에게 중재관할권에 관한 결정을 할 수 있는 권한을 부여하는 동시에 주된 계약의 무효여부까지도 결정하는 권한을 부여하고 있고(ICC 규칙 제8조3-4항), 런던국제중재원의 중재규칙에서도 이와 비슷한 취지로 중재조항의 독립성을 인정하고 있으므로(LCIA규칙 제16조 및 21조) 당사자는 중재조항의 정확한 의미, 국제관행과 관습 및 법원의 판례동향을 면밀히 검토하여 자신의 권리를 주장할 필요가 있다고 본다.

제 3 절 중재기관과 중재협정

1. 중재기관의 위상과 중재협정

국가마다 법원이 있듯이 거의 모든 나라에는 상설중재기관이 설치되어 있다.

그러나 법원은 국가가 공적인 임무를 가지고 조직된 국가적 실체이지만 상설중재기관은 비록 공적인 임무를 지니고 조직되었다고 할 수 있지만 국가적 실체가 아니라 이해관계를 가지는 일부 국민들의 사설적 실체라 할 수 있다.

따라서, 법원과 상설중재기관은 분쟁을 해결하는 기관이지만 법원은 국가조직이나 대부분의 상설중재기관은 사조직이라 할 수 있다.

법원은 심급에 따라 등급을 달리하고 지역에 따라 수개의 법원이 존재하지만, 최고법원은 국가에 유일하게 존재하듯이 상설중재기관은 이용자의 분쟁유형에 따라 여러 기관이 있는 나라가 있으나 중재기관 마다 법원의 확정판결과 같은 동일한 효력의 중재판정을 내릴 수 있으므로 중재기관마다 최고법원과 같은 위상이라 할 수 있다.

그러나 법원이 외부와 협약을 체결하거나 협정을 체결할 경우 그 협약이나 협정은 국가와 국민을 대표하여 소속된 국민들을 구속한다 하겠으나 중재기관이 외부기관과 체결하는 중재협정의 효력은 당사자들이 이러한 중재협정을 자신의 계약으로 수용하지 않는 한 당사자들을 구속하거나 효력을 미칠 수 없다. 다만 중재협정을 체결한 중재기관 사이에 효력이 있거나 내용에 따라 영향을 미칠 뿐이다.

2. 중재협정에 따른 중재합의 조항

중재합의를 할 때 계약당사자들은 각자 자신에 유리하도록 자국의 영토에서 자국의 법률(준거법)에 따라 중재가 진행되기를 소망하기 때문에 중재계약을 체결할 때 상당한 어려움을 겪게 되는 경우가 많다.

이러한 문제들을 해결하기 위하여 상설중재기관은 외국의 여러 상설중재기관과 중재절차 진행과 주재장소 결정을 위한 중재협정을 체결한 후 동협정에 따라 분쟁을 해결하도록 기업에서 자신의 중재계약에 포함시키도록 권유하는 사례가 있다.

그러나, 이러한 중재협정을 체결한 주체가 사설기관이 대부분이고 내용 역시 추상적이거나 또는 중재기관 상호간에 중재업무에 대한 협력과 같은 내용으로 되어 있어 오히려 신속한 중재를 지연시키거나 저해할 우려가 있다.[21)]

ICC 부설 중재재판소는 1947년 중남미상사중재위원회와 중재협정을 체결한 이후 우리 나라를 비롯하여 30여 중재기관과 중재협정을 맺고 있고, 일본의 중재기관 역시 23개의 해외 상설중재기관과 중재협정을 체결하고 있지만 아직까지 이를 이용하였다는 사례나 업계로부터 호응을 받고 있다는 평가는 찾아볼 수 없다.

대한상사중재원은 1973년부터 일본국제상사중재협회, 미국중재협회, 중국의 상무중재협회, 네덜란드 중재협회, 인도네시아 중재협회, 덴마크 상업회의소 부설 중재재판소, 태국중재협회, 인도 중재위원회, 가나 중재협회, ICC 중재재판소, 몽골, 베트남, 러시아, 멕시코, 우크라이나 등과 중재협정을 체결하고 있고, 프랑스 독일 등의 중재기관과 업무협조협정을 체결하고 있다.

이러한 많은 중재협정에도 불구하고 호응이 좋지 않은 것은 1982년 6월 함부르크

21) 중재협정의 명칭이 "한·미 중재협정" 또는 "한·일 중재협정"으로 되어 있어 이를 국가와 국가 사이에 체결된 조약으로 오해하고 이용하였다가 나중에 사적계약에 불과하다는 사실을 알고 중재를 포기한 사례가 있었다. 그리고 중재협정의 내용을 집행할 수 있는 준비를 갖추지 못하고 있다(특히 한·미 중재협정).

에서 개최된 국제상사중재위원회(International Council for Commercial Arbitration ; ICCA라 칭함) 제 7차 총회에서 지적[22]된 바와 같이 중재기관의 성격과 정체성 때문에 중재기관 사이의 출판물, 정보, 기타 중재자료의 교환 이외의 뚜렷한 대책을 마련하지 못하고 있기 때문이다.

3. 중재계약의 결격사유

중재합의 내용은 중재절차를 진행하는데 완전무결하게 하여야 함에도 불구하고 중재기관의 명칭이나 준거법을 잘못 기재하거나 애매한 내용으로 인하여 중재를 진행하지 못하는 사례가 많이 발생하고 있어 특별한 주의가 필요하다.

다음과 같이 중재기관을 복수·병존적인 내용으로 명시한 중재계약의 경우에 다음과 같은 문제가 발생할 수 있다.

① 당사자간에 유효한 중재계약(합의)으로서 중재판정권이 존재하는지?

② 중재계약으로 유효하다면 두 중재기관 중 어느 중재기관에게 중재관할권이 있느냐[23]? 하는 문제가 발생한다.

「Any dispute arising under this charter party to be referred to “The Korean Commercial Arbitration Association, Seoul Korea” and “The Japan shipping Exchange, Inc., Japan” and the award of which to be final and binding upon both parties.」[24]

본 사건에 피고가 일본에서 진행된 중재에 대응하지 않아 중재신청인인 건설실업이 일방적으로 승소하여 한국법원에서도 중재판정집행을 위한 소송[25]에서도 승소하였다. 그러나 추가로 예상되는 소송비용과 이미 약 4년 동안 소요된 노력과 시간문

22) Ivan Szasa(Hungarian), 「New Trends in the development of international commercial arbitration and the role of arbitral and other institutions」, The value of a network of arbitration institutions, pp. 44-48.

23) 중재기관 사이에 “or” 대신에 “and”로 표기한 것은 당시 실무자들이 일본 과 한국을 서로 고집하다가 후일을 생각하지 않고 절충식으로 합의한 것으로 보인다.

24) 본 중재계약은 제일기선주식회사(파나마)와 건설실업주식회사(한국) 사이의 용선계약서 제 43조에 명시된 내용으로서 제일기선이 일본에서 중재판정승을 받은 중재사건임.

25) 서울 민사지방법원 1984, 4, 12 선고 83 가합 7051 제7부 판결.

제로 지친 듯 양당사자는 고등법원에서 화해로 종결하였지만 패소자인 건설실업이 일본중재기관에서 위에 지적한 문제를 제기하였더라면 결과는 달라지지 않았을까? 하는 아쉬움이 있다.

다음은 중재신청에 제한기간을 두는 조건부 중재합의를 하였다가 실무자들이 동 기한을 넘김으로써 중재신청 기회를 상실한 중재합의조항의 사례이다.

「All decisions of KYCF with respect to matters relating to the contract shall be final and conclusive except that the supplier submits, within twentieth(20) days of receipt of such decisions, a formal appeal to the Korean Commercial Arbitration Board with respect to any controversies or claims-----」

그리고 중재기관을 잘못 기재하여 중재절차의 진행을 지연시키거나 이행불능으로 되는 사례가 종종 있다. 즉, 대한상사중재원의 명칭을 "The Korean Commercial Arbitration Committee" 또는 "The Commercial Arbitration Institute of Korea"로 기재하거나 심지어 "The Korea Chamber of Commerce"로 사용함으로써 역시 소송과 중재를 오가다가 결국에는 많은 시간과 비용을 고려하여 클레임 자체를 포기한 사례[26]다.

따라서 중재합의 내용은 간결하면서 정확한 규정으로 작성하여야 하며 특히 중재기관의 명칭을 애매하게 표기해서 중재의 이행불능(in capable of being performed) 상태로 하여서는 안 된다.

중재조항의 중재 이행불능으로 되는 경우는 중재합의 내용에 명시된 중재인이 사망하였거나 중재인의 취임수락을 거부함으로써 중재판정부를 구성할 수 없을 때도 발생한다.

26) 鄭冀人, 『商事仲裁論』, 貿易經營社, 1984, pp. 60-64.

제 4 절 중재계약의 효력

1. 직소금지(直訴禁止)의 효력

중재계약 당사자는 중재절차와 중재판정에 따라야 하지만 상대방이 중재합의의 대상인 분쟁에 관하여 소송을 제기한 경우에는 피고(중재신청인)가 본안에 관한 최초의 변론을 할 때까지 중재합의존재의 항변을 하여야 하고[27], 법원에 계속 중인 경우에도 중재판정부는 중재절차를 개시 또는 진행하거나 중재판정을 내릴 수 있다.

항변을 받은 법원은 그 소를 각하하여야 하지만, 중재합의가 부존재·무효이거나 효력을 상실하였거나 그 이행이 불가능한 경우에만 소송을 진행할 수 있고 중재법에서 정한 경우를 제외하고는 중재법에 관한 사항을 관여할 수 없다(중재법 제6조).

일반적으로 분쟁당사자 사이에 중재합의가 존재하는 경우에는 동 중재합의가 무효·실효 또는 이행불능이라고 인정되는 경우를 제외하고는 당해 분쟁의 법원제소를 금지하고 중재로 해결해야 하는 것을 직소금지의 원칙이라 한다.

따라서, 중재절차의 위법을 들어 중재절차를 지연시킬 효과를 노려 법원에 중재정차정지의 가처분을 구할 수 없게 되었다[28](중재법 제8조).

영국의 중재법 (1950년) 제 4조에서도 「중재계약의 당사자는 중재부탁의 합의를 한 사항에 관하여--- 소송절차의 중지를 (to stay the legal proceedings) 해당 재판소에 청구할 수 있으며,---- 해당재판소 또는 법원의 재판관은 --- 소송절차의 중지를 명하여야 한다.」고 규정하고 있다.

특히 미국의 통일 중재법 제 4조에서는 중재계약의 일방당사자가 중재절차의 불이행, 해태 또는 거절하고 있다고 추정될 경우 타방 당사자는 법원에 중재절차 속행을 구하는 소송을 제기할 수 있고 해당법원은 중재절차의 속행을 하도록 규정되어 있다.

---

27) 대법원 1996.2.23.선고 95다17083판결.
28) 대법원 1996.6.11.선고 96마149판결.

그리고 뉴욕협약 제 2조 3항에서도 「당사자가 중재합의된 사항이 제소되었을 경우에는 협약회원국의 법원은 본 중재합의가 무효이거나 실효되었거나 또는 이행불능인 것이라고 인정되는 경우를 제외하고 당사자중 일방의 요구가 있으면 중재에 회부시켜야 한다는 것을 당사자에게 명령하여야 한다.」로 규정하고 있어 중재합의 내용의 「직소금지」를 분명히 하고 있다.

위와 같이 중재합의 된 내용이 법원에 제소되는 것을 방지하고 강제로 중재절차를 밟도록 하는 방법에는 다음 2가지로 정리할 수 있다.

첫째로 뉴욕협약, 워싱턴 협약(26조), 모델법(8조 1항)이나 우리 나라중재법과 같이 법원에 제소를 금지하고 설사 제소되었을지라도 법원은 마땅히 각하하여야 한다는 것과, 둘째로 미국, 영국법에 규정되어 있듯이 법원은 소송을 접수하거나 소송을 진행하지 않고 중재판정이 나거나 중재가 불가능하다는 사실이 결정될 때까지 소송을 중지해야 한다는 내용이다.

그러나 중재합의에도 불구하고 법원에 제소중일 때 항소권은 포기할 수 있다고 볼 수 있으므로 당사자가 중재계약의 존재를 알고 있으면서 항변을 주장하지 아니하고 본안에 응하여 변론을 하였을 경우에는 항소권은 소멸된다.[29]

따라서 중재계약의 존재를 이유로 법원에 하는 항변은 일종의 방소항변[30]이라 할 수 있고, 법원은 항변에 타당한 이유가 있는 경우에는 (중재계약이 발효되었다고 인정되면) 소권을 부정하고 소를 각하하여야 한다.

2. 단심제로서 효력

서두에서 언급한 바와 같이 중재제도상의 가장 큰 장점은 신속과 경제의 이상을 실현시킬 수 있는 『단심의 분쟁해결제도』라 할 수 있다. 중재당사자는 중재계약을 체결하기 전에 이러한 단심의 분쟁해결제도라는 사실을 인지하고 있었거나 중재계약에 『중재판정에 복종한다』는 내용이 명시되는 것이 일반적이므로 일반소송과 같이

29) 1991년 4월 23일 대법원 제 1부 판결 91다 4812호 및 喜多川篤田 國際商事の研究, p. 333.
30) 중재계약이 있는 경우 소송청구권이 배제된다고 주장하는 권리로서 방소항변의 제출시기는 본안에 관한 변론전에 제출하여야 한다. 독일 민소법 282조 3항 및 프랑스 신민소법 1458조

불복절차인 항소나 상고제도가 허용되지 않는다는 것을 알고 있다.

중재법 제 35조에서는 「중재판정은 당사자간에 있어서 법원의 확정판결과 동일한 효력을 가진다」라고 규정되어 있어 중재계약의 성립은 당사자의 상호합의로 취소하지 않는 한 「철회불능」의 효력도 함께 발생시킨다.

그러나 중재판정에 대한 불복은 법원에 제기하는 중재판정취소의 소에 의하여만 가능하고(중재법 제36조 1항), 다음과 같은 이유로 중재판정이 취소될 수 있다.

① 중재합의의 당사자가 그 준거법에 의하여 중재합의 당시 무능력자이었던 사실 또는 중재합의가 당사자들이 지정한 법에 의하여 무효이거나 그러한 지정이 없는 경우에는 대한민국의 법에 의하여 무효인 사실

② 중재판정의 취소를 구하는 당사자가 중재인의 선정 또는 중재절차에 관하여 적절한 통지를 받지 못하였거나 기타의 사유로 인하여 본안에 관한 변론을 할 수 없었던 사실

③ 중재판정이 중재합의의 대상이 아닌 분쟁을 다룬 사실 또는 중재판정이 중재합의의 범위를 벗어난 사항을 다룬 사실. 다만, 중재판정이 중재합의의 대상에 관한 부분과 대상이 아닌 부분으로 분리될 수 있는 경우에는 대상이 아닌 중재판정부분만을 취소할 수 있다.

④ 중재판정부의 구성 또는 중재절차가 이 법의 강행규정에 반하지 아니하는 당사자간의 합의에 따르지 아니하거나 그러한 합의가 없는 경우에는 이 법에 따르지 아니하였다는 사실

그 외에 ① 중재판정의 대상이 된 분쟁이 대한민국의 법에 따라 중재로 해결될 수 없는 때나 ② 중재판정의 승인 또는 집행이 대한민국의 선량한 풍속 기타 사회질서에 위배되는 때에는 법원의 직권으로 중재판정을 취소할 수 있다.

3. 국제적 효력

중재계약이 법원의 재판권을 부정하고 국제적으로 그 효력을 승인받게 된 것은 1923년 9월 24일 체결된 제네바의정서(Geneva Protocol on Arbitration clause)에서부터 시작된다. 제네바의정서 제 1조에는 협약가입국은 상거래를 대상으로 하는 중

재합의를 의무적으로 승인하도록 규정하고 있었으나 중재판정의 집행 및 승인문제로 크게 실효를 거두지 못하였다.

그 후 중재계약의 국제적 효력은 중재판정의 승인 및 집행문제와 함께 보장되어야 한다는 인식과 주장으로 1927년 제네바협약이 결성되었지만 세계 제 2차 대전의 발생으로 두 협약은 국제연맹의 해체와 함께 유명무실한 상태에 있었다.

제2차 세계대전 종결된 후 국제간의 평화와 안전을 유지하기 위하여 1945년 10월 24일에 창설된 국제연합은 지구촌의 정치기구로, GATT와 IMF는 지구촌의 자유무역과 경제발전기구로 새로운 국제질서를 주도하면서 기존의 제네바의정서와 제네바협약의 내용을 병합·개선하는 취지로 1958년『외국중재판정의 승인 및 집행에 관한 협약(일명 유엔협약 또는 뉴욕협약)』을 탄생시켰다.

따라서, 유엔협약은 상거래에 관한 중재계약의 효력과 중재판정의 국제적 승인 및 집행을 위한 국제조약의 성격으로 발효되어 적어도 본 유엔협약에 가입하고 있는 회원국가내에서는 상호주의 또는 상사중재에 한해 선별적으로 가입한 조건에 따라 그 효력 또는 중재판정의 집행이 인정받고 있다[31] (유엔협약 제2조).

뉴욕협약 회원국은 자국적의 사람이 국적을 달리하는 사람과 중재합의를 했을 경우 이를 승인하고 당사자는 국내법에 우선하여 중재절차 진행에 협조할 의무[32]를 가지게 되지만 중재판정의 승인이나 집행으로 집행국가의 공공의 질서에 반하게 되는 경우에는 승인이나 집행이 거부될 수 있다. 이는 집행국가의 기본적인 도덕적 신념과 사회질서를 보호하려는데 그 취지가 있고 그 판단은 국내사정과 국제적 거래질서의 안정이라는 측면을 고려하여 제한적으로 해석되어야 한다.[33]

31) Nicaragua가 2003년 9월 24일 가입하여 같은 해 12월 23일에 효력을 발생하여 현재 2004년 7월 뉴욕협약 가입회원국가는 134개국이다.

32) 우리 나라는 1973년 5월 9일 조약 제471호로 회원국가의 영토내에서 내려진 중재판정과 그리고 국내법상 상사중재판정에 한하여 적용하는 조건으로 뉴욕협약에 가입하였다.

33) 대법원 1990.4.10.선고 89다카20252판결.

제 5 절 중재조항의 분리 · 독립이론

1. 의의

국제거래를 위해 채결된 계약서가 그 효력여부를 다투는 분쟁에서 그 계약서에 삽입되어 있는 중재조항도 원래의 주된 계약서와 함께 생명을 같이 하느냐? 또는 주된 계약서와는 분리 · 독립되어야 하느냐? 하는 주장이 있다.

이러한 문제는 주된 계약이 무효 또는 취소여부를 다툴 경우에 중재 또는 소송의 대상이 되느냐? 하는 문제로서 실로 중재제도의 사활과 연계된 중요한 문제라 할 수 있다. 오늘날 국가마다 독과점을 규제하기 위하여 자국의 공공정책상 일반사적계약이 무효가 될 가능성은 다분히 있다. 이러한 실정에서 주된 계약서가 무효 또는 취소되는 경우 그 속에 들어 있는 중재조항도 운명을 같이 하여 무효 또는 취소된다면 중재제도가 지니고 있는 장점의 취지를 살릴 수 없게 될 것이다.

중재당사자가 중재계약을 채결한 것은 분쟁의 신속하고 경제적인 해결을 바라고 상이한 법제를 가진 국가간의 소송에서 나타나는 문제와 비효율성으로부터 탈피하려는데 목적이 있다. 그런데 주된 계약의 효력상실과 함께 그 속에 있는 중재조항도 효력을 상실하게 된다면 중재계약의 효력여부에 대한 당부도 소송을 통해 결정되어야 하므로 신속한 분쟁의 해결을 기피하려는 의도에 악용될 소지가 있다.

이러한 문제점이 지적되자 중재제도 본래의 취지를 살려야 한다는 주장이 독일, 스위스, 미국 등 서방국가를 중심으로 제기되었다. 즉, 흔히 계약서에 삽입되는 중재조항의 문장 그 자체는 다음과 같은 내용으로 되어 있다.

『이 계약 또는 이 계약과 관련하여 발생하는 모든 분쟁은 ---의 중재규칙에 따라 중재로 최종 해결한다 ------------ ; All disputes, controversies or differences which may arise between the parties, out of or in relation to or in connection with this contract, or for the breach thereof shall be finally settled by arbitration in --- in accordance with the rules ----- 』

위의 문장을 문맥에 따라 충실하게 그리고 엄격하게 해석하면 주된 계약의 무효 또는 취소에 대한 분쟁도 당연히 중재로 해결되도록 중재조항은 주된 계약으로부터 분리・독립하는 것(Doctrine of Separability)으로 해야 한다.

위와 같은 맥락에 일치하는 법원판례를 1950년대에 와서 일부 서방국가에서 찾을 수 있다. 미국, 독일이나 스위스 등의 법원이 중재조항의 분리독립의 원칙을 인정하는 판례를 남기게 되었다.[34] 사기, 불완전성, 착오로 작성되었다고 주장하며 주된 계약의 효력을 문제삼는 항변도 중재로 해결하여야 한다는 광범위한 해석이 이때부터 나타났다.[35]

그러나 독점규제법 위반과 같은 문제는 공서양속에 관한 사항으로서 공익상 중요하므로 중재합의 조항의 분리・독립원칙에서 제외시켜 법원의 전권에 맡기자는 견해가 있다. 그리고 주된 계약의 성립여부가 중재조항에 전적으로 의거하는 것은 문제가 있으니 강행법규위반 문제로 계약의 무효여부를 판단할 때는 반드시 일정한 법률지식을 가지고 있는 자를 중재인으로 선임토록 하여 본 원칙을 제한적으로 해석하고자 하는 주장[36]이다.

2. 중요국가의 입장

미국에는 중재조항의 분리・독립이론에 대한 명시적인 법률을 찾아볼 수 없으나 1959년에 Robert Lawrence Co 사건[37]에서 법원은 『중재조항이 들어있는 주된 계약의 사기여부에 대한 판단을 할 수 있는 권한은 중재인에게 존재한다』는 판결로 본 원칙을 수용하였던 것으로 보인다.

미국의 순회법원은 1961년에 "본 원칙이 없을 경우에는 거의 모든 중재사건이 법원의 심리가 요구될 가능성이 있으므로 중재는 곧 좌절될 가능성이 있다"고 중재제도를 우려하는 판례[38]를 남김으로써 실용주의에 걸맞게 미국은 다른 나라에 비해

---

34) 石黑一憲, 國際民事紛爭處理의 深層, 日本評論社, 1992, pp. 262-265.
35) 喜多川篤田, 國際商事仲裁の 硏究, 東京大學出版會, 1978, p. 66.
36) 久保田穰, 「發起人か設立中の會社のため締結した契約の準據法と該契約の一部を存す仲裁條項の效力」 シコリスト, 昭和 51年度 重要判例解說, p. 261.
37) Robert Lawrence Co. v. Devonshire Fabrics. Inc. 271 F. 2d. 402(2d Cir), 1959
38) El Hoss Engineering & Transportation Corp. V. American Industrial Oil Co., 289 F. 2d

일찍이 본 원칙을 인정하였다고 할 수 있다.

그 후 1967년에 미국연방대법원은 Prima Paint Corp 사건[39]에서 다음과 같은 내용으로 판결함으로써 본 원칙의 인정을 분명히 하고 있다.

"---arbitration clause on a matter of federal law are separable from the contracts in which they are embedded"

그리고 1974년의 Fritz Scherk[40] 사건과 1979년의 Wicle 사건[41]에 대한 판례로 보아 미국은 중재조항의 분리독립의 원칙을 확실하게 인정하고 있는 국가라 할 수 있다.

영국은 상당히 오래된 판결이라 할 수 있으나 1942년에 Heyman 사건[42]에서 본 원칙을 부정하는 입장을 취하고 있다. 영국의 Clive Schmitthoff 교수는 영국 법원의 이러한 부정적인 태도를 비판하면서 영국에서 중재조항의 분리·독립이론을 인정받기 위해서는 계약서상에 "만약 명시적인 약정에 따라 당사자가 중재조항을 주된 계약에서 독립한 것으로 해 둔다면 중재인은 주된 계약 그 자체의 효력에 대해 결정할 권한을 가질 것이며, 영국에서도 이러한 원칙이 실현될 수 있다"고 주장[43]하였다.

그러나 1970년대 후반부터 영국도 중재조항의 분리·독립원칙을 지지하는 경향을 보이고 있다.

그밖에 영국의 법제를 따르고 있는 인도, 이스라엘, 나이지리아, 남아프리카 공화국 등이 아직 본 이론을 채택하지 않고 있으나,[44] 대부분의 국가들이 이를 긍정하는 입장을 취하고 있으며 그 숫자는 증가하는 추세에 있다.

프랑스는 1963년 대법원의 판례 이후 본 원칙을 수용하고 있으며 독일법원에서

346, at p. 349(U. S. Circuit Ct. of App., 2nd Cir. 1961)

39) 日本 法律時報 54卷 8號 38面 參照. Prima paint Corp. V. Flood & Conkling Mfg. Co., 388 U.S. 395(1967)

40) *Fritz Scherk v. Alberto-Culver Co.* 417 U.S. 506 94 Ct 2449(1974)

41) *Wile v. Atlantic Marine Inc.*, 605 F. 2d. 166(5th Cir. 1979).

42) Heyman Vs Darwins Ltd.(1942), AC.356

43) C. M. Schmitthoff, "The Future of Commercial Arbitration", Arbitration -The Journal of the Institute of Arbitrators(January, 1977), p. 96.

44) ICCA Yearbook vol. II-1977, National Reports : 인도(pp. 34-35), 이스라엘(p.51), 나이지리아(pp. 67-68), 남아프리카(pp.78-79), 영국(p.96) 참조

도 비슷한 입장을 취하고 있다.[45]

일본 역시「중재합의 조항이 주된 계약에 부수하여 체결되는 것이지만 그 효력은 주된 계약으로부터 분리하여 별개 독립으로 판단하여야 할 것이며, 당사자간에 별도의 합의가 없는 한 주된 계약의 성립에 하자가 있더라도 중재계약의 효력에 직접적인 영향을 미치는 것은 아니다」라는 일본최고재판소의 판시내용[46]을 볼 수 있고, 이와 같은 취지의 판례들이 많이 있다.[47]

그 외에 불가리아, 체코, 동독, 헝가리, 폴란드, 루마니아, 소련 등 과거 공산사회주의 국가들[48]과 아르헨티나, 칠레, 콜롬비아, 에콰도르, 멕시코, 페루, 베네스웰라, 스웨덴, 스위스 등 대부분의 중남미국가들과 일부 유럽국가들[49]도 중재합의조항의 분리-독립원칙을 채택하고 있는 실정이다.

그리고 ICC규칙 제 8조3항 및 CMEA(Council for Mutual Economic Assistance) 규칙에도 본 원칙이 반영되어 있다.

3. 관련국제법규와 한국

UNCITRAL 모델법 제4장 16조에는『중재판정부가 중재합의의 존부 또는 효력에 관한 결정권한을 가지며, 중재조항은 주된 계약으로부터 독립된 합의로 본다. 중재판정부가 무효로 판정한 계약으로 인해 중재조항이 무효가 되는 것은 아니다』고 명시함으로서 중재조항의 분리·독립성을 분명하게 하고 있다. 뿐만 아니라 중재규칙 제21조 2항에서도「중재합의 조항이 주된 계약의 일부를 이루는 주된 계약의 존부 또는 효력에 대해 중재판정부가 결정할 권한을 갖는다 -- 본 규칙에 따른 중재를 규정하고 있는 중재조항은 동 계약의 다른 조건과는 별개의 독립적인 합의사항으로 취급

45) 關口晃, フランスの新仲裁法, 國際商事仲裁協會, 1984, pp. 21-22.
46) 日本最高法院判例, 昭和 50,7,15 民集 29卷 6號 p. 1061.
47) 日東控判, 昭和 10. 8. 5. 法律新聞 第 3904號 5面 ; 日東地判 昭和 33.1.25. 下民集 9卷1號 111面; 日大板地判,昭34, 5,11, 下民集 10卷 5虎 p. 970 등
48) ICCA Yearbook vol. I -1976, Nat'l Reports : 불가리아(p.20), 체코(p.32), 동독(p.43), 헝가리(p.55), 폴란드(p.67), 루마니아(p.80), 소련(99-100)
49) ICCA Yearbook vol.Ⅲ-1978 : 아르헨티나(p.4), 칠레(p.48), 콜롬비아(p.60), 에콰도르(p.79), 멕시코(p.97), 패루(p.121), 베네즈웰라(p.137), 스웨덴(p.165), 스위스(p.187)

된다」 고 분명하게 명시하고 있다. 그 밖에 국제상업회의소 중재규칙과 워싱턴협약에서도 주된 계약과 분리하여 중재조항은 독립적인 효력으로 주된 계약과 별도의 계약으로 중재판정권을 인정하고 있다(ICC규칙 8조 3항, ICSID협약 41조1항). 우리나라 중재법에는 본 원칙에 대한 명문규정이 없으나 많은 학자들이 본 원칙의 당위성을 인정해야 한다고 주장하고 있는 실정이다.[50)]

국제상설중재기관과 각국의 실태를 고려하면 우리 나라 역시 국제사회의 변화에 부응하기 위해서는 주된 계약의 효력에 관하여 사기, 계약의 미비사항 및 성립과정에 관한 모든 분쟁도 중재조항의 독립원칙에 따라 중재로 해결되어야 한다고 본다.

따라서, 중재조항이 들어 있는 주된 계약의 무효는 원칙적으로 중재합의 조항에 영향을 미치지 아니하고, 당사자는 이러한 주된 계약의 무효를 중재절차에서 주장할 수 있는 것으로 해석되어야 할 것이다.

제 6 절 중재계약과 주권면제이론

1. 주권면제이론의 의의

주권면제이론(Sovereign Immunity)이란 외국이나 외국소유재산은 통치행위의 주체로서 국가간에 평등하므로 국제관습법상 다른 국가법원의 피고가 될 수 없다는 이론[51)]이다. 국가의 통치 및 공적행위는 다른 나라 사인으로부터 소송의 대상이 될 수 없다는 이론이 관습법으로 되어 왔다. 그러나 공산사회주의국가나 국영기업의 상거래가 증가하면서 상거래계약은 영리를 취득할 목적으로 하기 때문에 국가도 계약의 당사자로서 대등한 지위에서 시작되고 평등한 지위에서 대우를 받아야 한다는 주장이 점점 설득력을 가지게 되었다.

---

50) 김지수, UNCITRAL 중재규칙의 적용과 실제, 상사중재연구총서 제20집, pp. 17-18. 김홍규, 섭외적 중재계약의 집행상의 문제점, 중재논총, 1991, p. 54. 서정갑(중재논총, 1991) 및 손경한(중재논총, 1991) 등 다수가 있다.

51) 최태현, 외국과 사인간 분쟁에 대한 국가법원의 관할권에 관한 연구, 서울대학교 박사학위논문(1991) 내용 및 喜多川篤田, 전게서, p.165 이하 내용 참조

공법인이 국가를 대리하여 무역, 금융 등 광범위한 분야에서 사실상 영리행위를 하고 있다는 것은 주지의 사실이다. 세계은행(IBRD)으로부터 차관을 받기도 하고 기술과 특허를 제공받는 거래도 하는 실정에서 주권면제를 고집하다가는 국제거래시장에서 따돌림을 받게 되어 오히려 실익이 없게 된다는 점을 스스로 인식하였을 것이다.

따라서, 국가가 영리를 목적으로 하는 상행위는 주권면제를 제한하게 된 계기가 되었다고 할 수 있다. 영미법계 국가들이 판례를 통해 주권면제이론에 대한 제동을 가하게 된 것은 자연스런 현상으로서 오히려 사회정의에 반하는 현상을 시정했다는 점에서 높이 평가해야 한다고 본다. 그 후 미국은 1976년에, 영국은 1978년에 각각 주권면제법에 제한을 두는 규정을 명시하게 되었다.

이 점에 대해서 필자는 오직 실정법의 노예가 되어버린 우리 나라의 법관들, 사회의 지탄받아 마땅할 범죄행위 앞에서도 여기에 적용할 법이 없어 처벌할 수 없다는 법관들을 위해, 이들에게 사회공감을 받을 수 있는 창조적 판례가 가능하도록 법관에게 재량권을 부여하자고 주장하는 바입니다. 법관은 오직 법과 양심에 따라 판결로 말한다지만 사회범죄 행위는 교묘하게 법망을 피해가고, 이들의 처벌을 위해 법을 계속 만들다 보니 우리는 현재 법망의 홍수 속에 법의 갈증을 느끼고 있다고 감히 말하고 싶습니다.

이미 1972년에도 유럽국가들은 유럽협약을 통해 "민사 및 상사"에 한하여 주권면제에 대한 제한조치를 취한 바 있으며, 1989년 국제법위원회도 같은 맥락의 주장과 활동을 하고 있는 실정이다. 이러한 변화에도 불구하고 사회주의국가들은 그들의 통치이념상 절대적인 주권면제주의를 주장하고 있어서 그 절충안으로 국가의 상행위가 공적 내지 주권적행위로 성립될 때에만 주권면제를 인정해 주고 사적 내지 비주권적 행위에 대해서는 주권면제를 제한하자는 주장이 있다. 중재계약 역시 사적거래로부터 시작되고 소송제도와 같이 분쟁을 해결하는 방법이라는 점에서 마땅히 주권면제를 제한할 수 있으며, 중재계약은 재판청구권을 포기하듯이 주권면제권을 포기한 것으로 보아야 할 것이다. 이점에 대해서는 제13장 3절에서 다시 검토하였다.

2. 주권면제이론의 제한

오늘날 국제계약에서 사인간의 분쟁은 물론 국가와 사인간의 분쟁도 중재로 해결하는 경우가 많다. 특히 국제투자에 관련하여 발생하는 거의 대부분의 분쟁은 워싱턴협약에 따라 ICSID에서 중재로 해결하게 된다. 워싱턴협약에 따르면 당사자는 예외 없이 그들의 분쟁을 중재로 해결하여야 하기 때문에 당사자중 일방이 주권면제를 주장할 수 있는 입장이 못 된다. 중재제도는 소송제도와는 달리 분쟁을 중재로 최종 해결한다(중재판정의 집행)는 내용을 충분하게 미리 인식하고 중재계약을 채결한다는 점에서 법원의 소송현장에서 주권면제의 변론처럼 객관성이나 정당성은 없다고 본다.

이러한 맥락에서 국제상거래계약에 삽입되어 있는 중재조항의 경우에는 제한적 주권주의 입장에서 주권면제에 대한 묵시적 포기로 간주되기고 한다.52)

그러므로 임시중재는 물론 I.C.C.중재재판소, A.A.A(American Arbitration Association), ICSID와 같은 국제상설중재기관의 기관중재를 통해 국가와 사인간에 상사분쟁을 중재로 해결하기로 계약을 채결하는 것은 중재 판정된 내용까지도 당사자가 구속된다는 점을 인정한 결과가 될 것이고 아울러 법원의 재판관할권으로부터 면제를 묵시적으로 포기한 것으로 보는 것이 타당하므로 이러한 중재계약을 기초로 국내법원에서 주권면제를 거부하는 것은 정당하다.53)

다만 중재집행과정에서 집행대상이 될 재산이 주권적이거나 통치수단에 해당되고 영리를 목적으로 하는 상행위가 아니라면 주권면제에 해당되어 중재판정의 집행대상이 될 수 없다는 것을 Liberian Eastern Timber Corp. 대 Republic of Liberia 판례54)

---

52) 平覺, 國家契約における仲裁とアメリカ主權免除法-仲裁合意による默示的免除拋棄の範圍, 早稻田大學 大學院法論文集 第29號, 1983, p.83 및 Delaume. Georges R., *Economic Development and Sovereign Immunity, American Journal of International Law*. Vol. 79, No.319. 1985.

53) J. Gillis Wetter. *Pleas of Sovereign Immunity and Act of Sovereignty before International Arbitral Tribunals, Journal of International Arbitration* Vol. 2, 1985, pp. 19-20.

54) *Liberian Eastern Timber Corp. 대 Republic of Liberia*, 659 F. Supp. 606(D.D.C., 1987).

에서 보여주고 있다.

그러나 1972년의 유럽협약[55](ECSI)은 회원국가간의 중재계약의 효력과 해석, 중재절차진행, 중재판정의 취소 등에 대해서만 주권면제의 제한을 예외적으로 인정하고, 중재판정의 집행에 대해서는 회원국가의 동의 없이는 해당재산에 대하여 어떠한 집행조치도 취할 수 없다는 입장을 취하고 있다(ECSI 제23조).

3. 주권면제에 대한 각국의 입장

미국은 1976년 처음으로 주권면제법에 상행위에 대하여 주권면제를 제한하는 취지(제 1605조 a-6항)로 규정한 후 1988년 동 법을 개정하면서 영리를 목적으로 하는 상행위에 대한 중재계약과 중재판정집행에 한하여 주권면제의 특권을 부인하는 내용으로 분명한 입장을 취하고 있다.

Liberian Eastern Timber Corp. 대 Republic of Liberia 사건에서 라이베리아 정부는 목재회사에게 삼림벌채면적을 감축했다가 종료시키자 목재회사는 양허계약 위반을 이유로 손해배상을 청구하는 중재를 신청하여 勝訴(US $8,793,260)하는 즉시 뉴욕남부지방법원에 동 중재판정의 승인까지 받았다. 그러나 집행과정에서 라이베리아는 집행대상이 된 재산(라이베리아 선적의 선주들로부터 징수한 톤세와 등록세로서 조세였음)이 그 성질상 주권적이지 상업적이 아니라는 반론으로 주권면제를 주장하여 법원으로부터 이를 인정(집행정지)받았다. 이렇게 되자 목재회사는 다시 콜롬비아 연방지방법원에 라이베리아 대사관이 소유하고 있는 은행구좌를 집행하려 신청하였으나 역시 은행구좌는 외교관계에 관한 비엔나협약으로 집행할 수 없으며, 상업적 활동이 아니라는 이유(주권면제의 대상)로 다시 거절당했다.

영국은 1978년의 주권면제법을 통해서 서면으로 중재합의된 내용은 주권면제를 부인하고 있다(동법 제9조). 그리고 중재판정의 집행대상이 되는 재산이 상행위에 관련된 목적이며 공공성 행위에 있는 목적인 것으로 구별하여 상행위에 관련된 재산으로 제한하여 중재판정의 집행을 허용하고 있다(동법 13조4항). 다만 집행대상의 재산이 상행위의 목적인가 공공성의 목적인가 하는 판단의 기준은 반증이 없는 한

55) European Convention on State Immunity and Additional Protocol 1972.

영국의 외교사절이 발행하는 증명서로 결정한다.

따라서, 영국 역시 Alcom Ltd 대 The Republic of Colombia 판례[56]를 통하여 미국과 같은 입장을 취하고 있다.

동 사건에서 Alcom 회사는 콜롬비아의 결석판결을 받아 고등법원서도 콜롬비아 대사관 은행구좌를 압류하는 판결까지 받는데 성공하였으나 대법원으로부터 대사관의 은행구좌는 상행위의 목적으로 볼 수 없다(상행위의 목적을 위해서는 순수하게 상거래상의 채무이행을 위한 것이라는 입증이 있어야 한다)는 취지로 집행거절 받았다.

그 밖에 프랑스[57], 독일, 스위스, 오스트리아 등 대부분의 주요교역국가들은 중재대상이 되는 쟁점사항과 중재판정의 집행대상이 되는 재산이 상행위의 목적에 있는 내용에 한하여 주권면제의 특권을 부인하고 있는 실정이다.

---

56) *American Journal of International Law*, Vol. 78, 1984, p.451 이하 및 *Alcom Ltd v. The Republic of Colombia*, Court of Appeal, October 24, 1983.(1984)

57) 프랑스는 주권면제이론에 대한 법률은 없으나 대법원 판례로 ① 중재대상이 되는 쟁점사항이 사적행위로서 비주권적이고 ② 중재판정의 집행대상이 되는 재산은 상행위의 목적을 가지고 있어야 하는 것으로 정리할 수 있다.

연 습 문 제

1. 주관식 문제

1) 중재계약의 법적 성질을 설명하시오.
2) 중재계약의 성립요건을 설명하시오.
3) 중재계약 체결시 중재기관의 표준중재조항에 대한 유용성을 설명하시오.
4) 상설중재기관의 중재협정에 따른 중재조항의 유용성을 설명하시오.
5) 중재계약의 법적 효력을 논하시오.
6) 계약서상의 중재조항에 대한 효력을 논하시오.
7) 중재계약에 대한 소송계약설과 실체법계약설을 논하시오.
8) 중재계약의 성립에 따른 직소금지에 관하여 논하시오.

2. 용어해설 문제

1) 중재조항의 분리 · 독립원칙
2) 사전중재합의
3) 사후중재합의
4) 한미중재협정
5) 한일중재협정
6) 법원의 확정판결
7) 직소금지
8) 상설중재기관
9) 표준중재조항
10) 중재판정부
11) 방소항변
12) 중재계약
13) 국가의 상거래행위와 주권면제이론

8
chapter

중재법규의 통일화 운동과 국제협약

중재제도는 오랜 세월을 지나면서 하나의 분쟁해결 관습으로 형성되어 지역에 따라 여러 형태로 발전되어 왔다. 이러한 중재제도가 현대적 의미를 가지고 분쟁을 구속력 있게 해결하는 제도로서 정착된 것은 국제무역이 급증했던 19세기말 무렵이었다. 각국에서 중재제도를 관행 또는 실정법으로 수용하였으며 비록 일부지역이기는 하나 안데스 산맥을 중심으로 인접국가간에 통일된 분쟁해결제도로서 시도되기도 하였다.

20세기에 와서 중재제도는 국제연맹의 결성과 더불어 제네바의정서와 협약으로 지구촌의 실정법화가 유럽지역을 중심으로 시도되었으나 범세계적으로 통일된 실정법화는 국제연합이 설립된 이후 유엔의 지원으로 체결된 뉴욕협약에 의해서 국제상사분쟁을 해결하는 제도로 확립되었다.

본 장에서는 중재제도가 지구촌의 실정법으로 통일화되는 과정과 현재의 위상을 설명하였다.

제 1 절 중재법규의 통일화 운동

1. 통일화 운동의 의의

이미 언급했던 바와 같이 중재제도는 지구촌의 여러 지역에서 생성되어 사회생활에서 발생되는 분쟁의 해결수단으로서 사회발전에 공헌하여 왔다.

오랜 세월을 거치면서 중재제도는 통치자의 필요에 따라 부침(浮沈)의 역사를 겪으며 국가별로 관습법화 또는 실정법화되어 왔다.

중재의 본질이 중재계약당사자가 현존 또는 장차 발생 가능한 분쟁의 해결을 법원에 의뢰하지 않고 그들이 선정한 중재인에게 의뢰하거나 또는 의뢰할 것을 약정하고 그 판정에 복종하는 것인 만큼, 중재계약의 효력과 중재판정의 승인 및 집행은 당연히 법에 의하여 보장되어야 할 것이다.

정당하게 체결한 중재합의계약이 법원에 의해서 그 효력이 무시되거나, 당사자 합의에 의해 중재판정 된 내용이 법원에 의해서 그 집행이 거부된다면 중재제도의 존재가치는 없을 것이다.

따라서, 중재제도가 소송제도의 단점을 보완하고 소송을 대신하는 분쟁해결 제도로서 특성을 가지려면 국내적이던 국제적이던 중재계약의 효력과 중재판정의 승인 및 집행이 지구촌에서 통일적으로 전제되어야 한다.

중재제도의 특성상 국내사건에서는 소송에 비하여 결과에 대한 예견가능성이 떨어진다는 것이 단점이다.

그러나, 동일한 국제사건에서는 국가마다 실체법을 달리하고 있는 실정에서 상관습이나 관행이 통일적으로 형성되어 있는 지구촌시대에서는 소송의 결과에 대한 예견가능성은 오히려 떨어진다고 할 수도 있고, 중재판정의 결과에 대한 예견가능성은 상대적으로 높아진다고 할 수 있다.

중재판정의 결과에 대한 이러한 상반된 효과는 중재제도가 각국의 실정법으로 반영되어 통일적으로 어느 정도 시행되느냐? 또는 중재기관과 중재인의 노력과 역할에 달려 있다고 본다.

역사적으로 볼 때 중재제도는 국내상사분쟁의 해결을 위해서라기보다는 국제상사 분쟁의 해결을 위해 국제상거래의 증가와 함께 발전하여 왔으며, 국제상사 중재계약의 효력과 국제상사 중재판정의 승인 및 집행에 치중하여 각국의 중재법규가 통일화 되고 있음을 알 수 있다.

전후의 국제 통상증대를 위해 노력하고 있었던 1919년에 국제연맹의 결성과 함께 국제상사 중재제도에 관한 지구촌의 통일화 운동이 전개되었고, 1923년과 1927년에 각각 중재계약의 효력과 중재판정의 승인 및 집행문제로 분리하여 중재제도의 통일화가 추진되었다는 사실은 이를 잘 입증해 주고 있다.

그러므로, 각국의 중재법규의 통일화는 중재에 대한 각국의 국내 실정법과의 충돌을 해소하면서 지구촌에서 중재제도의 통일화를 실현시키고, 이는 국제상거래의 증가와 질서확립에 기여할 수 있다는데 의의가 크다.

2. 통일화의 경제적 효과

분쟁이 발생되었으나 상대방이 그 해결에 반응이 없다면 제일 먼저 생각하는 것이 변호사를 찾아 소송의 승패여부를 모색하게 된다. 변호사에게 법원의 판결을 몇 번이나 받아야 할 것인지? 시간은 어느 정도 걸리고 소요경비는 얼마나 될 것인지? 또는 최종적으로 승소하여도 집행을 받을 수 있을는지?에 대한 불확실한 생각으로 소송에 대한 두려움으로 쉽게 소송에 응하지 못할 것이다. 소송제도는 국가의 막대한 재정지원에도 불구하고 국민들의 기대에 부응하거나 소망하는 사회질서나 상거래질서를 확립하지 못하고 있는 느낌이다. 민사분쟁을 형사분쟁과 결부시키려는 시도는 민사분쟁을 적기에 해결하지 못해 발생하는 결과로서 국제상거래를 위축시키는 요인이 되기도 한다.

국제상거래는 각국의 실체법상의 마찰을 피해 가면서 실익을 쫓아 성립되기 때문에 여기서 발생하는 분쟁 역시 각양 각색의 실체법에 효과적으로 대처하면서 재판관할권을 확정시키고 그 해결책을 경제적으로 풀어야 할 것이다.

이러한 맥락에서 중재제도는 국가지출을 줄이며 국제상사분쟁을 신속하게 해결하는 최적의 경제적 분쟁해결방법이 될 수 있다. 이미 1952년 시카고 법과대학의 Sois Mentschikoff 교수가 실시했던 조사에 의하면 시카고 지방에서 발생했던 사인간의 분쟁가운데 중재방식으로 처리되는 것은 모든 민사사건의 약 70%에 해당한다는 사실이 밝혀졌다.[1)]

이러한 조사결과는 국내분쟁의 해결의 경우 동일한 법률이 적용되므로 이론적으로는 중재가 소송에서보다 결과에 대한 예견가능성이 떨어지는 단점을 지니고 있음에도 불구하고 신속과 경제성을 추구하는 중재제도의 특성이 좋게 인식되었던 것으로 분석된다.

따라서 중재법규의 통일화는 당사자 개인적으로나 국가적으로 국제상사분쟁의 해결에 경제적 효율성을 크게 높이는 역할을 할뿐만 아니라 국제무역을 활성화시키는 데도 크게 기여하는 것으로 본다.

3. 통일화의 실태

지구상에서 중재법규에 관한 통일운동은 그 원인과 시기 또는 내용 등 보는 시각에 따라 여러 가지로 분석 또는 분류할 수 있을 것이다.

이미 B.C 338년 알렉산더 대왕의 부왕인 필립 2세 때부터 2국가간에 체결된 조약의 형식으로 중재제도가 수없이 국제적으로 이용되었던 것으로 보아 주로 통상이나 정치적 이유로 분쟁해결을 위한 부분적인 통일이 있었던 것으로 추정된다.

그 후 협약(convention) 또는 조약(treaty)의 형태로 가까운 지역을 중심으로 사법분야에 관한 통일활동이 꾸준히 있었는데 주로 다음 3가지로 정리할 수 있다.

① 일정한 지역을 중심으로 하는 통일화 운동

② 이념을 중심으로 하는 통일화 운동

③ 유엔을 중심으로 하는 범세계적인 통일화 운동

지역중심의 통일화 운동은 비슷한 문화를 가지고 지리적으로 인접해 살고 있었던 국가들 사이에 추진되었다.

1) Soia Mentschikoff, Commercial Arbitration, 61 Colum. Law Review, 1961. and Martin Domke, The Law and Practice of Commercial Arbitration, Callaghan & Company, 1968, pp. 11-12.

남미의 안데스산맥을 중심으로 스페인어를 공동으로 사용하며 살고 있던 주변 국가들이 1889년 1월 11일 우루과이 수도 몬테비디오에서 결성한 「절차법에 관한 남미주연합조약」을 계기로 하여 많은 조약과 협약이 체결되었다.

그러나, 1975년 파나마협약의 체결을 마지막으로 남미지역의 사법적 통일을 위해 수많은 협약이나 조약이 결성되었지만 아직까지 구체적인 이용사례가 발견되지 않아 별로 실효를 거두지 못하는 것으로 보인다.

남미지역에 이어 유럽지역국가를 대상으로 1961년 구주협약이 결성되었고, 아시아와 아프리카 지역국가를 대상으로 1978년 아시아·아프리카지역 상사중재센타가 쿠아라룸프르와 카이로에 각각 설치되었으나 관심을 끌지 못하고 있는 실정이다.

이러한 지역중심의 중재법규의 통일결과에도 불구하고 국제중재계약의 효력과 국제중재판정의 승인 및 집행은 뉴욕협약에 의하여 실질적으로 보장 또는 이행되고 있기 때문에 지역중심의 중재협약은 지역국가들의 중재절차의 세부적인 내용의 통일에 힘써야 할 것이다.

이념을 중심으로 중재법규의 통일화는 유일하게 모스크바 협약[2]을 들 수 있다.

CMEA협약 회원국이 모두 공산사회주의 국가들이고, 상사분쟁을 강제중재로 해결하기 때문에 자본주의사회에서 이용되고 있는 중재와는 의미상 차이가 있었으나 모스크바협약 회원국 대부분이 뉴욕협약에 가입하였고[3] ICC 부설 중재원과 공동중재규칙을 제정함으로써 중재제도 발전에 크게 기여하였다고 할 수 있다.

범세계적인 중재법규의 통일운동은 국제연맹의 지원을 받아 결성된 1923년의 제네바의정서와 1927년의 제네바협약이라 할 수 있는데, 본 협약의 사무를 관장했던 국제연맹이 제2차 대전으로 해체된 후 1958년 국제연합에 의해 유엔협약이 체결됨으로 오늘날 중재제도는 국제연합을 중심으로 발전하고 있다.

UN의 경제사회이사회(The United Nations Economic and Social Council)는 1954년 제 17차 유엔총회 때 ICC가 작성·제출했던 오늘의 유엔협약 초안(ICC Brochure

---

2) 1949년 1월 정치·군사적 결속을 위해 바르샤바를 창설한 공산사회주의국가들은 그들의 경제적 결속을 위해 COMECON(Council for Mutual Economic Assistance:CMEA)을 설치한 후 CMEA회원국 사이에 발생하는 상사분쟁은 중재로 해결한다는 모스크바협약을 197년 5월 26일 채결하였다. Werner Melis, Heinz Strohbach, "East-West Arbitration", *Yearbook Commercial Arbitration Vol.VII*, 1982, ICCA, p. 396.

3) Heins Strohbach, "East-West Arbitration", ICCA Yearbook Vol.Ⅶ, 1982, pp. 405-406.

no.174)을 여러 차례 검토 끝에 1958년 6월 10일 범세계적으로 이용할 수 있는 유엔협약을 발효시켰다.

그 후에도 1966년 UN 총회의 결의로 설립된 국제상거래법위원회(United Nations Commission on International Trade Law ; UNCITRAL로 약칭함)는 국제무역법의 점진적 조화와 통일의 추진을 위한 입법작업의 일환으로 1976년 4월 28일 전문 41개조의 UNCITRAL 중재규칙을 제정하였고, 1981년에는 국제상사중재에 관한 표준법 초안을 작성하여 오랜 검토 끝에 1985년 6월 21일 "UNCITRAL 표준중재법(모델법이라고도 함)"을 제정 · 채택함과 동시에 같은 해 12월 유엔총회의 결의로써 동 표준법을 각국이 이용하도록 권장하고 있다.

UNCITRAL 표준중재법"이 제정되자 캐나다는 유엔협약에 가입하고 1986년 최초로 UNCITRAL 표준중재법을 수정 없이 캐나다중재법에 수용함으로써 지구촌에서 가장 먼저 중재법의 세계 통일화에 앞장서고 있다.

UNCITRAL 표준중재법이 제정 · 채택되었던 1985년에 소련이 개혁정치를 추진하였고, 1988년 서울 올림픽을 계기로 소련이 붕괴하고 독일이 통일되면서 동서 이념대립의 시대가 끝나고 지구촌에 평화적인 분위기가 조성되었다고 할 수 있다.

따라서 UN이 지역과 및 이념을 탈피하여 마련한 표준중재법과 규칙은 지구촌의 실정법으로서 국제경제교류 증진과 국제상거래 질서확립에 크게 기여할 것으로 기대되며, 사법통일을 위한 국제연구소 규정 제6조 제1항 개정[4](Amendment to Article 6(1) of the Statute of the International Institute for the Unification of Private Law)과 함께 통일된 규정으로 상사분쟁해결에 크게 도움이 될 것으로 보인다.

4) 본 규정은 1989년 12월 12일 제42차 총회에서 채택되어 1993년 03월 26일 발효되었으며, 우리 나라는 1990년 1월 24일 승인서를 기탁하고 외무부고시 제225호로 발효(1993년 3월 26일)되었음을 1993년 7월 27일 관보에 게시되었다.

제 2 절 지역중심의 통일화 운동

1. 중남미 지역의 통일화 운동

중남미지역은 세계 어느 지역보다 먼저 상사중재제도에 대한 통일화 운동을 시도하였던 지역이다.

안데스산맥을 중심으로 하는 주변국가들은 풍부한 자원을 가지고 있었으며, 바다로 인해 세계와 격리된 자연적 입지조건 때문에 역내교류와 협력이 현실적으로 필요하였고, 같은 스페인어를 사용함으로써 국가 상호간의 실리적인 이해와 결속이 필요했기 때문이다.

따라서 중남미 지역국가들은 일찍부터 지역통합을 추진하여 이미 1889년 1월 11일 다자조약인 「절차법에 관한 남아메리카 국가 연합조약(Treaty Concerning the Union of South American States in Respect of Procedural Law);몬테비데오 조약이 본 연합조약의 목적은 역내 절차법의 문제해결을 통해 공정증서의 합법성과 이에 관한 사법적 분쟁에 대한 중재판정을 상호 인정하려는 데 있었다.

그리고, 「재판이나 중재의 준거법은 행위지법에 따르며(제 1조), 그 판결이나 판정이 적법하게 되는 한 다른 협약국에서도 유효하되(제 3조와 제 5조), 그 집행방법과 절차는 집행지법에 의한다(제 7조)」는 내용으로 되어 있다.

동 조약에 대한 후속조치로 1911년 7월 18일 카라카스에서 「외국중재판정의 집행에 관한 볼리비아 협약(Volivian Convention)」이 있었고, 1928년 2월 20일 쿠바 수도인 하바나에서는 소위 부스타만테법이라 부르는 「국제사법에 관한 협약(convention on Private International Law)」이 결성되었다.

특히 부스타만테 법은 회원국간의 상사분쟁에 관한 외국중재판정의 상호집행을 규정하고 있었다.

그 후 1933년 12월 몬테비디오 회의에서 미국중재협회가 참여한 가운데 미주상사중재위원회(The Inter-American Commercial Arbitration Commission; IACAC라 칭

함)가 설립되어 새로운 차원에서 중재법규의 통일화를 시도하였다.

1940년 3월 19일 아르헨티나, 파라과이 및 우루과이가 몬테비디오에서 다시 모여 1889년의 몬테비디오 조약을 개선하기로 추가확인 하려 했었지만 1차 때 서명했던 볼리비아, 콜롬비아 및 페루가 빠짐으로써 원래의 취지가 오히려 후퇴하는 결과를 초래하고 말았다.

이렇게 중남미 지역에서 사법에 관한 국제적 통일 노력이 다른 지역에서보다 일찍 시작되었음에도 불구하고 그 성과는 극히 미미하며, 아직까지 뚜렷한 통일성도 갖추지 못하고 있는 실정이다.5)

그동안 중남미지역에서 있었던 각종협약이나 법전의 주요내용과 현재의 실태를 검토하면 다음과 같다.

① Montevideo(1889) 협약

조약체결국 사이에 민사 및 상사에 대한 외국 중재판정의 집행조건을 규정하고 있으며, Argentina, Bolivia, Colombia, Paraguay, Peru 및 Uruguay가 서명하였다.

중재지의 법을 준거법으로 적용하여야 하고, 적법하게 판정된 내용은 협약국내에서는 유효하게 집행되어야 하나(제 3조) 판결이나 중재판정의 집행 절차는 집행국가의 절차법에 따르도록(제 7조) 하고 있다.

1911년에는 본 협약의 내용에 근거를 두고 이를 재확인 강조하는 Bolivian 협약(일명 카라카스 협약이라 함)을 결성시키고, Bolivia, Colombia, Ecuador, Peru 및 Venezuela가 서명한 바 있다.

1939년 7월 18일에서 8월 4일까지와 1940년 3월 6일에서 19일까지 몬테비디오에서 장기간의 토의 끝에 제 2의 Montevideo 협약(1940)(국제사법에 관한 조약)을 성립시켰다.

동 협약은 종전의 Montevideo 협약 내용 중 중재판정의 집행을 위한 4가지 조건을 수정한 것으로 Argentina, Paraguay 및 Uruguay가 비준했을 뿐이다.

그 후 1956년 멕시코에서 개최된 미주국가 법학자회의(the inter-American Council of Jurists)는 "Draft inter-American Law on International

5) Alejandro M.Garro, 「Enforcement of Arbitration Agreements and Jurisdiction of Arbitral Tribunals in Latin America」, *Journal of International Arbitration(Swiss)*, Vol. ????? No.4, pp.293-295.

Commercial Arbitration"을 채택했으나 어느 국가도 비준하지 않았다.

1967년 "Inter-American Juridical Committee"는 강제중재를 인정하는 협약국가 내에서 중재판정이 무효로 되었거나, 분쟁을 진실에 입각하여 판정하지 못했다는 사실을 당사자가 입증하지 않고서는 외국중재판정이 협약국가 내에서 집행하도록 하자는 법안을 제시하였으나 역시 어느 국가도 지지하지 않았다.[6)]

② Bustamante 법전(1928)

Bolivia, Brazil, Chile, Costarica, Cuba, the Dominican Republic, El Salvador, Ecuador, Guatemala, Haiti, Honduras, Nicaragua, Panama, Peru 및 Venezuela 등 15개국이 참가한 가운데 개최된 1928년 2월 20일 쿠바 수도 하바나 회의에서 채택된 총 437조의 법전이다.

본 법전을 채택한 회원국가내에서 내린 중재판정은 그 집행을 상호 보장하고 그 집행요건으로서 다음과 같이 규정하고 있다.

i) 중재판정을 내린 중재기관이나 법원은 본 법전에 따라 관할권이 있을 것
ii) 당사자는 개별적으로나 법정대리인을 통해서 법정출두 요구서를 반드시 받았을 것
iii) 판정내용은 집행국가의 공공정책이나 공법에 반하지 말 것(법전 432조)

③ 파나마 협약(1975)

미주기구(Organization of American States : OAS로 칭함) 회원을 주축으로 하는 Brazil, Chile, Colombia, Costa Rica, Ecuador, El Salvador, Guatemala, Honduras, Nicaragua, Panama, Uruguay 및 Venezuela 및 OECD국가와 기타 일부 경제단체 대표들이 참가한 가운데, 1975년 1월 6일부터 30일까지 파나마에서 개최되어 「국제상사중재에 관한 미주국가의 신협약(A new Inter-American Convention on International Commercial Arbitration)」[7)]을 채택한 회의이다.

본 협약에 비준한 국가는 1983년 6월까지 Mexico, El Salvador, Honduras, Costa Rica, Panama, Chile, Paraguay 및 Uruguay 등 8개 국가에 불과했으나, 1990년 9월

6) Charles Robert Norberg, 「General Introduction to Inter-American commercial Arbitration」, ICCA *Yearbook Vol. III*, 1978, pp. 2-5.

7) OAS/ser A/20 (SEPF) ; 14 International legal Materials 336(1975), ICCA Yearbook Vol. Ⅲ, 1978, pp. 15-16.

27일 미국이 본 협약의 사무국인 미주기구(Organization of American States; OAS)에 비준서를 기탁함[8]으로써 장차 중남미지역을 중심으로 하는 또 하나의 국제협약으로 발전되고 있다.

1991년 현재 Guatemala, Colombia, Peru 및 Venezuela가 본 협약에 추가로 가입하여 파나마협약 가입국가는 13개 국가이다.

본 협약은 그때까지의 각종협약의 장점을 반영한 것 외에도 외국인도 중재인될 수 있고, 당사자간의 임시중재를 인정하였다.

그리고, 협약국가에 소속된 당사자가 분쟁해결 방법에 관한 분명한 합의가 없으면 IACAC 절차규칙에 따라 중재가 행해지도록 규정하고 있다.[9]

특히 파나마협약은 1967년의 협약초안과 뉴욕협약의 혼합적 산물로서 1978년 1월 1일부터는 본 협약의 규칙을 변경하여 UNCITRAL 중재규칙으로도 중재가 가능하도록 하고 있다.

본 협약은 미주국가 뿐만 아니라 세계 모든 국가에게 개방되어 있고, 협약국가 내에서 중재판정된 내용은 협약국내에서 법원의 최종판결과 같은 효력으로 그 집행이 가능하다. 다만 별도조약이 있으면 조약이 우선적으로 적용된다. 한편 Brazil은 유일하게 Geneva 의정서(1923)만 비준한 상태이고, Geneva 협약(1927)이나 워싱턴협약(1965)에 가입한 국가는 하나도 없다.

OAS회원국가중 Chile, Colombia, Costa Rica, Guatemala, Mexico, Panama, Peru, USA 및 Uruguay가 뉴욕협약과 파나마협약에 가입하고 있고, Antigua & Baruda, Cuba, Ecudor, Haiti,Argentina,Canada,Dominica 및 Trinidad & Tabogo는 뉴욕협약에만 가입하고 있다.[10]

따라서, 남미국가들은 세계 어느 지역보다도 먼저 국제사법에 관한 통일을 시도해 왔지만, 다른 나라에 대하여 매우 폐쇄적이라 할 수 있다.

---

8) Chapter 3 of the Federal Arbitration Act, 9 U.S.C., Sects. 301-307.

9) "The Arbitration shall be conducted in accordance with the Rules of Procedure of the Inter-American Commercial Arbitration Commission"

10) OAS회원국중 Bahamas, Barbados, Bolivia, Brazil, Dominican Republic, Grenada, Jamaica, Nicaragua, St. Christopher & Nevis, St. Lucia, St. Vincent & The Grenadines 및 Surinam은 뉴욕협약과 파나마협약 모두 가입하지 않고 있다.

2. 유럽지역의 통일화 운동

유럽지역에는 국제상사중재와 중재법통일화를 목적으로 통일운동이 전개되었다.

국제상사중재에 관한 유럽협약(The European Convention on International Commercial Arbitration)과 중재법 통일을 위한 유럽협약(The European Convention Providing a Uniform Law on Arbitration)은 유엔 구주경제위원회 제 7차 결의(1960년 5월 5일)에 따라 1961년 4월 10일부터 21일 사이에 개최된 제네바회의에서 17개국의 서명으로 채택되었으며, 유엔협약을 보완하는 내용[11]으로 초안되었다가 1962년 12월 17일 파리회의에서 일부 수정되었다.

동 협약의 가입대상을 유럽국가로 제한하지 않아 1961년 4월 21일 당시 가입서명국 16국가 중 8개 국가가 공산사회주의 국가로 공산사회주의 국가가 많았으며 현재까지 비준을 마친 국가는 19개 국가[12]로 알려지고 있다.[13]

3. 아시아 아프리카 지역의 통일화 운동

아시아지역에서 중재법규의 통일을 시도한 것은 유엔의 아시아・극동경제위원회(Economic Commission for Asia and Far-East; ECAFE)가 아시아지역내 교역을 위하여 1966년 ECAFE중재규칙을 제정함으로써 시작되었다고 할 수 있다.

그러나, ECAFE 가 나중에 「아시아・태평양 경제사회위원회(Economic and Social Committee for Asia and Pacific; ESCAP)」로 통합되면서 중재규칙도 개칭되었으며, 동 규칙의 특징은 중재지에 대한 합의가 어려울 때에는 ESCAP 특별위원회에 의해

---

11) ICCA Yearbook-XIII(1988), p. 619.

12) 불가리아(1964,5,13), 백일러시아(1963,10,14), 소비에트사회주의 연방공화국(62,6,27), 체코슬로바키아(1963,11,13), 불가가리(1963,10,9), 폴란드(1964,9,15), 루마니아(1963,8,16), 유고슬로비아(1963,9,25), 우크라이나 공화국(1963,3,18), 오스트리아(1964,3,6), 벨기에(1975,10,5), 서독(1967,10,27), 프랑스(1966,12,16), Burkna Faso(1965,1,26), 덴마크(1972,12,22, 동독(1975,2,20), 이태리(1970,8,3), 룩셈브르그(1982,3,26), 스페인(1975,5,12)

13) 터키와 쿠바(1965년 9월 1일 가입서명)는 가입서명만 하고 현재까지 비준절차를 하지 않고 있다.

결정되도록 되어 있었다.

이와는 별도로 1956년 11월 16일 발족되었던 아시아·아프리카 법률자문위원회(Asia-African Legal Consultative Committee : AALCC)가 1976년 국제무역법 소위원회를 통하여 중재에 관하여 다음 사항을 결의하였다.

① 아시아·아프리카 지역내의 국제상사중재를 장려한다.

② 임시중재(ad hoc arbitration)와 UNCITRAL중재규칙의 활용을 권장한다.

③ 카이로, 쿠알라룸푸르, 아프리카 등에 지역중재센터를 설치한다.

위 내용에 따라 아시아 지역중재센터는 말레이시아의 정부지원아래 1978년 4월 1일 쿠알라룸푸르에 설치14)되어 운영되고 있고, 카이로 지역중재센터는 1979년 1월 28일 개원하였으나 그 활동은 매우 소극적이다.

제 3 절 범세계적 통일화 운동

당사자의 자치를 원칙으로 하는 국제상사중재의 범세계적 통일은 순수 민간기구에 의해서 추진되었던 내용과 정부를 대표하는 주권국가의 기구에 의해서 추진되었던 내용으로 구분할 수 있다. 전자의 경우 1873년에 설립된 국제법협회(the International Law Association)와 1928년에 설립된 로마국제사법통일협회(the Rome International Institute for the Unification of Private Law)가 있다. 국제법협회는 1938년 암스테르담 중재규칙(Amsterdam Arbitral Rules)의 초안을 작성한 바 있다. 동 규칙은 중재판정부 구성에 관한 국제적통일을 시도하였던 것이었고, 로마 국제사법통일협회는 1938년 중재에 관한 통일법안(the Draft Uniform Law on Arbitration)을 작성한 바 있었다.

그러나, 이러한 국제통일중재법 초안은 각국 정부가 자국의 국내법으로 수용하기를 기피함으로써 그 목적을 실현하지 못하였다. 후자의 경우는 국제연맹과 국제연합에 의해서 주도되었던 것으로 오늘날 지구촌에서 중재제도의 통일화를 실질적으로

14) 쿠알라룸푸르 중재센터는 UNCITRAL중재규칙에 따라 중재를 진행하는 것을 원칙으로 하고 UNCITRAL 표준중재조항을 중재계약으로 이용하도록 권유하고 있다.

실효성 있게 실천해 가고 있다.

1. 제네바 의정서(Geneva Protocol on Arbitration Clause)

지구촌에서 처음으로 세계대전을 겪은 세계각국은 지구촌의 평화유지를 위해 1920년 1월 10일 국제연맹을 발족시켰다. 국제연맹은 국제상사분쟁의 원만한 처리 없이는 상거래를 활성화시킬 수 없다고 보고 국제 상사중재 제도의 국제적 통일을 모색하였다.

그 당시까지만 하여도 중재제도에 대한 국가마다 인식을 하지 못하고 있거나 또는 달리 하고 있어서, 중재합의계약(Arbitration Agreement)의 효력이 법원으로부터 보장되지 못하고 있는 실정이었다. 국제거래에서 발생하는 분쟁을 구속력 있게 해결할 수 있는 방법은 소송밖에 없었고, 소송에 적용되는 실체법의 내용 역시 나라마다 크게 차이를 보임으로써 국제상거래는 불안한 가운데 지속될 수밖에 없었다.

따라서, 주요 무역국가들은 국제상거래를 활성화시키는데 큰 장애요인으로 공동인식하고, 이러한 문제를 해결하기 위하여 국제상사중재에 대한 지구촌의 실정법을 제정하고자 하였다. 그 노력의 결과 국제연맹이 주축이 되어 1923년 9월 24일 제네바에서 중재합의 계약의 효력을 인정하는 결의안을 채택하고, 각국은 자국의 실정법에 이를 수용하도록 한 것이 제네바의정서이다.

본 의정서는 전문 8개조로 구성되었으며 그 주요내용을 보면 다음과 같다.

① 본 의정서를 비준한 국가는 비준국가에 소속된 당사자간에 현재 또는 장차 발생할 상사분쟁의 전부 또는 일부를 중재에 회부할 것을 약정하고 있는 중재합의는 중재가 진행될 수 있도록 그 효력을 승인한다(제 1조).

② 비준국의 재판소는 중재합의조항이 들어 있는 계약에 관련된 사항을 제소받았을 때에 당사자 중 일방의 신청이 있는 경우에도 이를 중재에 맡겨야 한다. 다만 중재합의 이행이 불가능하거나 무효가 된 경우에 한해서는 그러하지 아니하다(제 4조).

③ 중재절차는 당사자의 의사와 중재지법에 따라 진행되어야 하며(---shall be governed by the will of the parties and the law of the country in whose territory the arbitration takes place), 비준국가는 중재절차가 자국의 법령에 따라 원만히 진행되도록 한다(제 2조).

④ 각 비준국가는 자국의 영토 내에서 중재판정된 내용을 자국의 관할기관(authorities)이나 또는 그 국가의 법령(the provisions of its national laws)의 규정에 따라서 집행하도록 책임을 진다(--undertakes to ensure the execution of arbitral awards made in its own territory ;제 3조).

그러나, 각 비준국은 자국의 영토내에서 행하여진 중재판정만이 집행될 수 있도록 규정하고 있을 뿐, 외국에서 내려진 중재판정의 집행에 관한 규정이 없었다. 그리고, 중재에 적용할 준거법도 당사자 합의에 의해 중재지 법만 인정될 뿐이고, 설사 당사자의 합의가 있을지라도 중재지법이외의 법은 적용될 수 없었다.

따라서, 중재의 대상이 되는 분쟁이 국제성을 지니고 있더라도 준거법은 중재지법만 적용되고, 중재지에서 내린 중재판정만이 중재지 소속국가에서 집행되도록 보장하는 결과가 되었다. 사실상 국내중재판정만 그 집행을 보장한 결과가 되어 비준회원국가에서 내린 중재판정(외국중재판정)일지라도 그 집행할 수 없는 문제가 있었다.

2. 제네바 협약

제네바 의정서의 내용으로는 중재합의계약의 효력만 인정될 뿐 외국중재판정의 승인 또는 집행은 보장될 수 없다는 문제점을 인식한 회원국들은 이러한 결점을 보완할 수 있는 새로운 결의안을 준비한 결과 1927년 9월 26일 제네바에서 결성된 「외국중재판정의 집행에 관한 제네바 협약(Geneva Convention on the Execution of Foreign Arbitral Awards) 이하 제네바 협약이라 부른다」을 발족시켰다.

제네바 협약은 제네바 의정서에서 미흡하게 규정되었던 외국중재판정의 승인 및 집행에 대하여 총 11개 조문으로 구성하였는데 그 중요내용을 요약하면 다음과 같다.

① 본 협약의 내용은 1923년의 제네바 의정서에 규정된 국제상사중재계약의 효력 승인을 전제로 하고, 유효하게 승인된 중재합의계약에 따라 중재판정된 내용은 본 협약 비준국내에서는 관할법원에 의해서 승인되어야 한다.

② 중재판정의 승인 및 집행요건을 다음 5가지로 규정하고 있다.

i) 중재판정은 준거법에 의하여 유효한 중재신청으로 행하여졌을 것

ii) 중재판정의 대상은 중재판정이 원용되는 국가의 법령에 의하여 중재로써 해결 가능할 것

iii) 중재판정은 중재계약에 정하여진 방법과 그 준거법에 따라 구성된 중재판정부에 의하여 내려진 것일 것

iv) 중재판정은 중재지에서 확정된 것일 것

v) 중재판정의 승인 및 집행은 중재판정을 원용하는 국가의 공공질서 또는 법의 원칙에 반하지 아니할 것

③ 중재판정의 승인 및 집행의 거부요건을 다음과 같이 규정하고 있다.

i) 중재판정이 중재지의 법령에 의해서 무효로 되었을 때

ii) 당사자가 자신의 주장을 할 수 있도록 중재절차 진행통지를 받지 못 하였거나 또는 무능력자로서 정당하게 대리되지 못하였을 경우

iii) 중재판정의 내용이 중재합의 내용의 범위를 벗어날 경우

④ 본 협약은 제네바 의정서의 효력이 발생한 다음에 중재판정된 내용에 대해서만 적용된다.

⑤ 본 협약에 비준할 수 있는 자격은 국제연맹회원국이던 비회원국이던 제네바 의정서를 비준한 국가만이 될 수 있다.

그러나 제네바 의정서와 제네바협약을 비준·가입하지 않은 나라에서는 중재계약의 효력을 인정받거나 중재판정을 집행받을 수 없어 다음과 같은 문제가 있었다.15)

① 본 협약 비준국가에서 중재판정을 집행 받기 위해서는 제네바 의정서에 근거되어야 하므로 당사자가 소속된 국가는 2가지 모두에 각각 비준·가입하고 있어야 한다.

② 중재지 선택·중재절차·중재판정부 구성 등에 적용될 준거법은 중재지법이 적용되므로 당사자 자율의 원칙이 무시되고 있어서 중재지 법정중재의 성격을 지니고 있다.16)

③ 본 협약의 비준, 폐기 또는 변경에 관한 서류관리 및 통지 등에 관한 제반사무

15) 森井 清, 『國際商事仲裁』, 東京 : 東洋經濟社, 1970, p.70.

16) 홍정식, 「외국중재판정의 승인과 집행에 관한 국제연합 협약 해설」, 상사중재연구 총서 Ⅳ, 대한상사중재협회, 1972, pp. 4-6.

관장을 국제연맹 사무총장이 하도록 되어 있었으나 1946년 국제연맹이 해체됨으로써 본 협약의 중심체가 없는 실정이다

3. 뉴욕 협약

국제연맹의 가입을 거부하던 미국이 제2차 세계대전을 승리로 이끌고 지구촌의 새로운 질서를 위해 국제연합을 창설하면서 국제연합의 본부는 뉴욕으로 유치하고, 자유무역을 위한 GATT체제확립, IMF와 세계은행설치 등 국제업무를 주도하게 되었다.

제네바의정서와 제네바협약 가입을 거부하던 미국 역시 1946년 국제연맹이 해체되고 제네바 의정서와 협약이 유명무실하게 되자 국제연합이 주도하는 중재협정이 필요했다.

1920년 창설되어 각종 무역관습의 통일을 위해 국제무역법규를 제정하던 국제상업회의소[17](ICC) 역시 기존의 제네바 의정서와 제네바협약의 문제점을 수정할 필요가 있다고 보고 1953년 5월 「국제중재판정에 관한 협약초안」을 작성하여 유엔의 경제사회이사회에 제출하였다. UN 경제사회이사회는 특별위원회를 구성[18]하여 여러 차례 회의를 거듭하면서 ICC의 초안을 검토한 끝에 전문 15조로 구성된 「외국중재판정의 승인 및 집행에 관한 협약안」을 1955년 3월에 마련하였다.

유엔경제사회 이사회는 본 초안에 대한 각국으로부터 의견내용[19]을 취합하여 1958.5.20-6.10. 사이 New York에서 개최된 유엔총회에서 48개국 대표자와 15개 국제단체 대표[20]가 참가한 가운데 오늘의 「외국중재판정의 승인 및 집행에 관한 협약

17) ICC는 1933년에 「상업화환신용장에 관한 통일규칙(Uniform Customs and Practice for Commercial Documentary Credits)」을, 1936년에 「무역용어에 관한 국제규칙(International Rules for the Interpretation of Trade Terms)」을 제정하여 오늘날 국제무역을 활성화시키는데 중요한 역할을 하고 있다.

18) 1954년 4월에 개최된 제17차 유엔총회에서 ICC가 제출한 협약 초안을 검토하도록 영국, 벨기에 스웨덴, 소련, 오스트리아, 에콰도르 이집트, 인도대표에게 의뢰하였다.

19) 독일, 일본, 한국, 인도, 필리핀, 소련, 멕시코, 레바논, 오스트리아, 벨기에, 스위스, 브라질, 자유중국, 덴마크, 프랑스 등 15개국의 정부로부터 의견서를 제출받았다.

20) International Chamber of Commerce, Hague Conference on Private International Law, Rome International Institute for Unification of Private Law, International Law Association 등의 대표자

(Convention on the Recognition and Enforcement of Foreign Arbitral Awards)」을 탄생[21] 시켰다.

본 협약은 당시의 시대적 요청을 충분히 만족시키는 완전한 것이라고는 할 수 없겠으나, 제네바 의정서 및 협약에서 지적된 문제점을 보완하는 데는 성공적이라 평가되고 있으며 오늘날 국제상거래에서 발생하는 각종 분쟁을 해결하는 방법으로 널리 이용되고 있다.

본 협약의 중요 내용을 요약하면 다음과 같다.

① 협약의 적용대상을 외국중재판정으로 하고 그 의의를 확실히 규정하고 있다. 즉, 중재판정의 승인 및 집행의 요구를 받은 국가 이외의 영토에서 내린 중재판정과 집행지의 국법에 의하여 국내중재판정으로 인정할 수 없는 중재판정을 모두 외국중재판정이라 정의하고 있다. 이는 「제네바의정서」 및 「제네바조약」에 비하여 그 범위가 대폭 확대되었다.

그러나, 본 협약에 가입시 가입회원국은 그 적용을 협약회원국에 한정하는 상호주의(reciprocity)와 상사사건(commercial reservation)에 한해서 적용할 수 있도록 조건부 비준을 허용함으로써 국가별로 그 적용범위는 다소 축소될 수도 있다(가입국 현황표 참조).

② 국가 또는 공법인(legal body of public law)이 사법관계에 관하여 중재계약을 체결하였을 때 본 협약이 적용되며, Common law 국가에서 흔히 이용되는 임시중재(ad hoc arbitration)에 의해서 판정된 내용이나 성문법국가에서 흔히 이용되는 기관중재(institutional arbitration)로 판정된 내용이던 차별 없이 본 협약이 적용된다.

③ 본 협약 가입국의 법원은 중재합의 계약의 효력 승인뿐만 아니라 중재판정의 승인 및 집행도 규정하고 있다.

중재대상이 계약적 성질이거나 아니거나를 불문하고(without contractual or not) 중재에 의하여 해결이 가능한 법률관계에 관련하여 당사자간에 발생하였거나, 또는 발생할 수 있는 분쟁의 일부 또는 전부를 "서면으로"(in writing) 중재 합의되었을 경우 본 협약 비준국의 법원에 의해서 승인·집행된다.

중재합의의 효력문제와 중재판정의 승인 및 집행문제를 각각 분리하여 규정하고

21) 본 협약이 뉴욕에서 채택되었다고 하여 이것을 New York협약이라고도 한다.

있던 「제네바 의정서」와 「제네바 협약」의 내용을 통합함으로써 본 협약에 가입과 동시에 그 효력은 중복되는 부분에 한하여 종료된다.

④ 중재판정의 승인 또는 집행의 청구자는 중재합의서의 원본 또는 그 사본과 중재판정의 판정문 원본 또는 그 사본을 집행국 해당 법원에 제출함으로써 집행청구자측의 입증책임은 완료되며(제 4조), 그 순간부터 그 청구를 거부할 수 있는 제규정에 관한 거증책임(burden of proof)은 피청구인측에 있다.

또한 그 집행청구를 할 수 있는 조건을 보다 제한 내지 명백히 하고 있으며, 피청구인측이 불합리하게 집행을 지연시키려는 의지를 봉쇄하고 있다.

⑤ 중재판정 집행청구의 거부조건중 성문법국가에서 규정하고 있는 중재판정에 대한 이유(reason)의 기재요건을 명시하지 않고 있다.

⑥ 중재절차 또는 중재판정부 구성에 관한 준거법이나 그 방법의 선정에 있어서는 당사자 자치의 원칙을 우선하였으며, 그러한 당사자간의 준거법 선정에 관한 합의가 없을 경우에는 중재지국의 법률을 적용하게 된다.

⑦ 중재합의의 유효성 내지 중재판정의 적법성에 관한 요식적 심사권만을 집행지국 법원에 부여함으로써 집행청구절차의 신속화에 치중하고 있다.

중재판정이 당사자에게 확정판정에 이르지 못하여 최종 구속력이 없거나(not binding), 중재판정을 내렸던 국가의 법원에 의해 취소(set aside) 또는 효력정지(suspend)가 되어 있거나, 취소 또는 효력정지의 소송이 진행 중임이 입증되는 경우에 한하여 문제의 중재판정에 대한 집행판결이 선고되지 아니하도록 규정되어 있다(제 5조 제 1항).

우리 나라는 1973년 2월 8일 본 협약에 상호주의 원칙과 상사분쟁에 한해 적용하기로 가입 서명하여 같은 해 5월 9일부터 그 효력이 발효(조약 제471호)되고 있다.[22)]

우리 나라 대법원은 영국에서 중재판정된 내용을 집행한 바 있고,[23)] 미국 뉴욕지방법원에서 판결되어 확정된 외국판결을 사법공조 또는 우리 나라와 상호보증이 있

22) 중재판정이 뉴욕협약 가입국가의 영토에서 내려지고 그 성질상 상사분쟁에 한하여 뉴욕협약에 따라 승인·집행되며, 비가입국에서 내린 중재판정은 본 협약이 적용되지 않고 민소법 제 203조에 의해 외국판결에 준하여 적용받게 된다.

23) 대법원 1990.4.10 선고,89다카 20252 제2부 판결.

음을 인정하고 그 집행을 승인한 바[24] 있다.

참고로 2004년 7월 1일 현재 본 뉴욕협약가입국 134개 국가(최종가입국은 Nicaragua이며 2003.9.24.가입하고 12.23자로 효력 발생)이다.

〈표 8-1〉 뉴욕협약 가입국가 현황[25](2004년 7월 1일 현재 134개 국가임)

Albania	Algeria	Antigua and Barbuda	Argentina
Armenia	Australia	Austria	Azerbaijan
Bahrain	Bangladesh	Barbados	Belarus
Belgium	Benin	Bolivia	Bosnia-Herzegovina
Botswana	Brazil	Brunei Darussalam	Bulgaria
Burkina Faso	Cambodia	Cameroon	Canada
Central African Rep.	Chile	China, PR	Colombia
Costa Rica	Cote d'Ivoire	Croatia	Cuba
Cyprus	Czech Rep.	Denmark	Djibouti
Dominica	Dominican Republic	Ecuador	Egypt
El Salvador	Estonia	Finland	France
Georgia	Germany	Ghana	Greece
Guatemala	Guinea	Haiti	Holy See
Honduras	Hungary	Iceland	India
Indonesia	Iran(Islamic Rep. of)	Ireland	Israel
Italy	Jamaica	Japan	Jordan
Kazakhstan	Kenya	KOREA (Rep.)	Kuwait
Kyrgyzstan	Lao People's Democratic Rep.	Latvia	Lebanon
Lesotho	Lithuania	Luxembourg	Madagascar
Malaysia	Mali	Malta	Mauritania
Mauritius	Mexico	Moldova	Monaco
Mongolia	Morocco	Mozambique	Nepal
Netherlands	New Zealand	Nicaragua	Niger
Nigeria	Norway	Oman	Panama

24) 대법원 1989.3.14 선고88므184 및 88므191 판결(공1989.607)

25) 가입국가의 확대적용지역은 *Australia : Australian Antarctic Territory, Christmas Island, Cocos(Keeling) Islands, Norfolk Island, Guam. *Denmark : Foroe Islands, Greenland. Faeroe Islands, *France : Comoro Islands, French Polynesia, New Caledonia, St. Pierreet Miquelon, Wallis and Futuna Islands. *Netherlands : Netherlands Antilles, Surinam. *United Kingdom : Bermuda, Gibraltar, Guernsey, Isle of Man) ; yayman Islands and Belize. *U.S.A. : American Samoa, Canton Island, Guam, Puerto Rico, Virgin Islands, Wake Islands.이며, 상호주의(reciprocity reservation) 또는 상사(commercial reservation) 등 유보조건으로 가입여부나 기타 자세한 내용은 외교통상부 조약과에 문의 바람.

Paraguay	Peru	Philippines	Poland
Portugal	Qatar	Romania	Russian Federation
Saint Vincent and the Grenadines		San Marino	Saudi Arabia
Senegal	Serbia and Montenegro	Singapore	Slovakia
Slovenia	South Africa	Spain	Sri Lanka
Sweden	Switzerland	Syrian Arab Rep.	Thailand
The former Yugoslav Rep. of Macedonia			Trinidad and Tobago
Tunisia	Turkey	Uganda	Ukraine
United Kingdom of Great Britain and Northern Ireland.			United Republic of Tanzania
U. S. A.	Uruguay	Uzbekistan	Venezuela
Viet Nam	Zambia	Zimbabwe	

4. 워싱턴 협약

오늘날 국제거래는 유형의 상품뿐만 아니라 무형의 기술, 용역, 정보, 경영, 천연자원의 이용, 공장건설 등의 무형의 투자거래로 공업선진국에서 후진국으로 다양하게 이루어지고 있으며, 그 거래규모도 대형화 추세에 있다.

따라서, 유형 또는 무형의 형태로 외국에 기술이나 자본을 투자하는 입장에서는 자신의 투자자산을 어떻게 보호하느냐가 매우 중요한 문제이다.

효율적인 투자분쟁 해결제도의 마련은 국제간의 자본 또는 기술 투자거래를 촉진시키는데 큰 역할을 할 것이라는 기대로 국가마다 개별적으로 상호투자보호협정을 맺어 투자에 관련된 분쟁을 사전에 막거나 해결하려 하지만 그것은 소망에 불과했고, 복잡·다기하게 정치적 문제와 함께 복합적으로 발생하는 분쟁을 피하거나 해결할 수는 없었다.26)

원래 중재당사자는 사인을 원칙으로 하고 국가가 상거래의 계약당사자로서 상행위의 주체가 되었을 경우에 한하여 국가를 중재당사자로 인정(주권면제 이론)하였다. 그러나 투자, 기술이전 및 그 외의 유사한 국제거래가 법원의 편협한 견해로 「상업적 행위」에서 제외하고 정치적 문제로 인식함으로써 사인의 대 외국투자는 위축될 수밖에 없었다.

아메리카 국제법학회(American Society of International Law)는 1961년 연차총회

26) 두 국가간의 상호투자보호협정은 두 국가간의 문제이므로 다수국이 참여하여 채결된 국제협정보다는 그 집행상의 효율성이 떨어진다. 이를테면 카다피의 혁명전 리비아와 개별적으로 채결했던 투자협정은 그리 효과를 보지 못했다.

에서 국가와 외국 사기업간의 중재에 관한 국제적 협정채결의 필요성을 토의하였다. 외국민간투자의 촉진을 위한 안정책으로 투자분쟁은 중재로 해결하는 것이 바람직하며, 관련 중재절차업무를 담당할 기관은 세계은행으로 하자는 데 의견의 일치를 보고 세계은행 이사회는 1963년 10월에 워싱턴협약의 초안을 작성하였다.27) 본 초안은 국제상업회의소와 기타 전문기관의 의견을 수렴하여 1966.10.14. 국제부흥개발은행(IBRD)에 그 부설기구로서 「투자분쟁의 해결을 위한 국제본부(International Center for Settlement of Investment Disputes : ICSID」를 설치하게 되었다. ICSID의 사건관할권은 분쟁당사자의 ICSID중재합의로 그 효력이 발생하지만 그 근거는 계약자 소속국가가 『국가와 타국민간의 투자분쟁의 해결에 관한 협약(Convention on the Settlement of Investment Disputes Between States and Nationals of other States. 이하 "Washington협약"이라 약칭한다)』의 가입이 전제된다.

본 협약은 국제부흥개발은행의 주도하에 체결된 다자조약으로서 경제발전을 위한 국제적 협력의 필요성과 국제민간투자의 역할을 고려하여 1965년 3월 18일 워싱턴에서 채택되어 1966년 10월 18일에 발효되었다.

본 협약의 중요내용과 특징을 요약하면 다음과 같다.

① 일방가입국가와 타방가입국가 국민간의 투자분쟁의 조정과 중재를 위한 기관을 마련할 목적으로 IBRD 본점소재지에 국제본부를 두고, 본부에는 운영위원회, 사무국, 조정위원단, 중재위원단을 상설한다. 운영위원회는 각 가입국가의 대표 1명씩과 의장(IBRD은행총재)으로 구성되며, 본부의 재정, 조정 및 중재규정을 채택하되 어떤 보수도 받지 않는다. 사무국은 본부의 법적 대표자인 사무국장 1명과 1명 이상의 사무차장 및 직원을 두며, 사무국장은 중재판정문의 인증업무와 운영위원회에서 채택한 내용이 실행되도록 제반사무를 관장한다. 각 가입국가는 조정위원단과 중재위원단의 위원을 임기 6년의 위원 4명씩을 각각 지명하면 사건을 담당할 중재인은 당사자의 합의에 따라 조정 및 중재인으로 선정된다.28)

27) Martin Domke, 「International Arbitration in International Trade」, North-Holland Publishing Company(New york), 1977, p. 3.

28) International Bank for Reconstruction and Development(IBRD)회원이 되기 위해서는 은행 소속국가는 반드시 IMF에 가입한 회원국가이어야 하며, IDA(The International Development Association), IFC(International Finance Corporation) 및 MIGA(Multilateral Investment Guarantee Agency)회원은 IBRD조건부회원이 된다. 2004년 7월 현재 IBRD회

② 각 가입국가의 조직이나 기관이 타방가입국가의 기관과 본 협약에 따라 조정 또는 중재하기로 합의했을 경우에 ICSID에서 관할권을 가지며, 일방적으로 취소 할 수 없다.

③ 분쟁은 반드시 본 협약 가입국가와 타방가입국가의 사기업 사이에 투자와 직접 관련되어 발생하는 법률분쟁이어야 한다.

④ 판정문의 내용에는 판정이유를 명시하여야 하며(협약 제 48조) 본 협약에 규정된 바를 제외하고는 중재판정은 불복신청 또는 여하한 구제수단의 대상이 되지 아니한다(제 53조). 가입국가는 판정내용을 구속력 있는 것으로 승인하여야 하고, 금전상의 의무는 자국법원의 확정판결과 같이 집행된다.

⑤ 본 협약의 해석 또는 적용에 관하여 가입국가간에 발생하는 분쟁은 별도 합의된 방법이 없으면 당사국의 신청에 의하여 국제사법재판소에 회부되어야 한다(제 64조).

⑥ 중재판정부는 공평과 선의에 입각하여 적용가능한 국제법의 적용으로 분쟁을 해결할 권리를 가진다(제 42조).

⑦ 의장중재인은 중재판정부가 구성된 후 60일 이내에 첫 회합을 가져야 한다. 중재의 심문장소는 본부 또는 상설중재재판소나, 다른 적합한 기구의 건물 또는 판정부가 사무총장과 협의하여 선정한 장소로 할 수 있다. 중재심문은 판정부 중재인의 과반수가 참석함으로써 성립되며, 사안을 판단하는 데는 판정부 중재인만이 참여한다. 판정부의 결정은 모든 중재인의 다수결로 행하며 결석한 중재인의 표는 불표로 간주된다.

중재판정은 중재절차 종료후 60일 이내에 작성 서명되어야 하며 만약 이 기간내에 작성할 수 없으면 중재판정부는 이 기간을 30일 더 연장할 수 있다.

한국은 본 협약에 1966년 4월 18일 찬동서명하고, 1967년 2월 21일 가입비준서를 사무국에 기탁함으로써 같은 해 3월 23일부터 효력을 발생하고 있으며, 2004년 7월 현재 워싱턴협약 정회원국(ICSID회원)은 모두 140개 국가이다.[29]

2004년 7월 25일 현재 본 협약 가입국 현황은 다음 〈표 8-2〉와 같다.

원은 184개로서 전 세계 모든 국가의 대표은행으로 되어 있으며 IDA회원은 165개, IFC 회원은 176개, MIGA회원은 164개, 그리고 ICSID회원(워싱턴협약)국가는 140개이다.

29) 세계은행 인터넷 홈페이지 *http://web.worldbank.org*

〈표 8-2〉 1965년 워싱턴협약 가입국가 효력발생일자 현황(2004.7.25. 현재)

Afghanistan Jul 25, 1968	Albania Nov 14, 1991
Algeria Mar 22, 1996	Argentina Nov 18, 1994
Armenia Oct 16, 1992	Australia Jun 1, 1991
Austria Jun 24, 1971	Azerbaijan Oct 18, 1992
Bahamas, The Nov 18, 1995	Bahrain Mar 15, 1996
Bangladesh Apr 26, 1980	Barbados Dec 1, 1983
Belarus Aug 9, 1992	Belgium Sep 26, 1970
Benin Oct 14, 1966	Bolivia Jul 23, 1995
Bosnia and Herzegovina Jun 13, 1997	Botswana Feb 14, 1970
Brunei Darussalam Oct 16, 2002	Bulgaria May 13, 2001
Burkina Faso Oct 14, 1966	Burundi Dec 5, 1969
Cameroon Feb 2, 1967	Central African Republic Oct 14, 1966
Chad Oct 14, 1966	Chile Oct 24, 1991
China Feb 6, 1993	Colombia Aug 14, 1997
Comoros Dec 7, 1978	Congo, Democratic Republic of May 29, 1970
Congo, Republic of Oct 14, 1966	Costa Rica May 27, 1993
Cote d'Ivoire Oct 14, 1966	Croatia Oct 22, 1998
Cyprus Dec 25, 1966	Czech Republic Apr 22, 1993
Denmark May 24, 1968	Ecuador Feb 14, 1986
Egypt, Arab Republic of Jun 2, 1972	El Salvador Apr 5, 1984
Estonia Jul 23, 1992	Fiji Sep 10, 1977
Finland Feb 8, 1969	France Sep 20, 1967
Gabon Oct 14, 1966	Gambia, The Jan 26, 1975
Georgia Sep 6, 1992	Germany May 18, 1969
Ghana Oct 14, 1966	Greece May 21, 1969
Grenada Jun 23, 1991	Guatemala Feb 20, 2003
Guinea Dec 4, 1968	Guyana Aug 10, 1969
Honduras Mar 16, 1989	Hungary Mar 6, 1987
Iceland Oct 14, 1966	Indonesia Oct 28, 1968
Ireland May 7, 1981	Israel Jul 22, 1983
Italy Apr 28, 1971	Jamaica Oct 14, 1966
Japan Sep 16, 1967	Jordan Nov 29, 1972
Kazakhstan Oct 21, 2000	Kenya Feb 2, 1967
Korea, Republic of Mar 23, 1967	Kuwait Mar 4, 1979
Latvia Sep 7, 1997	Lebanon Apr 25, 2003
Lesotho Aug 7, 1969	Liberia Jul 16, 1970
Lithuania Aug 5, 1992	Luxembourg Aug 29, 1970

Macedonia, FYR of Nov 26, 1998	Madagascar Oct 14, 1966
Malawi Oct 14, 1966	Malaysia Oct 14, 1966
Mali Feb 2, 1978	Malta Dec 3, 2003
Mauritania Oct 14, 1966	Mauritius Jul 2, 1969
Micronesia, Federated States of Jul 24, 1993	Mongolia Jul 14, 1991
Morocco Jun 10, 1967	Mozambique Jul 7, 1995
Mozambique Jul 7, 1995	Netherlands Oct 14, 1966
New Zealand May 2, 1980	Nicaragua Apr 19, 1995
Niger Dec 14, 1966	Nigeria Oct 14, 1966
Norway Sep 15, 1967	Oman Aug 23, 1995
Pakistan Oct 15, 1966	Panama May 8, 1996
Papua New Guinea Nov 19, 1978	Paraguay Feb 6, 1983
Peru Sep 8, 1993	Philippines Dec 17, 1978
Portugal Aug 1, 1984	Romania Oct 12, 1975
Rwanda Nov 14, 1979	Samoa May 25, 1978
Saudi Arabia Jun 7, 1980	Senegal May 21, 1967
Seychelles Apr 19, 1978	Sierra Leone Oct 14, 1966
Singapore Nov 13, 1968	Slovak Republic Jun 26, 199
Slovenia Apr 6, 1994	Solomon Islands Oct 8, 1981
Somalia Mar 30, 1968	Spain Sep 17, 1994
Sri Lanka Nov 11, 1967	St. Kitts and Nevis Sep 3, 1995
St. Lucia Jul 4, 1984	St. Vincent and the Grenadines Jan 15, 2003
Sudan May 9, 1973	Swaziland Jul 14, 1971
Sweden Jan 28, 1967	Switzerland Jun 14, 1968
Tanzania Jun 17, 1992	Timor-Leste Aug 22, 2002
Togo Sep 10, 1967	Tonga Apr 20, 1990
Trinidad and Tobago Feb 2, 1967	Tunisia Oct 14, 1966
Turkey Apr 2, 1989	Turkmenistan Oct 26, 1992
Uganda Oct 14, 1966	Ukraine Jul 7, 2000
United Arab Emirates Jan 22, 1982	United Kingdom Jan 18, 1967
United States Oct 14, 1966	Uruguay Sep 8, 2000
Uzbekistan Aug 25, 1995	Venezuela, Republica Bolivariana de Jun 1, 1995
Zambia Jul 17, 1970	Zimbabwe Jun 19, 1994

5. UNCITRAL 표준 중재법 및 중재규칙

1966년 유엔총회의 결의로 설립된 「UN 국제무역법위원회[30](United Nation

Commission on International Trade Law : UNCITRAL로 약칭」는 국제무역법의 점진적 조화와 통일을 위해 1968년부터 입법작업을 시작한 이후 1976년 UNCITRAL중재규칙, 국제해상운송협약(1978년 함부르그 규칙), 國際物品賣買法(1980년 비엔나 협약)[31], 1985년 UNCITRAL표준 중재법 등 여러 분야에 걸쳐 국제협약과 통일법규를 제정해 왔다.

그 중에서 UNCITRAL 중재규칙은 1976년 4월 28일 UNCITRAL 제 9차 회기에서 채택한 전문 41개 조문의 중재규칙이다.

본 규칙은 자본주의국가와 사회주의국가, 개발도상국과 선진국 그리고 불문법계국가와 성문법계국가에 소속된 사기업간의 상사분쟁을 해결하는데 널리 이용되도록 범세계적 사용을 위해 제정된 것이 특징이다. 즉, ECE규칙(1966), ECAFE규칙(1966-ESCAP), CMEA중재규칙(1974), ICC중재규칙, 미국중재협회 중재규칙, 미주상사 중재위원회규칙과 소련상업회의소 중재규칙의 내용을 종합[32]하여 제정된 보편타당한 규칙이다.

그 외에도 뉴욕협약(1958), 유럽협약(1961), 워싱턴협약(1965) 등의 내용도 함께 고려되었다. UNCITRAL의 규칙의 중요 특징은 상설중재기관 없이 당사자의 자율 또는 임시중재로 이용하기에 적합하고, 중재인 선정이나 절차진행을 지연시킬 수 있는 내용[33]이 들어 있어 특히 성문법계 국가로부터 호응을 받기 어려울 것으로 예상된다.

UNCITRAL은 1979년 7월 12차 회의에서 범세계적으로 이용할 수 있는 국제상사중재법의 제정을 검토하고 각국의 중재법과 국제중재협약 등의 자료를 수집하여 1981년 표준국제상사중재법 초안을 작성하였다. 1984년 6월까지 7차례의 회의를 거

30) UNCITRAL은 아시아 5개국, 아프리카 7개국, 동유럽 4개국, 중남미 5개국 및 서유럽 기타 8개국 모두 29개국으로 구성되었으나 제 28차 UN총회에서 아프리카와 아시아 지역에 각각 2개국, 기타지역에 각각 1개국씩을 추가 할당함으로써 현재 36개 위원국으로 구성되어 지역적 안배를 하고 있다.

31) 정식명칭은 국제물품매매계약에 관한 국제연합 협약(United Nations Convention on Contracts for the International Sale of Goods)이며, 1980년 비엔나에서 채택되어 1988.1.1.부터 발효 중에 있다. 우리 나라는 2004.2.9.국회비준을 얻어 2005.3.1.부터 발효될 예정이다.

32) Piter Sanders, Commentary on UNCITRAL Arbitration Rules, in : ICCA Year Book(Commercial Arbitration) Ⅱ, 1977, pp. 173-174.

33) 중재인을 선정할 때 ICC규칙하에서는 30일 밖에 소요되지 않으나 UNCITRAL 중재규칙에서는 170일 정도가 소요되는 것으로 밝혀지고 있다.

쳐 표준국제상사중재법초안(Draft text of the model law on international commercial arbitration)이 작성1985.6.3-21. 비엔나에서 개최된 UNCITRAL 제 18차 총회에서 「UNCITRAL표준국제상사중재법(UNCITRAL Model law on International Commercial Arbitration, 총8장 36조로 구성)」으로 채택되어[34] 현재 각국 정부에서 자국의 중재법으로 수용할 것을 권유하고 있고, 우리 나라는 동 표준중재법의 내용을 반영하여 1999년 우리중재법을 개정[35]한 국가로서 캐나다에 이어 2번째 국가가 되었다.

34) Report of the Secretary-General : Analytical commentary on draft text of a model law on international commercial arbitration(A/CN.9/264), 1985.

35) 장문철, 중재법 개정연구, 중재학회지 제9권, 한국중재학회, 1999, pp. 3-9.

연 습 문 제

1. 주관식 문제

1) 지구촌에서 중재제도에 대한 통일의 필요성을 설명하시오.

2) 제네바의정서와 제네바협약의 문제점을 설명하시오.

3) 뉴욕협약의 성립배경을 설명하시오.

4) 중재제도에 대한 지구촌의 이용실태를 설명하시오.

5) 중남미지역에서 중재제도에 대한 통일화과정을 설명하시오.

6) 중재제도에 대한 지역중심의 활동과 지구촌중심의 활동을 설명하시오.

2. 용어해설 문제

1) 몬테비디오협약

2) 부스타만테법전

3) 볼리비아협약

4) 파나마협약

5) 유럽협약

6) 제네바의정서

7) 제네바협약

8) 뉴욕(유엔)협약

9) 워싱턴협약

10) UNCITRAL 표준중재법

11) UNCITRAL 중재규칙

9
chapter

상사중재 절차실무

재판에는 일정한 소송절차가 필요하듯이 중재에도 신속하고 효율적인 절차진행을 위하여 일정한 중재절차가 필요하다.

중재절차는 당사자자율을 원칙으로 진행되는 당사자자치법정으로서 신속성과 경제성에 치중하고 있다. 따라서 당사자는 자신의 주장과 변론을 사실관계와 관련적용법규를 분명하게 객관성과 설득력있게 전개하는 기술이 필요하다.

중재는 중재인과 같다는 말이 있듯이 중재의 성패여부는 중재인에 의해 좌우된다. 따라서, 중재인 역시 자신에게 부여된 중재판정권을 올바르게 행사하고 당사자들이 공감할 수 있는 중재판정을 하여야 한다.

본 장에서는 중재신청에서부터 중재절차 진행과정과 중재판정의 집행에 이르기까지 당사자가 권리행사와 변론을 어떻게 해야 하는지에 대하여 주로 실무절차에 치중하여 설명하고 있다.

제 1 절 중재신청

중재절차는 일반적인 중재절차와 신속중재절차로 구분되는데 중재기관에 따라 신속중재절차를 진행하지 않는 기관도 있고, 신속중재절차는 별도의 합의가 있어야 하기 때문에 중재절차라 하면 일반적인 중재절차를 의미한다.

중재합의가 사전중재합의 형식이던 사후합의 형식이던 합의 시점에 관계없이 중재합의당사자 중에 중재를 신청하고자 하는 자는 해당 관할권이 있는 중재기관의 사무국이나 지방사무소에 대체로 ① 중재합의서(원본 또는 사본) ② 중재신청서[1] 3부 내지 5부 ③ 청구의 원인사실을 입증하는 서증(원본 또는 사본 ④ 대리인이 신청시 그 위임장 ⑤ 법인인 경우 법원의 등기부등본(개인은 주민등록등본)을 제출하고, 중재절차상 예상되는 비용을 미리 예납하는 것이 일반적이다.

중재비용은 당사자가 중재절차가 진행된 후 중재판정이 내려질 때까지 소요되는 비용으로서 중재기관에 납부하는 비용을 말하며, 요금·경비·수당으로 구분된다.[2]

요금은 관리요금과 심리연기요금으로 구분되며, 관리요금은 중재신청금액에 따라 중재규칙에서 정하는 요금으로 계산됩니다. 심리연기요금은 중재판정부의 직권으로 심리가 연기된 경우에는 부과하지 않고 당사자의 요구로 연기되는 경우에는 매 연기마다 한화 100,000원이 부과되며, 중재기관 마다 달리하나 비슷한 실정이다.

경비는 중재인과 중재서기의 소요경비, 증거, 증인 또는 감정인의 소요경비, 검사 또는 조사경비, 녹음 또는 속기록의 작성경비, 통역 또는 번역경비, 기타 중재에 소요되는 일체의 경비를 말하고, 수당에는 중재인수당[3]과 판정문 작성수당[4]이 있다.

대한상사중재원의 중재절차는 다음 〈그림 9-1〉과 같으며 다른 기관도 비슷한 실정이다.

그림에서처럼 중재절차는 중재원에서 신청인으로부터 중재신청서류를 접수함으로써 개시되지만 중재절차 진행중에 당사자의 화해는 언제든지 가능하며, 화해내용의

1) 중재요청서에는 당사자, 분쟁의 대상 및 중재합의의 내용을 기재하여야 한다(중재법 제22조).

2) 중재신청때 신청인이 예납한 중재비용은 중재판정에서 당사자가 부담할 비율이 최종적으로 결정되는데 일반적으로 패소자가 중재비용을 부담하는 것으로 중재판정 된다.

3) 대한상사중재원은 중재인수당을 신청금액이 1억원 이하는 400,000원, 1억원 초과 5억원 이하 600,000원, 5억원 초과 50억원 이하 1,100,000원, 50억원 초과 200억원 이하 1,600,000원, 200억원 초과 500억원 이하 2,100,000원, 500억원 초과 2,600,000원을 중재인 1인에게 지급하며, 4회를 초과하는 심리부터는 매 심문마다 ₩100,000을 추가로 지급한다.

4) 판정문작성수당은 신청금액이 5억원 이하의 경우 300,000원, 5억원 초과 200억원 이하의 경우 500,000원, 200억 초과 500억원 이하의 경우 700,000원, 500억원 초과의 경우 900,000원을 추가로 지급하며, 화해판정문의 경우는 위 금액의 1/2만 지급하고 있다.

이행을 담보하기 위하여 화해판정 절차를 취해 두는 것(중재법 제 31조)이 필요하다.

조정절차를 밟으려면 중재신청이 접수된 날로부터 30일 이내(국내중재는 15일)에 당사자간의 서면합의로 중재원 사무국에 조정신청을 하여야 한다(중재규칙 제18조).

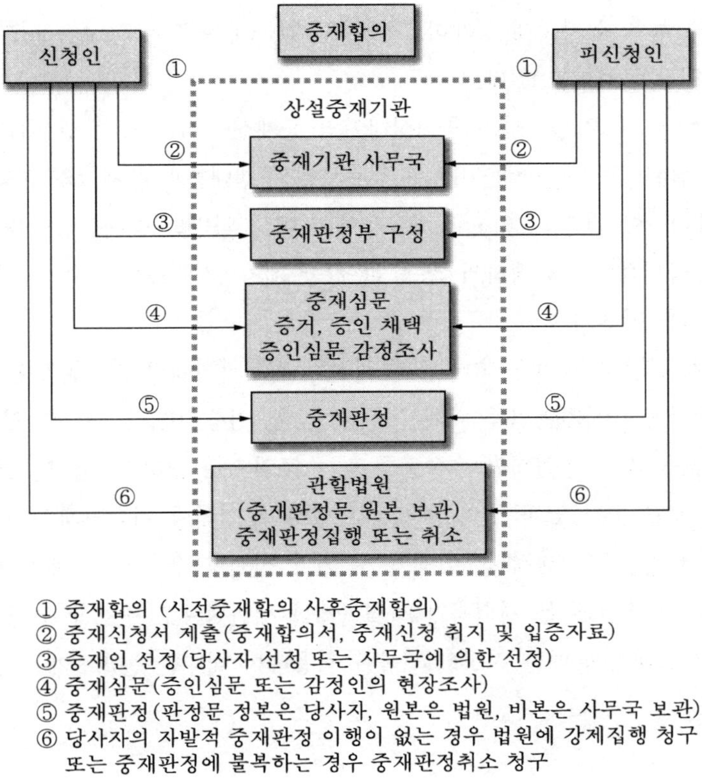

〈그림 9-1〉 중재절차 진행과정

유엔협약 비회원국 가운데 중재기관이 자국의 법령에만 충실히 적용하도록 중재규칙을 제정하고 있는 스페인은 1953년의 중재법에 따라 중재합의가 공공행위 형식(in the form of a public deed)을 취하는 경우에 한해 그 효력을 인정해 오다가, 유엔협약 가입(1977.5.12)에 가입한 이후 1986년 대법원이 국제상거래에는 이러한 규정을 적용할 수 없다는 판결[5])을 받은 나라도 있다. 일부 남미국가에서도 파나마 협약

5) The Spanish Supreme Court 30 January, 1986.; *X(Belgium) vs. Mr.Y(Spain)*

과 유엔협약 가입을 계기로 과거 중재제도에 대한 새로운 시각과 면모를 보이고 있다.[6)]

중재신청서는 중재절차의 원활한 진행을 위해 일정한 형식에 따른 작성이 필요하다.

중재원은 예시와 같은 서식을 마련해 놓고 신청인과 피신청인의 인적사항, 신청금액, 신청취지 등을 신청서에 기재하도록 하고 있는데 이러한 요구는 다른 중재기관도 비슷한 입장을 보이고 있다.

중재신청이유 및 입증방법은 중재신청인의 중재신청 취지와 분쟁 내용이 중재합의내용에 포함된다는 것을 입증시키는 것으로서 분쟁내용과 중재합의 내용과의 상관관계를 기재하여야 한다. 그리고 중재조항에서 어느 일방의 중재신청권을 배제 또는 제한하기로 명시적으로 규정하지 않는 한 쌍방 계약당사자들은 모두 중재를 신청할 수 있는 권리를 가진다.[7)]

대리인으로 위임받은 자는 누구나 중재절차 진행과정에서 업무통지나 또는 연락업무를 수행하며 당사자본인을 위해서 주장, 진술, 입증, 반증을 할 수 있으나, 변호사 자격이 없는 자가 금전적인 수수료를 받는 조건으로 대리행위를 할 경우에는 변호사법에 위배될 수도 있어 주의할 필요가 있다. 무역이나 기술거래로 발생하는 상사분쟁은 거래내용을 비교적 잘 이해할 수 있고 신뢰할 수 있는 거래자나 국제상거래 업무를 많이 취급해 본 경험자가 사실관계를 객관적으로 변호할 수 있다는 장점이 있으나 사실행위에 대한 적절한 법률을 적용해야 한다는 논리전개는 부족하다는 단점이 있다.

6) 페루와 아르헨티나는 88년과 89년에 각각 뉴욕협약에 가입했으나, 브라질, 볼리비아, 파라과이, 니카라과, 온두라스, 과테말라, 엘살바도르 등은 뉴욕협약에 아직 가입하지 않고 있다.

7) 대법원 88다카 7795 1990.11.23. 제 2부 판결.

〈표 9-1〉 중재신청서 서식(한글)

I. 당사자의 성명 및 주소

(가) 신 청 인

법 인	(1) 법인명칭		(2) 법인주소 전화번호	
	(3) 대 표 자 성 명		(4) 대 표 자 주 소	
개 인	(5) 성 명		(6) 주 소 전화번호	
대리인	(7) 성 명		(8) 주 소 전화번호	

(나) 피신청인

법 인	(9) 법인명칭		(10)법인주소 전화번호	
	(11)대 표 자 성 명		(12)대 표 자 주 소	
개 인	(13)성 명		(14)주 소 전화번호	

Ⅱ. 중재신청의 취지

Ⅲ. 중재신청의 이유 및 입증방법:

(15) 20　　년　　월　　일

(16) 위 신청인 ＿＿＿＿＿＿ 인

(구비서류):

가. 중재신청서 .... 5부.

나. 중재합의를 인증하는 서면의 원본 또는 사본.................. 5부.

다. 중재신청의 근거를 증명하는 서증의 원본 또는 사본 .... 5부.

라. 법인등기등본(개인인 경우 주민등록등본) .... 1부.

마. 대리인 신청시는 위임장 ....

〈표 9-2〉 중재신청서 서식(Statement of Claim)

Claimant: ###### Cargo ####### Co., Ltd.
Address: #159-1, Samsung-dong, Kangnam-ku, Seoul, Korea
Representative Director: Kil-Dong, Hong

Respondent: ********* Freight Consolidators, Inc.
Address: LG * & *, ****** Cityland Dela Rosa Condominium
Dela Rosa Corner Washington St., Makati City,
Manila, Philippines

Purport of the Claim

1. The Respondent shall pay to the Claimant the sum of US$20,620.12.
2. The Arbitration Cost shall be borne by the Respondent.

Grounds for Claim

The Claimant is a Korean Corporation engaged in sea and air freight forwarding business. The Claimant and the Respondent executed "Sea and Air Cargo Transportation Agency Contract("Agency Agreement") on November 01, 199# (see the attached Exhibit A-1).

Based on this "Agency Agreement", the Claimant and the Respondent had transported sea and air cargo reciprocally and had settled the freight charge accounts within 1 month.

The Respondent failed to make payment on the accounts outlined below and had no special reasons. The exact calculation is as follows:

* Accounts amount: US$20,620.12
* Period: from June 1996 to December 1996

The Claimant met the Respondent in Manila on June 14, 1997 and verified the amount owed and the detail statement for cargo business. The Respondent and the Claimant agreed that the Respondent would pay to the Claimant US$20,620.12 before September 30, 1997 and that all disputes arising from the Respondent's inability to fulfill the above obligations would be resolved by arbitration. (see the attached Exhibit A-2)

The Respondent did not pay the freight charge. Accordingly, the Claimant requested arbitration to be conducted by the Korean Commercial Arbitration Board as set forth in the Purport.

Method of Proof

Exhibit A-1 : Agency Agreement
Exhibit A-2 : Certificate of outstanding payment to ###
Exhibit A-3 : Letter
Exhibit A-4 : Fax dated February 7, 199#
Exhibit A-5 : Dunning letter dated May 11, 199#
Exhibit A-6 : Fax dated May 27, 199#
Exhibit A-7 : Fax dated September 2, 199#

####### Cargo ####### Co., Ltd.

Kil-Dong, Hong
Representative Director

제2절 중재신청의 수리

중재기관 사무국은 중재신청인으로부터 제출 받은 중재신청서류의 내용을 중재규칙 제10조의 규정에 적합한 것인지의 여부를 확인·검토한 후 그 수리여부를 결정한다.

주요 확인사항은, 중재합의서, 중재신청서, 중재신청의 취지를 입증하는 서류의 유무와 대리인이 선정된 경우에는 위임장에 대한 효력 또는 여부 등이다.

분쟁에 대한 중재인의 중재판정권의 존부 문제와 중재장소 또는 준거법 적용에 관한 내용은 당사자에게 매우 중요한 문제로서 냉정한 검토가 필요하다.

중재조항에 "계약에 관련된 사항들에 관한 매수인의 모든 결정은 매도인이 30일 내에 중재를 신청하여 이의를 하지 아니하는 한 최종적이다"라고 합의된 내용에 대하여 우리 나라 대법원은 매도인 뿐만 아니라 매수인에게도 중재신청권을 행사할 수 있다고 판결한 사례[8]가 있는 것으로 보아 중재합의는 어느 일방 계약당사자들의 중

8) 대법원 1990. 11. 13선고, 88 다카 7795 판결.

재신청권을 배제 또는 제한하기로 명시적으로 규정하지 않는 한 쌍방 계약당사자들이 모두 중재를 신청할 수 있는 권리를 갖는다.9)

영업양도계약에서 계약내용의 의미해석에 관한 분쟁뿐만 아니라, 계약내용의 성립과 그 이행 및 그 효력의 존부에 직접 또는 밀접하게 관련된 분쟁까지도 포함하는 취지이기 때문에, 영업양도 목적물의 숨은 하자로부터 손해가 발생한 경우에는 양도인이 양수인에 대하여 부담하는 하자담보책임은 그 본질이 불완전이행책임인바, '본질적 내용'의 이행과 직접 관련된 책임이므로 이와 동일한 사실관계에 기하여 하자담보책임과 경합하는 불법행위책임의 존부에 관한 분쟁 역시 '본질적 내용'의 이행과 밀접하게 관련된 분쟁으로서 위 중재조항의 중재대상에 포함된다고 대법원은 판시하였다.10)

제 3 절 피신청인의 대응

피신청인은 중재기관으로부터 전해 받은 신청인의 중재신청서를 검토한 후 중재신청 접수통지의 수령일(기준일)로부터 국제중재의 경우 30일(국내중재의 경우 15일)이내에 중재신청에 대한 반론이나 답변서를 중재기관 사무국에 제출하여야 한다.11)

답변서에는 답변의 취지와 이유 및 입증방법과 함께 양당사자의 성명과 주소(당사자가 법인인 경우에는 법인의 명칭 및 주소는 물론이고 대표자의 성명 및 주소의 병기), 대리인이 있는 경우에는 대리인의 성명과 주소를 입증자료와 함께 제출하여야 한다.

중재의 범위에 속하는 동일 사안에 대하여 피신청인이 신청인을 상대로 중재신청을 하는 것을 반대신청이라 하는데, 피신청인의 반대신청은 피신청인이 스스로 판단

9) 양당사자는 중재절차에서 동등한 대우를 받아야 하고, 자신의 사안에 대하여 변론할 수 있는 충분한 기회를 가져야 한다(중재법 제 19조 : 당사자에 대한 동등한 대우).

10) 대법원 1992. 4. 14선고, 91다 17146, 17153 판결.

11) 신청인은 당사자들이 합의하였거나 중재판정부가 정한 기간내에 신청취지와 신청원인사실을 기재한 신청서를 중재판정부에 제출하고, 피신청인은 이에 대하여 답변하여야 한다(중재법 24조).

하여 직접 하는 방법과 중재판정부가 답변의 취지나 이유가 반대 신청의 내용을 포함하고 있다고 판단할 경우 중재판정부가 피신청인에게 반대신청의 여부를 확인하여 반신청을 하도록 하는 방법이 있다. 반대신청을 늦게 하여 상대방의 이익을 해하거나 절차의 완결을 지연하게 하는 것으로 인정하는 경우에는 중재인의 직권 또는 중재기관의 결정으로 반대중재신청이 불허될 수도 있으며, 반대신청이 수락되면 신청인의 신청사건과 함께 병합 심리하는 것이 일반적이다.

소송에서 중재심판을 먼저 거쳐야 한다는 방소항변(妨訴抗辯)은 본안의 항변을 제출하기 전에 하여야 하고, 피고가 그러한 항변을 제출함이 없이 본안의 항변을 제출함으로써 이미 소송상 본안의 심리에 들어간 후에는 중재심판을 먼저 거쳐야 한다는 방소항변권은 인정되지 않는다.[12] 대한상사중재원의 중재규칙에서는 당사자가 이 규칙의 규정 또는 요건이 지켜지지 아니한 것을 알았거나 알 수 있으면서 이에 대하여 지체없이 이의를 제기하지 아니하고 중재절차를 진행한 경우에는 이에 대한 이의신청권을 상실한다(규칙 제46조)고 규정하고 있다.

그러나, 계약당사자 사이에 중재약정이 있는 경우에도 불구하고 당사자 중 일방이 중재절차를 거치지 않고 제소한 내용에 대하여 상대방이 중재계약의 존재를 들어 방소항변을 제기하지 아니하고 본안 판결을 받았다는 사실만으로는 당사자 사이에 위 중재계약을 묵시적으로 해지하기로 하는 합의가 있었다고 볼 수 없다고 판시하였다.[13]

피신청인이 답변서를 제출하지 아니하는 경우에 중재판정부는 이를 신청인의 주장에 대한 자백으로 간주하지 아니하고 중재절차를 계속 진행하여야 하며(중재법 제26조), 피신청인은 신청인과 합의로 중재신청의 수리·통지일로부터 30일 이내(국내중재의 경우 15일)에 조정신청을 할 수 있으나 한국에서 조정사례를 보기는 극히 어렵다.

12) 대법원 1991. 4. 23선고, 91 다 4812 판결.
13) 대법원 1992. 1. 21선고, 91 다 7774, 7781 판결.

제 4 절 중재인 선정

중재판정부는 1인 이상 홀수로 구성하는 것을 원칙으로 하여 중재금액이 수백억 원 이상인 경우를 제외하고는 대부분 3인으로 구성되며, 중재인은 분쟁당사자가 직접합의로 선정하는 경우와 중재기관의 사무국에 의한 선정으로 구별된다.

"중재는 중재인과 같다(the arbitration is as good as the arbitrator)"라는 말이 있듯14)이 중재에서 중재인이 차지하는 비중은 중재에서 절대적이라 할 수 있으므로 당사자들은 중재인의 자격과 권한에 대한 세심한 검토를 한 후 중재인선정에 각별한 주의가 필요하다

1. 중재인의 자격

중재인은 분쟁당사자들이 직접 선정하는 것을 원칙으로 하므로 중재인의 자격은 법률에 의해 극히 소극적으로 제한되며, 원칙상 당사자들에 의해 제한되거나 정해진다.

중재제도는 역사적으로 볼 때에 자연법사상에 근거를 두고 당사자의 자주법정으로서 소송으로부터 도피형태로 발전되어 왔으며, 융통성 있는 분쟁해결방법으로 당사자 편의위주로 진행되어 왔다고 볼 수 있어 중재인의 자격은 당사자에게 위임되어 있다.

그러나, 중재인은 공정한 중재절차로 법원의 업무를 감소시킨다는 의미에서 법관의 역할을 대행하는 것으로 볼 수 있으므로 사회정의와 시비를 판단할 수 있는 최소한의 능력이 필요하다. 중재인의 행위능력과 관련하여 프랑스에서는 중재인은 완전히 시민권을 가진 "자연인"이어야 한다고 규정하고 있고, 스위스에서는 중재인의 기피는 시민권이 박탈되거나 형사적 범죄를 저질러 형을 받거나 명예를 상실 당한 사람은 중재인의 기피사유에 해당된다고 하고 있다. 미국은 윤리적 이유를 중재인기피사유로 삼고 있다

14) Vicente Marotta Rangel, 「National Report-Brazil」, ICCA Yearbook Vol. Ⅲ-1978, p. 31.

정의는 하나의 사회가치이고, 사회는 역사적으로 볼 때 항상 변동하는 과정에 있는 것이므로 시간과 공간을 초월하여 영원불변한 정의라기보다는 시간의 변화와 병행하는 것을 요구한다. 이런 이유로 중재인의 자격은 법관처럼 법률에 의한 엄격한 제한보다는 당사자의 요구에 응할 수 있는 최소한의 요건이 필요했을 뿐이다.

미국에서 중재인은 중재심문에 필요한 증인을 강제로 소환(미국중재법 제 7조)할 수 있고, 중재판정문상에 중재판정이유를 생략할 수 있는 막대한 권리를 부여받고 있음에도 불구하고 중재인 자격을 별도로 제한받지 않고 있고, 영국 역시 중재인의 자격에 대한 명문규정 없이 미성년자와 자신의 의사표현능력이 불분명한 농자(聾者, deafness), 아자(啞者, dumbness), 맹자(盲者, blindness) 등을 결격사유로 규정하고 있을 뿐이다.

독일, 일본 등 성문법계국가는 중재인의 자격결격사유를 다음 6가지 내용으로 규정하고 있고, 우리 나라 역시 정상적인 사고력이 결핍되어 있다는 이유로 중재인의 자격에서 제외된다고 볼 수 있다.

① 금치산자[15] 또는 한정치산자[16]

② 파산자로서 복권되지 아니한 자

③ 금고 이상의 형을 받고 그 집행이 종료된 후 3년이 경과하지 아니한 자,[17] 또는 집행을 받지 아니하기로 확정된 후 3년이 경과되지 아니한 자[18]

④ 금고이상의 형을 받고 그 집행유예의 기간 중에 있는 자[19]

⑤ 금고이상의 형의 선고유예를 받은 경우에 그 선고유예 기간 중에 있는 자[20]

---

15) 심신상실의 상태에 있는 자로서 일정한 청구절차에 따라 법원에 의해 금치산의 선고를 받은 자를 말한다(민법 제 12조).

16) 심신이 박약하거나 재산의 낭비로 자기나 가족의 생활을 궁박하게 할 염려가 있는 자에 대하여 법원에 의해 한정치산의 선고를 받은 자(민법 제 9조)

17) 사형, 징역과 금고형을 받고(벌금 이하는 제외) 선고된 형기를 끝낸 후 3년이 경과되지 아니한 자.

18) 형기중에 가석방된 후 잔형기내에 가석방 취소가 안 되어 형의 집행이 종료된 후 3년이 경과되지 아니한 자를 말한다.

19) 집행유예 기간중에는 형의 집행이 보류되고 집행유예선고가 실효되거나 취소됨이 없이 집행유예기간을 경과하면 형의 선고가 실효되지만 위와 같은 형의 선고의 실효가 미확정중인 자를 말한다.

20) 2년이내에 자격정지 이상의 형(사형, 징역, 금고, 자격상실)을 받고 선고유예가 실효되지 아니하면 면소되는 것이나 위와 같은 면소효과가 미확정 중인 자를 말한다.

⑥ 공민권의 제한 또는 자격정지의 형을 받은 자

우리 나라는 중재인에 대한 기피사유를 ① 중재인이 되어 달라고 요청받은 자 또는 선정된 중재인은 자신의 공정성이나 독립성에 관하여 의심을 야기할 수 있는 사유가 있는 때에는 지체없이 이를 당사자들에게 고지하여야 하고, ② 중재인은 전항의 사유가 있거나 당사자들이 합의한 중재인의 자격을 갖추지 못한 사유가 있는 때에 한하여 기피될 수 있다고 매우 소극적으로 규정하고 있다(중재법 제13조). 다만, 당사자는 자신이 선정하였거나 선정절차에 참여하여 선정한 중재인에 대하여는 선정 이후에 알게 된 사유에 한하여 기피신청을 할 수 있다.

중재인에 대한 기피절차는 당사자간의 합의로 정하며, 합의가 없는 경우에 중재인을 기피하고자 하는 당사자는 중재판정부가 구성된 날 또는 중재인기피사유를 안 날부터 15일 이내에 중재판정부에 서면으로 기피신청을 하여야 한다. 이 경우 기피신청을 받은 중재인이 사임하지 아니하거나 상대방 당사자가 기피신청에 동의하지 아니하면 중재판정부는 그 기피신청에 대한 결정을 하여야 한다(중재법 제 14조).

중재인기피신청이 받아들여지지 아니하는 경우에는 기피신청을 한 당사자는 그 결과의 통지를 받은 날부터 30일 이내에 법원에 해당 중재인에 대한 기피신청을 할 수 있으나, 기피신청이 법원에 계속중인 때에도 중재판정부는 중재절차를 진행하거나 중재판정을 내릴 수 있다.

한편, 중재의 결과에 관하여 법률적 또는 경제적 이해관계가 있는 자는 중재인이 될 수 없다. 그러나 당사자가 중재인에게 위와 같은 사정이 있음을 알면서도 서면으로 그 중재인을 선정하기로 합의한 경우에는 그러하지 아니하다(중재규칙 제19조).

따라서, 중재인은 공무원이 아닌 사인(私人) 중에서 국적이나 직업 또는 인종에 관계없이 당사자의 약정에 의하여 자유로이 선정할 수 있으나 정상적인 사고로 중재능력이 없는 자[21]는 중재인이 될 수 없고, 실정법에서는 인간의 양심과 도덕성에 비중을 두고 당사자의 합의에 따라 선정될 수 있도록 소극적으로 제한하고 있다.

21) 자신의 행위에 있어서 그 동기와 결과를 인식할 수 없는 자로서 정상적인 의사결정을 할 수 없는 무능력자이며 민법상 이들이 한 행위는 무효이다.

2. 당사자에 의한 직접선정

당사자의 약정에 의하여 당사자가 중재인을 직접 선정하거나 또는 중재인의 선정방법을 미리 정하였을 경우에는 합의된 절차에 따라 중재인을 선정해야 한다.

중재인의 선정방법을 미리 정하는 경우에는 1인으로 구성하는 중재판정부와 3인 또는 3인 이상의 다수로 구성하는 중재판정부로 구분하여 결정할 필요가 있다.[22]

1인의 중재인으로 구성되는 단독중재판정부는 양 당사자의 직접합의로 결정되나, 3인 이상의 다수로 중재판정부를 구성하는 경우에는 양당사자가 각각 1명씩 직접 선정하고, 선정된 중재인 2명이 제3의 중립적인 의장중재인을 선정하는 절차를 취하는 것이 대부분의 서방국가들의 관례이다. 여기서 당사자들이 1명씩 선정한 중재인은 일방적으로 선정되었기 때문에 중립적이라기보다는 자신을 중재인으로 선정해준 당사자를 위한 변호성을 지닌 중재인이라 할 수 있다. 이러한 변호성을 지닌 중재인은 당사자의 격앙된 감정을 한 단계 낮춘 상태에서 보다 냉정하게 그리고 객관적인 가운데 당사자들의 행위사실관계를 이성적으로 판단할 수 있어 당사자들이 미처 납득할 수 없는 내용을 쉽게 이해시키는 역할을 하는 장점이 있다.

당사자가 직접 중재인을 선정하여 중재판정부를 구성하는 방법은 주로 임시중재에서 찾아볼 수 있으며, 다음과 같은 영문내용으로 합의되고 있다.

"Arbitration tribunal consists of three members, one appointed by Buyer, one by seller, and the third neutral arbitrator, selected and appointed by the two members so chosen, If two members fail to appoint a third, then the Korean Commercial Arbitration Board shall have the power to appoint the third from one of the panel-members the said Board."

위 조항에서 만약 양 당사자가 선정했던 중재인들이 상호간의 의견대립으로 의장중재인을 선정하지 못할 경우에는 상설중재기관이나 법원의 도움을 받게 되는데 그

22) "중재판정부"라 함은 중재절차를 진행하고 중재판정을 내리는 단독중재인 또는 다수의 중재인으로 구성되는 중재인단을 말한다.

렇게 될 경우에는 그만큼 중재절차가 지연되므로 중재제도의 장점을 기대할 수 없게 된다.

중재계약의 내용 중에 당사자에 의한 중재인의 직접선정조항이 있음에도 상설중재기관이 중재인 선정절차를 취하면서 당사자가 제1순위로 지명한 중재인들을 모두 배제한 채 나머지 중재인 후보자들 중에서 중재인을 선정한 것은 구 중재법(1999. 12. 31. 법률 제6083호로 전문 개정되기 전의 것) 제13조 제1항 제1호가 정한 '중재인의 선정이 중재계약에 의하지 아니한 때'에 해당되어 특별한 사정이 없는 한 중재판정 취소의 사유가 된다. 그러나 중재계약에서 당사자가 중재인을 선정할 수 있는 선정기간을 정하지 아니한 점, 쌍방당사자가 모두 중재인을 선정하지 아니한 점, 비록 상설중재기관이 당사자에게 중재인을 선정하도록 통지하는 절차를 생략한 채 바로 중재인선정절차를 밟았다고 하여도, 중재인의 선정에 관한 조항을 계약서에 명시하여 이러한 내용을 잘 알고 있었다고 볼 수 있는 당사자와 그 대리인들이 상설중재기관이 구성한 중재판정부가 개최한 심문기일에 모두 출석하여 중재인 선정과 관련하여 아무런 이의를 제기하지 아니하고 본안에 대한 자신의 주장을 진술하였다면 이는 상설중재기관이 구성한 중재판정부를 묵시적으로 합의하였다고 보아야 한다고 우리 대법원은 판결한 바 있다.[23)]

따라서, 임시중재에서 당사자가 중재판정부를 구성하고자 할 경우에는 당사자들의 준법정신에 좌우되고, 상설중재기관이 당사자들로부터 묵시적 동의라도 받지 못한 체 중재인을 선정하여 중재절차를 진행한다면 이러한 중재판정은 취소될 수도 있으므로 법원에 의해 중재인을 선정하는 절차가 필요하다(중재법 12조).

우리나라는 당사자 사이에 합의가 있더라도 다음 중 하나에 해당하는 때에는 당사자의 신청으로 법원이 중재인을 선정하며, 법원의 결정에 대하여는 항고할 수 없다.

① 일방 당사자가 합의된 절차에 따라 중재인을 선정하지 아니하는 때

② 양당사자 또는 중재인들이 합의된 절차에 따라 중재인을 선정하지 못한 때

③ 중재인의 선정을 위임받은 기관 기타 제3자가 중재인을 선정할 수 없는 때

---

23) 한국가스공사 대 주식회사 케이피시 사건, 대법원 2001. 11. 27. 선고 2000다29264 판결 【중재판정취소】[공2002.1.15.(146),151]

당사자가 이 중재법의 임의규정 또는 중재절차에 관한 당사자간의 합의에 위반한 사실을 알고도 지체없이 이의를 제기하지 아니하거나 정하여진 이의제기기간내에 이의를 제기하지 아니하고 중재절차가 진행된 때에는 그 이의신청권을 상실한다(중재법 5조).

3. 중재기관에 의한 간접선정

중재인을 당사자로부터 위임받은 제 3자에 의해서 선정하는 방법을 간접선정이라 하는데, 대부분의 상설중재기관은 중재인 선정방법을 자체규칙에 규정해 놓고 분쟁당사자들의 중재인 선임요청이 있는 경우 또는 상설중재기관의 중재규칙에 따라 중재를 하기로 합의하였을 경우에는 상설중재기관이 중재판정부를 구성한다.

대부분의 상설중재기관은 법조인, 산업업종별단체의 장, 실업인, 외국인, 학자, 공공단체의 장 및 공인회계사 와 같이 다양한 직업과 기능을 가진 전문가들을 중재인후보자(중재인단)로 확보해 놓고,[24] 당사자가 직접 중재인을 선정하지 못하는 경우 이러한 중재인후보자명단 중에서 국적에 관계없이 중재인을 선정할 수 있다(중재법 12조).

중재원은 중재신청을 수리·통지할 때 중재인단 명부에서 관련분쟁의 해결에 적임자라 판단되는 중재인후보자 10명을 선정하여 이들의 성명, 직업, 주소 및 국적 등 중요 이력사항을 기록한 내용을 양 당사자들에게 발송하는데 다른 중재기관도 유사하다.

각 당사자는 사무국에서 선정하여 제시한 10명의 명단 수령일로부터 국내중재의 경우 15일, 국제중재의 경우 30일 이내에 후보자명 위에 의장중재인과 중재인을 각각 구별하여 자신이 원하는 희망순위를 표시하기 위한 번호를 붙여서 이를 사무국에 반송하여야 한다. 위의 기간내에 그 명단을 반송하지 아니하는 경우에는 그 명단에 기재된 후보자 전원에 대하여 동일순위로 지명한 것으로 보고, 반송된 명단 중 동일순위로 지명된 2인 이상의 후보자나 희망순위 표시가 없는 후보자나 말소된 후보자

24) 대한상사중재원은 2004년 6월 현재 법조계 244, 실업계 274, 학계 276, 공공기관 또는 기타단체 93, 공인회계사 및 변리사 35, 외국인 31로 총 953명의 한국거주 중재인단과 31개 국가에 총 125명의 국외거주 중재인단을 확보하고 있다.

에 대하여는 상대방의 희망순위를 참작하여 중재원이 희망순위를 조정한다. 희망순위의 조정은 동일순위로 지명된 2인 이상의 후보자, 희망순위 표시가 없는 후보자, 말소된 후보자 순으로 조정한다(중재규칙 제 21조).

사무국은 당사자 쌍방으로부터 제출 받은 중재인 희망순위를 〈표 9-3〉과 같이 취합·정리하여 당사자의 희망순위가 가장 높은 자를 중재인으로 선정한다.

이때 이론적으로 발생할 수 있는 몇 가지 문제점을 검토하면 다음과 같은 결과를 고려하여야 할 것이다.

① 당사자 중 일방이 중재인후보자에 대한 희망우선순위가 없고, 다른 당사자가 희망순위를 표시하여 사무국에 제출한 경우에는 희망순위를 표기한 당사자의 의도대로 중재인이 선정될 수도 있어 중립적인 중재인선정이 어렵게 된다.

② 당사자 중 일방이 10명의 후보자 중 3명에 대한 우선순위를 정하고 나머지 7명에 대해서는 희망순위를 표시하지 않거나 말소할 경우에도 희망순위를 표기한 당사자의 의도대로 중재인이 선정될 수도 있다.

③ 당사자 쌍방이 지명 표기한 후보자중에서 중재인을 선정할 수 없을 때에는(희망순위가 없거나 제시하지 않은 경우) 사무국은 다시 다른 후보자 명단을 당사자에게 제시함이 없이 사무국에서 임의로 적임자를 중재인단 명부에서 선정하게 된다.

④ 〈표 9-3〉에 예시된 바와 같이 중재인후보자 중에서 X표로 삭제한 후 중재원에 제출하는 경우에는 최하순위로 간주되기 때문에 오히려 중재인 선정에서 불리하게 될 수 있다.[25]

〈표 9-3〉의 정리결과를 보면 의장중재인으로서는 김××가 5점을 얻어 선정되고, 기타 중립중재인 2명은 Mr. Smith씨가 5점으로 우선 선정되었으나 나머지 1명은 이××씨와 권××가 7점으로 경합되었기 때문에 이때 사무국은 직권으로 경합자 중에서 1명을 최종 선정하게 된다(중재규칙 제 22조 3항).

⑤ 후보자 중 중재인으로서 자격에 결격 또는 기피할 사유가 있는데도 불구하고(2의 중재인 자격내용 참조) 중재인으로 최종 선정된 경우에는 법원에 중재인 기피를 청구하여야 하는 불편이 있다[26](중재법 제 13조). 물론 중재인으로서 부적격한 사유

25) 종전규칙에 의해서는 삭제된 후보자는 절대적으로 중재인이 될 수 없기 때문에 삭제하는 당사자에게 오히려 유리하게 선정될 수 있었다. 졸서, 중재인의 지위와 중재판정부 구성에 관한 연구, 한국무역학회 학술발표, 1986.6.28-29

가 있는데도 불구하고 중재인으로 선정되었다면 선정된 중재인 스스로 이를 고지할 의무가 있다(중재법 13조 및 중재규칙 25조).

〈표 9-3〉 중재기관의 사무국에 의한 중재인 선정

중재원 사무국이 제시한 중재인 후보자 명단	신청인측 우선순위		피신청인측 우선순위		취합결과	
	의장	기타	의장	기타	의장	기타
홍 길 동	5	5	2	3	7	8
이 × ×	1	2	5	5	6	7
김 × ×	4	6	1	7	5	13
박 × ×	3	3	×	×	13	12
권 × ×	2	1	4	6	6	7
강 × ×	6	7	6	8	12	15
유 × ×	7	8	7	×	14	17
Mr.Brown	×	×	8	2	18	12
Mr.Smith	8	4	3	1	11	5
변 × ×	9	9	9	4	18	13

여기서 Mr. Brown씨는 신청인측에 의해서, 박××씨는 피신청인측에 의해서 거부되었는데, 이들은 희망순위의 표시가 없는 후보자와 함께 최하위의 동일희망순위로 지명한 것으로 보고 중재기관 사무국에 의해 조정 · 선정된다(중재규칙 21조).

중재인 선정은 중재결과를 좌우할 수 있을 만큼 중요하기 때문에 사무국에서 중재인 후보자를 추천할 때 신중해야 할 것이며, 중재기관의 대외 공신력을 고려하여 사무관리에도 당사자의 비밀이 철저히 보장되도록 하여야 할 것이다.[27]

이렇게 사무국의 추천과 양당사자의 동의형식으로 최종 선정된 중재인 후보자는 자신이 직접 중재인 취임수락을 사무국으로부터 요청받고 이를 수락함으로써 중재판정부가 구성된다.

중재판정부가 구성되면 사무국은 쌍방 당사자 및 중재인에게 지체없이 서면으로 중재인의 성명, 주소 및 직업을 상사중재규칙 1부를 동봉하여 통지한다(중재규칙 24조).

---

26) 이 점에 대해서 상사중재규칙에 중재인 기피절차가 없으므로 소송이 불가능 하다는 주장도 있다. 고석윤, 중재법 축조해설(중재논총 1972-1990, p.79) 참조.

27) 중재인 선정의 객관성을 위해 당사자 모두가 참석한 가운데 추천된 후보자 중 일명씩 삭제하여 최종적으로 남는 자를 중재인으로 선정하는 방법을 권하고 싶다.

사무국이 중재인부적격 고지를 접수하였을 때에는 즉시 이를 중재판정부와 당사자에게 통지하여야 하며, 중재인을 기피하고자 하는 당사자는 중재판정부가 구성된 날로부터 또는 중재인에 대한 기피사유를 안 날로부터 15일 이내에 서면으로 중재판정부에 대한 기피신청을 해야 한다. 그러나 당사자가 위기간내에 이의를 제기하지 아니하였을 경우에는 다시 그 사정을 이유로 그 중재인의 자격에 대하여 이의를 제기할 수 없다.

분쟁이 발생한 후에는 중재합의당사자는 중재판정부를 지체없이 구성되어야 한다.

중재판정부는 중재인 몇 명으로 구성하여야 하는지? 중재인을 어떠한 방법으로 선정할 것인지?를 중재합의서 구체적으로 합의 · 명시하기에는 상당한 어려움이 있고 중재인 지위에 대한 분쟁이 발생할 위험이 있기 때문에 상설중재기관의 중재규칙을 인용하여 중재판정부를 구성할 수 있도록 미리 합의해 두는 것이 바람직하다.

제 5 절　중재인의 권한과 의무

1. 중재판정권의 유무확인

상설중재기관이나 중재인은 중재판정부로 구성되어 중재합의계약에 따라 쟁점에 대한 시비를 판단하고, 판정의 결과를 당사자에게 통지할 권한과 의무가 있다.

이러한 권한과 의무는 중재인이 분쟁 당사자들로부터 부여받은 것으로서 중재합의내용에 따라 확대되기도 하고 제한되기도 하므로 당사자의 합의에서 나온다.

상설중재기관은 중재인에게 해당사건에 대한 판단권, 관할권(jurisdiction)이 있는지의 여부, 나아가 중재의 내용 또는 범위에 관하여 어디까지 판단할 권한이 있는가 하는 점을 우선적으로 검토해야 한다.

일반적으로 중재판정권의 존부에 관한 문제는 해당 중재판정부가 직접 본안사건 심리를 하기 이전에 먼저 판단해야 할 의무이며, 본안의 심리에 들어간 후에는 항변을 허용할 수 없다는 것이 절차법상의 일반원칙이다.[28)]

28) 주식회사 동주발효 대 전문건설공제조합 사건, 대법원 91다4812호 판결(1991.4.23)

중재인에게 중재판정권이 인정되지 않는 내용은 소송으로 해결할 문제이다.

그러나 중재계약 자체에 대한 분쟁, 즉 중재계약의 성립, 불성립, 무효, 소멸, 불소멸에 관한 분쟁이 일방당사자에 의해 소송으로 제기되었을지라도 중재계약은 사법상의 계약이므로 중재인은 중재절차를 중지하지 않고 중재를 속행하여 판단할 권리가 있다.

이러한 권한은 중재를 기피하고자 하는 일방 당사자의 지연술책(dilatory tactics)으로 야기될 수 있는 위험과 영향을 극소화시키는데 목적이 있다.[29)]

중재판정 이전에 그 법원판결이 확정되면 중재절차는 판정 없이 종결되어야 할 것이지만, 만약 중재판정시까지 법원의 판결이 확정되지 않을 경우에는 법원의 확정판결을 받은 후 중재판정에 대한 취소의 소나 집행판결의 소에서 이를 주장하여야 한다.

2. 중재인의 권한

중재인이 본안을 판단해서 판정을 하기까지의 권한은 대체로 법원의 법관과 대등한 지위에 있다 하겠으나 그 중 몇 가지 특이한 점이 있다.

① 중재인은 증인 또는 감정인을 강제로 중재심문에 출석시키거나 문서를 제출하도록 할 강제권이 없고, 이들을 선서시킬 권한도 없다.

이것은 형평과 선에 의한 우의적 중재의 본질에서 유래되어 법제에 반영된 결과라 할 수 있으나, 영미법계 국가의 일반적인 추세는 중재에서도 적정이상을 추구하면서 시비를 판단하는 법원의 판사와 형평을 위해 중재인은 증인과 감정인을 중재심문에 강제로 출석시키거나 문서를 제출하도록 하고 선서를 의무화시키고 있다.

예컨대, 미국에서는 중재인이 증인 또는 감정인에 대한 소환장(subpoena)을 발행할 수 있고, 증인 또는 감정인을 강제로 선서시킬 수도 있으며(미국 중재법 제 7조), 영국 역시 같은 입장을 취하고 있다(영국 중재법 제 12조).

중재인은 제시된 증거의 신빙성, 실질의 증거가치 및 증거력의 비중을 자유심증으로 판단·결정할 권한을 가지고 있는 것으로 인정되고 있으나, 자유심증주의도 중재

29) Draft Report of the UNCITRAL on the work of its eighteenth session(A/CN.9/Ⅷ), 1985. p. 2.

인이나 법관의 전자(專恣)를 허용하는 것은 아니다. 그 적정성의 판단과 결정은 논리법칙과 경험법칙에 따라야 하고, 사회정의와 형평의 이념에 입각해야 한다.30)

따라서, 영미법계 국가에서는 중재인이 증거법칙을 위반했다는 이유로 중재판정이 취소된 사례는 거의 없는 것으로 보인다.

② 중재인은 분쟁당사자들이 미처 약정하지 못했던 미진한 사항에 대하여 중재절차 진행상 필요할 때 당사자의 동의를 받아 계약보충권을 가진다.

당사자가 완벽하게 계약서 내용에 명문화하지 못하여 중재절차가 지연 또는 중단되거나 장래의 시장가격을 예측할 수 없는 상황에서 제품판매에 따른 「로얄티」 지급금액을 공란으로 했다가 나중에 중재인에 의해서 결정되도록 하게 하는 경우에는 중재인이 미진한 부분을 보충할 권한이 부여된다. 당사자간에 다른 합의가 없는 경우에 중재판정부는 일방 당사자의 신청에 따라 결정으로 분쟁의 대상에 관하여 필요하다고 인정하는 임시적 처분을 내릴 수 있다. 이 경우 중재판정부는 피신청인에게 임시적 처분에 갈음하여 제공할 담보의 금액을 정할 수 있다(중재법 18조).

우리 나라 중재법에 의하면 중재판정권에 대하여 중재판정부가 다음과 같은 내용을 결정할 수 있도록 규정하고 있다(중재법 17조).

1) 중재판정부는 자신의 권한 및 이와 관련된 중재합의의 존부 또는 유효성에 대한 이의에 대하여 결정할 수 있다. 이 경우 중재합의가 중재조항의 형식으로 되어 있는 때에는 계약중 다른 조항의 효력은 중재조항의 효력에 영향을 미치지 아니한다.

2) 중재판정부의 권한에 관한 이의는 본안에 관한 답변서를 제출할 때까지 제기되어야 하며, 이 경우 당사자는 자신이 중재인을 선정하였거나 선정절차에 참여하였더라도 이의를 제기할 수 있다.

3) 중재판정부가 중재절차의 진행중에 그 권한의 범위를 벗어났다는 이의는 그 사유가 중재절차에서 다루어지는 즉시 제기하여야 한다.

4) 중재판정부는 위의 규정에 의한 이의가 같은 항에 규정된 시기보다 늦게 제기되었더라도 그 지연에 정당한 이유가 있다고 인정하는 경우에는 이를 받아들일 수 있다.

5) 중재판정부는 위의 규정에 의한 이의에 대하여 선결문제로서 결정하거나 본안

30) 고석윤, 중재법 축조해설, 중재지 제115호(1981.8), p. 40.

에 관한 중재판정에서 함께 판단할 수 있다.

6) 중재판정부가 위의 선결문제로서 그 권한이 있다고 결정한 경우에 이의당사자는 당해 결정의 통지를 받은 날부터 30일 이내에 법원에 중재판정부의 권한에 대한 심사를 신청할 수 있다.

7) 중재판정부는 전항의 규정에 의한 신청으로 재판이 계속중인 경우에도 중재절차를 진행하거나 중재판정을 내릴 수 있다.

8) 전항의 권한심사신청에 대한 법원의 권한심사에 대하여는 항고할 수 없다.

③ 중재인은 제출된 서류의 신빙성과 유용성을 자유심증으로 판단할 권한이 있다. 일반적으로 중재제도는 소송제도의 딱딱하고 복잡한 절차에서 탈피형태로 발전되어 왔다고 할 수 있으므로, 중재절차가 분쟁당사자들의 편의에 따라 자유스런 분위기 속에서 진행된다.

절차가 자유롭게 진행될 수 있다는 것은 엄격한 법률적용을 배척할 수 있다는 의미를 포함하고 있기 때문에 중재인은 법률보다는 당사자 및 관계인의 주장, 진술, 입증내용에 따라 양심적으로 판단하여야 한다.

3. 중재인의 의무

중재인에게 이상과 같은 권한이 부여된 반면 중재인의 의무는 다음과 같은 내용으로 정리할 수 있다.

① 중재인은 중재대상이 중재합의내용의 범위에 포함되는지를 검토한 후 중재합의 내용에 따라 중재절차를 진행하며, 신의성실의 원칙에 따라 선량한 관리자의 주의(민법 제 681조)를 다할 의무와 직무수행에 관련하여 습득한 당사자의 대외비밀을 누설시켜서는 안될 의무가 있다(민법 제 2조).

② 중재인으로서의 자격결격사유가 있으면 이를 당사자 및 사무국에 고지할 의무가 있으며, 중재판정부가 중재절차진행상 필요한 자료와 중재판정의 기초로 삼으려는 감정서 또는 서증을 당사자들에게 고지할 의무가 있다.

③ 당사자간에 다른 합의가 없는 경우 중재판정부는 구술심리를 할 것인지 또는 서면만에 의한 심리를 할 것인지의 여부를 결정하여 하며, 당사자들이 구술심리를

하지 아니하기로 합의한 경우를 제외하고는 중재판정부는 일방 당사자의 신청에 따라 적절한 단계에서 구술심리를 하여야 한다. 중재판정부는 구술심리기일 또는 그 밖의 증거조사기일에 관하여 사전에 충분한 시간을 두고 당사자에게 통지할 의무가 있다.

④ 중재인은 중재판정문을 반드시 서면으로 작성하여야 하며, 중재인 전원이 서명할 의무가 있다. 다만, 3인 이상의 중재인으로 구성된 중재판정부의 경우에 과반수에 미달하는 일부 중재인에게 서명할 수 없는 사유가 있는 때에는 다른 중재인이 그 사유를 기재하고 서명하여야 한다.

⑤ 중재판정에는 그 판정의 근거가 되는 이유, 작성일자 및 중재지를 기재[31)]하여야 한다. 다만, 당사자간에 합의가 있거나 화해로 중재판정할 경우에는 예외로 한다.

⑥ 전항의 규정에 따라 작성・서명된 중재판정의 정본을 각 당사자에게 송부하고, 원본은 그 송부사실을 증명하는 서면을 첨부하여 관할법원에 송부・보관하여야 한다.

당사자들의 달리 기간을 정하고 있지 않는 한 각 당사자는 중재판정의 정본을 받은 날부터 30일 이내에 다음 중 1에 규정된 정정・해석 또는 추가판정을 중재판정부에 신청할 수 있고, 신청인은 상대방 당사자에게 그 취지를 통지하여야 한다.

1) 중재판정의 오산・오기 기타 이에 유사한 오류의 정정

2) 당사자간의 합의가 있는 경우에 중재판정의 일부 또는 특정쟁점에 대한 해석

3) 중재절차에서 주장되었으나 중재판정에 포함되지 아니한 청구에 관한 추가판정. 다만, 당사자간에 다른 합의가 있는 때에는 그러하지 아니하다.

중재판정부는 위의 1) 및 2)에 대하여는 신청을 받은 날부터 30일, 3)에 대하여는 60일 이내에 이를 판단하여 중재판정의 일부로 삼을 수 있고, 필요하다고 인정하는 때에는 위의 기간을 연장할 수 있다(중재법 34조 5항).

중재판정부는 당사자의 신청과는 별도로 중재판정일부터 30일 이내에 수자계산의 착오나, 서기 또는 타자원의 과실, 기타 이와 유사한 사유로 인하여 발생한 오자 또는 오타를 발견하였을 때에는 직권으로 정정할 수 있다(중재법 34조 4항).

중재인이 이러한 의무를 다할 수 있도록 하기 위하여 상설중재기관은 비록 약간의 차이가 있으나 중재인으로부터 다음과 같이 기재된 서면내용을 중재인이 수락・서명

31) 이 경우 중재판정은 당해 일자와 장소에서 내려진 것으로 본다(중재법 32조 3항).

하는 형식으로 서약서를 받고 있다.

① 본인이 지득한 바로는 중재인으로서 부적격 사유가 없다.

② 심문 또는 문서의 조사를 진행함에 있어서 지득한 사항이나 중재판정에 관하여 비밀을 보장하겠다.

③ 중재원이 정하는 이외의 보수 또는 수당은 어떠한 사람으로부터도 받지 않는다.

④ 중재의 결과에 따라 발생할지도 모르는 여하한 경제적 또는 개인적 이해관계에도 관련됨이 없도록 할 것이며, 어느 당사자에게 편파되거나 불공평한 중재를 하였다고 추정을 받을만한 일이 없도록 할 것이다.

그러나 미국이나 영국 또는 프랑스에서는 일반 당사자에 의해 선정된 중재인에게 이와 같은 서면서약을 요구하지 않고, 의장중재인 또는 의장중재인과 같이 당사자 쌍방에 의해 선정된 중재인만이 심문할 때마다 심문하기 이전에 구두로 선서하도록 되어 있다. 그리고 의장 중재인은 중재결과에 대한 재정적 혹은 개인적인 이해관계, 또는 당사자나 그 변호인과의 과거 혹은 현재의 관계 등이 공정한 직무수행에 영향을 미칠 우려가 있는 사정이 있으면, 동 사항을 사무국에 보고하여 사무국으로부터 적격여부에 대한 결정을 받도록 하고 있다(미국중재협회 상사중재규칙 제 18조).

제 6 절 중재심문절차

1. 중재심문 장소의 결정과 통지

중재심문장소(the place of hearing)는 양당사자가 중재인 앞에서 자신의 주장과 변론을 하는 장소로서 흔히 부르는 중재지(place of arbitration)와는 구별할 필요가 있다.

중재지 결정의 적부는 중재계약의 효력에 관한 해석의 적부를 좌우하는 기준이 될 뿐만 아니라, 중재판정의 승인 및 집행을 거부할 수 있는 기준[32]이 되는 것이라는

32) 유엔협약 제1조 1항과 제 5조 1항에 따르면 협약의 적용과 중재계약의 효력 유무는 중재판정을 내린 중재장소지 소속국가의 법을 그 결정기준으로 삼고 있다.

관점에서 매우 중요한 의미를 지니고 있기 때문이다.

일반적으로 「중재지[33]」란 중재절차 및 중재판정이 행하여지는 국가(또는 지역)를 말하며, 당사자합의로 정하는 것을 원칙으로 하나 당사자합의가 없는 경우에는 당사자의 편의와 당해 사건에 관한 제반사정을 고려하여 관할 중재판정부가 결정한다.

중재지 내에 일정한 장소를 대부분 심문장소로 삼고 있기 때문에 중재심문장소는 중재지의 한 요소라 할 수 있고, 중재심리절차는 모든 중재절차 중에서 심리에 해당하는 기간중의 절차만을 말하며, 중재인(중재판정부)이 결정하는 것을 원칙으로 한다.

중재판정부는 심리의 일시, 장소 및 방식을 결정한다고 규정(중재규칙 27조)하고 있으며 외국의 법규에서도 비슷한 취지로 되어 있다.

심문의 일시 및 장소가 결정되면 사무국은 중재인과 양당사자에게 심리개시 국내중재의 경우 10일, 국제중재의 경우 20일전까지 통지하여야 한다. 그러나 당사자가 위 기간을 변경하는 경우에는 그러하지 아니하다(중재규칙 27조). 중재판정부가 집중심리의 방식을 정하고 있을 경우에는 집중심리 등을 통하여 절차상 지연됨이 없도록 충분한 배려를 하여야 한다.

중재판정부는 당사자중 일방의 요구 또는 직권에 의하여 상당한 이유가 있으면 심문을 연기할 수 있으며, 당사자가 정당하게 통지 또는 고지받고도 심문에 출석하지 아니하거나 심문의 연기허가 없이 출석하지 않을 경우에도 중재를 속행시킬 수 있다.

중재심문장소에 따라 언어장벽이나 비용문제가 발생할 수 있지만 당사자의 합의로 이를 극복할 수도 있고, 실체적 권리관계는 당사자의 합의로 외국법을 준거법으로 할 수 있으나 절차에 관해서는 법정지법이 적용하는 것이 원칙이다(섭외사법 제9조).

실체법과 절차법이 분리되어 있지 아니한 영미의 국제사법이론에서도 권리(right)와 구제절차(remedy)를 구별하여 권리구제절차는 법정지법이 적용되고 있다.

그러나, 용이한 중재판정의 승인 및 집행을 고려하여 중재조항(arbitration clause)

---

33) UNCITRAL 중재규칙 제16조에서는 중재지를 "place of arbitration"로 중재심문장소를 "the locale of the arbitration"로 표현하고 있으나, AAA 중재규칙 제11조 및 12조 "the locale where the arbitration is to be held"와 "the place of hearing"으로 각각 표현하고 있다.

에 특정한 상설중재기관의 중재규칙을 미리 합의해 두는 것이 바람직하다.

2. 중재심문절차

중재심리는 중재판정부가 중재사건과 당사자의 호명으로 개시되어 당사자가 주장 및 입증을 다하였다고 인정할 때는 심리의 종결을 선언하여야 하며,[34] 중재서기는 매 심리시마다 다음 사항을 기재한 심리조서를 작성·비치하여야 한다.

① 심리의 장소 및 일시

② 중재인, 당사자, 대리인 성명, 또는 증인 등이 있는 경우, 그 성명 및 주소

③ 양당사자 및 대리인의 진술 또는 심리내용의 요지, 단, 증거조사의 결과는 중재판정부의 별도 요구가 없는 한, 녹음으로 대체할 수 있다.

중재판정부는 심문을 하기 전에 분쟁의 쟁점을 설명하는 진술을 요구할 수 있으며, 필요하다고 인정하는 경우에는 양당사자의 주장중 쟁점을 정리할 수 있다.

중재를 신청한 당사자는 신청취지 및 신청이유의 진술과 동시에 증거서류를 제출하고 증인을 출석시키며 중재의 피신청인인 당사자는 항변과 동시에 증거서류를 제출하고 증인을 출석시킨다.

당사자의 일방이 증거물을 제출하는 경우에는 중재판정부는 이를 증거로서 접수할 수 있고, 접수된 증거물에 대하여 서기는 번호를 붙여서 기록의 일부로 한다.

중재판정부는 필요하다고 인정하는 경우에는 심리절차를 변경할 수 있으나 당사자 쌍방에게 증거 및 관계자료를 제출할 수 있는 공평하고 충분한 기회를 주어야 한다.

당사자가 준비서면을 수차에 걸쳐 중복 제출함으로써, 공격·방어방법의 요지를 파악하기 어렵다고 인정한 때는 중재판정부는 심리의 종결에 앞서 요약된 준비서면의 제출을 명할 수 있고, 쟁점이 정리된 경우에는 이를 양당사자의 확인을 받아 정리된 쟁점에 대해서만 심리·판정할 수 있다(중재규칙 제 35조).

중재를 신청한 당사자가 신청취지를 특정하지 아니하거나, 신청이유 및 입증방법을 명시 또는 제출하지 아니하여 중재절차의 신속한 진행을 기대할 수 없다고 중재

---

34) 중재규칙에서 정하는 요약준비서면 등의 제출이 요구되는 경우에는 중재판정부가 동 서류의 제출을 위하여 정한 최종기일에 심리종결이 있은 것으로 본다(중재규칙 43조 2항).

판정부가 판단하거나 당사자 쌍방이 주장 및 입증을 태만히 하여 중재절차의 계속적 진행이 부적절하다고 판단하는 경우에는 중재판정부는 심리절차를 종결할 수 있다.

당사자의 일방이 정당하게 통지 또는 고지되었는데도 불구하고 출석하지 아니하거나 출석하여도 심리에 응하지 아니하는 경우에도 중재는 그대로 진행시킬 수 있고[35], 결석하거나 심리에 응하지 아니한 당사자가 제출한 서면 기타의 증거는 이를 진술 또는 제출한 것으로 보고 출석한 당사자에게 판정에 필요한 심리를 진행할 수 있다.[36]

중재신청인은 중재판정 이전에 중재신청의 일부 또는 전부를 서면으로 철회할 수 있으나 상대방이 답변서를 제출하거나 심리절차에서 진술한 후에는 상대방의 동의를 얻지 아니하면 그 효력이 없다.

중재판정부는 검증을 할 필요가 있을 경우에는 검증하기 전에 검증의 목적, 일시 및 장소를 정하여 당사자에게 통지하고, 당사자는 검증에 입회할 수 있다.

중재판정부는 당사자의 어느 일방의 신청이 있는 경우에는 당사자의 권리나 분쟁의 최종판정과는 관계없이 분쟁의 대상이 된 재산을 보호하기 위하여 필요한 조치를 당사자의 어느 일방에게 지시할 수 있고, 임시적 처분의 신청인에게 적절한 담보를 제공할 것을 명할 수 있다.

당사자는 자기의 주장을 입증할 수 있는 증거를 제출하거나 증인 또는 감정인의 임의출석을 신청할 수 있으나 중재판정부는 제출된 증거와 당사자의 주장이 서로 관련이 없다고 인정할 때는 이를 조사하지 아니할 수 있다.

중재판정부 역시 필요하다고 인정할 때는 증거의 제출이나 증인 또는 감정인의 임의출석을 요구할 수 있으나 중재판정부가 정한 기간내에 증거가 제출되지 아니하거나 증인 또는 감정인이 출석하지 않은 경우에도 중재판정부는 심리를 진행시킬 수 있다.

중재판정부가 중재판정에 필요하다고 인정하는 증거의 조사를 직접 할 수 없는 것은 직권 또는 당사자의 요구에 의하여 관할법원에 이를 신청할 수 있으며, 모든 증거

35) 대법원 72다1926 집행판결(1972.12.26) 및 대법원 84다카 1003집행판결(1988.2.9)내용 참조.
36) 당사자 쌍방이 정당하게 통지 또는 고지가 되었는데도 불구하고 2회 이상 출석하지 아니하거나, 출석하여도 심리에 응하지 아니하는 경우에는 중재판정부는 중재절차 종료를 선언할 수 있다(중재규칙 37조).

는 당사자 전원이 출석하고 단독중재인 또는 중재인의 과반수가 출석한 자리에서 제출 조사되어야 하지만 어느 당사자가 정당한 사유없이 출석하지 아니하거나 출석할 권리를 포기한 경우에는 그러하지 아니하다.

중재인은 제출된 증거의 신빙성과 유용성을 자유심증으로 판단하며, 중재판정부 직권으로 또는 당사자의 일방이 상당한 이유를 제시하여 심리재개를 신청하였을 경우에는 판정 전이면 언제든지 심리를 재개할 수 있다.

중재판정부가 중재판정에 필요하다고 인정되는 증거의 조사를 직접 할 수 없는 것은 직권 또는 당사자의 요구에 의하여 관할법원에 이를 신청할 수 있다.

그러나 영국, 미국 프랑스에서는 중재판정부는 증인 또는 감정인을 강제로 심문에 소환할 수 있고, 이들을 선서시킨 후 증언하도록 할 권한이 있다.

모든 증거는 당사자 전원과 단독중재인 또는 중재인의 과반수 이상이 출석한 자리에서 제출·조사되어야 한다. 그러나, 어느 당사자가 정당한 사유 없이 출석하지 아니하거나 출석할 권리를 포기한 경우에는 그러하지 아니하다.

중재인은 제출된 증거의 신빙성(relevancy)과 유용성을 자유심증으로 판단하고(중재규칙 42조 5항), 당사자들이 명시적으로 권한을 부여하는 경우에 한하여 형평과 선에 따라 판정을 내릴 수 있다(중재법 29조 3항).

심문절차는 비공개를 원칙으로 중재에 직접 이해관계가 있는 자만이 심문에 출석할 권리가 있으며, 그 외의 자에 대한 출석여부는 중재판정부가 결정한다.

중재판정부는 증인의 증언중에 다른 증인의 퇴석을 요구할 수 있으며(중재규칙 31조), 검증을 할 필요가 있을 경우에는 검증하기 전에 검증의 목적, 일시 및 장소를 정하여 당사자에게 통지하여야 하고 당사자는 검증에 입회할 수 있다.

3. 입증과 심문의 종결

심문이 진행되는 동안 당사자는 자신이 주장 또는 입증[37]하거나, 상대방의 주장에 반증하고자 할 때는 관련서류를 잘 정리하여 중재인과 상대방이 이유가 있다는 확신을 가질 수 있도록 하여야 할 것이다

37) 입증(proof)이란 증거의 법적 효과 - 즉, 증거에 의하여 확신을 얻게 하는 것을 말한다.

여기서 주장(allegation)이란 분쟁의 당사자가 권리의 발생, 변경, 소멸 등에 관하여 자기에게 유리한 법률효과 또는 사실을 표명하는 것을 말한다.

그리고 법률효과에 관한 주장을 「법률상의 주장」이라 하고, 사실의 존부에 관한 주장을 「사실상의 주장」이라 한다.

우리 나라 중재법에서는 서면주의와 구술주의를 병행하면서 당사자에게 입증책임과 주장책임을 부담시키고 있다.

당사자의 변론과 중재인의 심문행위 특히 증거조사는 변론기일에 구술로 하는 것을 원칙으로 하고, 당사자가 변론기일에 제출한 증거자료와 당사자의 표정에서 읽을 수 있는 심증을 중재판정의 기초로 삼아야 할 것이다.

심문은 진실과 평화와 질서가 추구되어야 하며, 결코 지혜를 자랑하는 장소가 되어서는 안 된다. 예절을 갖추어야 하며, 죄인을 다루듯이 하는 언동이나 말꼬리 물고 늘어지는 언행은 하지 말아야 한다.

그러나 일부 변호사에 의해서 심문시에 자행되고 있는 「준비서면의 기재대로 진술한다」고 서면을 인용하는데 그치거나, 심지어 변론당일에 사무국에 제출한 준비서면도 그 내용을 진술한 것으로 해두고 상대방에 다시 준비서면으로 응답하게 함으로써 중재심문을 서류교환장소로 하여 겉치레 구술주의로 하는 것은 중재를 해칠 뿐이다.

「종이는 얼굴도 붉히지 않고 거짓말을 한다」는 말이 있듯이 당사자의 서면본위에 의한 공방은 사실을 과장하기 쉽고, 쓸데없는 내용으로 진실을 왜곡시킬 수도 있다.

그러나, 중재신청서, 답변서, 반대신청서, 중재신청 변경서, 진술 요약서는 반드시 서면으로 제출하여야 하고, 기타의 진술서는 서면과 구술을 병행하는 원칙으로 자신의 주장을 하는 것이 좋을 것이다.

예컨대, 준비서면을 작성하고 다음과 같이 각종 입증서류를 정리하여 사무국 또는 중재인에게 제출하여 자신의 주장을 구술로 밝히는 것이 좋다.[38]

갑 1 호증(또는 A-1) : 중재합의계약서 사본(또는 원본)

갑 2 호증(A-2) : 거래계약서 사본

갑 3 호증(A-3) : 거래 주문서

38) 허위진술은 민소법 제 422조 1항 7호 소정의 증거로 간주되어 중재판정이 취소될 수도 있다. 대법원 80다 2908 1982.12.14 제 3부 판결

갑 4 호증(　　A-4) ; 관련상품의 상업신용장
갑 5 호증(　　A-5) ; 관련상품의 선하증권
갑 6 호증(　　A-6) ; ×월 ×일자 클레임 해결 1차 촉구서
갑 7 호증(　　A-7) ; 관련상품에 대한 ××검정기관의 품질검사 증명서
갑 8 호증(　　A-8) ; ×월 ×일자 클레임 해결 2차 촉구서
갑 9 호증(　　A-9) ; ×월 ×일자 중재신청 사유서

피신청인 역시 자신에게 유리한 각종 증거 자료들을 정리하여 중재인 앞에서 호명한 후 자신의 주장 또는 반증을 하여야 할 것이다.

증거자료의 수집 내지 취사에 있어서 구술에 의해 판정의 기초로 삼도록 하는 것보다 서면을 근거로 하는 것이 보다 현명하겠지만 중재는 재판과는 달리 오히려 구술주의에 치중하여 판정할 수 있다는 것이 장점이 될 수 있다.

분쟁 당사자는 자신의 권리 또는 법률관계의 존부를 주장함으로써, 자신에게 유리한 판단을 구하기 위하여 필요한 사항을 주장하여야 한다.

증인이나 감정인의 증언을 통하여 판정에 필요한 사실의 확정에 이르도록 하는 행위나 중재인의 심증을 형성하도록 할 책임은 무엇보다 당사자에게 달려 있다.

한 가지 객관적인 사실을 놓고 양당사자의 의견과 주장이 엇갈릴 때 증인을 내세워 진실과 허위를 갈라놓고 과장된 진술을 원래의 크기로 줄이며, 편견과 선입견으로 왜곡된 부분을 바로잡는 것은 반대심문을 통해서만 가능하다.

반대심문은 하나의 기술이기 때문에 이에 성공하기 위해서는 먼저 기본적인 접근방법과 이론에 관하여 현실적인 분석이 필요하다.

논리적인 사고, 일상사에 대한 명쾌한 인식, 끈기와 자제, 사람의 성격과 심리를 직관적으로 판단하는 능력, 조심성, 그 분야의 완벽한 지식, 상대방 증언의 약점을 재빨리 간파하는 본능이 필요하다. 그리고 상대방이 어떤 증인을 내세울지 또는 그 증인이 어떤 사항에 관하여 증언을 할지 반대심문자는 이를 미리 예측하여 이에 대비할 필요가 있다.

그리고 그 증인이 어떤 동기에서 상대방측 증인으로 심문에 나오게 되는가에 대하여도 미리 분석해 두는 것도 필요하다.

반대심문할 증인과 그 증인이 알고 있는 내용, 증언의 동기 등을 알고 나면 그 증

인으로 인하여 진실이 왜곡되는 일은 없을 것이다.

그러나, 앞에서 이미 밝힌바 있지만 증인과 감정인의 중재심문의 출석과 선서에 대하여 영미국가와 일본 및 우리 나라와는 상당한 차이를 보이고 있다.

일본이나 우리 나라에서는 증인이나 감정인이 중재인의 중재심문 출석 요구를 거부하는 경우 중재인은 이들을 제재할 수 없고, 관할법원에 이들의 심문을 직권으로 요청할 수 있을 뿐이다.

이때 법원으로서는 동 요청의 적법요건과 이유의 타당성을 판단하여 이유가 있다고 판단하였을 경우에는 재판관이 직접 필요한 심문을 한 다음 그 결과를 심문조서로 작성하여 중재인과 당사자에게 전달하는 과정을 취하게 된다.

이러한 재판소의 심문조서는 「기록에 의한 금반언의 효력」[39]이 있는 것이므로 중재인으로서는 심문조서 내용을 판정의 자료로 삼을 수밖에 없어 중재인이 직접 심문으로부터 자유심증으로 판단하는 것과는 상당한 거리가 있다. 중재인은 당사자의 주장과 쟁점내용을 잘 정리하여 중재결과에 영향을 주는 내용은 반드시 판단하여야 한다.

중재인은 법조문의 규정에 따른 형식적 기계작용이 아니라 오랜 인생경험과 인간성을 이해할 수 있는 보이지 않는 힘으로 판단하여야 하며, 임의로 출석한 증인이나 감정인을 선서시킬 수 없으므로 증인이나 감정인이 선서없이 증언하는 내용은 오히려 중재인의 판단을 그르치게 할 염려도 있다. 설사 중재인 앞에서 선서한 후 증언한 내용일지라도 위증한 증인을 위증죄로 처벌하기란 절차상 어려움이 있어 우리 나라에서는 이를 중재판정에 그대로 반영할 수 있는가 하는 점에 논란이 있을 수 있다.

선서는 이를 관장할 법적 권한이 있는 자, 이를테면 법원의 판사 앞에서 행해졌을 때 그 내용이 인정될 수 있을 것이나 사인의 지위에 있는 중재인은 구별된다.

영미법상의 선서는 종교적인 방식으로 성서(Bible)에 오른손을 얹고 자신의 진술이 진실이라는 것을 신에게 맹서하는 방법을 취하여 윤리적인 내면에 호소하고 있다.

자신의 종교상의 신념 또는 신앙에 반한다는 이유로 선서를 할 수 없는 경우에는 선서가 면제되며, 이에 대신하여 엄숙한 약속(affirmation)이 허용된다.

영미법에서는 중재인의 재량에 따라 증인이나 감정인을 소환하여 선서를 시킬 수

39) 금반언(禁反言)의 원칙은 기록에 의하여, 날인증서에 의하여, 행위에 의하여, 표시에 의하여 그 반대사실을 주장할 수 없는 것을 말한다.

있도록 법제가 마련되어 있음은 이미 앞에서 밝힌 바와 같다.

따라서, 영미법국가에서 중재인 앞에서 선서를 한 증인, 감정인 또는 통역인이 허위로 진술하였을 경우에는 위증죄가 성립될 수 있다.[40]

제 7 절 중재판정과 강제집행

중재판정(arbitral award)이란 중재계약의 당사자가 부탁한 분쟁의 해결을 위하여 중재인이 내리는 결정을 의미하며,[41] 중재당사자 사이에 법원의 확정판결과 동일한 효력을 가진다(중재법 35조). 확정판결이란 형식적 확정력[42]을 가진 판결 즉, 통상적인 불복신청으로 취소할 수 없는 상태에 있는 판결을 말한다.

우리 나라 중재법 또는 상사중재규칙에서는 중재판정의 종류를 구분하는 규정은 없으나 각국의 입법례에 따라 종국판정, 임시판정, 중간판정 또는 부분판정으로 구분할 수 있다.[43] 예컨대, UNCITRAL 중재규칙 제 32조 제 1항은 “in addition to making a final award, the arbitral tribunal shall be entitled to make interim, interlocutory, or partial awards”로 규정하고 있다.

중재판정은 사건의 전부에 대한 심문을 마치고 모든 사항에 관하여 최종적인 결정을 내리는 것을 전부판정이라 하고, 중재부탁사항의 일부에 대한 심문을 마치고 내리는 판정을 부분판정 또는 일부판정이라 한다.

그리고 임시판정 또는 중간판정은 당사자간에 별도의 약정이 없는 한 중재인이 타당하다고 판단하면 특정부분에 국한해서 임시적 또는 중간적인 판단을 내리는 내용을 말한다. 임시적 또는 중간적이라는 용어는 영문으로 “interim”, “interlocutory”,

40) Antony Walton, *op.cit.* p. 42.

41) Domke는 仲裁判定을 “The award is the final decision of the arbitrator in the settlement of a controversy” 간결하게 정의하였다. 일정한 법적 지위를 가지고 있는 법원의 법관이 내리는 시비의 판단을 판결이라 한다면, 법관의 지위가 아닌 지위에서 내리는 시비의 판단을 판정이라 할 수 있다.

42) 형식적 확정력이란 상급법원이 당사자의 상소 등에 의한 불복신청이 있을 경우에도 이를 취소할 가능성이 없는 상태를 말한다.

43) 유성근, UNCITRAL ARBITRATION RULES와 한국상사중재법규, 상사중재연구총서 대한상사중재원, p. 87.

"temporary" "provisional", 또는 "intermediate"로 표기되며, 이들 용어는 원래 "not final"이라는 의미를 지니고 있다. 그러나, 중재판정은 그 유형에 관계없이 종국성(finality), 확정성(definiteness), 확실성(certainty) 및 완결성(conclusiveness) 등의 성질을 갖추어야 하며, 공명정대하게 분쟁을 해결할 수 있어야 한다.

Russel에 의하면 「중재판정은 종국적, 확정적, 논리의 시종 일관적 및 실행가능적이어야 하며, 부탁사항을 유월(踰月)하는 결정을 하여서는 안 된다」고 주장하였다.[44] 중재판정에 대한 불복사유가 없는 한 중재당사자는 중재판정에 복종하여야 한다.

따라서, 중재판정부의 수임직무(mandate)는 중재판정을 내림으로써 종료되며, 중재판정은 판정취소의 사유 또는 승인 및 집행의 거부사유가 없는 한 구속력 있는 종국판정(final award)이라고 정의된다.

1. 중재판정의 범위와 형식

중재판정은 중재계약의 내용에 의해 제한을 받으므로 중재판정부는 당사자가 합의한 중재계약의 범위내에서 계약의 실질적인 이행뿐만 아니라 공정하고 정당한 배상이나 기타의 구제를 명하는 판정을 하여야 한다.

어느 일방에게 어떤 행위를 하지 말도록 금지하거나 또는 특정한 행위를 하도록 명령하는 선언적 중재판정은 피해야 할 것이다.[45] 중재판정부는 중재계약의 내용에 충실하게 부탁된 사항에 관해서만 다수결에 의해 결정을 내려야 하며, 중재판정은 서면으로 작성하여야 한다. 중재인 전원이 판정문에 서명하여야 하나, 3인 이상의 중재인으로 구성된 중재판정부의 경우에 과반수에 미달하는 일부 중재인에게 서명할 수 없는 사유가 있는 때에는 다른 중재인이 그 사유를 기재하고 서명하여야 한다.

중재판정문에는 그 판정의 근거가 되는 이유와 작성일자 중재지를 기재하여야 한다(중재판정은 당해 일자와 장소에서 내려진 것으로 본다). 다만, 당사자간에 합의가 있거나 화해중재판정인 경우에는 판정이유를 생략할 수 있다(중재법 32조).

---

44) "an award,in order to be valid, must be final, certain, consistent and possible, and must decide the matters submitted, and no more than the matters submitted", Anthony Walton 전게서, p. 271.

45) ICC Yearbook Vol. XIV- 1989, p. 540.

중재판정이유 불기재는 3가지 의미를 가지고 있는 것으로 분석될 수 있는데, ① 중재판정주문의 취지가 명확하지 않아서 주문의 취지를 알 수 없는 경우, ② 판정주문만 존재하고 그 전부 또는 일부에 대해서 이유기재가 없거나 또는 있더라도 당사자가 주장한 공격방어방법에 대해서 이유의 기재가 없는 경우, ③ 이유가 기재되어 있으나 판단과 이유간에 논리적인 연결이 없거나 이유 자체가 모순되는 경우이다.[46]

우리 나라 대법원은 판정이유 불기재에 대하여 "전혀 이유의 기재가 없거나 있더라도 불명료하기 때문에 판정이 어떤 사실상 또는 법률상의 판단에 기인하고 있는가를 판명할 수 없는 경우와 이유가 모순인 경우를 말한다 할 것이고, 중재판정서에 이유의 설시가 있는 한 그 판단이 실정법을 떠나 공평을 그 근거로 삼는 것도 정당하고, 또 판단에 부당한 점이 있거나 불완전한 점이 있다는 것은 이유를 붙이지 아니한 때에 해당하지 않는다."라고 하여 중재판정 취소사유로서 인정하는 것을 제한하고 있다.[47]

당사자의 이름을 '갑 회사의 대표이사 을'로 기재하여야 할 것을 '을'로만 기재하고 그 법률을 판단하는 부분에서는 위 합의에 의한 법률효과가 '을'이 아닌 '갑 회사'에게 발생한 것으로 판시한 판정문의 경우, 그 기재상의 잘못이 있다고 해도 중재판정이유를 살펴볼 때, 중재판정부가 '갑 회사의 대표이사 을'이라고 표현할 의사를 가지고서 실수로 '을'이라고 표현하고 있음을 쉽게 알 수 있고, 그 중재판정서만을 가지고서도 중재인이 어떻게 해서 그와 같은 결론에 이르게 된 것인지를 알 수 있기 때문에 중재판정 취소사유인 '판정이유 불기재'에 해당이 되지 않는다고 대법원은 판시[48]하였다.

손해액을 산정할 때, 기대이익에 대한 산정기간이나 기대이익의 구체적인 액수에 대해서 제시된 증거를 기초로 공평에 근거하여 판단하였다면, 설령 그 판단에 다소 부당한 점이나 불완전한 점이 존재한다고 해도 이러한 사항만으로 중재판정을 취소할만한 사유가 되지 않는다고 한 원심법원의 판단에 대한 상고심에서, 중재판정에

46) 목영준, 중재판정취소사유인 이유 불기재, 중재 제292호(1999년 여름), p. 23.
47) 영창실업교역주식회사 대 스카이하이 패션 피티와이 리미티드 사건, 1989.6.13.선고 88다카183,184 대법원 제3부 판결(공(1989) 1057)
48) 금정기업주식회사 대 문화물산주식회사 사건, 대법원 1998.3.10.선고 97다21918, 21925 판결.

붙여야 하는 이유는 당해 사건의 전제가 되는 권리관계에 대해서 명확하고 상세한 판단을 나타낼 것까지는 요구되지 않고 중재인이 어떻게 해서 그러한 판단에 이른 것인지를 알 수 있을 정도의 기재만 있으면 충분하고 또한 그 판단이 명백히 비상식적이고 모순되는 경우가 아닌 한 그 판단에 부당하거나 불완전한 점이 있다고 해서 중재판정을 취소할 정도는 아니라고 대법원이 판시한 사례[49]가 있다.

중재판정문의 정본은 각 당사자에게 송부되어야 하고, 원본은 그 송부사실을 증명하는 서면을 첨부하여 관할법원에 송부・보관한다.

중재판정 내용이 중재부탁조항에 규정되어 있지 아니하거나, 또는 그 조항의 범위에 속하지 아니하는 분쟁에 관한 것이거나, 또는 중재부탁의 범위를 벗어나는 사항에 관한 결정을 포함하는 것일 경우에는 동판정 내용의 승인과 집행은 거부될 수 있다(UN 협약 5조 1-c항). 다만 중재에 부탁한 사항에 관한 결정이 부탁하지 아니한 사항과 분리될 수 있는 경우에는 중재부탁사항에 관한 결정을 포함하고 있는 판정의 부분은 승인되고 집행될 수 있다.

그러나, 이와는 반대로 중재부탁사항의 일부에 대한 판정을 누락한 경우에는 중재인은 판정문이 당사자에게 전달되기 전에 이를 보완하여야 하며, 보완하지 못한 판정은 중재판정 전체가 무효로 될 수 있다.

다음 〈표 9-4〉로 제시된 중재판정문은 미국중재협회(American Arbitration Association)의 주도로 중재되어 작성된 중재판정문으로서 우리 나라 중재법에 따라 작성된 중재판정문의 형식과 내용상 상당한 차이를 보이고 있다.

중재판정문 자체가 우리 나라에서 작성되는 중재판정문의 판정주문에 해당될 뿐 중재신청인의 중재신청취지나 중재판정이유의 요지가 전혀 기재되어 있지 않다.

그러나, 우리 나라에서도 당사자는 계약자유의 원칙에 따라 중재합의 내용에 중재판정이유를 기재하지 않도록 정할 수 있으며, 그러한 경우에는 판정문에 판정이유의 요지를 생략할 수 있다.

영국의 중재법(1979) 제 1조 5항에서도 중재판정문에 그 판정의 이유가 충분히 그

49) 대한알루미늄공업주식회사 대 동양마샬주식회사 사건, 대법원 1998.7.10.선고 98다901판결(공(1998) 2073), 이승자 대 박양호 사건, 2000.11.24선고 2000다47200판결(공(2001) 143) 및 금정기업주식회사 대 서경덕 사건, 대법원 2001.4.10.선고 99다13577,13584판결(공(2001) 1069)

리고 상세하게(in sufficient detail) 기술되어 있지 아니하는 경우에는 법원은 중재인에게 판정의 이유를 밝히도록 명령할 수 있는 권한이 있다.

〈표 9-4〉 미국중재협회의 중재판정문

AWARD OF ARBITRATOR

*ABC Co., Vs. PQ Inc.,
*Case No : GAC 1312-1591-79

I. THE UNDERSIGNED ARBITRATOR, having been designated in accordance with the Arbitration Agreement entered into by the above-named and dated March 16, 1978, No. 7169, and having been duly sworn and having duly hearing the proofs and allegations of the Parties, do hereby, Award, as follows:

1. Within thirty (30) days from the date of transmittal of this Award to the Parties, PQ Inc.,hereinafter referred to as PQ, shall pay to ABC Co., hereinafter referred to as ABC, the sum of SIX THOUSAND EIGHT HUNDRED AND EIGHTY FIVE DOLLARS($6,885.00), plus interest thereon at the rate of twelve percent (12%) per annum commencing with the date of July 10, 1978, to the date of payment.

2. The administrative fee of the American Arbitration Association totalling TWO HUNDRED THIRTY FIVE DOLLARS AND FORTY FOUR CENTS($235.44), shall be borne entirely by PQ. The fee for Postponement shall be borne by the Party having requested same. Therefore, PQ shall pay to the additional sum of TWO HUNDRED THIRTY FIVE DOLLARS AND FORTY FOUR CENTS($235.44), representing the entire administrative fee previously advanced by ABC to said Association. The administrative expenses totalling SEVEN DOLLARS AND FORTY TWO CENTS($7.42), shall be borne equally by the Parties. Therefore, ABC and PQ shall each pay to the American Arbitration Association the sum of THREE DOLLARS AND SEVENTY ONE CENTS($3.71), representing their respective one-half share of the administrative expenses still due said Association.

3. This Award is in full settlement of all claims submitted in this Arbitration.

DATED : JUNE 4,1980
STATE OF NEW YORK MYRON JOFFE

2. 판정문의 작성, 송달 및 보관

우리 나라의 중재법에 따라 중재・작성되는 중재판정문에는 다음 사항들을 명기하고 중재인이 서명하도록 규정하고 있다(중재규칙 제 49조).

① 당사자의 성명, 또는 명칭과 주소, 대리인이 있는 경우에는 그 대리인의 성명과 주소

② 판정주문 및 판정이유

③ 작성년월일

④ 중재지(중재장소)

판정문의 작성 년월일은 중재판정일이 아니다. 판정일을 실제로 작성한 일자와 중재인들이 판정문에 서명한 일자가 동일한 것이 이상적이기는 하나, 반드시 그럴 필요는 없다. 설사 일자가 서로 상이하다 하더라도 이는 위법이라 할 수 없고, 판정문 원본 작성일로부터 중재인 전원이 서명한 날의 일자라면 무방하다.

당사자간에 다른 합의가 없는 경우에 3인 이상의 중재인으로 구성된 중재판정부의 의사결정은 과반수의 결의에 의한다. 다만, 중재절차는 당사자간의 합의가 있거나 중재인 전원이 권한을 부여하는 경우에는 중재절차를 주재하는 중재인이 단독으로 이를 결정할 수 있다(중재법 30조).

3인 이상의 중재인에 의한 중재판정의 경우, 과반수에 해당하지 아니하는 중재인 일부가 중재판정에 서명을 거부하거나 서명할 수 없을 때에는 다른 중재인이 그 사유를 기재하고 서명하여야 한다(중재규칙 49조 2항).

당사자간에 다른 합의가 없는 경우에 중재절차에서 사용될 언어는 한국어로써 한다. 다만, 당사자의 일방 또는 쌍방으로부터 요구가 있거나 또는 중재인중에서 외국의 국적을 가진 자가 있을 때는 한국어와 영어를 공용할 수 있으며 이에 따라 국문과 영문으로 작성되는 중재판정문은 모두 이를 정본으로 한다. 그러나 국문과 영문의 중재판정문에 해석상 차이가 있을 때는 한국어에 의하여 해석한다(중재규칙 50조).

중재인이 작성・서명한 중재판정의 정본은 각 당사자에게 송부되어야 하고, 원본

은 그 송부사실을 증명하는 서면을 첨부하여 관할법원에 송부·보관하여야 한다.

3. 중재판정의 이행과 강제집행

중재판정은 당사자에게 법원의 확정판결과 동일한 효력이 있어(중재법 35조) 형식적 확정력이 생기므로 민사소송에서처럼 법원에 항소나 상고와 같은 불복을 할 수 없고, 중재인은 중재판정을 철회 또는 변경할 수도 없다.

따라서, 중재판정문이 당사자에게 전달되면 당사자들은 이에 구속받고, 중재판정 내용에 승복하여 중재판정내용을 스스로 이행하여야 한다.

그러나 중재판정은 그 자체로서 집행력이 없으므로 중재판정에 패한 당사자가 중재판정을 스스로 이행하지 않아 채무명의를 얻고자 할 때에는 관할법원에 별도로「집행문[50] 부여의 소」를 제기하여 집행판결을 얻어 강제집행절차를 밟아야 한다.[51]

원래 확정판결은 국가권력에 기한 행위로서 그것으로 국법에 적합한 효력을 지니고 있기 때문에 별도의 집행절차 없이 집행력을 부여하여 신속하게 분쟁을 해결하도록 하는 것이 원래의 중재제도의 장점이고 당사자들이 소망하는 분쟁해결방법일 것이다.

그러나, 국내외 중재인에 의한 중재판정과 외국법원의 확정판결에 대한 강제집행은 국법의 실현상 아무래도 불안하기 때문에 간이한 소송으로서 그 요건을 심사한 뒤 판결로서 그 당위성을 인정하려고 한 절차로 볼 수 있다. 또한 중재판정은 사적인 분쟁해결행위로서 그 권위는 당사자간의 합의에 의한 것이기 때문에 국법에 적합하게 행하여졌다는 보장이 없다. 이러한 문제점으로 중재판정이 그 자체로서 집행력을 가질 수 없다는 주된 이유라 할 수 있다.

따라서, 모든 나라는 중재판정에 국가의 전속하는 집행권의 행사로 사실화하기 위해 국법으로 집행력을 부여한 후 중재판정내용이 강제 집행되도록 하고 있다.[52]

---

50) 집행문이란 채무명의의 집행력의 현존과 집행력의 내용을 공증하기 위하여 공증공무원이 채무명의의 정본의 말미에 부기하는 공증문언을 말한다.

51) 중재판정의 승인 또는 집행은 ① 중재판정의 정본 또는 정당하게 인증된 그 등본 ② 중재합의의 원본 또는 정당하게 인증된 그 등본(다만, 중재판정 또는 중재합의가 외국어로 작성되어 있는 경우에는 정당하게 인증된 한국어의 번역문을 첨부)을 첨부하여 법원의 승인 또는 집행판결을 받아야 한다.

강제집행은 법원의 집행판결로 그 적법함을 선고한 때에 한해서 할 수 있고, 다음과 같은 내용으로 중재판정의 취소의 소를 제기[53]할 수 있는 이유가 있으면 하지 못한다.

1) 중재판정의 취소를 구하는 당사자가 다음 중 1에 해당하는 사유를 증명하는 경우

① 중재합의의 당사자가 그 준거법에 의하여 중재합의 당시 무능력자이었던 사실 또는 중재합의가 당사자들이 지정한 법에 의하여 무효이거나 그러한 지정이 없는 경우에는 대한민국의 법에 의하여 무효인 사실

② 중재판정의 취소를 구하는 당사자가 중재인의 선정 또는 중재절차에 관하여 적절한 통지를 받지 못하였거나 기타의 사유로 인하여 본안에 관한 변론을 할 수 없었던 사실

③ 중재판정이 중재합의의 대상이 아닌 분쟁을 다룬 사실 또는 중재판정이 중재합의의 범위를 벗어난 사항을 다룬 사실. 다만, 중재판정이 중재합의의 대상에 관한 부분과 대상이 아닌 부분으로 분리될 수 있는 경우에는 대상이 아닌 중재판정부분만을 취소할 수 있다.

④ 중재판정부의 구성 또는 중재절차가 이 법의 강행규정에 반하지 아니하는 당사자간의 합의에 따르지 아니하거나 그러한 합의가 없는 경우에는 이 법에 따르지 아니하였다는 사실

2) 법원이 직권으로 다음 중 1에 해당하는 사유가 있다고 인정하는 경우

① 중재판정의 대상이 된 분쟁이 대한민국의 법에 따라 중재로 해결될 수 없는 때

② 중재판정의 승인 또는 집행이 대한민국의 선량한 풍속 기타 사회질서에 위배되는 때

---

52) 우리 나라에서 중재판정에 대한 최초의 강제집행은 1972.3.7 서울민사지방법원 제 8 부에서 71가 합 2098호 사건이었으며, 동 사건은 피고측의 항소와 상고가 있었으나 모두 기각되었다(1972.9.20 서울고등법원판결, 1972.12.26 대법원 판결).

53) 중재판정취소의 소는 중재판정의 취소를 구하는 당사자가 중재판정의 정본을 받은 날부터 또는 중재법 제34조의 규정에 의한 정정·해석 또는 추가판정의 정본을 받은 날부터 3월 이내에 제기하여야 한다. 중재법 36조.

우리나라에서 내려진 중재판정(국내중재판정)은 중재법 제36조 제2항의 사유가 없는 한 승인 또는 집행되어야 하고, 뉴욕협약의 적용을 받는 외국중재판정의 승인 또는 집행은 뉴욕협약 내용에 의해 승인 및 집행된다. 그러나 뉴욕협약의 적용을 받지 아니하는 외국중재판정의 승인 또는 집행은 민사소송법 제217조, 민사집행법 제26조 제1항 및 제27조의 규정을 준용한다.

우리 나라 법원에서 내려진 승인 또는 집행판결이 확정된 중재판정은 중재판정취소의 소를 제기할 수 없다(중재법 36조 4항).

지금까지 확인된 중재판정에 대한 판정취소 신청사건의 주된 이유를 보면 외형적으로는 법리적 이유로 나타나 있지만 실제로는 경제적인 이유라고 할 수 있다. 패소할 것을 뻔히 알면서도 소송기간동안의 법정금리(보통 6%)와 사회시장금리(흔히 15-20%)사이의 차이와 인플레심리를 노려 당연히 지급해야 할 금액을 활용하여 경제적 · 심리적인 실리를 챙길 수 있었기 때문에 소송을 통해서 시간을 지연시키면 시킬수록 자신에게 유리하게 작용하는 사례가 많았다. 그러나 업계로부터 공신력을 잃게 되어 장기적인 안목에서는 오히려 손해를 입을 수도 있다는 점을 인식해야 할 것이다.

연 습 문 제

1. 주관식 문제
   1) 중재신청을 할수 있는 요건에 대하여 설명하시오.
   2) 중재신청에 대하여 피신청인이 취할 수 있는 방법을 논하시오.
   3) 중재인의 자격에 대하여 설명하시오.
   4) 중재인의 권한과 의무에 대하여 논하시오.
   5) 중재판정부 구성에 대한 절차와 문제점을 설명하시오.
   6) 중재인을 기피할 수 있는 사유에 대하여 설명하시오.
   7) 증인 및 감정인 심문에 대하여 우리 나라와 미국과의 법률상 차이점을 설명하시오.

2. 용어해설 문제
   1) 서면주의
   2) 구술주의
   3) 준비서면
   4) 자유심증
   5) 중재판정
   6) 병합심리
   7) 중재인단
   8) 피고지주의
   9) 중재심문
   10) 판정주문
   11) 외국중재판정

제 3 편

대법원의 중재에 관한 판결사례

Ⅰ. 중재계약에 관한 판례

1. 대법원 2003. 8. 22. 선고 2003다318 판결【채무부존재확인】

[공2003.10.1.(187),1916]

【판시사항】

[1] 중재조항이 중재계약으로서 효력이 있는지 여부의 판단 기준

[2] 이른바 선택적 중재조항에 있어서 일방 당사자가 중재합의의 부존재를 적극적으로 주장하며 중재에 의한 해결에 반대하는 경우, 중재계약으로서의 효력(무효)

[3] 국제입찰에 의한 외자물품계약에서 정한 계약금액고정특약이 국가를 당사자로 하는 계약에 관한법률 제19조에 위반되지 않는다고 한 사례

【판결요지】

[1] 구 중재법(1999.12 31.법률 제6083호로 개정되기 전) 제1조, 제2조 1항, 2항, 제3조의 규정에 비추어 중재계약은 사법상의 법률관계에 관하여 당사자 간에 발생하고 있거나 장래에 발생할 분쟁의 전부 또는 일부를 법원의 판결에 의하지 아니하고 중재에 의하여 해결하도록 서면에 의하여 합의를 함으로써 효력이 생기는 것이므로, 구체적인 중재조항이 중재계약으로서 효력이 있는 것으로 보기 위하여는 위와 같은 중재법이 규정하는 중재의 개념, 중재계약의 성질이나 방식 등을 기초로 당해 중재조항의 내용, 당사자가 중재조항을 두게 된 경위 등 구체적 사정을 종합하여 판단하여야 한다.

[2] '국적이 같은 구매자와 공급자 간의 분쟁은 구매자 국가의 법에 따라 판결 또는 중재에 의하여 해결되어야 한다(the dispute shall be referred to adjudication/arbitration in accordance with the laws of the Purchaser's country).'와 같은 내용의 선택적 중재조항은 물품공급계약의 일방당사자가 상대방에 대하여 판결이 아닌 중재절차를 선택하여 그 절차에 따라 분쟁해결을 요구하고 이에 대하여 상대방이 별다른 이의 없이 중재절차에 임하였을 때 비로소 중재계약으로서 효력이 있다고 할 것이므로, 일방 당사자의 중재신청에 대하여 상대방이 중재신청에 대한 답변서에서 중재합의의 부존재를 적극적으로 주장하면서 중재에 의한 해결에 반대한 경우에

는 중재계약으로서의 효력이 있다고 볼 수 없다.

[3] 국가를 당사자로 하는 계약에 관한 법률 등 관계 법령의 내용, 외자물품계약의 특성, 물품공급계약 체결 및 계약금액 고정특약의 내용과 그 특약의 설정 경위 등을 종합하여, 국제입찰에 의한 외자물품계약에서 정한 계약금액 고정특약이 국제입찰에 의한 외자물품계약의 당사자 사이에 합의에 따른 것으로서 유효하고, 물가변동 등에 의한 계약금액 조정을 규정하고 있는 국가를 당사자로 하는 계약에 관한 법률 제19조에 위반되어 무효라고 볼 수 없다고 한 사례.

【참조조문】

[1] 구 중재법 제1조(현행 제1조) 제2조(현행 제3조, 제8조), 제3조 (현행 제9조), 국가를 당사자로 하는 계약에 관한 법률 제1조, 제2조, 제19조, 구 외자구매계약규정(1996. 12. 31. 대통령령 제15187호로 폐지되기 전의 것) 제7조, 제11조 제2항

【전 문】

【원고, 피상고인】 대한민국(소송대리인 법무법인 태평양 담당변호사 강용현 외 2인)

【피고, 상고인】 주식회사 로템(전 한국철도차량 주식회사)(법무법인 광장 정은환 변호사)

【원심판결】 서울고법 2002. 11. 28. 선고 2001나73093 판결

【주문】 : 상고를 기각한다. 상고비용은 피고가 부담한다.

【이유】

1. 상고이유 제1점에 대하여

구 중재법(1999.12.31. 법률 제6083호로 개정되기 전) 제1조는 이 법은 당사자 간의 합의로 사법상의 분쟁을 법원의 판결에 의하지 아니하고 중재인의 판정에 의하여 신속하게 해결함을 목적으로 한다고 규정하고 있고, 제2조 제1항은 중재계약은 사법상의 법률관계에 관하여 당사자 간에 발생하고 있거나 장래에 발생할 분쟁의 전부 또는 일부를 중재에 의하여 해결하도록 합의(이하 '중재계약'이라 한다)함으로써 효력이 생긴다고 규정하고 있으며, 같은 조 제2항은 전자의 중재계약은 당사자가 중재를 합의한 서면에 기명·날인한 것이거나, 계약 중에 중재조항이 기재되어 있거나, 교환된 서신 또는 전보에 중재조항이 기재된 것이어야 한다고 규정하고 있고, 제3조는 중재계약의 당사자는 중재판정에 따라야 한다. 다만, 중재계약이 무효이거나 효력을 상실하였거나 이행이 불능일 때에 한하여 소를 제기할 수 있다고 규정하고 있는바, 이와 같이 중재계약은 사법상의 법률관계에 관하여 당사자 간에 발생하고 있거나 장래에 발생할 분쟁의 전부 또는 일부를 법원의 판결에 의하지 아니하고 중재에 의하여 해결하도록 서면에 의하여 합의를 함으로써 효력이

생기는 것이므로, 구체적인 중재조항이 중재계약으로서 효력이 있는 것으로 보기 위하여는 위와 같은 중재법이 규정하는 중재의 개념, 중재계약의 성질이나 방식 등을 기초로 당해 중재조항의 내용, 당사자가 중재조항을 두게 된 경위 등 구체적 사정을 종합하여 판단하여야 할 것이다 .

기록에 비추어 살펴보면, 이 사건 물품공급계약의 일부를 이루는 계약일반조건 제28조 제1항은 "구매자와 공급자는 계약상 또는 계약과 관련하여 발생하는 모든 이견 및 분쟁을 직접적이고 공식적인 협상에 의해 원만하게 해결될 수 있도록 최선을 다하여야 한다."고 규정하고, 제2항은 "만일 그러한 비공식적인 협상의 개시일로부터 30일이 지나도록 구매자와 공급자 간의 계약상 분쟁이 해결되지 않을 경우, 일방 당사자는 그 분쟁이 계약특수조건에서 명기된 공식적인 분쟁해결 수단 및 방법에 따라 해결되어질 것을 요구할 수 있다(either party may require that the dispute be referred for resolution to the formal mechanisms specified in the Special Condition of Contract)."고 규정하고 있으며, 계약특수조건 제10조 제1항은 "계약일반조건 제28조에 의한 분쟁해결 수단 및 방법은 다음과 같다. 첫째, 국적이 같은 구매자와 공급자 간의 분쟁은 구매자 국가의 법에 따라 판결 또는 중재에 의하여 해결되어야 한다(the dispute shall be referred to adjudication/arbitration in accordance with the laws of the Purchaser's country)."고 규정하고 있는 사실, 피고가 1999. 12. 30. 원고를 상대로 이 사건 주장과 같은 계약금액 증액 등을 이유로 대한상사중재원에 중재신청을 한 사실, 피고의 중재신청에 대해 원고가 그 답변서 및 그 후의 준비서면에서 계속하여 중재합의가 없음을 이유로 위 중재신청의 각하를 주장한 사실을 인정할 수 있는바, 앞서 본 법리에 비추어 보면, 위와 같은 내용의 선택적 중재조항은 이 사건 물품공급계약의 일방 당사자가 상대방에 대하여 판결이 아닌 중재절차를 선택하여 그 절차에 따라 분쟁해결을 요구하고 이에 대하여 상대방이 별다른 이의 없이 중재절차에 임하였을 때 비로소 중재계약으로서 효력이 있다고 할 것이고, 이 사건에서와 같이 일방 당사자인 피고의 중재신청에 대하여 상대방인 원고가 중재신청에 대한 답변서에서 중재합의의 부존재를 적극적으로 주장하면서 중재에 의한 해결에 반대한 경우에는 중재계약으로서의 효력이 있다고 볼 수 없다 할 것이다.

원심 판단에는 다소 부적절한 설시가 없는 것은 아니나 이 사건 선택적 중재조항이 중재계약으로서 효력이 없다는 이유로 피고의 본안전 항변을 배척한 결론은 정당한 것으로 수긍할 수 있고, 거기에 상고이유에서 주장하는 바와 같은 심리미진, 사실오인이나 선택적 중재조항의 효력에 관한 법리오해 등의 위법이 있다 할 수 없다.

2. 상고이유 제2점에 대하여

국가를 당사자로 하는 계약에 관한 법률(이하 '국가계약법'이라 한다) 제1조는, 이 법은 국가를 당사자로 하는 계약에 관한 기본적인 사항을 정함으로써 계약업무의 원활한 수행을 도모함을 목적으로 한다고 규정하고, 제2조는, 이 법은 국제입찰에 의한 정부조달계약, 국가가 대한민국 국민을 계약상대자로 하여 체결하는 계약(세입의 원인이 되는 계약을 포함한다)등 국가를 당사자로 하는 계약에 대하여 적용한다고 규정하며, 제19조는 각 중앙관서의 장 또는 계약담당공무원은 공사·제조·용역 기타 국고의 부담이 되는 계약을 체결한 다음 물가의 변동, 설계변경 기타 계약내용의 변경으로 인하여 계약금액을 조정할 필요가 있을 때에는 대통령령이 정하는 바에 의하여 그 계약금액을 조정한다고 규정하고 있고, 또한, 국가계약법은 국제입찰에 의한 정부계약에 관하여, 그 계약과정에서의 중앙관서의 장 또는 계약담당관의 정부조달계약의 범위와 관련된 행위, 입찰참가자격과 관련된 행위, 입찰공고와 관련된 행위, 낙찰자결정과 관련된 행위 등에 의하여 불이익을 받은 자는, 중앙관서의 장에게 이의를 할 수 있고, 그 이의에 대한 결정에 대하여는 재심청구를 할 수 있으며, 그 재심청구에 대한 심사기구로 국제계약분쟁조정위원회를 설치하고, 그 위원회의 조정에 대하여는 재판상화해와 동일한 효력을 부여하는 규정을 두고 있으며(제28조 이하), 구 외자구매계약규정(1996. 12. 31. 대통령령 제15187호로 폐지되기 전의 것) 제7조 제1항은 외자를 구매하기 위한 경쟁입찰에 있어서 정부에 유리하다고 인정할 때에는 입찰자로 하여금 개찰된 입찰서 중 공고조건과 부합되지 아니한 사항을 철회 또는 변경하게 할 수 있다고 규정하고, 제2항은 입찰자가 제출한 입찰서의 내용이 공고조건보다 정부에 유리하다고 인정할 때에는 그 입찰서를 채택하여 계약을 체결할 수 있다고 규정하며, 제11조 제2항은 외자구매에 있어서 상관례에 의하여 계약을 체결하는 것이 정부에 유리한 경우 소속 중앙관서의 장의 승인을 얻어 그 상관례에 의하여 계약을 체결할 수 있다고 규정하고 있고, 기록에 비추어 살펴보면, 이 사건 계약서에서 계약의 내용을 이루는 문서의 하나로서 '입찰자가 제시한 입찰서 양식과 가격목록(the Bid Form and the Price Schedule submitted by the Bidder)', '계약일반조건(the General Conditions of Contract)' 및 계약특수조건(the Special Conditions of Contract)을 들고 있는 사실, 계약일반조건 제17조 제1항은 "공급자가 계약의 이행에 따른 상품 및 용역의 대가로 청구하는 금액은 계약특수조건에서 별도로 정하는 가격조정을 제외하고는 공급자가 입찰시 제시한 가격과 상이해서는 안 된다."고 규정하여 원칙적으로 계약금액 조정을 불허하면서 다만, 예외적으로 계약특수조건에서 계약금액 조정을 인정할 수 있도록 하였으나, 계약특수조건에서는 그에 관해 아무런 예외규정을 두고 있지 않은 사실, 위 입찰서 양식과 가격목록은 입찰서류의 일부를 구성하는 문서이기도 한데, 입찰자지침서 제11조 제4항도 "입찰자에 의해 제시된 가격은 계약기간 동안 고정될 것이며, 어떤 경우에도 조정되지 않을 것이다."고 규정하고 있는 사실, 이 사건 물품공급계약은 국제입찰에 의해 외자물품계약으로 체결된 경우로서, 국제부흥개발은행(the International Bank for Reconstruction and Development, 이하 'IBRD'라 한다)으로부터 차관을 받아 그 재원으로 IBRD가 발행한 표준입찰서류(Standard Bidding Documents)를 기준으로 하여 계약조건을 작성하였고, 거기에 위와 같은 이 사건 계약금액 고정특약이 들어가 있음을 알 수 있다.

위에서 본 바와 같은 국가계약법 등 관계 법령의 내용, 외자물품계약의 특성, 이 사건 물품공급계약체결 및 계약금액 고정특약의 내용과 그 특약의 설정경위 등을 종합하여 보면, 이 사건 계약금액 고정특약은 국제입찰에 의한 외자물품계약의 당사자 사이에 합의에 따른 것으로서 유효하다고 할 것이고 그것이 물가변동 등에 의한 계약금액 조정을 규정하고 있는 국가계약법 제19조에 위반되어 무효라고 볼 수는 없다 고 할 것이며, 이와 같이 이 사건 계약금액고정특약이 유효한 이상 피고에게 위 규정에 기하여 계약금액의 조정을 요구할 수 있는 권리가 있다고는 볼 수 없다고 할 것이므로, 같은 취지의 원심 판단은 정당하고 거기에 상고이유에서 주장하는 바와 같은 국가계약법에 관한 법리오해 등의 위법이 있다 할 수 없다.

3. 상고이유 제3점에 대하여

원심판결 이유에 의하면 원심은, 이 사건 계약금액 고정특약조항은 신의성실에 반하여 공정을 잃은 조항이고 고객에 대하여 부당하게 불리한 조항이며, 법률의 규정에 의한 고객의 항변권, 상계권 등의 권리를 상당한 이유 없이 배제 또는 제한하는 조항이므로, 약관의규제에관한법률 제6조 제1항, 제2항 제1호, 제11조 제1호 등에 위반되어 무효라는 피고의 주장에 대하여, 이 사건 계약금액 고정특약이 계약 상대방에게 부당하게 불리한 내용이라고 할 수 없고 계약상대방에게 계약금액 조정요구권이 있는 것이 아니어서 그러한 권리를 배제 또는 제한하는 것도 아니므로 약관의 규제에 관한 법률 제6조 등에 위반되어 무효라고 볼 수 없다는 이유로 이를 받아들이지 아니하였는바, 관계 법령 및 기록에 비추어 살펴보면, 원심의 위와 같은 판단은 옳고, 거기에 상고이유에서 주장하는 바와 같은 약관의 규제에 관한 법률에 관한 법리오해 등의 위법이 있다 할 수 없다.

4. 상고이유 제4점에 대하여

원심판결 이유에 의하면, 원심은, 원고가 이 사건 물품공급계약을 위한 입찰 당시 국외입찰자에 대하여는 입찰자 국가의 통화 또는 미국 달러화 중 하나로 그 가격을 견적할 수 있도록 하였음에 반해, 국내입찰자에 대하여는 반드시 원화로만 그 가격을 견적할 수 있도록 하였으므로, 이는 국내입찰자와 국외입찰자를 부당하게 차별하여 취급한 행위로서 독점규제 및 공정거래에 관한 법률 제23조 제1호에 위반되어 무효라는 피고의 주장에 대하여, 원고가 입찰자 지침서 제12조 제1항의 규정에 반하여 사실상 국내입찰자로 하여금 물품 및 용역의 가격을 그것이 국내 또는 국외로부터 공급하는 물품 및 용역인지에 상관없이 반드시 원화로만 견적하도록 했다고 인정하기에 부족할 뿐 아니라, 사업자의 거래행위가 독점규제및공정거래에관한법률 제23조 제1항 제1호 소정의 불공정거래행위에 해당하는 경우 공정거래위원회가 그 사업자에 대하여 시정명령을 하거나 과징금을 부과할 수 있음은 별론으로 하고 더 나아가 당해 불공정거래행위의 사법상의 효과까지 무효로 된다고 볼 아무런 근거가 없다는 이유로 이를 받아들이지 아니하였는바, 관계 법령 및 기록에 비추어 살펴보면, 원심의 위와 같은 판단은 정당한 것으로 수긍이 가고, 거기에 상고이유에서 주장하는 바와 같은 독점규제 및 공정거래에 관한 법률에 관한 법리오해 등의 위법이 있다 할 수 없다.

5. 상고이유 제5점에 대하여

기록에 비추어 살펴보면, 원심이, 이 사건 물품공급계약상 계약금액이 원화로 견적되었는데 계약 체결 이후 1997. 말경 외환위기로 인한 환율상승으로 피고가 약 600억 원에 달하는 환차손을 입게 되었으므로, 신의성실 또는 사정변경의 원칙상 이 사건 계약금액은 28,370,288,171원이 증액되어야 한다는 피고의 주장에 대하여, 이 사건 물품공급계약은 사적자치의 영역에 속하는 것으로서 서로간의 합의에 기해 계약금액을 조정하지 않기로 특약을 하였으므로 그 합의대로 지켜져야 하는 것이고 계약 체결 후 급격한 환율상승으로 인해 손해를 입었다는 사정만으로 신의성실 또는 사정변경의 원칙에 의해 계약금액이 증액되어야 한다고 볼 수 없다는 등의 이유로 이를 받아들이지 아니한 조치는 정당한 것으로 수긍할 수 있고, 거기에 상고이유에서 주장하는 바와 같은 신의성실 또는 사정변경의 원칙에 관한 법리오해 등의 위법이 있다 할 수 없다.

6. 결 론

그러므로 상고를 기각하고, 상고비용은 패소자가 부담하도록 하여 관여 법관의 일치된 의견으로 주문과 같이 판결한다.

대법관 강신욱(재판장)·윤재식(주심)·고현철

평석→1. 장재형, 선택적 중재합의의 유·무효, 판례연구 18집(1)(2004.08) 143-156, 서울지방변호사회

2. 여미숙, 선택적 중재조항의 유효성, 민사판례연구 27권(2005.02) 723-770, 박

영사

---

2. 대법원 2001. 10. 12. 선고 99다45543,45550 판결 【중재판정취소 · 집행】

[공2001.12.1.(143),2438]

【판시사항】

[1] 당해 계약서 자체에 중재조항이 없더라도 중재조항을 포함하는 일반거래약관 등 다른 문서의 내용을 계약의 내용으로 삼은 경우, 중재계약의 성립 여부(적극)

[2] 중재판정에서 지연손해배상금을 외화로 지급할 것을 명한 것은 당사자의 약정에 따른 것으로 준거법인 대한민국법에 반하지 않는다고 한 사례

[3] 구 중재법상 중재판정 취소의 소가 제기된 것만으로 집행판결을 구하는 소제기를 저지할 수 있는지 여부(소극)

【판결요지】

[1] 중재계약은 당해 계약서 자체에 중재조항이 명기되어 있는 경우에 한하지 아니하고 중재조항을 포함하는 일반거래약관 등 다른 문서를 인용하는 경우에도 당사자가 이를 계약의 내용으로 삼은 이상 허용된다.

[2] 중재판정에서 지연손해배상금을 외화로 지급할 것을 명한 것은 당사자의 약정에 따른 것으로 준거법인 대한민국법에 반하지 않는다고 한 사례.

[3] 구 중재법(1999. 12. 31. 법률 제6083호로 전문 개정되기 전의 법률) 제14조 제2항에서는 중재판정취소의 소를 제기할 수 있는 이유가 있는 때에 비로소 집행판결을 하지 못하도록 규정하고 있으므로, 단지 중재판정취소의 소가 제기된 것만으로는 집행판결을 구하는 소제기를 저지할 수 있는 사유가 되지 못한다.

【참조조문】

[1] 구 중재법(1999. 12. 31. 법률 제6083호로 전문 개정되기 전의 것) 제2조 (현행 중재법 제8조 참조)/[2] 구 중재법(1999. 12. 31. 법률 제6083호로 전문 개정되기 전의 것) 제2조 (현행 중재법 제8조 참조), 민법 제377조/[3] 구 중재법(1999. 12. 31. 법률 제6083호로 전문 개정되기 전의 것) 제13조 제1항 (현행 중재법 제36조 제2항 참조), 제14조 제2항 (현행 중재법 제38조 참조)

【참조판례】

[1] 대법원 1990. 2. 13. 선고 88다카23735 판결(공1990, 625), 대법원 1990. 4. 10. 선고 89다카20252 판결(공1990, 1043), 대법원 1997. 2. 25. 선고 96다24385 판결(공1997상, 866), 대법원 2001. 4. 10. 선고 99다13577, 13584 판결(공2001상, 1069)

【전 문】

【원고(반소피고), 상고인】 안드레에시이에스에이(법무법인 청해 담당변호사 서영화 외 3인)

【피고(반소원고),피상고인】 주식회사 대우 (소송대리인 변호사 이재후 외 5인)

【원심판결】 서울고법 1999. 6. 29. 선고 98나62598, 62604 판결

【주문】 : 상고를 기각한다. 상고비용은 원고(반소피고)의 부담으로 한다.

【이유】

1. 상고이유 제1점에 대하여

중재계약은 당해 계약서 자체에 중재조항이 명기되어 있는 경우에 한하지 아니하고 중재조항을 포함하는 일반거래약관 등 다른 문서를 인용하는 경우에도 당사자가 이를 계약의 내용으로 삼은 이상 허용된다 할 것이다(대법원 1997. 2. 25. 선고 96다24385 판결 참조).

원심은 제1심판결을 인용하여, 피고가 소외 축산업협동조합 중앙회(이하 '축협'이라고 한다)에 납품할 목적으로 1996. 9. 4. 원고로부터 브라질산 대두박을 매수하면서 계약에서 달리 정하지 않은 기타 조건은 당사자들이 숙지하고 있는 것으로 인정한 축협의 조건에 따르기로 약정하였는데, 축협 입찰에 관한 일반약관(General Terms and Conditions for N.L.C.F. Bid-Commodity & Freight, 이하 '일반약관'이라고 한다) 제14조 B항은 위 약관에서 규정하고 있지 않은 계약 내용과 조건은 축협의 입찰과 계약에 관한 일반조항(General Provision for Bidding and Contract, 이하 '일반조항'이라고 한다)이 적용된다고 규정하고 있고, 다시 일반조항 제22조는 당사자 간에 계약과 관련하여 발생한 분쟁은 대한상사중재원의 중재규칙과 대한민국법에 따라 서울에서 중재에 의하여 해결하도록 규정하고 있는 사실을 인정한 다음, 원고는 1993년경부터 축협이 실시하는 곡물구매입찰에 여러 번 참여하여 2회 이상 낙찰자로 선정된 바 있는데 원고가 참여한 위 입찰에서도 위 일반약관과 일반조항이 적용되었고 그 내용도 이 사건에서와 동일하여 원고도 위 일반약관과 일반조항의 내용을 잘 알고 있었다고 보여지고, 위 일반약관과 일반조항은 축협의 공개입찰에서 계약내용을 구성하는 가장 기본적이고 유일한 문서이며, 이 사건 계약에 있어서도 당사자가 "축협의 조건(N.L.C.F. TERMS)"을 숙지하고 있다고 명시적으로 인

정하고 있는 점 등에 비추어 보면, 이 사건 계약에서 말하는 "축협의 조건"이란 위 일반약관과 일반조항을 가리킨다고 볼 것이어서, 당사자는 위 일반약관과 일반조항을 이 사건 계약의 내용으로 삼았다고 봄이 상당하다고 판단하였다.

위에서 본 법리와 기록에 비추어 살펴보면, 원심의 위와 같은 사실인정과 판단은 정당한 것으로 수긍이 가고, 거기에 상고이유로 주장하는 바와 같은 중재합의의 성립에 관한 법리를 오해하였거나 채증법칙을 위반하여 사실을 오인한 위법이 있다고 할 수 없다. 이 부분 상고이유의 주장은 이유 없다.

2. 상고이유 제2점에 대하여

원심은, 원·피고 사이에 이 사건 중재에 관하여 대한민국법에 의하도록 약정하였는데, 실제 중재판정에서는 피고의 지연손해배상채권 부분을 외화채권으로 판단하여 원고에게 외화로 지급을 명한 사실, 이 사건 중재판정부는 "원·피고 사이의 매매계약에 의하면 물건의 대금을 미화로 지급하기로 약정하고 있고, 일반약관 제5조 B항에 의하면 지연손해금은 물건대금을 기준으로 계산하도록 규정하고 있으며, 위 지연손해금을 물건의 계약대금으로부터 직접 공제한 후 잔액을 지급하도록 규정하고 있는 점 등에 비추어 볼 때 위 당사자 사이에 지연손해금을 미화로 지급하기로 합의하였다."는 이유로 위 손해배상채권을 외화채권으로 판단한 사실을 각 인정한 다음, 대한민국법상 채무불이행에 따른 손해배상을 구하는 채권은 당사자가 외국통화로 지급하기로 약정하였다는 등의 특별한 사정이 없는 한 외화채권이라고 볼 수는 없지만, 이 사건 중재판정은 위와 같은 이유로 당사자가 외화채권으로 약정하였다고 인정한 후 이를 전제로 원고에게 미화의 지급을 명하고 있으므로, 이러한 중재판정이 준거법인 대한민국법에 반한다고 할 수 없어 중재절차가 중재계약에 의하지 아니한 때에 해당한다고 할 수 없고, 한편 중재판정에 이유를 붙이지 아니한 때라 함은 전혀 이유의 기재가 없거나 있더라도 불명료하기 때문에 판정이 어떤 사실상 또는 법률상 판단에 기인하고 있는가를 판명할 수 없는 경우와 이유가 모순인 경우를 말한다고 할 것이고, 중재판정에 이유의 설시가 있는 한 그 판단에 부당하거나 불완전한 점이 있다는 것은 이에 해당하지 않는다고 할 것인데, 이 사건 중재판정은 위에서 본 바와 같은 이유로 위 지연손해배상채권을 외화채권으로 판단하고 있으므로, 이것이 이유를 붙이지 않은 때에 해당한다고 볼 수 없다고 판단하였다.

기록에 비추어 살펴보면, 원심의 위와 같은 사실인정과 판단은 정당하고, 거기에 상고이유로 주장하는 바와 같은 중재판정취소사유 등에 관한 법리오해의 위법이 있다고 할 수 없다. 이 부분 상고이유의 주장도 이유 없다.

3. 상고이유 제3점에 대하여

구 중재법(1999. 12. 31. 법률 제6083호로 전문 개정되기 전의 법률) 제14조 제2항에서는 중재판정취소의 소를 제기할 수 있는 이유가 있는 때에 비로소 집행판결을 하지 못하도록 규정하고 있으므로, 단지 중재판정취소의 소가 제기된 것만으로는 집행판결을 구하는 소제기를 저지할 수 있는 사유가 되지 못한다고 할 것이다.

원심이 같은 취지에서 중재판정집행판결청구의 소에 있어서 법정기간 내에 중재판정취소의 소가 제기되지 아니할 것을 소송요건으로 인정할 아무런 근거가 없다고 본 것은 정당하고, 거기에 상고이유에서 주장하는 바와 같은 집행판결에 관한 법리오해의 위법이 있다고 할 수 없다. 이 부분 상고이유의 주장도 이유 없다.

4. 그러므로 상고를 기각하고, 상고비용은 패소자의 부담으로 하기로 하여 관여 법관의 일치된 의견으로 주문과 같이 판결한다.

대법관 손지열(재판장) · 송진훈 · 윤재식(주심) · 이규홍

평석 → 김갑유, 중재합의의 유효성판단과 그 준거법, 상사판례연구 VI권(2006.03) 603-619, 박영사

---

3. 대법원 2001. 4. 10. 선고 99다13577,13584 판결【중재판정에의한집행 · 중재판정취소】

[공2001.6.1.(131),1069]

【판시사항】

[1] 중재계약의 효력이 미치는 분쟁의 범위

[2] 당해 계약서 자체에 중재조항이 없더라도 중재조항을 포함하는 다른 문서의 내용을 계약의 내용으로 삼은 경우, 중재계약의 성립 여부(적극)

[3] 구중재법 제13조 제1항 제4호 소정의 '중재판정에 이유를 붙이지 아니하였을 때'의 뜻

[4] 구 중재법 제13조 제1항 제3호 소정의 '중재판정이 법률상 금지된 행위를 할 것을 내용으로 한 때'의 의미

[5] 중재판정내용의 해석

[6] 중재판정에서 금전채무의 이행을 명함과 동시에 소송촉진 등에 관한 특례법 제3

조 제1항 소정의 지연손해금의 지급을 명한 것이 구 중재법 제13조 제1항 제3호에 해당하는지 여부(소극)

【판결요지】

[1] 중재계약은 중재조항이 명기되어 있는 계약 자체뿐만 아니라, 그 계약의 성립과 이행 및 효력의 존부에 직접 관련되거나 밀접하게 관련된 분쟁에까지 그 효력이 미친다.

[2] 중재계약은 당해 계약서 자체에 중재조항이 명기되어 있는 경우에 한하지 않고 중재조항을 포함하는 다른 문서를 인용한 경우에도 당사자가 이를 계약내용으로 삼은 이상 허용된다.

[3] 구 중재법(1999. 12. 31. 법률 제6083호로 전문 개정되기 전의 것) 제13조 제1항 제4호 후단의 '중재판정에 이유를 붙이지 아니하였을 때'란 중재판정서에 전혀 이유의 기재가 없거나 이유의 기재가 있더라도 불명료하여 중재판정이 어떠한 사실상 또는 법률상의 판단에 기인하고 있는가를 판명할 수 없는 경우와 이유가 모순인 경우를 말하고, 중재판정서에 이유의 설시가 있는 한 그 판단이 실정법을 떠나 공평을 그 근거로 삼는 것도 정당하며, 중재판정에 붙여야 할 이유는 당해 사건의 전제로 되는 권리관계에 대하여 명확하고 상세한 판단을 나타낼 것까지는 요구되지 않고 중재인이 어떻게 하여 판단에 이른 것인지를 알 수 있을 정도의 기재가 있으면 충분하고, 또한 그 판단이 명백하게 비상식적이고 모순인 경우가 아닌 한, 그 판단에 부당하거나 불완전한 점이 있다는 것은 이유를 붙이지 아니한 때에 해당하지 아니한다.

[4] 구 중재법(1999. 12. 31. 법률 제6083호로 전문 개정되기 전의 것) 제13조 제1항 제3호의 '중재판정이 법률상 금지된 행위를 할 것을 내용으로 한 때'란 중재판정에 의하여 피신청인에게 부과되는 의무가 강행법규에 위반하거나 공공의 질서 또는 선량한 풍속에 반하는 경우를 말하는 것이다.

[5] 중재판정의 내용은 그 자체로서 불명료하거나 불완전한 부분이 있는 경우에 한하여 합리적 보충의 방법에 의하여 해석할 수 있을 뿐이고, 중재판정의 내용 자체가 명확한 경우에는 다른 자료에 의하여 이를 확장 또는 유추해석할 수는 없는 것이다.

[6] 중재판정에서 금전채무의 이행을 명하는 경우에 소송촉진등에관한특례법 제3조 제1항 소정의 법정이율에 의한 지연손해금의 지급을 명한다고 하여 이를 강행법규에 위반하거나 공공의 질서 또는 선량한 풍속에 반하는 행위를 할 것을 내용으로 한 것으로 볼 수는 없다.

【참조조문】

[1] 구 중재법 제2조 / [2] 구 중재법 제2조 / [3] 구 중재법 제13조 제1항 제4호 (현행 제36조 제2항 제1호) / [4] 구 중재법 제13조 제1항 제3호 / [5] 중재법 제34조 / [6] 구 중재법 제13조 제1항 제3호, 소송촉진 등에 관한 특례법 제3조 제1항

【참조판례】

[1] 대법원 1992. 4. 14. 선고 91다17146, 17153 판결(공1992, 1558) /[2] 대법원 1990. 2. 13. 선고 88다카23735 판결(공1990, 625), 대법원 1990. 4. 10. 선고 89다카20252 판결(공1990, 1043), 대법원 1997. 2. 25. 선고 96다24385 판결(공1997상, 866) /[3] 대법원 1989. 6. 13. 선고 88다카183, 184 판결(공1989, 1056), 대법원 1998. 3. 10. 선고 97다21918, 21925 판결(공1998상, 979), 대법원 1998. 7. 10. 선고 98다901 판결(공1998하, 2073), 대법원 2000. 11. 24. 선고 2000다47200 판결(공2001상, 143)

【전 문】

【원고(반소피고), 피상고인】 금정기업 주식회사 (소송대리인 변호사 황상현)

【피고(반소원고), 상고인】 서경덕 (소송대리인 변호사 진성규 외 2인)

【환송판결】 대법원 1998. 3. 10. 선고 97다21918, 21925 판결

【원심판결】 서울고법 1999. 1. 21. 선고 98나18102, 18119 판결

【주문】

원심판결의 본소청구에 관한 부분 중 금 1,000,000,000원 및 이에 대한 지연손해금을 초과하여 중재판정의 집행을 인용한 부분에 관한 피고(반소원고) 패소 부분을 파기하고, 이 부분 사건을 서울고등법원에 환송한다. 피고(반소원고)의 본소청구에 대한 나머지 상고와 반소청구에 대한 상고를 모두 기각한다.

【이유】

상고이유를 판단한다.

1. 환송 후 원심에서 추가한 반소청구의 적부에 관한 상고이유에 대하여

중재판정에 의하여 집행판결을 구하는 청구에 대한 방어방법은 중재판정에 구 중재법(1999. 12. 31. 법률 제6083호로 전문 개정되기 전의 법률, 이하 같다.) 제13조 제1항 각 호에 정한 취소사유가 있음을 주장, 입증하여 본소청구의 기각을 구하는 범위에 한하는 것이다.

원심판결 이유를 기록에 비추어 살펴보면, 원심이 원고(반소피고, 이하 '원고'라고 한다.)의 본소청구는 이 사건 중재판정에 의하여 집행판결을 구하는 것인데, 피고(반소원고, 이하 '피고'라고 한다.)가 환송 후 원심에서 추가한 반소청구는 이 사건 중재판정의 원인이 되는 실체적 권리관계에 기초한 금원지급 청구이어서 이 사건 본소청구나 그에 대한 방어방법과 그 심리의 범위가 일치하지 아니하므로 견련관계에 있다고 할 수 없어 부적법하다고 판단하고, 이 부분 반소청구를 각하한 조치는 수긍이 가고, 거기에 심리를 다하지 아니하거나 반소의 요건에 관한 법리를 오해한 위법이 없다. 이 부분 상고이유는 받아들일 수 없다.

2. 중재계약의 성립과 관련한 상고이유에 대하여

중재계약은 중재조항이 명기되어 있는 계약 자체뿐만 아니라, 그 계약의 성립과 이행 및 효력의 존부에 직접 관련되거나 밀접하게 관련된 분쟁에까지 그 효력이 미친다고 할 것이고(대법원 1992. 4. 14. 선고 91다17146, 17153 판결 참조), 또한 중재계약은 당해 계약서 자체에 중재조항이 명기되어 있는 경우에 한하지 않고 다른 문서를 인용하는 경우에도 당사자가 이를 계약의 내용으로 삼은 이상 허용된다 할 것이다(대법원 1997. 2. 25. 선고 96다24385 판결 참조).

원심판결 이유에 의하면, 원심은 그 판결에서 채용하고 있는 증거들을 종합하여, 원·피고 등이 1989. 6. 29. 이 사건 유원지 개발사업의 시행을 위하여 체결한 합작투자계약서에는 '위 계약과 관련하여 발생되는 분쟁은 중재에 의하여 최종적으로 해결되는 것으로 한다'고 기재되어 있는데, 원·피고가 1990. 1. 31. 위 합작투자계약의 이행과 관련하여 다시 체결한 합의약정서에는 '합의서에 명시되지 아니한 사항은 합작투자계약에 따른다'는 내용이 기재되어 있으며, 한편 이 사건 중재판정의 대상이 된 분쟁은 피고가 1990. 1. 31.자 합의약정상의 의무를 이행하지 아니하여 합작투자계약 및 합의약정이 해제되었음을 이유로 한 기지급 금원의 반환에 관한 분쟁인 사실을 인정한 다음, 이 사건 중재판정의 대상인 분쟁은 위 중재조항이 명기된 합작투자계약의 이행과 직접 관련되거나 밀접하게 관련된 분쟁이라는 취지에서 이 사건 중재판정절차는 원·피고 사이의 중재계약에 의한 것으로서 구 중재법 제13조 제1항 제1호 소정의 중재판정 취소사유에 해당하지 아니한다고 판단하고 있다.

위에서 본 법리를 원심판결 이유와 기록에 비추어 살펴보면, 원심의 위와 같은 사실인정과 판단은 수긍이 가고, 거기에 채증법칙을 위반하거나 중재계약의 성립에 관한 법리를 오해하여 판결 결과에 영향을 미친 위법이 없다. 이 부분 상고이유는 받아들일 수 없다.

3. 1992. 2. 25.자 합의약정의 효력 등에 관련된 상고이유에 대하여

원심판결 이유에 의하면, 원심은 그 판결에서 채용하고 있는 증거들을 종합하여, 원고와 피고 및 환송 전 원심공동피고 문화물산 주식회사(이하 '문화물산'이라고 한다)는 1989. 6. 29. 문화물산이 이 사건 유원지 개발사업을 수행할 자금을 확보하기 위하여 원고가 문화물산에 출자를 하되 그 방법으로 문화물산의 자본금을 대폭 증자하여 원고와 피고의 투자비율이 9:1이 되도록 하는 것을 주된 내용으로 하는 합작투자계약을 체결한 후, 다시 원고 대표이사 김희수와 피고 및 문화물산이 1990. 1. 31. 위 합작투자계약의 이행과 관련하여 피고가 이 사건 유원지 사업구역 내에 있는 소외 신현옥, 이영백 및 피고 소유의 토지 12,937평과 그 지상의 수목 및 지상물 일체를 피고가 책임지고 문화물산에게 소유권을 이전하는 조건으로 김희수가 피고에게 80억 원을 지급하기로 하는 등을 내용으로 하는 합의약정을 체결하고, 우선 계약금 및 중도금조로 지급기일 1990. 1. 31.로 된 액면금 20억 원의 약속어음을 교부하여 피고가 위 약속어음금을 지급받았는데, 원고는 1993. 12. 14.에 이르러 피고가 위 합의약정상의 토지 등의 소유권이전의무를 이행하지 아니하자 피고에게 60일 이내에 위 의무를 이행하지 아니하면 이 사건 합작투자계약이 자동으로 해제된 것으로 본다는 취지의 통보를 한 후, 원고 및 문화물산은 1994. 5. 14. 사단법인 대한상사중재원 중재판정부에 이 사건 합작투자계약 및 위 합의약정이 해제되었다고 주장하면서 피고는 원고 및 문화물산에게 각자 20억 원 및 이에 대한 지연손해금을 지급하라는 내용의 중재신청을 하였으며, 이에 대하여 피고는, 원고와 피고 사이의 위 합의약정에 따라 원고가 피고에게 지급하기로 한 80억 원 중 계약금 및 중도금조로 기지급한 20억 원을 공제한 나머지 60억 원의 지급방법에 관하여 이 사건 유원지 사업구역 내의 피고 등 소유토지 등의 감정평가액 상당을 주식이 아닌 현금으로 지급하기로 약정하였으므로 피고의 위 토지 등의 소유권이전등기의무와 원고의 위 감정평가액 상당의 금원지급의무는 동시이행의 관계에 있고, 원고가 위 금원지급의무의 이행의 제공을 하지 아니한 채 한 계약해제의 의사표시는 그 효력이 없으므로 이 사건 합작투자계약 및 합의약정이 해제되었다는 원고 및 문화물산의 중재신청은 이유 없다고 주장하였는데, 이 사건 중재판정부는 그 판정이유에서 피고의 위 주장에 대하여, 원고와 피고가 1992. 2. 25. 원고가 피고에게 지급하기로 약정하였던 80억 원 중 계약금 및 중도금조로 지급한 20억 원을 공제한 나머지 60억 원의 지급방법에 관하여 문화물산 명의의 부동산을 실소유자인 피고 명의로 이전하는데 소요되는 비용의 부담문제와 피고가 요구하는 주유소 부지 500평의 양도문제가 타결되는 것을 조건으로 피고 주장과 같이 60억 원 중 감정평가액 상당은 이를 주식이 아닌 현금으로 지급하기로 하는 내용의 잠정적인 합의가 있었으나 그 합의약정은 합의서를 작성한지 이틀 후인 1992. 2. 27. 위 비용부담 문제와 피고의 이 사건 사업을 위한 별도의 법인설립 요구에 대한 의견대립으로 인하여 피고가 소지하고

있던 합의서를 찢어버렸으므로 그 합의약정은 폐기된 것으로 봄이 상당하고, 가사 그 합의약정이 유효하다 하더라도 그 합의서에서도 1990. 1. 31.자 합의를 존중키로 하며 피고는 그 의무를 이행한다고 규정한 취지 등에 비추어 피고의 소유권이전등기의무와 원고의 감정평가액 상당의 현금지급의무가 동시이행의 관계에 있다고 보기 어렵다고 판단하고 있음을 알 수 있다.

구 중재법 제13조 제1항 제4호 후단의 '중재판정에 이유를 붙이지 아니하였을 때'란 중재판정서에 전혀 이유의 기재가 없거나 이유의 기재가 있더라도 불명료하여 중재판정이 어떠한 사실상 또는 법률상의 판단에 기인하고 있는가를 판명할 수 없는 경우와 이유가 모순인 경우를 말하고, 중재판정서에 이유의 설시가 있는 한 그 판단이 실정법을 떠나 공평을 근거로 삼는 것도 정당하며, 중재판정에 붙여야 할 이유는 당해 사건의 전제로 되는 권리관계에 대하여 명확하고, 상세한 판단을 나타낼 것까지는 요구되지 않고 중재인이 어떻게 하여 판단에 이른 것인지를 알 수 있을 정도의 기재가 있으면 충분하고, 또한 그 판단이 명백하게 비상식적이고 모순인 경우가 아닌 한, 그 판단에 부당하거나 불완전한 점이 있다는 것은 이유를 붙이지 아니한 때에 해당하지 아니한다 할 것이다(대법원 1989. 6. 13. 선고 88다카183, 184 판결, 1998. 7. 10. 선고 98다901 판결 등 참조).

위 인정 사실에 의하면, 이 사건 중재판정부는 그 판정이유에서 1992. 2. 25.자 합의약정에 따라 피고의 소유권이전등기의무와 원고의 금원지급의무가 동시이행의 관계에 있다는 피고의 주장에 대하여 위 합의약정이 폐기되었다고 판단함으로써 위 합의약정이 유효하게 존속하고 있다는 피고의 주장을 배척하고 있는바, 이러한 중재판정의 이유에는 이 사건 중재판정에 중재인이 어떻게 하여 위 합의약정이 폐기되었다는 판단에 이른 것인지를 알 수 있을 정도의 기재가 있다고 보아야 할 것이므로, 이 사건 중재판정에 위 합의약정이 존속하고 있다는 피고의 주장에 대하여 판단유탈 또는 이유불기재의 잘못이 있다고 할 수 없다.

나아가 이 사건 중재판정에 위와 같은 판단유탈 또는 이유불기재의 잘못이 있다고 할 수 없는 이상, 피고가 이 사건 중재판정에 위와 같은 피고의 주장에 대한 판단유탈 또는 이유불기재의 취소사유가 있다고 주장하였음에도 불구하고 원심이 이에 대하여 판단하지 아니한 잘못이 있다고 하더라도, 그와 같은 잘못은 판결 결과에 아무런 영향이 없다고 할 것이다. 이 부분 상고이유도 모두 받아들일 수 없다.

4. 이 사건 합작투자계약 해제로 인한 효과와 관련한 상고이유에 대하여

원심판결 이유에 의하면, 원심은 그 판결에서 채용하고 있는 증거들을 종합하여, 원고와 피고 등이 1989. 6. 29. 체결한 합작투자계약서 제20조 제1항은 "당사자 일방이 일정한 기간 동안 자신의 채무를 이행하지 않으면 상대방은 합작투자계약을 해지할 수 있다."고 규정하고 있고, 그 제2항은 "전항의 규정에 의하여 본계약이 해지되는 경우에는 당해 귀책 당사자는 그가 보유하고 있는 주식을 이사회가 합리적으로 정하는 조건에 의거 상대방 당사자 또는 제3자에게 양도하여야 한다."고 규정하고 있는 사실을 인정한 다음, 위 인정 사실에 의하면 이 사건 합작투자계약은 설령 원고의 귀책사유로 계약이 해제될 경우라도 자본을 감소하여 문화물산을 합작투자계약 이전의 상태로 환원하지는 않는다는 것을 전제로 하고 있으므로, 자본감소의 방법에 의하여 문화물산을 본래의 자본금과 경영진을 가진 상태로 원상회복하는 것은 허용되지 않는다고 할 것이고, 또한 위 합작투자계약서 제20조 제2항은 어느 쪽이든 귀책 당사자가 문화물산에서 완전히 철수하고 유원지 개발사업권은 여전히 문화물산이 계속하여 갖는다는 것을 전제로 하고 있으므로, 원상회복으로 유원지사업권이 문화물산에서 피고에게 양도되어야 한다는 피고의 주장도 받아들일 수 없는 것이라 할 것인바(도시계획사업인 유원지 개발사업이 사인간에 임의로 양도될 수 있다고 보여지지도 아니한다), 결국 합작투자계약서 제20조 제2항은 피고의 귀책사유로 계약이 해제된다고 하더라도 사업권을 가진 문화물산을 여전히 원고가 지배하기로 하는 약정이라 할 것이고, 원고가 그러한 사업권을 갖는 문화물산의 경영권을 취득하는 대가로 피고에게 상당한 금원을 지급하기로 한 약정 역시 합작투자계약의 해제에도 불구하고 여전히 유효하다고 할 것이며, 다만 원고로서는 자기가 주장하는 피고의 채무불이행으로 인하여 손해가 발생하였을 경우 그 배상을 청구할 수 있을 뿐이라 할 것인데, 그렇다면 중재판정부가 피고에게 피고가 지급받은 경영권의 대가(사업지구 안에 있는 피고의 토지 및 수목의 대가와 합쳐져 있음)를 원고에게 반환하도록 명한 것은 잘못이라 할 것이지만, 그러한 잘못은 피고가 주장한 동시이행의 항변을 판단하지 않음으로 말미암은 것이 아니라, 중재판정부가 합작투자계약서의 해석을 그르친 데 연유한 것이고, 피고가 한 원상회복의무 상호간의 동시이행의 항변은 앞서 본 바와 같은 이유로 이유가 없으므로, 결국 중재판정부가 피고의 위 동시이행의 항변에 관하여 전혀 판단하지 아니하였다고 하더라도 그와 같은 판단유탈은 판정결과에 영향을 미치지 않았다고 보아야 할 것이라고 판단하고 있다.

앞에서 본 바와 같이 중재판정은 그 판단이 실정법을 떠나 공평을 근거로 삼는 것도 정당하고, 중재판정에는 중재인이 어떻게 하여 판단에 이른 것인지를 알 수 있을 정도의 이유 기재가 있으면 충분하다 할 것인바, 이러한 법리를 원심판결 이유와 기록에 비추어 살펴보면, 원심이 원고가 이 사건 중재신청에 의하여 피고에 대하여 이 사건 유원지 개발사업지구 안에 있는 피고의 소유 토지 및 수목의 소유권이전을 조건으로 계약금 등 명목으로 이미 교부한 20억 원의 지급을 구한다는 주장에는 피고의 채무불이행으로 인하여 발생한 손해배상으로서의 지급을 구하는 취지가 포함되어 있으므로, 중재판정부가 피고에 대하여 원고에게 그 손해배상으로 20억 원의 지급을 명한 것은 정당하다고 판단한 조치는 수긍이 가고, 거기에 중재판정의 해석을 그르치거나 계약해제로 인한 손해배상의 법리오해, 중재판정의 취소사유로서의 이유불비 또는 판단유탈에 관한 법리를 오해한 잘못이 없다. 이 부분 상고이유도 받아들일 수 없다.

5. 반대신청의 판단유탈과 관련한 상고이유에 대하여

기록에 의하면, 피고는 원심에서 이 사건 중재판정은 피고가 반대신청한 약정금 청구에 대한 판단을 유탈하였으므로 구 중재법 제13조 제1항 제5호에 의한 취소사유가 있다고 주장하였으나 원심이 이에 대한 판단을 하지 않았음을 알 수 있다.

그러나 반대신청에 대한 중재판정에 취소사유가 있다는 사정이 본신청에 대한 중재판정에 취소사유가 되는 것은 아니므로, 피고의 위 주장은 그 자체로서 이유 없다 할 것이고, 따라서 원심이 피고의 위 주장에 대한 판단을 유탈하였다 하더라도 이러한 잘못은 판결 결과에 아무런 영향이 없으며, 이 사건 환송판결이 이 사건 중재판정에 반대신청에 대한 판단유탈의 위법이 있다는 판단을 본신청에 관한 부분의 파기이유로 한 바가 없음이 명백하므로, 원심이 본신청에 의하여 이 사건 중재판정의 집행판결을 한 것에 환송판결의 기속력에 관한 법리 또는 집행판결의 법리를 오해한 위법이 있다고 할 수 없다. 이 부분 상고이유도 모두 받아들일 수 없다.

6. 중재판정의 내용의 위법과 관련한 상고이유에 대하여

구 중재법 제13조 제1항 제3호의 '중재판정이 법률상 금지된 행위를 할 것을 내용으로 한 때'란 중재판정에 의하여 피신청인에게 부과되는 의무가 강행법규에 위반하거나 공공의 질서 또는 선량한 풍속에 반하는 경우를 말하는 것이다.

원심판결 이유를 기록에 대조하여 살펴보면, 원심이 중재판정부가 피고에 대하여 원고에게 20억 원의 지급을 명한 것이 이 사건 유원지 내에 있는 피고의 토지 및 수목 등에 관한 소유권이전의무불이행으로 인한 손해배상책임을 인정한 것으로 보고, 이 사건 중재판정이 구 중재법 제13조 제1항 제3호에서 정한 '중재판정이 법률상 금지된 행위를 할 것을 내용으로 한 때'에 해당된다고 볼 수 없다고 판단한 조치는 정당하다고 수긍이 가고, 거기에 이 사건 중재판정의 해석을 그르치거나 계약해제로 인한 손해배상에 관한 법리오해, 중재판정의 취소사유에 관한 법리오해 또는 이유 모순의 위법이 없다. 이 부분 상고이유도 받아들일 수 없다.

7. 불가분채무와 관련한 상고이유에 대하여

원심판결 이유에 의하면, 원심은 이 사건 중재판정부가 "피신청인(피고)은 신청인들(원고와 문화물산)에게 20억 원 및 이에 대한 지연손해금을 지급하라"는 내용으로 중재

판정을 하였으나, 원고와 문화물산은 피고를 상대로 불가분채권으로서 각자 20억 원 및 이에 대한 지연손해금의 지급을 구하는 중재신청을 하였으며, 이 사건 중재판정 이유에 원고가 피고로부터 20억 원을 수령할 권리자라고 기재되어 있는 점 등에 비추어, 이 사건 중재판정은 피고에 대하여 원고와 문화물산에게 20억 원을 불가분채권으로서 지급을 명한 것으로 인정된다고 판단하고 있다.

그러나 중재판정의 내용은 그 자체로서 불명료하거나 불완전한 부분이 있는 경우에 한하여 합리적 보충의 방법에 의하여 해석할 수 있을 뿐이고, 중재판정의 내용 자체가 명확한 경우에는 다른 자료에 의하여 이를 확장 또는 유추해석할 수는 없는 것이다.

기록에 의하면, 이 사건 중재판정 주문 제1항은 "피고는 원고 회사 및 문화물산에게 20억 원 및 이에 대한 지연손해금을 지급하라"는 것이므로, 중재판정의 주문기재 자체에 의하여 원고와 문화물산의 피고에 대한 채권은 분할채권임이 명백하고 그 내용이 불명료하거나 불완전하다고 할 수 없으므로, 이러한 경우 임의로 중재판정의 신청취지나 중재판정의 이유를 원용하여 중재판정의 주문에서 명한 원고와 문화물산의 피고에 대한 채권을 불가분채권이라고 해석할 수는 없다고 할 것이다.

그럼에도 불구하고, 원심이 이를 불가분채권이라고 판단하여 피고에 대하여 원고에게 20억 원 및 이에 대한 지연손해금의 지급을 명하는 중재판정의 집행판결을 하였는바, 이러한 원심의 조치에는 중재판정의 주문에 반하여 그 범위를 넘는 집행판결을 한 위법이 있다고 할 것이다.

더욱이 기록에 의하면, 원고는 문화물산과 공동원고가 되어 이 사건 소를 제기하면서 피고는 원고들에게 각자 20억 원 및 이에 대한 지연손해금을 지급하라는 내용의 집행판결을 구하였다가 제1심 제4차 변론기일에서 이 사건 청구취지 중 "피고는 원고들에게 각자" 부분을 "피고는 원고들에게"로 정정진술함으로써 원고와 문화물산이 분할채권으로서 20억 원 및 이에 대한 지연손해금을 지급하라는 내용의 집행판결을 구하는 것으로 청구취지를 정정하였음을 알 수 있다. 그렇다면 원고의 이 사건 청구취지는 10억 원 및 이에 대한 지연손해금의 지급에 관한 집행판결을 구하는 것이라고 보아야 할 것임에도 불구하고 원심이 원고의 청구취지를 초과하여 20억 원 및 이에 대한 지연손해금에 관하여 집행판결을 한 것은 처분권주의를 위반한 잘못이 있다고 할 것이다.

결국, 어느 모로 보나 원심이 이 사건 중재판정에 의하여 10억 원 및 이에 대한 지연손해금을 초과한 금원에 대한 집행판결을 한 데에는 중재판정의 취지를 잘못 해석하고 중재판정에 의한 집행판결의 범위에 관한 법리를 오해함으로써 판결 결과에 영향을 미친 위법이 있다 할 것이다. 상고이유 중 이 점을 지적하는 부분은 이유 있다.

8. 지연손해금과 관련한 상고이유에 대하여

중재판정에서 금전채무의 이행을 명하는 경우에 소송촉진등에관한특례법 제3조 제1항 소정의 법정이율에 의한 지연손해금의 지급을 명한다고 하여 이를 강행법규에 위반하거나 공공의 질서 또는 선량한 풍속에 반하는 행위를 할 것을 내용으로 한 것으로 볼 수는 없다.

원심이 같은 취지에서, 이 사건 중재판정에서 지급을 명한 금원에 대하여 중재판정서 송달 다음날부터 완제일까지 소송촉진등에관한특례법 소정의 연 2할 5푼의 비율에 의한 지연손해금의 지급을 명하였다 하더라도 이를 들어 구 중재법 제13조 제1항 제3호 소정의 중재판정이 법률상 금지된 행위를 할 것을 내용으로 한 때에 해당한다고 볼 수 없다고 판단한 것은 정당하고, 거기에 위 특례법 제3조 제1항의 법리를 오해한 위법이 없다. 이부분 상고이유도 받아들일 수 없다.

9. 그러므로 원심판결의 본소청구에 관한 부분 중 금 1,000,000,000원 및 이에 대한 지연손해금을 초과하여 중재판정의 집행을 인용한 부분에 관한 피고 패소 부분을 파기하고, 이 부분 사건을 다시 심리·판단케 하기 위하여 원심법원에 환송하며, 피고의 본소청구에 대한 나머지 상고와 반소청구에 대한 상고를 모두 기각하기로 관여 법관의 의견이 일치되어 주문과 같이 판결한다.

대법관　이용우(재판장) · 조무제 · 강신욱 · 이강국(주심)

평석 → 1. 박휜일, 신용평가에 따른 손해배상청구의 법적 문제, 경영법률 14집 2호, 2004.03) 129-152, 한국경영법률학회
2. 김교창, 일부 중재합의의 허부, 중재 307호(2003년 봄)(2003.03) 24-35

---

4. 대법원 1997. 2. 25. 선고 96다24385 판결 【집행】

[공1997.4.1.(31),866]

【판시사항】

[1] 당해 계약서 자체에 중재조항이 없더라도 중재조항을 포함하는 일반거래약관 등 다른 문서의 내용을 계약의 내용으로 삼은 경우, 중재계약의 성립 여부(적극)
[2] 수입조건에 관한 중재판정에 판단유탈의 위법이 없다고 한 사례
[3] 중재판정 취소사유에 관하여 원심판결에 판단유탈의 위법이 없다고 한 사례

【판결요지】

[1] 중재계약은 당해 계약서 자체에 중재조항이 명기되어 있는 경우에 한하지 아니하고 중재조항을 포함하는 일반거래약관 등 다른 문서를 인용하는 경우에도 당사자가 이를 계약의 내용으로 삼은 이상 허용된다.

[2] 중재절차에서 수입쇠고기 공급업체의 국내 대리점인 피고가 "대리인(agent)에 대하여 공급자(supplier)와 같은 책임을 지우는 이 사건 입찰안내서(Invitation to Bids) 수입조건(Importing Terms and Conditions) 제12조 에프(F)항은 비상식적인 조항으로서 이에 기하여 책임을 묻는 것은 실질적으로 부당하고, 상식적으로 도저히 납득이 가지 않으며, 반국가적인 조항이 될 수도 있다."는 등으로 주장한 취지가 위 F항이 신의칙에 반하여 무효라는 주장을 한 것으로 볼 수는 없을 뿐만 아니라, 위 F항이 신의칙이나 사회질서에 반하는 무효의 조항이라고 보이지도 아니하므로 신의칙에 대한 판단을 하지 아니한 중재판정에 판단유탈의 위법이 없다고 한 사례.

[3] 피고가 제1심 및 원심에서, 위의 중재판정은 위 F항이 약 관의규제에관한법률 제13조에 위반하여 무효라 할 것인데도 이 점에 관한 판단을 유탈하였으므로 중재법 제13조 제1항 제5호에서 정한 취소사유가 있다고 주장한 바를, 위 중재판정이 법률상 금지된 행위를 할 것을 내용으로 하는 것이어서 중재법 제13조 제1항 제3호에서 정한 취소사유가 있는 것이라는 취지의 주장을 한 것으로 볼 수는 없고, 나아가 위 F항이 약관의규제에관한법률 제13조에 위반하여 무효이거나, 그 결과 이 사건 중재판정이 법률상 금지된 행위를 할 것을 내용으로 하고 있는 경우라고 보이지도 아니하므로, 원심판결에 판단유탈의 위법이 없다고 한 사례.

【참조조문】

[1] 중재법 제2조 / [2] 중재법 제13조 , 민사소송법 제393조 / [3] 중재법 제13조 , 민사소송법 제393조

【참조판례】

[1] 대법원 1990. 2. 13. 선고 88다카23735 판결(공1990, 625), 대법원 1990. 4. 10. 선고 89다카20252 판결(공1990, 1043)

【전 문】

【원고, 피상고인】 재단법인 축산물유통사업단(동서법무법인 담당변호사 서정우 외 3인)

【피고, 상고인】 화경실업 주식회사 (소송대리인 변호사 이재후 외 3인)

【원심판】 서울고법 1996. 5. 2. 선고 95나44872 판결

【주문】: 상고를 기각한다. 상고비용은 피고의 부담으로 한다.

【이유】

상고이유(상고이유 보충서에 기재된 것을 포함하여)를 본다.

1. 제1점에 대하여

원심은 그 판시와 같이 피고가 중재절차에서 주장한 바를 정리한 다음, 그 중재절차에서 피고가 "대리인(agent)에 대하여 공급자(supplier)와 같은 책임을 지우는 이 사건 입찰안내서(Invitation to Bids) 수입조건(Importing Terms and Conditions) 제12조 에프(F)항은 비상식적인 조항으로서 이에 기하여 책임을 묻는 것은 실질적으로 부당하다거나, 상식적으로 도저히 납득이 가지 않는다거나, 반국가적인 조항이 될 수도 있다."는 등으로 주장한 취지가 위 입찰안내서 수입조건 제12조 F항이 신의칙에 반하여 무효라는 주장을 한 것으로 볼 수는 없다고 하여, 중재판정에 판단을 유탈한 위법이 있다고 할 수 없다고 판단하였는바, 원심의 위와 같은 조치는 정당한 것으로 수긍할 수 있고, 나아가 기록에 비추어 살펴보면, 위 입찰안내서 수입조건 제12조 F항이 신의칙이나 사회질서에 반하는 무효의 조항이라고 보이지도 아니하므로, 거기에 상고이유로 주장하는 바와 같이 판단유탈에 관한 법리를 오해하였거나 채증법칙을 위반하여 사실을 오인한 위법이 있다고 할 수 없다.

그 주장하는 바는 원심과는 다른 견해에서 원심의 판단을 나무라는 것이어서 받아들일 수 없다.

2. 제2점에 대하여

중재계약은 당해 계약서 자체에 중재조항이 명기되어 있는 경우에 한하지 아니하고 중재조항을 포함하는 일반거래약관 등 다른 문서를 인용하는 경우에도 당사자가 이를 계약의 내용으로 삼은 이상 허용된다 할 것이다.

원심은 그 채택 증거를 종합하여, 위 '입찰에 관한 일반조건(General Terms for Bids)'은 원고에 의하여 1988. 8.경에 영문으로 제정된 것으로서 23개 항목에 걸쳐 원고가 실시하는 입찰과 관련한 절차 및 내용 등을 구체적으로 규정하고 있고, 원고가 시행하는 수입쇠고기의 입찰에 참가하여 쇠고기 공급계약을 체결하기 위하여는 사전에 원고에게 공급업체등록을 하여야 하는데, 피고는 1992. 2. 7.경 원고에게 공급업체등록을 하여 1992.은 8회에 걸쳐, 1993.은 이 사건 2회의 입찰을 포함하여 5회에 걸쳐 원고의 쇠고기 입찰에 참여하였고, 원고는 국내대리점들로부터 공급업체등록을 받거나 또는 등록 후 첫번째 입찰에 참가하기 전에 위 대리점들에게 '입찰에 관한 일반조건'에 대하여 설명함과 동시에 이를 교부하여 온 사실, 원고는 위 각 입찰을 실시하기 전에 일간신문에 '자세한 사항은 당사업단에서 배부하는 입찰과 계약에 관한 일반조건 및 입찰안내서에 의함'이라는 내용의 공고를 한 사실, 또 원고는 위 각 입찰을 실시하기 전에 피고를 비롯하여 입찰에 참가하려는 국내대리점들에게 수입조건, 상품의 명세 및 규격 등이 상세히 규정되고 신용장개설양식 및 위임장 등이 첨부된 영문으로 된 '입찰안내서'를 교부·설명하였는데, 위 '입찰안내서'의 표지에는 "사업단에서 제정한 입찰에 관한 일반조건에 부합하는 입찰서를 봉함하여 제출하여 주기 바란다"는 취지의 문구가 기재되어 있고, 위 '입찰안내서'의 수입조건 제14조 비(B)항은 "기타 조건은 1988년 8월 축산물유통사업단이 제정한 입찰에 관한 일반조건에 따른다"라고 규정하고 있으며, 피고가 제출한 위임장에는 "귀단에서 정한 입찰 및 계약에 관한 일반조건의 제조건을 전적으로 수락하고 입찰참가자 장영으로 하여금 입찰 및 계약에 관한 일체의 행위를 위임합니다"라고 기재되어 있는 사실, 한편 피고는 소외 아틀라스사를 대리하여 위 각 입찰에 참가하여 낙찰이 되고 피고의 이름으로 위 1993. 6. 3.자 계약분에 대하여는 1993. 6. 8.에, 위 1993. 8. 6.자 계약분에 대하여는 같은 해 8. 10.에 원고에게 물품의 선적조건 및 방법 기타 대금지급의 방법 등이 기재된 각 물품매도확약서(Firm Offer)를 제출하였는데, 위 물품매도확약서의 비고란에는 "기타 조건은 축산물유통사업단 입찰안내서에 따른다"라고 기재되어 있는 사실을 인정한 다음, 위 인정 사실에 의하면, 위 '입찰안내서' 및 '입찰에 관한 일반조건'은 각 계약의 일방당사자가 다수의 계약체결을 위하여 미리 마련한 계약내용으로서 약관에 해당한다고 할 것인데, 위 '입찰안내서'의 경우는 원고가 피고를 비롯한 이 사건 각 입찰에 참가할 국내대리점들에게 매 입찰시마다 이를 교부 및 설명하였고 또 '입찰에 관한 일반조건'의 경우에도 입찰시마다 이를 교부·설명하지는 않았지만 공급업체등록을 한 자들만이 참가하는 위 입찰에서 공급업체등록시 또는 첫번째 입찰시에 이를 교부·설명하였을 뿐 아니라 이를 신문공고 및 위 '입찰안내서', 위임장의 기재 등을 통하여 거래상대방으로 하여금 인지가능하게 한 이상, 위 '입찰안내서'가 원·피고 사이의 계약내용이 됨은 물론 '입찰에 관한 일반조건'도 위 '입찰안내서'를 통하여 위 각 계약내용으로 편입되었다 할 것이고, 따라서 그 중에 있는 이 사건 중재조항 또한 위 각 계약의 내용으로 되어 원·피고 사이에 유효한 중재계약이 있었던 것으로 인정된다고 판단하였다.

위에서 본 법리와 기록에 나타난 여러 사실, 그리고 피고가 중재절차에서 본안에 관하여 변론하면서 중재계약의 부존재를 전혀 주장하지 않았던 사정 등에 비추어 보면, 원심의 위와 같은 조치는 정당한 것으로 수긍이 가고, 거기에 상고이유로 주장하는 바와 같이 중재합의의 성립에 관한 법리를 오해하였거나 채증법칙을 위반하여 사실을 오인한 위법이 있다고 할 수 없다.

그 주장하는 바는 원심의 전권에 속하는 증거의 취사, 판단과 사실의 인정을 다투는 것이거나, 원심과는 다른 견해에서 원심의 판단을 나무라는 것이어서 받아들일 수 없다.

3. 제3점에 대하여

피고가 제1심 및 원심에서 위의 중재판정은 위 입찰안내서 수입조건 제12조 F항이 약관의규제에관한법률 제13조에 위반하여 무효라 할 것인데도 이 점에 관한 판단을 유탈하였으므로 중재법 제13조 제1항 제5호에서 정한 취소사유가 있다고 주장한 바를 위 중재판정이 법률상 금지된 행위를 할 것을 내용으로 하는 것이어서 중재법 제13조 제1항 제3호에서 정한 취소사유가 있는 것이라는 취지의 주장을 한 것으로 볼 수는 없다. 나아가 기록에 비추어 살펴보면, 위 입찰안내서 수입조건 제12조 F항이 약관의규제에관한법률 제13조에 위반하여 무효이거나, 그 결과 이 사건 중재판정이 법률상 금지된 행위를 할 것을 내용으로 하고 있는 경우라고 보이지도 아니한다. 결국 원심판결에 상고이유로 주장하는 바와 같은 판단유탈의 위법이 있다고 할 수 없다.

4. 그러므로 상고는 이유 없으므로 이를 기각하고 상고비용은 패소자의 부담으로 하기로 하여 관여 법관의 일치된 의견으로 주문과 같이 판결한다.

대법관　이임수(재판장) · 최종영 · 정귀호(주심) · 이돈희

평석 →1. 조희대, 중재판정에 대한 집행판결을 못하는 사유, 대법원판례해설 28호(97년 상반기)(97.12) 230-253, 법원도서관

2. 정병석, 중재계약의 성립 : 중재약정이 다른 문서에 포함되어 있는 경우, 판례연구 11집(98.01) 387-398, 서울지방변호사회

---

5. 대법원 1996. 4. 12. 선고 96다280 판결 【중재판정취소】

[집44(1)민,358;공1996.6.1.(11),1529]

【판시사항】

당사자가 선정한 중재인이 직무수행을 거부한 경우 중재계약의 효력 및 이 경우 중재법 제4조 제4항, 제5항에 의하여 중재인을 선정·대체할 수 있는지 여부(소극)

【판결요지】

중재계약에서 특정인을 중재인으로 선정한 경우에 있어서는 그 특정인의 중재판정을 받고자 하는 것이 중재계약을 체결한 당사자들의 의사이므로, 그 특정인이 중재인으로서의 직무수행을 거부하면 그 중재계약은 효력을 상실하거나 이행이 불능인 때에 해당하

고, 한편 중재법 제4조 제4항, 제5항에서 중재계약의 당사자가 그 상대방에 대하여 중재인의 선정이나 대체를 최고하고 그 상대방이 이에 응하지 아니한 경우에 법원이 그 최고를 한 당사자의 신청에 의하여 중재인을 선정하거나 대체한다고 규정하고 있는 것은, 중재계약의 일방 당사자가 중재인을 선정할 권리를 가지고 있는 경우에 그 당사자가 중재인을 선정하지 아니하거나 혹은 그 당사자가 선정한 중재인이 중재인으로서의 직무수행을 거부하는 경우 등에 적용되는 것으로서, 당사자가 중재계약에서 이미 특정인을 중재인으로 선정해 둔 경우에는 적용되지 않는다.

【전 문】
【원고, 피상고인】 논현동 공무원아파트 재건축조합 외 4인(소송대리인 변호사 오혁진)
【피고, 상고인】 정리회사 주식회사 한양의 관리인 김정남
【원심판결】 서울고법 1995. 11. 22. 선고 95나25925 판결

【주문】: 상고를 기각한다. 상고비용은 피고의 부담으로 한다.

【이유】
상고이유를 본다.

1. 중재는 당사자간의 합의로 사법상의 분쟁을 판결에 의하지 아니하고 당사자 스스로 선정한 중재인의 판정에 의하여 신속하게 해결함을 목적으로 하는 것으로서 중재계약에 의한 사적자치의 원칙에 그 근거를 두고 있는 것이므로(대법원 1989. 6. 13. 선고 88다카183, 184 판결 참조), 중재계약을 적용함에 있어서는 당사자의 의사를 존중하여 합리적인 범위 내에서 엄격하게 해석하여야 할 것인바, 중재계약에서 특정인을 중재인으로 선정한 경우에 있어서는 그 특정인의 중재판정을 받고자 하는 것이 중재계약을 체결한 당사자들의 의사라 할 것이어서, 그 특정인이 중재인으로서의 직무 수행을 거부하면 그 중재계약은 효력을 상실하거나 이행이 불능인 때에 해당한다고 할 것이고, 한편, 중재법 제4조 제4항, 제5항에서 중재계약의 당사자가 그 상대방에 대하여 중재인의 선정이나 대체를 최고하고 그 상대방이 이에 응하지 아니한 경우에 법원이 그 최고를 한 당사자의 신청에 의하여 중재인을 선정하거나 대체한다고 규정하고 있는 것은, 중재계약의 일방 당사자가 중재인을 선정할 권리를 가지고 있는 경우에 그 당사자가 중재인을 선정하지 아니하거나 혹은 그 당사자가 선정한 중재인이 중재인으로서의 직무 수행을 거부하는 경우 등에 적용되는 것으로서 당사자가 중재계약에서 이미 특정인을 중재인으로 선정해 둔 경우에는 적용되지 않는다고 봄이 상당하다.

원심이 이와 같은 취지에서, 이 사건 중재계약은 그 중재계약에서 서울특별시장이라는 특정인을 중재인으로 선정한 경우이므로 위 서울특별시장이 중재인으로서 직무수행을 거부하였더라도 중재법 제4조 제4항, 제5항에 의하여 법원이 중재인을 선정하거나 대체할 수 있는 경우에 해당되지 않는다고 판단한 것은 정당하고, 거기에 소론과 같은 위법이 없으므로, 논지는 이유 없다.

2. 논지는, 법원의 중재인 교체 결정에 대하여 불복하는 경우에는 비송사건절차법에 따라 항고로서 다투어야 한다는 것이나, 원고들의 이 사건 소는 중재판정이 중재인의 선정 또는 중재절차가 중재계약에 의하지 아니한 경우에 그 취소의 소를 제기할 수 있다는 중재법 제13조의 규정에 의한 것이므로, 논지는 받아들일 수 없다.

3. 그러므로 상고를 기각하고, 상고비용은 패소자의 부담으로 하기로 하여 관여 법관의 일치된 의견으로 주문과 같이 판결한다.

대법관 안용득(재판장) · 천경송 · 지창권 · 신성택(주심)

Ⅱ. 중재절차 및 중재판정집행에 관한 판례

1. 대법원 2005.12.23. 선고 2004다8814 판결 【손해배상(기)】

[공2006.2.1.(243),167]

【판시사항】

중재판정에 기한 강제집행이 불법행위로 되기 위한 요건

【판결요지】

[1] 중재법에 의한 중재판정이 있으면 기판력에 의하여 대상이 된 청구권의 존재가 확정되고, 그에 대한 집행판결이 확정됨에 따라 현실적 집행력이 발생하는 것이므로, 중재판정에 따른 집행이 불법행위를 구성하기 위하여는 일방 당사자가 상대방의 권리를 해할 의사로 절차관여를 방해하거나 허위의 주장으로 중재판정부를 기망하는 등 부정한 방법으로 실체의 권리관계와 다른 내용의 중재판정을 취득하여 집행을 하는 것과 같은 특별한 사정이 있어야 하고, 그와 같은 사정이 없이 중재판정의 내용이 단순히 실체적 권리관계에 배치되어 부당하고, 또한 중재판정에 기한 집행 채권자가 이를 알고 있었다는 것만으로는 그 집행행위가 불법행위를 구성한다고 할 수 없으며, 편취된 중재판정에 기한 강제집행이 불법행위로 되는 경우가 있다고 하더라도 당사자의 법적 안정성을 위해 중재판정에 형식적 확정력이나 기판력 등 확정판결과 같은 효력을 인정한 중재법 제35조의 입법취지나 중재판정의 효력을 배제하기 위하여는 그 중재판정에 취소사유가 존재하는 경우에 중재판정취소의 소에 의하여 그 취소를 구하는 것이 원칙적인 방법인 점 등에 비추어 볼 때 불법행위의 성립을 쉽게 인정할 일은 아니므로, 중재판정에 기한 강제집행이 불법행위로 되는 것은 당사자의 절차적 기본권이 근본적으로 침해된 상태에서 중재판정이 내려졌거나 중재판정에 취소사유가 존재하는 등 중재판정의 효력을 존중하는 것이 정의에 반함이 명백하여 이를 묵과할 수 없는 경우로 한정하여야 한다.

【참조조문】

중재법 제35조, 제36조, 민법 제750조

【전 문】

【원고, 상고인】 성림산업진흥 주식회사 (소송대리인 변호사 정만조)

【피고, 피상고인】 주식회사의 파산관재인 정연호외 3인(법무법인 화우 노경래 외 2인)

【원심판결】 서울고법 2004. 1. 15. 선고 2003나28486 판결

【주 문】 : 상고를 기각한다. 상고비용은 원고가 부담한다.

【이 유】

중재법에 의한 중재판정이 있으면 기판력에 의하여 대상이 된 청구권의 존재가 확정되고, 그에 대한 집행판결이 확정됨에 따라 현실적 집행력이 발생하는 것이므로, 중재판정에 따른 집행이 불법행위를 구성하기 위하여는 일방 당사자가 상대방의 권리를 해할 의사로 절차관여를 방해하거나 허위의 주장으로 중재판정부를 기망하는 등 부정한 방법으로 실체의 권리관계와 다른 내용의 중재판정을 취득하여 집행을 하는 것과 같은 특별한 사정이 있어야 하고, 그와 같은 사정이 없이 중재판정의 내용이 단순히 실체적 권리관계에 배치되어 부당하고, 또한 중재판정에 기한 집행 채권자가 이를 알고 있었다는 것만으로는 그 집행행위가 불법행위를 구성한다고 할 수 없다.

또한, 편취된 중재판정에 기한 강제집행이 불법행위로 되는 경우가 있다고 하더라도 당사자의 법적 안정성을 위해 중재판정에 형식적 확정력이나 기판력 등 확정판결과 같은 효력을 인정한 중재법 제35조의 입법 취지나 중재판정의 효력을 배제하기 위하여는 그 중재판정에 취소사유가 존재하는 경우에 중재판정취소의 소에 의하여 그 취소를 구하는 것이 원칙적인 방법인 점 등에 비추어 볼 때 불법행위의 성립을 쉽게 인정할 일은 아니므로, 중재판정에 기한 강제집행이 불법행위로 되는 것은 당사자의 절차적 기본권이 근본적으로 침해된 상태에서 중재판정이 내려졌거나 중재판정에 취소사유가 존재하는 등 중재판정의 효력을 존중하는 것이 정의에 반함이 명백하여 이를 묵과할 수 없는 경우로 한정하여야 한다.

원심은 원고의 청구원인 주장, 즉 파산자 주식회사와 피고 2가 중재판정부에 위조되거나 허위 내용으로 작성된 서증 등을 제출하고, 소외인으로 하여금 허위진술을 하도록 교사하고, 수사기관에 뇌물을 제공하거나 영향력을 행사함과 동시에 아파트 주민들을 선동함으로써 원고의 공격·방어방법 제출을 방해하고, 중재인의 선정에 위법한 영향력을 행사하는 등으로 원고의 절차적 기본권을 근본적으로 침해하였다는 주장을 각 믿을 만한 충분한 증거가 없다는 등의 이유를 들어 모두 배척하였는바, 이러한 원심의 조치는 비록 그 이유 설시에 다소 부적절한 점이 없지는 않으나 위에서 본 법리나 이 사건 기록에 비

추어 수긍할 수 있고, 거기에 원고가 상고이유로 주장하는 바와 같이 채증법칙 위배로 사실을 오인하거나 중재판정의 편취 및 집행과 불법행위의 성립에 관한 법리를 오해하는 등으로 판결 결과에 영향을 미친 위법이 있다고 볼 수 없다.

따라서 상고를 기각하고, 상고비용은 패소자가 부담하도록 정하여 주문과 같이 판결한다.

대법관 김황식(재판장) · 이규홍 · 박재윤(주심) · 김영란

평석 → 조무제, 판례에서 보는 중재법 : 조무제, 중재 319호(2006년 봄)(2006.03) 58-74

---

2. 대법원 2005. 5. 13. 선고 2004다67264,67271 판결【중재판정취소 · 집행】

[공2005.6.15.(228),947]

【판시사항】

[1] 진정성립이 인정되는 처분문서의 증명력 및 처분문서에 나타난 당사자 의사의 해석방법

[2] 구체적인 중재조항이 중재합의로서 효력이 있는지 여부의 판단 기준

[3] 중재합의의 효력 범위

[4] 중재판정에서 금전채무의 이행을 명함과 동시에 구 소송촉진등에관한특례법 제3조 제1항에 규정된 법정이율에 의한 지연손해금의 지급을 명한 것이 강행법규에 위반하거나 선량한 풍속 기타 사회질서에 위배되는지 여부(소극) 및 그 중재판정 이후 위 조항에 관하여 헌법재판소의 위헌결정이 선고된 경우 중재판정의 효력(유효)

[5] 계약서상의 구체적인 중재조항을 그 작성 경위 등에 비추어 전속적 중재조항으로 해석한 원심의 판단을 수긍한 사례

【판결요지】

[1] 처분문서의 진정성립이 인정되면 법원은 그 기재 내용을 부인할 만한 분명하고도 수긍할 수 있는 반증이 없는 한 그 처분문서에 기재되어 있는 문언대로의 의사표시의 존재와 내용을 인정하여야 하고, 당사자 사이에 계약의 해석을 둘러싸고 이견이 있어 처분문서에 나타난 당사자의 의사해석이 문제되는 경우에는 문언의 내용, 그와 같은 약정이 이루어진 동기와 경위, 약정에 의하여 달성하려는 목적, 당

사자의 진정한 의사 등을 종합적으로 고찰하여 논리와 경험칙에 따라 합리적으로 해석하여야 한다.

[2] 중재합의는 사법상의 법률관계에 관하여 당사자 간에 이미 발생하였거나 장래 발생할 수 있는 분쟁의 전부 또는 일부를 법원의 판결에 의하지 아니하고 중재에 의하여 해결하도록 서면에 의하여 합의를 함으로써 효력이 생기는 것이므로, 구체적인 중재조항이 중재합의로서 효력이 있는 것으로 보기 위하여는 중재법이 규정하는 중재의 개념, 중재합의의 성질이나 방식 등을 기초로 당해 중재조항의 내용, 당사자가 중재조항을 두게 된 경위 등 구체적 사정을 종합하여 판단하여야 한다.

[3] 중재합의는 중재조항이 명기되어 있는 계약 자체뿐만 아니라, 그 계약의 성립과 이행 및 효력의 존부에 직접 관련되거나 밀접하게 관련된 분쟁에까지 그 효력이 미친다.

[4] 중재판정에서는 경우에 따라 실정법을 떠나 공평의 원칙을 근거로 하여 판단하는 것도 허용될 수 있는 것이므로 중재판정에서 금전채무의 이행을 명하는 경우 그 중재판정 당시 시행되던 구 소송촉진등에관한특례법(2003. 5. 10. 법률 제6868호로 개정되기 전의 것) 제3조 제1항에 규정된 법정이율에 의한 지연손해금의 지급을 명하였다고 하여 이를 가리켜 강행법규에 위반하거나 선량한 풍속 기타 사회질서에 위배된다고 볼 수도 없으며, 비록 그 중재판정이 있은 후 헌법재판소에서 위 조항에 관하여 위헌결정을 선고하였다고 하더라도 특별한 사정이 없는 한 이와 달리 볼 것도 아니다.

[5] 공사도급계약서상 "분쟁해결은 당사자 쌍방 모두 중재법에 의거 대한상사중재원 부산지부 중재에 따르고, 법률적 쟁송이 있을 경우 도급인의 주소지 관할법원으로 한다."는 내용의 중재조항은 그 작성 경위 등에 비추어 이른바 선택적 중재조항으로 볼 수 없고, 오히려 전속적 중재조항으로 해석하여야 하며, 위 합의에서 '법률적 쟁송이 있을 경우'라 함은 그 중재절차·중재판정과 관련하여 제기될 수 있는 소송에 관한 중재법 제7조 소정의 관할 합의를 한 것으로 보아야 한다고 한 원심의 판단을 수긍한 사례.

【참조조문】

[1] 민사소송법 제202조, 민법 제105조 / [2] 중재법 제3조 제2호, 제8조, 제9조 제1항 / [3] 중재법 제3조 제2호 / [4] 중재법 제36조 제2항, 중재규칙 제52조, 구 소송촉진등에관한특례법(2003. 5. 10. 법률 제6868호로 개정되기 전의 것) 제3조 제1항, 헌법재판소법 제47조 제2항 / [5] 민법 제105조, 중재법 제3조 제2호, 제7조, 제8조

【참조판례】

[1] 대법원 1995. 2. 10. 선고 94다16601 판결(공1995상, 1290), 대법원 1996. 4. 9. 선고 96다1320 판결(공1996상, 1399), 대법원 1997. 12. 12. 선고 97다5060 판결(공1998상, 256), 대법원 2000. 4. 11. 선고 2000다4517, 4524 판결(공2000상, 1185), 대법원 2001. 2. 27. 선고 99다23574 판결(공2001상, 765), 대법원 2002. 2. 26. 선고 2000다48265 판결(공2002상, 785), 대법원 2002. 6. 11. 선고 2002다6753 판결(공2002하, 1620), 대법원 2002. 6. 28. 선고 2002다23482 판결(공2002하, 1816) /[2] 대법원 2003. 8. 22. 선고 2003다318 판결(공2003하, 1916), 대법원 2004. 11. 11. 선고 2004다42166 판결(공2004하, 2008) /[3][4] 대법원 2001. 4. 10. 선고 99다13577, 13584 판결(공2001상, 1069)

【전 문】

【원고(반소피고), 상고인】 한신공영 주식회사(법무법인 태평양 담당변호사 이준 외 4인)

【피고(반소원고),피상고인】 주식회사 일동 (소송대리인 변호사 조봉국 외 1인)

【원심판결】 부산고법 2004. 10. 21. 선고 2004나6993, 7002 판결

【주문】 : 상고를 기각한다. 상고비용은 원고(반소피고)가 부담한다.

【이유】

처분문서의 진정성립이 인정되면 법원은 그 기재 내용을 부인할 만한 분명하고도 수긍할 수 있는 반증이 없는 한 그 처분문서에 기재되어 있는 문언대로의 의사표시의 존재와 내용을 인정하여야 하고, 당사자 사이에 계약의 해석을 둘러싸고 이견이 있어 처분문서에 나타난 당사자의 의사해석이 문제되는 경우에는 문언의 내용, 그와 같은 약정이 이루어진 동기와 경위, 약정에 의하여 달성하려는 목적, 당사자의 진정한 의사 등을 종합적으로 고찰하여 논리와 경험칙에 따라 합리적으로 해석하여야 하는 것이며(대법원 2002. 2. 26. 선고 2000다48265 판결 등 참조), 중재합의는 사법상의 법률관계에 관하여 당사자 간에 이미 발생하였거나 장래 발생할 수 있는 분쟁의 전부 또는 일부를 법원의 판결에 의하지 아니하고 중재에 의하여 해결하도록 서면에 의하여 합의를 함으로써 효력이 생기는 것이므로, 구체적인 중재조항이 중재합의로서 효력이 있는 것으로 보기 위하여는 중재법이 규정하는 중재의 개념, 중재합의의 성질이나 방식 등을 기초로 당해 중재조항의 내용, 당사자가 중재조항을 두게 된 경위 등 구체적 사정을 종합하여 판단하여야 한다(대법원 2004. 11. 11. 선고 2004다42166 판결 등 참조). 그리고 이러한 중재합의는 중재조항이 명기되어 있는 계약 자체뿐만 아니라, 그 계약의 성립과 이행 및 효력의 존부에 직접 관련되거나 밀접하게 관련된 분쟁에까지 그 효력이 미친다고 보아야 할 것이고, 한편

중재판정에서는 경우에 따라 실정법을 떠나 공평의 원칙을 근거로 하여 판단하는 것도 허용될 수 있는 것이므로 중재판정에서 금전채무의 이행을 명하는 경우 그 중재판정 당시 시행되던 구 소송촉진등에관한특례법(2003. 5. 10. 법률 제6868호로 개정되기 전의 것) 제3조 제1항에 규정된 법정이율에 의한 지연손해금의 지급을 명하였다고 하여 이를 가리켜 강행법규에 위반하거나 선량한 풍속 기타 사회질서에 위배된다고 볼 수도 없으며(대법원 2001. 4. 10. 선고 99다13577, 13584 판결 참조), 비록 그 중재판정이 있은 후 헌법재판소에서 위 조항에 관하여 위헌결정을 선고하였다고 하더라도 특별한 사정이 없는 한 이와 달리 볼 것도 아니다.

원심은 그 설시의 증거들에 의하여 인정되는 판시와 같은 사실관계에 터잡아 다음과 같은 내용의 이 사건 중재합의, 즉 "분쟁해결은 당사자 쌍방 모두 중재법에 의거 대한상사중재원 부산지부 중재에 따르고, 법률적 쟁송이 있을 경우 갑(도급인인 피고를 가리킴)의 주소지 관할 법원으로 한다."는 조항은 그 작성 경위 등에 비추어 이른바 선택적 중재조항으로 볼 수 없고, 오히려 전속적 중재조항으로 해석하여야 하며, 위 합의에서 '법률적 쟁송이 있을 경우'라 함은 그 중재절차·중재판정과 관련하여 제기될 수 있는 소송에 관한 중재법 제7조 소정의 관할합의를 한 것으로 보아야 하고, 2002. 7. 3.경 원고(반소피고)와 피고(반소원고)가 "쌍방 다툼이 있는 사항은 당사자 간 협의하여 처리하기로 한다."는 합의를 하였다고 하더라도 그러한 합의만으로는 위의 중재조항이 실효되었다고 볼 수 없다고 판단하였다. 이어 원심은 이 사건 중재판정에는 중재법 제36조 제2항에 규정된 여러 취소사유가 있다는 원고(반소피고)의 이 사건 본소청구에 관한 주장을 그 판시와 같은 이유로 모두 배척하면서, 오히려 이 사건 중재판정에 대한 집행판결을 구하는 피고(반소원고)의 이 사건 반소청구를 인용한 제1심판결을 유지하였다.

기록에 비추어 살펴보면, 원심의 이러한 조치는 위의 법리에 따른 것이어서 정당한 것으로 수긍되고, 거기에 상고이유의 주장과 같이 판결에 영향을 미친 채증법칙 위반, 심리미진, 이유 불명시, 이유 모순 또는 처분문서에 나타난 의사표시의 해석, 선택적 중재조항, 이른바 분양형 토지신탁관계의 설정과 종료의 효과, 중재합의의 효력범위나 중재판정의 심판대상, 중재판정 이후에 다른 사건에서 선고된 위헌결정이 그 중재판정에 미치는 효력, 대한상사원 중재규칙 제52조 제1항에 관한 법리오해 등의 위법이 없다.

그러므로 상고를 기각하고, 상고비용은 패소자가 부담하도록 정하여 주문과 같이 판결한다.

대법관 이용우(재판장)·이규홍·박재윤(주심)·양승태

평석 →1. 윤진수, 계약 해석의 방법에 관한 국제적 동향과 한국법, 비교사법 12권 4호(통권31호)(2005.12) 27-92, 한국비교사법학회

2. 유병현, 2005년 민사소송법 학계 및 판례의 동향, 고시계 50권 2호(588호)(2006.02) 6-28, 국가고시학회

---

3. 대법원 2005. 4. 29. 선고 2004다47901 판결 【중재판정취소】

[공2005.6.1.(227),811]

【판시사항】

[1] 중재인의 고지의무를 규정한 중재법 제13조 제1항의 법적 성격(=강행규정)

[2] 중재인에 대한 기피사유를 어떤 경위로든 알게 되었음에도 중재법 제14조에 정한 기피신청을 하지 아니한 경우, 중재판정이 내려진 이후에 뒤늦게 중재인에게 공정성이나 독립성에 관하여 의심을 야기할 사유가 있었다거나 중재법 제13조 제1항에 정한 중재인의 고지의무 절차위반이 있다는 사유로 중재판정의 취소를 주장할 수 있는지 여부

[3] 중재판정의 일방 당사자의 소송대리인과 같은 법무법인 소속 변호사가 중재인으로 선정된 경우, 민사소송법 제41조 제4호의 '법관이 사건당사자의 대리인이었거나 대리인이 된 때'와 같이 볼 수 있을 정도로 중재인의 공정성이나 독립성에 관하여 의심을 야기할 중대한 사유로는 볼 수 없다고 한 사례

【판결요지】

[1] 중재법 제13조 제1항에 정해진 '중재인이 되어 달라고 요청받은 자 또는 선정된 중재인의 당사자들에 대한 고지의무'에 관한 규정 자체는 중재법 제5조(이의신청권의 상실)에서의 '이 법의 임의규정'이 아닌 강행규정으로 보아야 한다.

[2] 중재인 등의 사무국에 대한 서면 고지가 없는 상태에서 그 직원들이 그 밖의 다른 경위로 알게 된 중재인 등의 공정성이나 독립성에 관하여 의심을 야기할 사유를 당사자들에게 통지하였다고 하더라도 그와 같이 통지받은 사유에 관하여 소정의 기간 내에 기피신청을 한 바 없다면, 그 중재인 등의 공정성이나 독립성에 관하여 의심을 야기할 사유가 예컨대 민사소송법 제41조(제척의 이유)에 정해진 법관의 제척사유와 같이 볼 수 있을 정도의 중대한 사유에 해당된다는 등의 특별한 사정이 없는 한, 그 중재판정이 내려진 이후에 뒤늦게 그 중재인 등에게 공정성이나 독립성에 관하여 의심을 야기할 사유가 있었다거나 중재법 제13조 제1항에 의한 중재인 등의 고지의무와 관련하여 중재규칙 제25조에 정해진 절차를 위반한 위법이 있다는 사유를 들어 중재법에서 정한 중재판정 취소사유인 '중재판정부의 구성

이나 중재절차가 중재법에 따르지 않은 경우' 또는 '중재판정의 승인 또는 집행이 대한민국의 선량한 풍속 기타 사회질서에 위배되는 때'에 해당된다고 주장할 수는 없다.

[3] 중재판정의 일방 당사자의 소송대리인과 같은 법무법인 소속 변호사가 중재인으로 선정된 경우, 민사소송법 제41조 제4호의 '법관이 사건당사자의 대리인이었거나 대리인이 된 때'와 같이 볼 수 있을 정도로 중재인의 공정성이나 독립성에 관하여 의심을 야기할 중대한 사유로는 볼 수 없다고 한 사례.

【참조조문】

[1] 중재법 제13조 제1항 / [2] 중재법 제13조 , 제14조, 제36조, 상사중재규칙 제25조, 민사소송법 제41조 / [3] 중재법 제13조, 민사소송법 제41조

【전 문】

【원고, 상고인】 세우테크노산업 주식회사(소송대리인 법무법인 송백 담당변호사 조용완)

【피고, 피상고인】 재단법인 2002년 월드컵축구대회조직위원회(소송대리인 법무법인 대성 담당변호사 이홍우 외 5인)

【원심판결】 서울고법 2004. 8. 11. 선고 2004나10758 판결

【주문】: 상고를 기각한다. 상고비용은 원고가 부담한다.

【이유】: 상고이유를 본다.

1. 원심판결 이유에 의하면, 원심은 그 채택 증거에 의하여 그 판시와 같은 사실을 인정한 뒤, 중재판정의 일방 당사자의 대리인과 같은 법무법인 소속 변호사가 중재인으로 참여한다는 것은 중재인의 공정성, 중립성을 현저하게 의심할 만한 사유임에도 중재인 이남진은 이를 당사자인 원고측에 고지하지 않았는데, 이는 중재법에서 정한 중재판정 취소사유인 '중재판정부의 구성이 중재법에 따르지 않은 경우' 또는 '중재판정의 승인 또는 집행이 대한민국의 선량한 풍속 기타 사회질서에 위배되는 때'에 해당한다는 원고의 주장에 대하여, 다음과 같이 판단하여 이를 배척하였다.

중재인 이남진이 그 중재신청사건의 피신청인(피고)의 대리인인 이홍우와 같은 법무법인 소속 변호사라는 사실(중재인 이남진은 당시 피고의 법무실 소속 법률전문위원으로서 재직하면서 위 중재신청사건에서 피고의 대리인으로 관여하던 변호사 이홍우와 동일한 법무법인의 구성원 변호사였다.)이 중재인의 공정성이나 독립성에 의심을 야기할 사유에 해당한다고 하더라도, 원고 대리인은 구술심리기일인 2002. 9. 30. 대한상사중재원 직원으로부터 위와 같은 사실을 고지받은 이상, 위 중재법 규정에 따라 15일 이내에 중

재판정부에 기피신청을 하여 중재인 이남진의 적격 여부를 다투고, 나아가 신청이 받아들여지지 않으면 기피사유의 존부 자체만에 대하여 법원에 불복해서 다시 다툴 수 있었음에도 그러한 절차를 취하지 않았는바, 중재법이 중재인에 대한 기피사유를 제한하고, 중재판정절차의 지연을 방지하기 위하여 기피신청기간과 그 불복절차에 관하여 규정함과 아울러 기피신청이 법원에 계속중인 때에도 중재절차를 중단하지 않을 수 있도록 규정하고 있는 취지를 종합해 볼 때, 당사자가 중재신청사건의 심리과정에서 중재인에게 기피사유를 의심할 만한 사정이 있다는 사실을 어떤 경위로든 알게 되었다면 다른 특별한 사정이 없는 한 중재법이 정한 기피신청 및 법원에 대한 불복절차를 통하여 그 적격 여부를 다투어야지 그러한 절차를 취하지 아니하고 있다가 중재판정이 내려진 이후에 새삼스럽게 중재판정 자체의 취소를 구하는 방법으로 다툴 수는 없다고 봄이 상당하다.

2. 중재법은 중재인에 대한 기피사유와 기피신청절차 등에 관하여, 제13조(중재인에 대한 기피사유)에서 "① 중재인이 되어 달라고 요청받은 자 또는 선정된 중재인은 자신의 공정성이나 독립성에 관하여 의심을 야기할 사유가 있는 때에는 지체없이 이를 당사자들에게 고지하여야 한다. ② 중재인은 제1항의 사유가 있거나 당사자들이 합의한 중재인의 자격을 갖추지 못한 사유가 있는 때에 한하여 기피될 수 있다. (단서 생략)"고 규정하고 있고, 제14조(중재인에 대한 기피절차) 제2항에서 "중재인을 기피하고자 하는 당사자는 중재판정부가 구성된 날 또는 중재인에 대한 기피사유를 안 날로부터 15일 이내에 중재판정부에 서면으로 기피신청을 하여야 한다. (이하 생략)"고 규정하고 있으며, 나아가 대한상사중재원의 중재규칙 제25조(중재인의 부적격 고지)는 "① 선정의 통지를 받은 중재인은 그 자신의 공정성 또는 독립성에 관하여 정당한 의문을 야기시킬 수 있는 사유가 있을 때에는 지체없이 서면으로 이를 모두 사무국에 고지하여야 한다. ② 사무국이 제1항의 고지를 접수하였을 때에는 즉시 이를 중재판정부와 당사자에게 통지하여야 하며 중재인을 기피하고자 하는 당사자는 중재판정부가 구성된 날로부터 또는 중재인에 대한 기피사유를 안 날로부터 15일 이내에 서면으로 중재판정부에 대한 기피신청을 해야 한다. 그러나 당사자가 위 기간 내에 이의를 제기하지 아니하였을 경우에는 다시 그 사정을 이유로 그 중재인의 자격에 대하여 이의를 제기할 수 없다. (③항 생략)"고 규정하고 있다.

위 중재법 제13조 제1항에 정해진 '중재인이 되어 달라고 요청받은 자 또는 선정된 중재인(이하 '중재인 등'이라고 한다)의 당사자들에 대한 고지의무'에 관한 규정 자체는 중재법 제5조(이의신청권의 상실)에서의 '이 법의 임의규정'이 아닌 강행규정으로 보아야 하지만, 중재법에는 그 고지절차에 관한 구체적인 규정이 없는 반면에 중재규칙 제25조에만 이러한 고지의 절차로서 중재인 등이 당사자들에 대해 직접 고지하는 방법이 아니라 오히려 중재인 등의 서면 고지를 받은 대한상사중재원 사무국 직원들이 당사자들에 대해 통지하는 방법을 원칙적인 것으로 정하고 있으므로, 비록 중재인 등의 사무국에 대한 서면 고지가 없는 상태에서 그 직원들이 그 밖의 다른 경위로 알게 된 중재인 등의 공정성이나 독립성에 관하여 의심을 야기할 사유를 당사자들에게 통지하였다고 하더라도 그와 같이 통지받은 사유에 관하여 소정의 기간 내에 기피신청을 한 바 없다면, 그 중재인 등의 공정성이나 독립성에 관하여 의심을 야기할 사유가 예컨대 민사소송법 제41조(제척의 이유)에 정해진 법관의 제척사유와 같이 볼 수 있을 정도의 중대한 사유에 해당된다는 등의 특별한 사정이 없는 한, 그 중재판정이 내려진 이후에 뒤늦게 그 중재인 등에게 공정성이나 독립성에 관하여 의심을 야기할 사유가 있었다거나 중재법 제13조 제1항에 의한 중재인 등의 고지의무와 관련하여 중재규칙 제25조에 정해진 절차를 위반한 위법이 있다는 사유를 들어 중재법에서 정한 중재판정 취소사유인 '중재판정부의 구성이나 중재절차가 중재법에 따르지 않은 경우' 또는 '중재판정의 승인 또는 집행이 대한민국의 선량한 풍속 기타 사회질서에 위배되는 때'에 해당된다고 주장할 수는 없다 고 할 것이다.

그런데 원심이 인정한 바와 같이, 피고는 그 중재신청사건에서 중재인 이남진과 변호사 이홍우가 함께 구성원으로 되어 있는 그 법무법인을 그 중재신청사건의 대리인으로 선임한 것은 아니고, 그 법무법인의 구성원으로 있다가 그 업무를 사실상 중단하고 당시 피고의 법무실 소속 법률전문위원으로서 재직하던 변호사 이홍우를 피고의 직원이라는 자격에 기하여 그 중재신청사건의 피신청인이었던 피고의 대리인으로 선임하였다는 것이고, 이는 예컨대 민사소송법 제41조 제4호의 '법관이 사건당사자의 대리인이었거나 대리인이 된 때'와 같이 볼 수 있을 정도의 중재인 이남진의 공정성이나 독립성에 관하여 의심을 야기할 중대한 사유로는 볼 수 없다고 할 것이므로, 비록 중재인 이남진이 대한상사중재원 사무국에 자신의 공정성이나 독립성에 관하여 의심을 야기할 위와 같은 사유에 관하여 서면 고지를 하지 않은 상태에서 사무국 직원이 구술심리기일인 2002. 9. 30. 중재신청사건에서의 신청인 대리인인 원고 소송대리인(이하 '원고 대리인'이라고 한다)에게 그가 다른 경위로 알게 된 앞에서 본 바와 같은 사유를 통지해 주었다고 하더라도 원고 대리인이 그 통지받은 사유에 관하여 소정의 기간 내에 기피신청을 한 바 없다면, 원고 대리인은 이 사건 중재판정이 내려진 이후에 뒤늦게 그 중재인 이남진에게 공정성이나 독립성에 관하여 의심을 야기할 사유가 있었다거나 중재법 제13조 제1항에 의한 중재인 등의 고지의무와 관련하여 중재규칙 제25조에 정해진 절차를 위반한 위법이 있다는 사유를 들어 중재법에서 정한 중재판정 취소사유인 '중재판정부의 구성이나 중재절차가 중재법에 따르지 않은 경우' 또는 '중재판정의 승인 또는 집행이 대한민국의 선량한 풍속 기타 사회질서에 위배되는 때'에 해당된다고 주장할 수는 없다고 할 것이다.

앞서 본 원심의 판단에 일부 적절하지 않은 점이 없지 않으나, 원고의 그 주장을 배척한 결론은 정당하고, 거기에 상고이유로 주장하는 바와 같이 판결 결과에 영향을 미친 법리오해 등의 위법이 있다고 할 수 없다.

3. 그러므로 상고를 기각하고, 상고비용은 패소자가 부담하는 것으로 하여 관여 대법관의 일치된 의견으로 주문과 같이 판결한다.

대법관 박재윤(재판장) · 이용우(주심) · 이규홍 · 양승태

평석 → 이동신, 중재법 제13조 제1항에 정해진 중재인등의 당사자들에 대한 고지의무 및 제14조의 기피신청과 중재판정 취소사유의 관계, 대법원판례해설 55호 (2005 상반기)(2005.12) 67-85

---

4. 대법원 2004. 12.10.선고 2004다20180 판결 【집행】

[공2005.1.15.(218),103]

【판시사항】

[1] 외국중재판정에 대한 집행판결을 신청함에 있어서 뉴욕협약 제4조 제1항에 정한 서류의 제출이 반드시 필요한지 여부(소극) 및 위 서류의 원본이나 등본 제출의 의미

[2] 뉴욕협약 제4조 제2항에 정한 형식에 따른 번역문이 제출되지 않았다는 이유만으로 집행판결의 청구를 배척할 수 있는지 여부(소극)

[3] 뉴욕협약의 적용이 문제되는 사안에서 당사자 일방이 외국의 상사중재원에 중재판정을 신청하고 이에 대하여 상대방이 아무런 이의를 제기하지 않았다는 사정만으로는 당사자 사이에 위 협약 제2조에 정한 유효한 중재합의가 있었다고 볼 수 없다고 한 사례

【판결요지】

[1] 외국중재판정의 승인 및 집행에 관한 협약 제4조 제1항은 "외국중재판정의 승인과 집행을 신청하는 당사자는 그 신청을 할 때에 ① 정당하게 인증된 중재판정의 원본 또는 정당하게 증명된 그 등본, ② 제2조에 정한 중재합의의 원본 또는 정당하게 증명된 그 등본을 제출하여야 한다."고 규정하고 있는바, 위 협약은 기본적

으로 체약국들 사이에 서로 다른 나라에서 성립한 중재판정에 대한 집행을 용이하게 해주려는 취지에서 출발한 협약이라는 점에다가 국제적으로도 위 협약 제4조의 요건을 완화하여 해석하려는 경향이 강하다는 점까지 감안하여 볼 때, 위 제4조 제1항에 정한 서류들의 제출을 집행판결사건의 소의 적법요건으로서 법원이 직권으로 판단하여야 할 사항이라거나, 당사자들 사이에 중재판정이나 중재합의의 존재 및 그 내용에 관한 다툼이 없는 경우에까지 그 제출이 반드시 요구되는 것이라고 해석할 수는 없고, 이는 당사자들 사이에 중재판정이나 중재합의의 존재 또는 그 내용에 관한 다툼이 있는 경우에 있어서 그에 대한 증명은 오로지 위 제4조 제1항에 정한 서류로써만 하여야 한다는 증거방법에 관한 규정이라고 봄이 상당하며, 나아가 여기서 원본이나 등본을 제출하여야 한다는 것은 반드시 그 실물을 신청서 등에 첨부하여 제출하여야 한다는 의미가 아니고, 원본이나 등본의 제출에 갈음하여 그 사본을 제출하고 상대방이 아무런 이의를 제기하지 않으면서 그에 대하여 '성립인정'으로 인부하였다면, 이는 위 협약의 해석상으로도 적법한 원본이나 등본의 제출에 해당한다고 보아야 한다.

[2] 외국중재판정의 승인 및 집행에 관한 협약 제4조 제2항은 "중재판정이나 중재합의가 그 적용될 국가의 공용어로 작성되지 아니한 경우에는 공적 기관인 번역관, 선서한 번역관, 외교관 또는 영사관에 의하여 증명된 번역문을 제출하여야 한다."고 규정하고 있는바, 위 협약의 제정경위 등에 비추어 볼 때, 외국중재판정의 승인과 집행을 신청하는 당사자가 제출하여야 하는 번역문 역시 반드시 위와 같은 엄격한 형식을 갖춘 것만으로 한정할 것은 아니고, 만약 당사자가 위와 같은 형식에 따르지 않은 번역문을 제출하였는데 그 내용이 부실하다고 인정되는 경우에는 그 서증제출자의 비용부담으로 전문번역인에게 번역을 의뢰하는 등의 방법에 의하여 이를 보완시킬 수도 있는 것이라고 봄이 상당하며, 따라서 위 제4조 제2항에 정한 형식에 따른 번역문이 제출되지 않았다는 이유만으로 집행판결청구를 배척할 수는 없다.

[3] 외국중재판정의 승인 및 집행에 관한 협약의 적용이 문제되는 사안에서 당사자 일방이 외국의 상사중재원에 중재판정을 신청하고 이에 대하여 상대방이 아무런 이의를 제기하지 않았다는 사정만으로는 당사자 사이에 위 협약 제2조에 정한 유효한 중재합의가 있었다고 볼 수 없다고 한 사례.

【참조조문】

[1] 외국중재판정의 승인 및 집행에 관한 협약(뉴욕협약) 제4조 제1항 / [2] 뉴욕협약 제4조 제2항 / [3] 뉴욕협약 제2조 2항, 제4조 1항

【전 문】

【원고, 상고인】 K & V 인터내셔널 이엠비 씨오 엘티디(변호사 배만운 외 1인)

【피고, 피상고인】 썬스타 특수정밀(한국특수정밀기계 주식회사)(변호사 이용훈 외 1인)

【환송판결】 대법원 2003. 4. 11. 선고 2001다20134 판결

【원심판결】 서울고법 2004. 3. 26. 선고 2003나29311 판결

【주문】: 원심판결을 파기하고, 사건을 서울고등법원에 환송한다.

【이유】

1. 원심의 판단

가. 원심은 그 채용 증거들을 종합하여, 베트남국 회사인 원고가 케심 베트남 리싱 씨오 엘티디(Kexim Vietnam Leasing Co., Ltd., 이하 '심'이라 한다)라는 리스회사를 통하여 자수기 제조회사인 피고로부터 자수기 2대를 인도받아 사용하던 중 위 자수기 2대가 제대로 작동하지 아니하여 원고와 피고 사이에 손해배상을 둘러싼 분쟁이 발생한 사실, 이에 원고가 피고를 상대로 베트남 상사중재원에 중재판정을 신청하자 피고는 원고의 중재신청자격이나 위 상사중재원의 중재절차진행 등과 관련하여 아무런 이의를 제기하지 아니한 사실, 그 후 위 중재사건에서 1999. 2. 6. 원심판결 별지 기재와 같은 내용의 중재판정이 내려진 사실 등 판시와 같은 사실을 인정한 다음, 원고가 중재판정을 신청하고 이에 대하여 피고가 아무런 이의를 제기하지 않는 점에 비추어 볼 때, 원고와 피고 사이에는 이 사건 분쟁을 중재판정에 따라 해결하기로 하는 중재합의가 있었다고 보아야 한다고 판단하였다.

나. 원심은 이어서, 이 사건 중재판정의 승인과 집행에 관하여는 외국중재판정의승인및집행에관한협약(이하 '뉴욕협약'이라 한다)이 우선 적용되어야 한다고 전제한 다음, 뉴욕협약 제4조가 "외국중재판정의 승인과 집행을 신청하는 당사자는 그 신청을 할 때에 ① 정당하게 인증된 중재판정 원본 또는 정당하게 증명된 그 등본, ② 제2조에 정한 중재합의의 원본 또는 정당하게 증명된 그 등본을 제출하여야 하고, 또한 중재판정이나 중재합의가 그 적용될 국가의 공용어로 작성되지 아니한 경우에는 공적 기관인 번역관, 선서한 번역관, 외교관 또는 영사관에 의하여 증명된 번역문을 제출하여야 한다."고 규정하고 있는 것과 관련하여, 위 각 서류들의 제출이 외국중재판정에 관한 집행판결사건의 소송요건에 해당한다고 볼 수는 없다는 이유로, 이 점에 관한 피고의 본안전 항변은 이를 배척하였으나, 다른 한편 위 각 서류들은 국내에서 외국중재판정의 집행판결을 얻기 위하여 반드시 제출하여야 하는 것인데, 원고는 정당하게 인증된 이 사건 중재판정의 원본(베트남어로 작성된 것)만을 제출하였을 뿐 그에 관한 뉴욕협약상의 번역문이나 중재합의의 원본 또는 등본 및 그에 관한 뉴욕협약상의 번역문 등을 전혀 제출하지 못하였다는

이유로, 원고의 이 사건 집행판결 청구를 배척하였다.

2. 이 법원의 판단

가. 이 사건 중재판정은 뉴욕협약의 적용을 받는 외국중재판정이므로, 중재법 제37조 제1항, 제39조 제1항에 따라 그 집행은 뉴욕협약을 적용한 집행판결에 의하여야 할 것인바, 같은 취지의 원심의 판단은 정당하고, 거기에 상고이유로 주장하는 바와 같은 법리오해의 위법이 없다.

나. 그러나 뉴욕협약 제4조에 정한 서류들이 제출되지 않았다는 판시와 같은 이유만으로 원고의 이 사건 집행판결 청구를 배척한 원심의 조치는 수긍하기 어렵다.

(1) 뉴욕협약 제4조 제1항은 "외국중재판정의 승인과 집행을 신청하는 당사자는 그 신청을 할 때에 ① 정당하게 인증된 중재판정의 원본 또는 정당하게 증명된 그 등본, ② 제2조에 정한 중재합의의 원본 또는 정당하게 증명된 그 등본을 제출하여야 한다."고 규정하고 있는바, 뉴욕협약은 기본적으로 체약국들 사이에 서로 다른 나라에서 성립한 중재판정에 대한 집행을 용이하게 해주려는 취지에서 출발한 협약이라는 점에다가 국제적으로도 뉴욕협약 제4조의 요건을 완화하여 해석하려는 경향이 강하다는 점까지 감안하여 볼 때, 위 제4조 제1항에 정한 서류들의 제출을 집행판결사건의 소의 적법요건으로서 법원이 직권으로 판단하여야 할 사항이라거나, 당사자들 사이에 중재판정이나 중재합의의 존재 및 그 내용에 관한 다툼이 없는 경우에까지 그 제출이 반드시 요구되는 것이라고 해석할 수는 없고, 이는 당사자들 사이에 중재판정이나 중재합의의 존재 또는 그 내용에 관한 다툼이 있는 경우에 있어서 그에 대한 증명은 오로지 위 제4조 제1항에 정한 서류로써만 하여야 한다는 증거방법에 관한 규정이라고 봄이 상당하며, 나아가 여기서 원본이나 등본을 제출하여야 한다는 것은 반드시 그 실물을 신청서 등에 첨부하여 제출하여야 한다는 의미가 아니고, 원본이나 등본의 제출에 갈음하여 그 사본을 제출하고 상대방이 아무런 이의를 제기하지 않으면서 그에 대하여 '성립인정'으로 인부하였다면, 이는 뉴욕협약의 해석상으로도 적법한 원본이나 등본의 제출에 해당한다고 보아야 할 것이다.

또한, 뉴욕협약 제4조 제2항은 "중재판정이나 중재합의가 그 적용될 국가의 공용어로 작성되지 아니한 경우에는 공적 기관인 번역관, 선서한 번역관, 외교관 또는 영사관에 의하여 증명된 번역문을 제출하여야 한다."고 규정하고 있는바, 뉴욕협약의 제정경위 등 앞서 본 사정들에 비추어 볼 때, 외국중재판정의 승인과 집행을 신청하는 당사자가 제출하여야 하는 번역문 역시 반드시 위와 같은 엄격한 형식을 갖춘 것만으로 한정할 것은 아니고, 만약 당사자가 위와 같은 형식에 따르지 않은 번역문을 제출하였는데 그 내용이 부실하다고 인정되는 경우에는 그 서증제출자의 비용부담으로 전문번역인에게 번역을 의뢰하는 등의 방법에 의하여 이를 보완시킬 수도 있는 것이라고 봄이 상당하며, 따라서 위 제4조 제2항에 정한 형식에 따른 번역문이 제출되지 않았다는 이유만으로 집행판결청구를 배척할 수는 없다고 할 것이다.

(2) 그리고 원심이, 원고와 피고 사이의 중재합의의 성립에 관하여, 원고가 베트남 상사중재원에 중재판정을 신청하고 이에 대하여 피고가 아무런 이의를 제기하지 않은 점에 비추어 볼 때 원고와 피고 사이에는 이 사건 분쟁을 중재판정에 따라 해결하기로 하는 중재합의가 있었다고 보아야 한다고 판단하였음은 앞서 본 바와 같은바, 원심은 원고와 피고 사이의 중재합의의 성립에 관하여서는 이와 같이 판단하면서도 더 나아가 그러한 중재합의의 원본 및 그 번역문의 제출 여부를 판단함에 있어서는 이와는 달리, 이 사건에 있어서의 중재합의를 기재한 서면은 켁심의 수입대행사인 제네랄 임-엑스포트 앤드 서비스 씨오알피(GENERAL IM-EXPORT AND SERVICE CORP., 이하 '제트라니멕스'라고 한다)와 피고 사이에 체결된 매매계약서임을 전제로 하여, 원고가 제출한 갑 제6호증은 위 매매계약서의 원본이 아닌 사본이고 원고가 그 번역문이라며 제출한 갑 제5호증은 번역인이 누구인지도 알 수 없는 번역문 사본에 불과하므로, 원고는 뉴욕협약 제4조에 정한 중재합의의 원본이나 등본 및 형식을 갖춘 번역문을 제출한 것으로 볼 수 없다고 판단하였다.

그러나 뉴욕협약 제4조 제1항은 중재합의가 제2조에 정한 '서면에 의한 중재합의(agreement in writing)'일 것을 요구하고 있고, 제2조 제2항은 서면에 의한 중재합의란 "당사자들에 의하여 서명되었거나 서신(letter) 또는 전보(telegram) 교환 속에 담긴, 주된 계약 속의 중재조항 또는 중재합의를 포함한다."고 규정하고 있으므로, 이 사건 중재신청을 전후하여 원고와 피고 사이에 교환된 업무연락서류, 중재관련서류 등에 의하여 중재합의가 확인된다는 특별한 사정이 없는 한, 원고가 베트남 상사중재원에 중재판정을 신청하고 이에 대하여 피고가 아무런 이의를 제기하지 아니함으로써 일종의 묵시적인 중재합의가 이루어졌다 한들 이를 뉴욕협약 제2조에 정한 유효한 중재합의라고 볼 수는 없고, 뉴욕협약에 정한 유효한 중재합의의 존부가 다투어지는 경우에는 뉴욕협약 제4조에 정한 방식의 증거방법에 의하여 그 존재사실을 증명할 수 있을 뿐이라는 점에 비추어 보더라도, 뉴욕협약의 적용이 문제되는 이 사건에 있어서 위와 같이 원고가 중재판정을 신청하고 이에 대하여 피고가 아무런 이의를 제기하지 않았다는 점을 들어 유효한 중재합의가 있었다고 본 원심의 판단은 잘못이라고 하지 않을 수 없다.

다. 따라서 원심으로서는 먼저, 원고와 피고 사이에 뉴욕협약 제2조에 정한 유효한 서면중재합의가 있었는지 여부를 심리하여 보았어야 할 것이고(그리고 원심이 제트라니멕스와 피고 사이에 체결된 매매계약서(갑 제6호증)를 그러한 서면중재합의에 해당하는 것처럼 판시하면서 그 원본이 제출되지 않았다는 등의 이유로 원고의 청구를 배척하자, 원고는 상고심에 이르러 위 갑 제6호증의 원본 및 그에 대한 공증된 번역문을 제출하고 있는바, 위 매매계약은 제트라니멕스와 피고 사이에 체결된 것이어서 달리 그 효력이 원고에게 미친다고 볼 만한 특별한 사정이 인정되지 않는 한, 그 매매계약서가 원고와 피고 사이의 유효한 중재합의를 포함하는 것에 해당한다고 보기도 어려우므로, 위 매매계약서가 바로 뉴욕협약에 정한 서면중재합의라는 것이 원고의 주장이라면, 위 매매계약서의 효력이 원고에게 미치는 근거가 무엇인지에 관하여 원고에게 석명할 필요도 있을 것이다.}, 나아가 뉴욕협약 제4조 제1항에 정한 중재합의와 중재판정의 존재 및 그 내용이 적법하게 인정된다면, 그에 관하여 제출된 번역문이 뉴욕협약 제4조 제2항의 취지에 부합하는 번역문에 해당하는지, 아니면 이를 보완할 방법이 있는지 여부 등을 심리하여 보았어야 할 것인데도, 원심은 앞서 본 바와 같은 이유만으로 원고의 이 사건 청구를 기각하고 말았으니, 원심판결에는 뉴욕협약 제2조, 제4조에 관한 법리를 오해한 나머지 필요한 심리를 다하지 아니한 위법이 있다고 할 것이고, 이러한 위법은 판결에 영향을 미쳤음이 분명하다.

3. 그러므로 원심판결을 파기하고, 사건을 다시 심리·판단하게 하기 위하여 원심법원에 환송하기로 하여 관여 법관의 일치된 의견으로 주문과 같이 판결한다.

대법관 강신욱(재판장) · 박재윤 · 고현철(주심)

평석 → 국제상사중재에서의 중재합의에 관한 법적 문제점, 석광현, 중재연구 15권2호(2005.08) 225-262, 한국중재학회

---

5. 대법원 2004. 10. 14. 선고 2003다70249,70256 판결 【중재절차위법확인 · 중재판정취소】

[공2004.11.15.(214),1803]

【판시사항】

중재인이 스스로 중재권한이 없다는 이유로 중재신청을 각하한 중재판정이 중재판정취소의 소의 대상으로 될 수 있는지 여부(소극)

【판결요지】

중재판정취소의 소는 중재판정을 취소하여 소급적으로 무효로 하는 것을 목적으로 하는 형성의 소로서, 법률이 정하는 형식적인 요건을 구비하고 그 본안에 대하여 종국적인

판단을 내린 중재판정에 대하여 중재법 제36조 제2항{구 중재법(1999. 12. 31. 법률 제6083호로 전문 개정되기 전의 것)이 적용되는 경우에는 같은 법 제13조 제1항} 각 호 중 하나에 해당할 때에 한하여 제기할 수 있는 것일 뿐이고, 중재인이 스스로 그 신청 대상인 분쟁에 대하여 판정을 할 권한이 없다는 이유로 신청을 각하한 중재판정은 취소의 소의 대상이 될 수 없다.

【참조조문】

중재법 제36조

【전 문】

【원고(반소피고), 피상고인】 대한민국 (소송대리인 서초법무법인 담당변호사 박상기)

【피고(반소원고), 상고인】 금호산업 주식회사(법무법인 광장 담당변호사 정은환 외 1인)

【원심판결】 광주고법 2003. 11. 21. 선고 2003나5596, 5602 판결

【주문】

원심판결을 파기한다. 제1심판결 중 반소 부분을 취소하고, 반소를 각하한다. 반소로 인한 소송총비용은 피고(반소원고)가 부담한다.

【이유】

1. 원심판결 이유에 의하면, 원심은 채용 증거들에 의하여 피고(반소원고, 이하 '피고'라고 한다)가 판시 시설공사계약 일반조건 제31조가 원고(반소피고, 이하 '원고'라고 한다)와 피고 사이의 유효한 중재합의에 해당함을 전제로 추가 비용의 미지급으로 인한 손해액 등의 지급을 구하는 중재신청을 하였는데, 대한상사중재원에서 위 일반조건 제31조가 유효한 중재합의이긴 하지만 피고가 신청한 사항은 그 해석상 중재의 대상이 되지 아니한다는 이유로 중재신청을 각하하는 중재판정이 내려진 사실, 이에 피고가 중재법 제36조 제2항 제1호 (라)목에 정한 '중재절차가 이 법의 강행규정에 반하지 아니하는 당사자 간의 합의에 따르지 아니하거나 그러한 합의가 없는 경우에는 이 법에 따르지 아니하였다는 사실'이 있는 경우에 해당한다고 주장하며 위 중재판정의 취소를 구하는 반소를 제기한 사실 등을 인정한 다음, 판시 기재와 같은 이유로 위 일반조건 제31조는 중재합의로서 효력이 없다고 판단한 다음 제1심판결 중 반소 부분을 취소하고, 반소청구를 기각하였다.

2. 상고이유에 대한 판단에 앞서 직권으로 본다.

중재판정취소의 소는 중재판정을 취소하여 소급적으로 무효로 하는 것을 목적으로 하는 형성의 소로서, 법률이 정하는 형식적인 요건을 구비하고 그 본안에 대하여 종국적인

판단을 내린 중재판정에 대하여 중재법 제36조 제2항{구 중재법(1999. 12. 31. 법률 제6083호로 전문 개정되기 전의 것)이 적용되는 경우에는 같은 법 제13조 제1항} 각 호 중 하나에 해당할 때에 한하여 제기할 수 있는 것일 뿐이고, 중재인이 스스로 그 신청 대상인 분쟁에 대하여 판정을 할 권한이 없다는 이유로 신청을 각하한 중재판정은 취소의 소의 대상이 될 수 없다 고 할 것이다.

원심이 인정한 바와 같이, 피고가 취소를 구하는 대상인 중재판정은 중재인 스스로 그 신청 대상 분쟁에 대하여 판정할 권한이 없다는 이유로 신청을 각하한 것이라면, 위 법리에 비추어 볼 때 이는 취소의 소의 대상이 될 수 없다고 할 것이다.

그럼에도 불구하고, 원심은 반소가 적법함을 전제로 반소의 당부에 대한 판단을 하고 말았으니, 원심판결은 그대로 유지될 수 없다.

3. 그러므로 나아가 본안의 당부에 관하여 판단할 필요 없이 원심판결을 파기하되, 이 사건은 이 법원이 직접 재판하기에 충분하므로 자판하기로 한다. 앞서 본 바와 같은 이유로 반소는 부적법하여 각하하여야 할 것인바, 제1심판결 중 반소 부분은 이와 결론을 달리하여 부당하므로 이를 취소하고, 반소를 각하하며, 반소 부분에 대한 소송총비용은 피고가 부담하도록 하여 관여 법관의 일치된 의견으로 주문과 같이 판결한다.

대법관 이규홍(재판장) · 윤재식(주심) · 이용우 · 김영란

평석 → 여미숙, 선택적 중재조항의 유효성, 민사판례연구 27권(2005.02) 723-770, 박영사

---

6. 대법원 2004. 3. 12. 선고 2003다21995 판결 【중재판정취소】

[공2004.4.15.(200),617]

【판시사항】

중재인이 중재절차 진행중에 그 중재사건의 일방 당사자나 대리인의 의뢰로 당해 중재사건과 사실상 또는 법률상 쟁점을 같이 하는 동종사건의 중재대리인으로 활동한 행위가 구 중재법 제13조 제1항 제1호 소정의 중재판정 취소사유에 해당하는지 여부(적극)

【판결요지】

변호사는 비록 의뢰인으로부터 보수를 받는다 하더라도 의뢰인의 지휘·감독에 복종하지 아니한 채 독립하여 자유롭게 그 직무를 행하는 것이므로, 변호사가 중재인으로 선정

되어 중재절차가 진행되고 있는 상황이라도 변호사로서의 직무상 불특정다수의 고객들에게 상담을 하여 주고 그들로부터 사건을 수임하는 것은 허용된다 할 것이나, 중재인으로 선정된 변호사는 중재인의 공정성과 독립성의 확보를 위하여 그 중재사건의 일방 당사자나 그 대리인과 중재절차 외에서 접촉하는 것은 가급적 제한되어야 하고, 나아가 당해 사건과 무관한 것이라 하더라도 일방 당사자나 그 대리인의 의뢰로 사건을 수임하는 것 역시 원칙적으로는 허용될 수 없으며, 더구나 그 수임사건이 당해 사건과 사실상 또는 법률상 쟁점을 같이 하는 동종의 사건인 경우에는 그 수임행위는 당해 중재인을 그 중재절차에서 배제시켜야 할 정도로 그 공정성과 독립성에 관하여 의심을 야기할 수 있는 중대한 사유에 해당하고, 만약 당해 중재인이 배제되지 아니한 채 중재판정이 내려졌다면 이는 구 중재법(1999. 12. 31. 법률 제6083호로 전문 개정되기 전의 것) 제13조 제1항 제1호 소정의 '중재인의 선정 또는 중재절차가 이 법이나 중재계약에 의하지 아니한 때'에 해당하여 취소를 면치 못한다.

【참조조문】

구 중재법 제6조, 제13조 제1항 제1호, 구 민사소송법(2002. 1. 26. 법률 제6626호로 전문 개정되기 전) 제37조 (현행 제41조 참조) 제39조 (현행 제43조 참조) 구 상사중재규칙(2000. 4. 27. 대법원 승인으로 개정되기 전의 것) 제19조, 제26조 제1항

【전 문】

【원고, 피상고인】 대한민국(소송대리인 변호사 곽창욱 외 1인)

【피고, 상고인】 신성건설 주식회사(주식회사 신성)(소송대리인 변호사 이임수 외 6인)

【원심판결】 서울고법 2003. 4. 2. 선고 2002나16134 판결

【주문】 : 상고를 기각한다. 상고비용은 피고가 부담한다.

【이유】

1. 중재에 있어서 중재인의 공정성과 독립성의 확보를 위하여 중재인으로 하여금 공정성과 독립성을 의심받을 만한 사유가 있을 때에는 당사자들에게 이를 고지하여 기피권 등을 행사할 수 있도록 하는 것이 요구된다. 구 중재법(1999. 12. 31. 법률 제6083호로 전문 개정되기 전의 것)은 이와 같은 중재인의 고지의무에 관하여 직접적인 규정을 두고 있지 않지만, 제6조 본문에서 당사자는 민사소송법 제37조(제척의 원인) 또는 제39조(당사자의 기피권) 제1항 소정의 사유로 중재계약이나 위 법에 특별한 규정이 없을 때에 한하여 법원에 중재인의 기피를 신청할 수 있다고 규정하였고, 구 상사중재규칙(2000. 4. 27. 대법원 승인으로 개정되기 전의 것)에서는 중재의 결과에 관하여 법률적 또는 경제

적 이해관계가 있는 자는 중재인이 될 수 없으며(제19조 본문), 선정의 통지를 받은 중재인은 그 자신의 공정성 또는 독립성에 관하여 정당한 의문을 야기시킬 수 있는 사유가 있을 때에는 제1차 심문의 개시 전까지 이를 모두 사무국에 고지하도록 규정하고 있는바(제26조 제1항), 비록 제1차 심문의 개시 후라 하더라도 중재절차 진행중 중재인의 공정성 내지 독립성에 관하여 정당한 의문을 야기시킬 수 있는 사유가 새로이 발생하였다면 당해 중재인으로서는 즉시 이와 같은 사유를 당사자들에게 고지하여 그들로 하여금 기피권을 행사할 수 있도록 하여야 할 의무가 있다 할 것이다.

이와 같은 취지의 원심 판단은 정당하고, 거기에 구 중재법 제6조, 구 상사중재규칙 제19조 및 제26조에 관한 법리오해의 위법이 있다고 할 수 없다.

2. 변호사는 비록 의뢰인으로부터 보수를 받는다 하더라도 의뢰인의 지휘·감독에 복종하지 아니한 채 독립하여 자유롭게 그 직무를 행하는 것이므로, 변호사가 중재인으로 선정되어 중재절차가 진행되고 있는 상황이라도 변호사로서의 직무상 불특정다수의 고객들에게 상담을 하여 주고 그들로부터 사건을 수임하는 것은 허용된다 할 것이다. 그러나 중재인으로 선정된 변호사는 중재인의 공정성과 독립성의 확보를 위하여 그 중재사건의 일방 당사자나 그 대리인과 중재절차 외에서 접촉하는 것은 가급적 제한되어야 하고, 나아가 당해 사건과 무관한 것이라 하더라도 일방 당사자나 그 대리인의 의뢰로 사건을 수임하는 것 역시 원칙적으로는 허용될 수 없으며, 더구나 그 수임사건이 당해 사건과 사실상 또는 법률상 쟁점을 같이 하는 동종의 사건인 경우에는 그 수임행위는 당해 중재인을 그 중재절차에서 배제시켜야 할 정도로 그 공정성과 독립성에 관하여 의심을 야기할 수 있는 중대한 사유에 해당하고, 만약 당해 중재인이 배제되지 아니한 채 중재판정이 내려졌다면 이는 구 중재법 제13조 제1항 제1호 소정의 '중재인의 선정 또는 중재절차가 이 법이나 중재계약에 의하지 아니한 때'에 해당하여 취소를 면치 못한다 할 것이다.

기록에 의하면, 이 사건 중재사건의 일방 당사자인 피고의 대리인 박준기가 엘지건설 주식회사로부터 서울지하철 6-10공구 공사의 추가공사비 청구와 관련하여 중재 신청 및 변호사 선임 등의 권한을 위임받은 다음, 이 사건 중재절차가 진행중이던 2000. 7. 26. 이 사건 중재사건의 중재인인 변호사 김진홍을 엘지건설 주식회사의 중재대리인으로 선임하였고, 이에 김진홍은 박준기 및 동인 경영의 중앙건설컨설팅 주식회사 직원으로서 공동 중재대리인으로 선임된 조영준, 김종한 등과의 긴밀한 협조 아래 원고를 상대로 대한상사중재원 중재 00111-0062호로 중재신청(이하 '엘지건설 건'이라 한다)을 하고 심문기일에 출석하여 심문에 응하는 등 중재대리인으로 활동하였음을 알 수 있는바(이 사건 중재판정 후에는 김진홍 스스로 엘지건설 건과 관련하여 대한상사중재원에 제출한 준비서면에서 이 사건 중재사건과 엘지건설 건의 사실상 및 법률상의 쟁점이 상당 부분 공통된다고 주장하면서 동인이 중재인으로서 작성한 이 사건 중재판정문을 증거자료로 제출하기까지 하였다), 그렇다면 이 사건 중재판정은 구 중재법 제13조 제1항 제1호에 해당되어 취소되어야 할 것이다.

이와 같은 취지의 원심 판단은 정당한 것으로 충분히 수긍이 가고, 거기에 채증법칙 위배, 심리미진, 이유불비 내지 중재판정의 취소에 관한 법리오해 등의 위법이 있다고 할 수 없다.

3. 원심은 또, 을 제13호증의 1 내지 3의 각 기재만으로는 원고가 이 사건 중재판정 이전에 중재인 김진흥이 엘지건설 주식회사의 중재대리인으로 선임되어 활동하고 있는 사실에 관하여 알고 있었다거나 이를 쉽게 알 수 있었던 것으로는 보기 어렵다고 판단하였다.

기록에 비추어 살펴보면, 이와 같은 원심의 사실인정과 판단도 정당한 것으로 수긍이 가고, 거기에 채증법칙 위배, 석명권 불행사, 심리미진 등의 위법이 있다고 할 수 없다.

4. 그러므로 상고를 기각하고 상고비용은 패소자가 부담하도록 하여 관여 법관의 일치된 의견으로 주문과 같이 판결한다.

대법관 윤재식(재판장)·변재승·강신욱·고현철(주심)

평석 → 윤병철, 국제중재에서 중재인의 선임, 중재 319호(2006년 봄)(2006.03) 92-97

---

7. 대법원 2003. 4. 11. 선고 2001다20134 판결【집행】

[공2003.6.1.(179),1148]

【판시사항】

[1] 외국중재판정의 승인이나 집행의 거부사유인 뉴욕협약 제5조 제2항 (나)호 소정의 중재판정의 승인이나 집행이 그 국가의 공공질서에 반하는 경우에 대한 판단 기준

[2] 외국중재판정의 성립 후 청구이의의 사유가 발생한 경우, 집행재판의 단계에서 뉴욕협약 제5조 제2항 (나)호를 적용하여 그 중재판정의 집행을 거부할 수 있는지 여부(적극)

【판결요지】

[1] 뉴욕협약 제5조에서는 집행의 거부사유를 제한적으로 열거하고 있는데, 그 중 제2항 (나)호에 의하면 중재판정의 승인이나 집행이 그 국가의 공공의 질서에 반하는 경우에는 집행국 법원은 중재판정의 승인이나 집행을 거부할 수 있는바, 이는 중재판정의 승인이나 집행이 집행국의 기본적인 도덕적 신념과 사회질서를 해하는 것을 방지하여 이를 보호하려는 데 그 취지가 있다 할 것이므로, 그 판단에 있어서는 국내적인 사정뿐만 아니라 국제적 거래질서의 안정이라는 측면도 함께 고려하여 제한적으로 해석하여야 할 것이고, 해당 중재판정을 인정할 경우 그 구체적 결과가 집행국의 선량한 풍속 기타 사회질서에 반할 때에 승인이나 집행을 거부할 수 있다.

[2] 집행판결은 외국중재판정에 대하여 집행력을 부여하여 우리나라 법률상의 강제집행절차로 나아갈 수 있도록 허용하는 것으로서 그 변론종결시를 기준으로 하여 집행력의 유무를 판단하는 재판이므로, 중재판정의 성립 이후 채무의 소멸과 같은 집행법상 청구이의의 사유가 발생하여 중재판정문에 터잡아 강제집행절차를 밟아 나가도록 허용하는 것이 우리 법의 기본적 원리에 반한다는 사정이 집행재판의 변론과정에서 드러난 경우에는, 법원은 외국중재판정의 승인 및 집행에 관한 협약(뉴욕협약) 제5조 제2항 (나)호의 공공질서 위반에 해당하는 것으로 보아 그 중재판정의 집행을 거부할 수 있다.

【참조조문】

[1] 뉴욕협약 제5조 제2항 (나)호 , 중재법 제37조 제1항 , 제39조 제1항 / [2] 뉴욕협약 제5조 제2항 (나)호 , 민사집행법 제26조

【참조판례】

[1] 대법원 1990. 4. 10. 선고 89다카20252 판결(공1990, 1043), 대법원 1995. 2. 14. 선고 93다53054 판결(공1995상, 1321)

【전 문】

【원고, 상고인】 K&V International Emb. Co., Ltd. (법무법인 겨레 변호사 이경택)

【피고, 피상고인】 썬스타 특수정밀 주식회사(한국특수정밀공업 주식회사)(변호사 이용훈)

【원심판결】 서울고법 2001. 2. 27. 선고 2000나23725 판결

【주문】

원심판결 중 이 사건 중재판정의 주문 제1.1항에 관한 원고 패소 부분을 파기하고, 그

부분 사건을 서울고등법원에 환송한다. 원고의 나머지 상고를 기각한다.

【이유】

1. 원심판결의 요지

원심은 내세운 증거들을 종합하여, 피고가 제작하여 공급한 자수기에 하자가 있음을 원인으로 원고가 피고를 상대로 베트남 상사중재원에 제소한 이 사건 중재사건에서 1999. 2. 6. 피고는 원고에게 그 판정일로부터 30일 이내에 동일한 성능의 새로운 자수기를 교체·설치하고(주문 제1.1항), 손해배상으로 미화 17,010.88＄를 지급하며, 기계교체의무와 배상금지급의무를 연체하는 경우 베트남 은행의 대출이율에 의한 지연손해금을 지급하고(주문 제1.2항), 아울러 중재판정비용 미화 5,336＄를 지급하라(주문 제2항)는 내용의 중재판정이 내려진 사실, 이에 따라 피고는 같은 해 3. 13. 원고에게 손해배상금 미화 17,010.88＄ 및 중재판정비용 미화 5,336＄ 합계 미화 22,346.88＄를 송금하였고, 이어 교체용 자수기를 생산하여 같은 달 26. 베트남으로 수송한 다음 수입통관 절차를 밟고 나서 같은 해 5. 17. 자수기를 교체·설치하고자 교체용 자수기 및 소유권이전에 필요한 수입서류 등을 가지고 원고의 공장으로 찾아갔으나, 원고가 수입절차상의 하자 등을 문제삼아 기계의 교체·설치를 거절한 사실, 그 후로부터 현재까지 교체용 자수기는 소유권이전용 서류와 함께 피고가 지정한 베트남의 수입대행사가 보관중인 사실을 인정한 다음, 피고가 같은 해 5. 17. 이 사건 중재판정에 따라 적법하게 이행제공을 하였고 그 이후에도 수입대행사를 통하여 교체용 자수기 및 소유권이전용 서류를 계속 보관하고 있는 이상 피고는 이 사건 중재판정에 따른 기계교체의무를 이행하였다고 봄이 상당하다는 이유로, 중재판정 중 이행되지 아니한 부분, 즉 같은 해 3. 9. 이후 기계교체의무 및 손해배상금지급의무가 각 이행된 날까지의 지연손해금 부분이 포함된 중재판정문 제1.2항의 집행만을 허용하고, 이미 모두 이행된 제1.1항의 기계교체 부분 및 제2항의 중재판정비용 지급 부분에 대하여는, 중재판정 이후 청구이의의 사유가 발생하였고 중재판정의 성립 이후 집행에 이르기까지의 제반 사정에 비추어 그 집행이 권리의 남용으로서 뉴욕협약 제5조 제2항 (나)호의 공공질서 위반에 해당한다는 이유로 허용하지 아니하였다.

2. 상고이유에 대한 판단

가. 이 사건 중재판정의 주문 제1.1항에 대하여

(1) 이 사건 중재판정은 외국중재판정의승인및집행에관한협약(이하 '뉴욕협약'이라 한다)의 적용을 받은 외국중재판정이므로, 중재법 제37조 제1항, 제39조 제1항에 따라 그 집행은 뉴욕협약을 적용하여 집행판결에 의하여야 한다. 뉴욕협약 제5조에서는 집행의 거부사유를 제한적으로 열거하고 있는데, 그 중 제2항 (나)호에 의하면 중재판정의 승인

이나 집행이 그 국가의 공공의 질서에 반하는 경우에는 집행국 법원은 중재판정의 승인이나 집행을 거부할 수 있는바, 이는 중재판정의 승인이나 집행이 집행국의 기본적인 도덕적 신념과 사회질서를 해하는 것을 방지하여 이를 보호하려는 데 그 취지가 있다 할 것이므로, 그 판단에 있어서는 국내적인 사정뿐만 아니라 국제적 거래질서의 안정이라는 측면도 함께 고려하여 제한적으로 해석하여야 할 것이고, 해당 중재판정을 인정할 경우 그 구체적 결과가 집행국의 선량한 풍속 기타 사회질서에 반할 때에 승인이나 집행을 거부할 수 있다고 할 것이다(대법원 1990. 4. 10. 선고 89다카20252 판결, 1995. 2. 14. 선고 93다53054 판결 참조).

그리고 집행판결은 외국중재판정에 대하여 집행력을 부여하여 우리 나라 법률상의 강제집행절차로 나아갈 수 있도록 허용하는 것으로서 그 변론종결시를 기준으로 하여 집행력의 유무를 판단하는 재판이므로, 중재판정의 성립 이후 채무의 소멸과 같은 집행법상 청구이의의 사유가 발생하여 중재판정문에 터잡아 강제집행절차를 밟아 나가도록 허용하는 것이 우리 법의 기본적 원리에 반한다는 사정이 집행재판의 변론과정에서 드러난 경우에는, 법원은 뉴욕협약 제5조 제2항 (나)호의 공공질서 위반에 해당하는 것으로 보아 그 중재판정의 집행을 거부할 수 있다 할 것이다. 이와 같이 해석하는 것이 집행판결의 확정 이후에 별도의 청구이의 소송을 통하여 다투도록 하는 것보다 소송경제에 부합할 뿐만 아니라, 변론을 거친 판결의 형식에 의하여 집행판결을 하도록 정한 우리 법제에 비추어 타당하기 때문이다.

(2) 그런데 이 사건 중재판정 주문 제1.1항의 기계교체의무와 관련하여 살펴보면, 원심이 인정한 사실은 피고가 기계교체의무이행의 제공을 하였으나 원고의 수령거절로 이 사건 자수기가 교체·설치되지 못하였고 현재 수입대행사에 의해 보관되고 있다는 것인바, 이와 같은 사실만으로는 피고가 적법한 이행제공을 함으로써 원고를 수령지체에 빠뜨렸다고 볼 수 있을지는 별론으로 하고 이로써 기계교체의무의 이행이 완료되어 기계교체의무가 소멸하였다고 볼 수 없으니 청구이의 사유가 될 수 없고, 기록을 살펴보아도 달리 청구이의 사유가 발생하였다는 사실이 인정되지도 아니한다.

그럼에도 불구하고, 원심은 이 사건 중재판정 주문 제1.1항의 기계교체의무와 관련하여 청구이의의 사유가 발생하였음을 전제로 하여 뉴욕협약 제5조 제2항 (나)호의 공공질서위반 조항을 적용하였는바, 거기에는 채증법칙을 위반하여 사실을 오인하고 뉴욕협약 제5조 제2항 (나)호의 '공공질서위반'에 관한 법리를 오해하여 판결에 영향을 미친 잘못이 있다. 이 점을 지적하는 상고이유 주장은 이유 있다.

나. 원심판결 중 이 사건 중재판정의 주문 제2항에 대한 집행청구를 기각한 부분에 대하여는, 원고가 상고이유서 제출기간 내에 아무런 불복 사유를 적어 내지 아니하였다.

3. 그러므로 나머지 상고이유에 대한 판단을 생략한 채 원심판결 중 이 사건 중재판정의 주문 제1.1항에 관한 원고 패소 부분을 파기하고, 그 부분 사건을 다시 심리·판단하도록 원심법원에 환송하기로 하며, 원고의 나머지 상고는 이유 없어 이를 기각하기로 하여, 관여 법관의 일치된 의견으로 주문과 같이 판결한다.

대법관 유지담(재판장)·조무제·이규홍·손지열(주심)

평석 → 장상균, 외국중재판정에 대한 집행재판과정에서의 청구이의사유의 주장, 상사판례연구 VI권(2006.03) 620-634, 박영사

---

8. 대법원 2003. 2. 26. 선고 2001다77840 판결 【중재판정취소】

[공2003.4.15.(176),906]

【판시사항】

뉴욕협약이 적용되는 중재판정을 취소할 수 있는 권한 있는 국가기관

【판결요지】

뉴욕협약 제5조 제1항 이(e)호는 중재판정의 승인과 집행이 거부될 수 있는 사유의 하나로 그 판정이 취소된 경우를 규정하고 있는데, 이 규정에 따르면 중재판정은 "중재판정이 내려진 국가(the country in which that award was made)"나 "중재판정의 기초가 된 법령이 속하는 국가(the country under the law of which that award was made)"의 권한 있는 기관(competent authority)만이 취소할 수 있고, 여기에서 "중재판정의 기초가 된 법령"이라 함은 중재절차의 준거법을 뜻하고 사건의 실체에 대하여 중재인이 적용한 법령을 뜻하는 것이 아니다.

【참조조문】 : 외국중재판정의 승인 및 집행에 관한 협약 제5조 제1항 (e)호

【전 문】

【원고, 상고인】 정리회사 동해펄프 주식회사 관리인(법무법인 광장 변호사 서정우 외 1인)

【피고, 피상고인】 Majestic Woodchips Inc. (소송대리인 변호사 장순호)

【원심판결】 서울고법 200 1. 10. 12. 선고 2000나36448 판결

【주문】: 상고를 기각한다. 상고비용은 원고가 부담한다.

【이유】

1. 원심이 인정한 사실은 다음과 같다.

가. 동해펄프 주식회사(아래에서는 '동해펄프'라고 한다)와 미국 루이지애나주법에 따라 설립된 피고는 1994년 피고가 미국에서 생산하는 제지용 펄프 원료인 나무 조각을 동해펄프에게 장기간 공급하기로 하는 계약을 체결하면서, 그 계약과 관련된 분쟁은 한국법과 국제상업회의소(International Chamber of Commerce)의 조정·중재규칙(Rules of Conciliation and Arbitration)에 따라 중재로 해결하기로 약정하였다.

나. 그런데 피고와 동해펄프 사이에 위 계약의 이행과 관련하여 분쟁이 발생하자, 피고와 그 국내대리점인 주식회사 티케이티는 1996. 3. 28. 동해펄프를 상대로 국제상업회의소 중재재판소(Court of Arbitration)에 중재를 신청하였고, 중재재판소는 1996. 8. 4. 홍콩에 거주하는 닐 카플란(Neil Kaplan)을 중재인으로 임명하는 한편 싱가포르를 중재지로 결정하였다. 중재인은 자신이 중재지를 변경할 수 있고, 중재절차는 중재지국의 강행법규와 1988. 1. 1. 개정된 국제상업회의소의 조정·중재규칙에 따르기로 한다는 등의 내용이 포함된 부탁사항(Terms of Reference)을 작성하였고, 당사자들이 여기에 서명하였다. 그 뒤 중재인은 중재지를 홍콩으로 변경하고 홍콩에서 중재절차를 진행한 다음 1998. 7. 14. 동해펄프의 계약 위반 사실을 인정하고 동해펄프가 피고에게 손해배상을 하여야 한다고 판정하였다.

2. 원심이 인정한 사실에 따르면, 이 사건 중재판정은 상사(상사)상의 법률관계로부터 발생한 분쟁에 관하여 홍콩에서 내려진 판정으로서 중재법상 내국판정이라고 인정되지 아니하므로, 이 사건 중재판정의 승인 및 집행에 관하여는 우리 나라와 미국이 모두 체약국으로 가입하고 있는 "외국중재판정의승인및집행에관한협약(Convention on the Recognition and Enforcement of Foreign Arbitral Awards, 아래에서는 '뉴욕협약'이라고 한다)"이 적용된다.

한편, 뉴욕협약 제5조 제1항 이(e)호는 중재판정의 승인과 집행이 거부될 수 있는 사유의 하나로 그 판정이 취소된 경우를 규정하고 있는데, 이 규정에 따르면 중재판정은 "중재판정이 내려진 국가(the country in which that award was made)"나 "중재판정의 기초가 된 법령이 속하는 국가(the country under the law of which that award was made)"의 권한 있는 기관(competent authority)만이 취소할 수 있고, 여기에서 "중재판정의 기초가 된 법령"이라 함은 중재절차의 준거법을 뜻하고 사건의 실체에 대하여 중재인이 적용한 법령을 뜻하는 것이 아니다. 그런데 이 사건에서 보면, 동해펄프와 피고가 위 계약에 따른 분쟁해결은 중재로 한다고 약정하면서 그 중재절차의 준거법에 대하여는 명확히 합의하지 아니하고 다만 한국법과 국제상업회의소의 조정 · 중재규칙에 따른다고만 약정하였으며, 이에 중재인이 국제상업회의소의 조정 · 중재규칙 제11조에 따라 당사자의 동의하에 중재절차에 적용할 준거법을 중재지의 강행법규와 국제상업회의소의 조정·중재규칙으로 정함으로써, 이 사건 중재절차에 있어서는 홍콩의 강행법규와 국제상업회의소의 조정·중재규칙이 적용되었으므로, 이 사건 중재판정이 내려진 국가도 아니고 중재절차의 준거법이 속하는 국가도 아닌 우리 나라의 법원은 이 사건 중재판정을 취소할 수 있는 권한 있는 기관이 아니다.

원심이 같은 취지에서 이 사건 소가 부적법하다고 판단한 것은 옳고, 거기에 상고이유로 든 주장과 같은 잘못이 없다.

3. 그러므로 상고를 기각하고, 상고비용은 패소한 원고가 부담한다.

대법관 배기원(재판장) · 서성(주심) · 이용우 · 박재윤

평석 → 이명우, 외국중재판정의 승인 및 집행에 관한 고찰, [민사소송] 한국민사소송법학회지 vol.8-1(2004.02) 462-492, 한국사법행정학회

---

9. 대법원 2001. 11. 27. 선고 2000다29264 판결 【중재판정취소】

[공2002.1.15.(146),151]

【판시사항】

상사중재원이 당사자에 의한 중재인 직접선정약정과 달리 사무국에 의한 중재인 선정절차를 밟았으나 당사자가 중재심판절차에서 아무런 이의를 제기하지 않아 중재판정이 내려진 경우, 중재인 선정절차상의 하자를 이유로 중재판정을 취소할 수 있는지 여부(소극)

【판결요지】

중재계약의 내용 중에 당사자에 의한 중재인의 직접선정조항이 있음에도 상사중재원이 사무국에 의한 선정절차를 취하면서 당사자가 제1순위로 지명한 중재인들을 모두 배제한 채 나머지 중재인 후보자들 중에서 중재인을 선정한 것은 구 중재법(1999. 12. 31. 법률 제6083호로 전문 개정되기 전의 것) 제13조 제1항 제1호가 정한 '중재인의 선정이 중재계약에 의하지 아니한 때'에 해당되어 특별한 사정이 없는 한 중재판정 취소의 사유

가 되나, 중재계약에서 중재인 선정기간을 정하지 아니하였고, 쌍방당사자가 모두 중재인을 선정하지 아니하였으며, 비록 중재원 사무국이 당사자에게 중재인을 선정하도록 통지하는 절차를 생략한 채 바로 사무국에 의한 선정절차를 밟았다고 하여도, 중재인의 선정에 관한 조항을 계약서에 명시하여 이러한 내용을 잘 알고 있었다고 볼 수 있는 당사자와 그 대리인들이 제1차 심문기일에 모두 출석하여 사무국에 의하여 선정된 중재판정부 앞에서 중재인 선정과 관련하여 아무런 이의를 제기하지 아니한 채 본안에 관하여 진술하였다면, 당사자는 제1차 심문기일에 중재인을 사무국 선정의 중재판정부로 하기로 하는 새로운 합의를 묵시적으로 하였다고 보아야 할 것이므로, 중재판정은 중재인의 선정이 중재계약에 의하지 아니한 때에 해당된다고 볼 수 없다.

【참조조문】
구 중재법 제4조 (현행 중재법 제12조), 제13조 제1항 (현행 중재법 제36조 제2항 참조), 구 상사중재규칙(2000. 4. 27. 중재규칙으로 개정되기 전의 것) 제20조, 제21조, 제22조

【전 문】
【원고, 상고인】 한국가스공사 (법무법인 바른법률 담당변호사 조중한 외 9인)
【피고, 피상고인】 주식회사 케이피시 (소송대리인 변호사 이건방)
【원심판결】 서울고법 2000. 5. 18. 선고 99나49950 판결
【주문】
상고를 기각한다. 상고비용은 원고의 부담으로 한다.

【이유】
상고이유를 본다.
1. 원심은 그 채용증거에 의하여 다음과 같은 사실을 인정하였다.
가. 원고는 1994. 5. 20. 피고로부터 볼 밸브 561개를 대금 35억 38,871,800원에 매수하기로 하는 계약을 체결하면서, 이 계약에 따른 분쟁의 최종적 해결은 대한민국의 법률 및 대한상사중재원(이하 '중재원'이라 한다)의 구 상사중재규칙(2000. 4. 27. 중재규칙으로 개정되기 전의 것, 이하 같다)에 의한 중재제도에 의하고, 중재인은 3명으로 하되, 원고와 피고가 1명씩의 중재인을 선정한 후 양측 중재인의 합의에 의하여 제3의 중재인을 선정하고, 만일 양측 중재인의 의견이 일치되지 않는 경우에는 중재원에 그 소속 중재인 중 1명을 중재인으로 선정할 권한을 부여하기로 약정하였다.
나. 원고와 피고 사이에 납기지연 및 제품의 하자문제 등으로 인하여 분쟁이 발생하자, 피고는 1997. 6. 27. 원고를 상대로 중재원에 중재신청을 하였는데, 중재원은 이 사건 중

재계약에 따른 절차인 구 상사중재규칙 제20조(당사자에 의한 직접선정)에 의한 중재인 선정절차를 밟지 아니하고, 같은 규칙 제22조(사무국에 의한 선정)에 의한 중재인 선정 절차를 취하여 같은 해 7월 1일 원고와 피고에게 중재인 후보자명단을 보내면서 선정 희망순위를 표시한 후 이를 중재원에 보내달라고 통지하였고, 이에 따라 원고와 피고가 희망순위를 표시하여 오자, 중재원은 중재인 후보자 중 합산점수에 따른 순위가 높은 후보자를 중재인으로 지명하되, 원고와 피고가 의장중재인 또는 기타중재인의 1순위로 지명한 후보자를 가급적 배제하고 그 중 중재인 취임을 수락하는 중재인을 선정하는 방식을 취하여 같은 해 9월 8일 원고와 피고에게 의장중재인 최경원, 중재인 이승욱, 이석규가 선정되었음을 통지하였다.

다. 한편, 원고는 법무법인 태평양을 이 중재사건의 대리인으로 선임하였는데, 그 법무법인의 담당변호사 정의종, 이근병은 1997. 10. 6. 이 중재사건의 제1차 심문기일에 출석하여 중재인 선정과 관련하여 아무런 이의를 제기하지 아니한 채 피고의 중재신청에 대하여 항변하는 등 본안에 관하여 진술하였고, 피고의 대표이사나 그 대리인 또한 제1차 심문기일에 출석하여 중재인의 선정과 관련하여 아무런 이의를 제기하지 아니한 채 본안에 관하여 진술하였으며, 이후 원고의 대리인과 피고의 대표이사 또는 대리인은 1999. 1. 7. 제10차 심문기일까지 현장검증을 포함하여 기일마다 출석하였으나, 역시 중재인 선정과 관련하여 아무런 이의 제기가 없었다.

라. 중재판정부는 1999. 1. 13. 원고가 피고에게 일정 금원을 지급하기로 하는 원심 판시와 같은 내용의 원고에게 불리한 중재판정을 하였고, 같은 달 27일 원고와 피고에게 이 사건 중재판정 정본이 송달되었는바, 원고는 그 무렵 피고에게 이 사건 중재판정의 내용에 따른 금전을 지급하여 이 사건 중재판정을 모두 이행하였다.

2. 나아가 원심은, 위와 같은 인정 사실에 의하면, 이 사건 중재계약의 내용 중에 당사자에 의한 중재인의 직접선정조항이 있음에도 중재원이 사무국에 의한 선정절차를 취하면서 원고와 피고가 제1 순위로 지명한 중재인들을 모두 배제한 채 나머지 중재인 후보자들 중에서 3명의 중재인을 선정한 것은 구 중재법 제13조 제1항 제1호가 정한 '중재인의 선정이 중재계약에 의하지 아니한 때'에 해당되어 특별한 사정이 없는 한 중재판정 취소의 사유가 되나, 이 사건 중재계약에서는 중재인 선정기간을 정하지 아니하였고, 피고뿐 아니라 원고도 중재인을 선정하지 아니하였으므로, 비록 중재원 사무국이 당사자에게 중재인을 선정하도록 통지하는 절차를 생략한 채 바로 사무국에 의한 선정절차를 밟았다고 하여도, 중재인의 선정에 관한 조항을 계약서에 명시하여 이러한 내용을 잘 알고 있었다고 볼 수 있는 원고 및 피고와 그 대리인들이 제1차 심문기일에 모두 출석하여 사무국에 의하여 선정된 중재판정부 앞에서 중재인 선정과 관련하여 아무런 이의를 제기하

지 아니한 채 본안에 관하여 진술함으로써, 원고와 피고는 제1차 심문기일에 중재인을 사무국 선정의 중재판정부로 하기로 하는 새로운 합의를 묵시적으로 하였다고 보아야 할 것이므로, 결국 이 사건 중재판정은 중재인의 선정이 중재계약에 의하지 아니한 때에 해당된다고 볼 수 없다고 판단하였다.

3. 기록에 비추어 살펴보면, 원심의 위와 같은 사실인정과 판단은 수긍할 수 있고, 거기에 중재판정 취소에 관한 법리를 오해하거나, 채증법칙에 위배하여 사실을 오인한 위법이 있다고 할 수 없다.

이 점을 다투는 상고이유는 받아들이지 아니한다.

그러므로 상고를 기각하고, 상고비용은 패소자의 부담으로 하기로 하여 관여 법관의 일치된 의견으로 주문과 같이 판결한다.

대법관 윤재식(재판장) · 송진훈(주심) · 변재승 · 이규홍

평석 → 정경석, 중재인선정절차의 하자와 중재판정취소사유, 인권과 정의 308호 (2002.04) 86-98, 대한변호사협회

---

10. 대법원 2000. 11. 24. 선고 2000다47200 판결 【중재판정취소】

[공2001.1.15.(122),143]

【판시사항】

[1] 당사자 본인이 아닌 당사자의 대리인을 심문한 경우, 중재판정 취소사유인 구 중재법 제13조 제1항 제4호 소정의 '중재절차에 있어 정당한 사유 없이 당사자를 심문하지 아니한 경우'에 해당하지 않는다고 한 사례

[2] 중재판정의 취소사유인 구 중재법 제13조 제1항 제4호 소정의 '중재판정에 이유를 붙이지 아니하였을 때'의 의미

[3] 민사소송법 제422조 제1항 제9호 소정의 재심사유인 '판결에 영향을 미칠 중요한 사항에 관하여 판단을 유탈한 때'의 의미

【판결요지】

[1] 구 중재법(1999. 12. 31. 법률 제6083호로 개정되기 전의 것) 제8조 제1항 소정의 '중재판정 전에 당사자를 심문하여야 한다'고 규정한 취지는 중재인이 중재판정을

함에 있어서 당사자로부터 진술과 증거자료를 제출받아야 한다는 것으로서, 반드시 당사자 본인을 심문하여야 하는 것은 아니고 당사자의 대리인이 있는 경우에는 그 대리인을 심문할 수도 있는 것이므로 위 대리인이 심문절차에 참석하여 주장 및 자료 등을 제출하였다면, 이는 같은 법 제13조 제1항 제4호의 '중재절차에 있어 정당한 사유 없이 당사자를 심문하지 아니한 경우'에 해당하지 않는다고 한 사례.

[2] 구 중재법(1999. 12. 31. 법률 제6083호로 개정되기 전의 것) 제13조 제1항 제4호 후단의 '중재판정에 이유를 붙이지 아니하였을 때'란 중재판정서에 전혀 이유의 기재가 없거나 이유의 기재가 있더라도 불명료하여 중재판정이 어떠한 사실상 또는 법률상의 판단에 기인하고 있는가를 판명할 수 없는 경우와 이유가 모순인 경우를 말하고, 중재판정서에 이유의 설시가 있는 한 그 판단이 실정법을 떠나 공평을 그 근거로 삼는 것도 정당하며, 중재판정에 붙여야 할 이유는 당해 사건의 전제로 되는 권리관계에 대하여 명확하고 상세한 판단을 나타낼 것까지는 요구되지 않고 중재인이 어떻게 하여 판단에 이른 것인지를 알 수 있을 정도의 기재가 있으면 충분하고, 또한 그 판단이 명백하게 비상식적이고 모순인 경우가 아닌 한, 그 판단에 부당하거나 불완전한 점이 있다는 것은 이유를 붙이지 아니한 때에 해당하지 아니한다.

[3] 민사소송법 제422조 제1항 제9호가 정하는 재심사유인 '판결에 영향을 미칠 중요한 사항에 관하여 판단을 유탈한 때'라고 함은 당사자가 소송상 제출한 공격방어방법으로서 판결에 영향이 있는 것에 대하여 판결 이유 중에 판단을 명시하지 아니한 경우를 말하고, 판단이 있는 이상 그 판단에 이르는 이유가 소상하게 설시되어 있지 아니하거나 당사자의 주장을 배척하는 근거를 일일이 개별적으로 설명하지 아니하더라도 이를 위 법조에서 말하는 판단유탈이라고 할 수 없다.

【참조조문】

[1] 구 중재법 제8조 제1항 (현행 제21조 제3항 참조), 제13조 제1항 제4호 (현행 제36조 제2항 제1호 참조) / [2] 구 중재법 제13조 제1항 제4호 (현행 제36조 제2항 제1호 참조) / [3] 민사소송법 제422조 제1항 제9호

【참조판례】

[2] 대법원 1989. 6. 13. 선고 88다카183, 184 판결(공1989, 1056), 대법원 1998. 3. 10. 선고 97다21918, 21925 판결(공1998상, 979), 대법원 1998. 7. 10. 선고 98다901 판결(공1998하, 2073) /[3] 대법원 1995. 12. 22. 선고 94재다31 판결(공1996상, 464),

대법원 1998. 2. 24. 선고 97재다278 판결(공1998상, 845), 대법원 2000. 7. 6. 선고 2000재다193, 209 판결(공2000하, 1863)

【전 문】

【원고, 상고인】 이승자(소송대리인 변호사 김용원)

【피고, 피상고인】 박양호

【원심판결】 부산고법 2000. 7. 27. 선고 2000나 1266 판결

【주문】

상고를 기각한다. 상고비용은 원고의 부담으로 한다.

【이유】

1. 중재인 선정 등에 위법이 있다는 주장에 대하여

원심은 제1심판결을 인용하여, 이 사건 중재계약은 상사중재규칙이 적용되지 않는 민사중재로서 달리 원·피고간에 중재인의 선정을 약정하지 아니하였으므로 구 중재법(1999. 12. 31. 법률 제6083호로 개정되기 전의 것, 이하 같다) 제4조 제2항에 의하여 각 당사자가 1인의 중재인을 선정하여야 함에도 불구하고, 상사중재규칙에 따라 대한상사중재원에서 임의로 선정한 3인의 중재인이 진행한 중재절차에서 이루어진 이 사건 중재판정은 위법한 것으로 취소되어야 한다는 원고의 주장에 대하여, 그 채택된 증거에 의하여 이 사건 중재절차의 신청과 중재인의 선정 경위 및 중재절차의 진행 등에 관하여 그 판시와 같은 사실을 인정하고 나서, 위 인정 사실과 제반 사정을 종합하면, 원·피고간의 이 사건 매매예약서상 쌍방간 분쟁을 대한상사중재원의 중재로 해결한다는 약정의 내용은 일반적인 중재절차 뿐만 아니라 중재인 선정절차까지도 모두 포함하는 것이라고 보여질 뿐 아니라, 원고측은 다섯 차례의 중재판정을 위한 심문절차기일이 진행되는 동안 중재인 선정문제에 대하여 적극적으로 다투지 아니하고 오히려 반대신청까지 하며 자신의 주장 및 입증자료를 적극 제출하면서 위 중재에 임하였는바, 그렇다면 원고측도 대한상사중재원의 중재인 선정을 인정하고 위 중재로 이 사건 분쟁을 해결하기로 명시적 또는 묵시적으로 의사를 표시한 것이라고 하여 원고의 위 주장을 받아들이지 아니하였다.

관련 증거를 기록에 비추어 살펴보면, 원심의 위와 같은 사실인정과 판단은 정당한 것으로 수긍되고, 거기에 상고이유에서 주장하는 바와 같은 중재인 선정 등에 대한 법리오해의 위법이 있다고 할 수 없다.

2. 중재판정 전 당사자 심문이 이루어지지 아니하였다는 주장에 대하여

원심은 제1심판결을 인용하여, 구 중재법 제8조 제1항에서 '중재판정 전에 당사자를 심문하여야 한다'고 규정하고 있는 취지는 중재인이 중재판정을 함에 있어서 당사자로부

터 진술과 증거자료를 제출 받아야 한다는 것으로서, 반드시 당사자 본인을 심문하여야 하는 것은 아니고 당사자의 대리인이 있는 경우에는 그 대리인을 심문할 수도 있는 것이며, 이 사건 중재절차에서는 각 당사자의 대리인인 변호사들이 전 심문절차에 참석하여 각자의 주장 및 자료 등을 제출하였고 중재인도 위 각 대리인을 통하여 당사자의 입장을 물으며 심문을 진행한 사실을 인정할 수 있으므로, 이는 구 중재법 제13조 제1항 제4호의 중재절차에 있어 정당한 사유 없이 당사자를 심문하지 아니한 경우에 해당한다고 볼 수 없다고 판단하였는바, 관련 증거를 기록에 비추어 살펴보면, 원심의 위와 같은 사실인정과 판단은 정당한 것으로 보여지고, 거기에 상고이유에서 주장하는 바와 같은 당사자심문절차의 누락과 중재판정취소의 사유 등에 대한 법리오해의 위법이 있다고 할 수 없다.

3. 연 2할 5푼의 비율에 의한 지연손해금의 지급을 명한 것이 이유불비라는 주장 등에 대하여

구 중재법 제13조 제1항 제4호 후단의 '중재판정에 이유를 붙이지 아니하였을 때'란 중재판정서에 전혀 이유의 기재가 없거나 이유의 기재가 있더라도 불명료하여 중재판정이 어떠한 사실상 또는 법률상의 판단에 기인하고 있는가를 판명할 수 없는 경우와 이유가 모순인 경우를 말하고, 중재판정서에 이유의 설시가 있는 한 그 판단이 실정법을 떠나 공평을 그 근거로 삼는 것도 정당하며, 중재판정에 붙여야 할 이유는 당해 사건의 전제로 되는 권리관계에 대하여 명확하고 상세한 판단을 나타낼 것까지는 요구되지 않고 중재인이 어떻게 하여 판단에 이른 것인지를 알 수 있을 정도의 기재가 있으면 충분하고, 또한 그 판단이 명백하게 비상식적이고 모순인 경우가 아닌 한, 그 판단에 부당하거나 불완전한 점이 있다는 것은 이유를 붙이지 아니한 때에 해당하지 아니한다(대법원 1998. 7. 10. 선고 98다901 판결 참조).

기록에 의하면, 이 사건 중재판정이 원고에 대하여 피고로부터 지급 받은 예약금과 중도금의 반환을 명하면서 아울러 중재판정선고일 다음날부터 연 2할 5푼의 비율에 의한 지연손해금의 가산지급을 명한 것은 공평에 근거한 것으로 보이므로, 그 조치에 실정법상 근거가 없다고 하여 선량한 풍속 기타 사회질서에 반한다고 할 수 없고, 또 이 사건 중재판정은 중재판정에 의하여 금원 반환의무를 부담하게 된 원고가 중재판정이 선고된 다음날 이후에도 그 의무를 이행하지 않는다면 그에 가산하여 지급할 지연손해금과 그 비율을 산정하고 있음이 분명한바, 거기에 상고이유에서 주장하는 바와 같이 중재판정에 전혀 이유의 기재가 없거나 있더라도 불명료하여 어떠한 사실상 또는 법률상의 판단에 기인하고 있는가를 판명할 수 없는 경우로서 위 중재법 소정의 '중재판정에 이유를 붙이지 아니한 때'에 해당한다고 할 수 없다. 그리고 상고이유에서 들고 있는 판례는 그 적용범위와 사안을 달리하는 것으로서 이 사건에 원용하기에는 적절하지 않다. 따라서 이 부분에 대한 상고이유도 받아들이지 아니한다.

4. 원심판결의 판단유탈 주장에 대하여

민사소송법 제422조 제1항 제9호가 정하는 재심사유인 '판결에 영향을 미칠 중요한 사항에 관하여 판단을 유탈한 때'라고 함은 당사자가 소송상 제출한 공격방어방법으로서 판결에 영향이 있는 것에 대하여 판결 이유 중에 판단을 명시하지 아니한 경우를 말하고, 판단이 있는 이상 그 판단에 이르는 이유가 소상하게 설시되어 있지 아니하거나 당사자의 주장을 배척하는 근거를 일일이 개별적으로 설명하지 아니하더라도 이를 위 법조에서 말하는 판단유탈이라고 할 수 없다(대법원 2000. 7. 6. 선고 2000재다193, 209 판결 참조).

기록에 의하면 원심이 인용한 제1심판결 중 이 사건 중재판정에 매매계약의 자동해제 사실과 모순되는 주장에 대한 판단유탈이 있다는 원고의 주장을 배척하는 내용에는 이 사건 중재판정에 이유모순이 있다는 원고의 원심에서의 주장을 배척하는 취지의 판단도 포함되어 있다고 볼 것이어서, 원고의 주장 중 이 사건 중재판정에 이유모순이 있다는 주장을 특히 명시적으로 배척한다는 표현이 없다고 하더라도 거기에 상고이유에서 주장하는 바와 같이 판결에 영향을 미친 판단유탈의 위법이 있다고 할 수 없다.

5. 그러므로 상고를 기각하기로 하여 관여 법관의 일치된 의견으로 주문과 같이 판결한다.

대법관 윤재식(재판장) · 송진훈 · 이규홍 · 손지열(주심)

---

11. 대법원 2000. 6. 23. 선고 98다55192 판결 【중재판정취소】

[공2000.8.15.(112),1737]

【판시사항】

[1] 구 중재법 제13조 제1항 제1호 내지 제4호를 사유로 한 중재판정취소의 소 계속 중 그 중재판정에 대한 집행판결이 선고되어 확정된 경우, 그 중재판정취소의 소의 적법 여부(소극)

[2] 중재판정에 대한 집행판결 후의 구 중재법 제13조 제1항 제5호를 사유로 한 중재판정취소의 소에 있어서 같은 법 제15조 단서 소정의 '당사자가 과실 없이 집행판결절차에서 그 취소의 이유를 주장할 수 없었다는 것을 소명'하지 않은 경우, 그 중재판정취소의 소의 적법 여부(소극) 및 법원이 그 소명을 촉구하는 석명의무를 부담하는지 여부(소극)

【판결요지】

[1] 구 중재법(1999. 12. 31. 법률 제6083호로 전문 개정되기 전의 것) 제15조는 중재판정에 대하여 집행판결을 한 후에는 같은 법 제13조 제1항 제5호의 사유(민사소송법 제422조 제1항 제4호 내지 제9호에 해당하는 사유가 있을 때)를 이유로 한 경우에 한하여 중재판정 취소의 소를 제기할 수 있다고 규정함으로써 집행판결 후의 중재판정 취소사유를 제한하고 있으므로, 집행판결이 선고된 후에 같은 법 제13조 제1항 제1호 내지 제4호의 사유를 이유로 제기된 중재판정 취소의 소는 부적법하고, 이는 중재판정 취소의 소가 집행판결의 청구 이전에 제기되었다 하여 달리 볼 것이 아니다.

[2] 구 중재법(1999. 12. 31. 법률 제6083호로 전문 개정되기 전의 것) 제15조 단서는 집행판결을 한 후에는 제13조 제1항 제5호의 사유를 이유로 한 경우에도 당사자가 과실 없이 집행판결 절차에서 그 취소의 이유를 주장할 수 없었다는 것을 소명한 때에 한하여 비로소 중재판정 취소의 소를 제기할 수 있다고 규정하고 있으므로, 이 단서의 사유 즉 과실 없이 집행판결 절차에서 그 취소의 이유를 주장할 수 없었다는 점에 대한 원고의 소명이 없는 이상 중재판정 취소의 소는 부적법한 것으로 각하하여야 할 것이고, 또 소명이 없는 경우 법원이 그 소명을 촉구하는 석명을 하여야 하는 것도 아니다.

【참조조문】

[1] 구 중재법 제13조 제1항 (현행 제36조 제1항, 제2항 참조), 제15조 (현행 제36조 제4항 참조), 민사소송법 제422조 제1항 / [2] 구 중재법(1999. 12. 31. 법률 제6083호로 전문 개정되기 전의 것) 제13조 제1항 제5호 (현행 제36조 제2항 참조), 제15조 (현행 제36조 제4항 참조), 민사소송법 제126조

【전 문】

【원고, 상고인】 성림산업진흥 주식회사 (소송대리인 변호사 장상재)

【피고, 피상고인】 주식회사 미라보건설(대리인 법무법인 화백 담당변호사 노경래 외 1인)

【원심판결】 서울고법 1998. 9. 25. 선고 98나9351 판결

【주문】

상고를 기각한다. 상고비용은 원고의 부담으로 한다.

【이유】

상고이유를 본다.

1. 제1점에 대하여

구 중재법(1999. 12. 31. 법률 제6083호로 전문 개정되기 전의 것, 이하 같다) 제15조는 중재판정에 대하여 집행판결을 한 후에는 같은 법 제13조 제1항 제5호의 사유(민사소송법 제422조 제1항 제4호 내지 제9호에 해당하는 사유가 있을 때)를 이유로 한 경우에 한하여 중재판정 취소의 소를 제기할 수 있다고 규정함으로써 집행판결 후의 중재판정 취소사유를 제한하고 있으므로, 집행판결이 선고된 후에 구 중재법 제13조 제1항 제1호 내지 제4호의 사유를 이유로 제기된 중재판정 취소의 소는 부적법하고, 이는 중재판정 취소의 소가 집행판결의 청구 이전에 제기되었다 하여 달리 볼 것이 아니다.

원심판결 이유에 의하면, 원심은 피고가 원고를 피신청인으로 하여 신청한 대한상사중재원 중재 제96111-0059호 공사금청구사건에서 대한상사중재원이 공사의 완료 여부 및 공제금 등에 관한 판단에 이유를 붙이지 아니하였다는 원고의 주장에 대하여 서울지방법원 1998. 1. 16. 선고 97가합31699, 55022호로서 그 중재판정에 대한 집행판결이 선고되어 확정된 이상 이와 같은 사유는 더 이상 중재판정 취소의 소의 사유가 되지 아니하고, 따라서 이를 이유로 한 중재판정 취소의 소는 부적법하다는 취지로 판단하였는바, 이러한 원심의 판단은 집행판결 후의 중재판정 취소의 소에 관한 구 중재법의 규정에 따른 것으로 정당하고, 거기에 중재판정 취소의 소의 요건에 관한 법리를 오해한 위법이 있다고 할 수 없다.

이 점에 관한 상고이유의 주장은 받아들이지 않는다.

2. 제2점에 대하여

구 중재법 제15조 단서는, 집행판결을 한 후에는 제13조 제1항 제5호의 사유를 이유로 한 경우에도 당사자가 과실 없이 집행판결 절차에서 그 취소의 이유를 주장할 수 없었다는 것을 소명한 때에 한하여 비로소 중재판정 취소의 소를 제기할 수 있다고 규정하고 있으므로, 이 단서의 사유 즉 과실 없이 집행판결 절차에서 그 취소의 이유를 주장할 수 없었다는 점에 대한 원고의 소명이 없는 이상 중재판정 취소의 소는 부적법한 것으로 각하하여야 할 것이고, 또 소명이 없는 경우 법원이 그 소명을 촉구하는 석명을 하여야 하는 것도 아니다.

같은 취지에서, 비록 이 사건 중재판정에 민사소송법 제422조 제1항 제9호에서 말하는 판단유탈의 사유가 있다 할지라도, 원고가 과실 없이 집행판결 절차에서 이를 주장할 수 없었다고 볼 아무런 소명자료가 없으므로, 이 사건 중재판정 취소의 소는 부적법하다고 본 원심의 판단은 정당하고, 거기에 석명권의 불행사 및 필요한 심리를 다하지 아니한 잘못 등이 있다고 할 수 없다.

이 점에 관한 상고이유의 주장도 받아들이지 않는다.

원고는 그 밖에도, 중재절차에서 증인 윤석진의 허위진술이 증거로 되었다는 원고의 주장에 대하여 원심이 아무런 판단을 하지 아니하였다고 주장하나 기록에 의하면, 윤석진은 이 사건 중재절차에서 증인으로 증언한 바 없을 뿐만 아니라, 원고로서도 이 사건 중재판정에 이유를 붙이지 아니하거나 판단유탈의 잘못이 있다는 종전의 주장을 되풀이하면서 이를 뒷받침하기 위하여 원심 제4차 변론기일에서 비로소 위와 같은 사정을 내세운 것에 불과할 뿐, 이를 새로운 중재판정 취소의 사유로서 주장한 것으로는 보이지 아니하므로, 이 부분에 관한 상고이유의 주장은 더 나아가 볼 것 없이 이유 없다.

3. 그러므로 상고를 기각하고, 상고비용은 패소자의 부담으로 하기로 하여 관여 법관의 일치된 의견으로 주문과 같이 판결한다.

대법관 윤재식(재판장) · 이돈희 · 송진훈(주심)

평석 →1. 김상수, 중재판정취소의 소의 적법성, 중재 299호(2001 봄)(2001.03) 106-111

2. 하충룡, 뉴욕협약상 외국중재판정에 대한 미국법원의 해석, 중재연구 16권2호(2006.08) 121-150, 한국중재학회

---

12. 대법원 2000. 2. 11. 선고 99다50064 판결 【가압류이의】

[공2000.4.1.(103),674]

【판시사항】

[1] 제소기간 도과를 가압류 이의사유로 주장할 수 있는지 여부(적극) 및 제소명령에 응하여 채권자가 제기한 본안소송이 취하간주 또는 소각하 판결이 확정되거나 중재판정절차가 종료 선언된 때에는 소 제기나 중재신청을 하지 않은 것으로 보아야 하는지 여부(적극)

[2] 제소명령에 응하여 제기한 본안의 소에 대한 각하판결이나 중재절차 종료선언의 위법이 제소기간 도과 여부의 판단에 영향을 미치는지 여부(소극)

【판결요지】

[1] 가압류이의소송은 가압류결정의 취소 변경을 구하는 절차라는 면에서 제소기간 도과로 인한 가압류취소소송과 다를 바 없고, 소송경제적 측면과 보전소송의 긴급성의 요청에 비추어 볼 때 제소명령기간 내에 본안소송을 제기하지 아니한 때

에 그 기간이 도과되었다는 것도 가압류 이의사유로 주장할 수 있으며, 제소기간의 도과 여부를 판단함에 있어서 제소명령에 응하여 채권자가 제기한 본안의 소송이나 중재판정절차가 취하되거나 당사자의 불출석으로 인하여 취하간주 또는 종료선언되거나 소송요건의 흠결을 이유로 한 소각하 판결이 확정되었을 때에는 본안의 소 제기나 중재신청을 하지 아니한 것과 같이 보아야 할 것이다.

[2] 가압류결정에 대한 제소명령에 응하여 제기한 본안의 소를 각하한 판결이나 중재절차를 종료한 선언의 당부는 당해 절차에서 판단되어야 할 것이고, 제소기간의 도과 여부를 심리하는 법원이 그 당부에 관하여 심리·판단할 수 있는 것이 아니므로, 그 판결이나 중재절차에 위법이 있다 하더라도 위 가압류결정에 대한 제소명령기간의 도과 여부를 판단함에 있어서는 아무런 영향도 미칠 수 없다.

【참조조문】 : [1] 민사소송법 제705조 / [2] 민사소송법 제705조

【전 문】

【채권자, 상고인】 황우곤

【채무자, 피상고인】 서윤탁

【원심판결】 대구고법 1999. 7. 22. 선고 96나2607 판결

【주문】 : 상고를 기각한다. 상고비용은 채권자의 부담으로 한다.

【이유】

상고이유를 판단한다.

원심판결 이유에 의하면, 원심은 그 판결에서 채용하고 있는 증거들을 종합하여, 이 사건 가압류결정에 대하여 2회에 걸쳐 제소명령을 하게 된 경위와 당초의 제소명령에 응하여 채권자가 제기한 본안소송에서 소각하 판결이 선고되어 그 판결이 확정되고, 채권자가 신청한 중재절차가 채권자와 채무자의 불출석으로 종료된 경위 등에 관하여 그 판시와 같은 사실을 인정한 다음, 채권자는 위 각 제소명령을 준수하지 아니한 것으로 보아야 할 것이므로 채무자의 제소기간의 도과를 이유로 한 이 사건 가압류이의신청은 이유 있다고 판단하여 이 사건 가압류결정을 취소하고 채권자의 가압류신청을 기각하고 있다.

가압류이의소송은 가압류결정의 취소 변경을 구하는 절차라는 면에서 제소기간 도과로 인한 가압류취소소송과 다를 바 없고, 소송경제적 측면과 보전소송의 긴급성의 요청에 비추어 볼 때 제소명령기간 내에 본안소송을 제기하지 아니한 때에 그 기간이 도과되었다는 것도 가압류 이의사유로 주장할 수 있으며, 제소기간의 도과 여부를 판단함에 있어서 제소명령에 응하여 채권자가 제기한 본안의 소송이나 중재판정절차가 취하되거나 당사자의 불출석으로 인하여 취하간주 또는 종료선언되거나 소송요건의 흠결을 이유로

한 소각하 판결이 확정되었을 때에는 본안의 소 제기나 중재신청을 하지 아니한 것과 같이 보아야 할 것이다.

기록에 비추어 살펴보면 원심의 위와 같은 조치는 위 법리에 따른 것으로서 정당하고, 채권자가 내세우는 상고이유는 위 소각하 판결에 법리오해 또는 심리미진의 위법이 있고, 위 중재절차의 종료선언에 법리오해의 위법이 있으며, 또 채권자가 다시 제소기간을 준수하지 못한 데에는 수감으로 인한 경제적인 어려움 등 개인적인 사정으로 인한 것이어서 참작할 점이 있음에도 불구하고 제소기간의 도과만을 이유로 가압류결정을 취소하는 것은 부당하다는 취지이나, 본안의 소를 각하한 판결이나 중재절차를 종료한 선언의 당부는 당해 절차에서 판단되어야 할 것이고 제소기간의 도과 여부를 심리하는 법원이 그 당부에 관하여 심리·판단할 수 있는 것이 아니므로 그 판결이나 중재절차에 상고이유에서 지적하는 바와 같은 위법이 있다 하더라도 이 사건 가압류결정에 대한 제소명령기간의 도과 여부를 판단함에 있어서는 아무런 영향도 미칠 수 없는 것이고, 채권자가 수감으로 인한 경제적인 어려움 등 개인적인 사정으로 제소기간을 도과하였다 하더라도 이러한 사정은 제소기간의 도과를 정당화할 사유가 되지 못하므로, 결국 원심판결에 상고이유에서 지적하는 바와 같은 법리오해나 심리미진 등의 위법이 있다고 할 수 없다. 상고이유는 모두 받아들일 수 없다.

그러므로 상고를 기각하고, 상고비용은 상고인인 채권자의 부담으로 하기로 관여 법관의 의견이 일치되어 주문과 같이 판결한다.

대법관 이용우(재판장)·김형선·이용훈(주심)·조무제

평석 → 김상수, 제소기간 도과로 인한 가압류의 취소, 판례월보 362호(2000.11) 8-16

13. 대법원 1998. 7. 10. 선고 98다901 판결 【중재판정취소】

[공1998.8.15.(64),2073]

【판시사항】

중재판정의 취소사유인 '중재판정에 이유를 붙이지 아니하였을 때'의 의미

【판결요지】

중재법 제13조 제1항 제4호 후단의 '중재판정에 이유를 붙이지 아니하였을 때'란 중재판정서에 전혀 이유의 기재가 없거나 이유의 기재가 있더라도 불명료하여 중재판정이 어떠한 사실상 또는 법률상의 판단에 기인하고 있는가를 판명할 수 없는 경우와 이유가 모순인 경우를 말하고, 중재판정서에 이유의 설시가 있는 한 그 판단이 실정법을 떠나 공평을 그 근거로 삼는 것도 정당하며, 중재판정에 붙여야 할 이유는 당해 사건의 전제로 되는 권리관계에 대하여 명확하고 상세한 판단을 나타낼 것까지는 요구되지 않고 중재인이 어떻게 하여 판단에 이른 것인지를 알 수 있을 정도의 기재가 있으면 충분하고, 또한 그 판단이 명백하게 비상식적이고 모순인 경우가 아닌 한, 그 판단에 부당하거나 불완전한 점이 있다는 것은 이유를 붙이지 아니한 때에 해당하지 아니한다.

【참조조문】

중재법 제13조 제1항 제4호

【참조판례】

대법원 1989. 6. 13. 선고 88다카183, 184 판결(공1989, 1056), 대법원 1998. 3. 10. 선고 97다21918, 21925 판결(공1998상, 979)

【전 문】

【원고, 상고인】 대한알루미늄공업 주식회사 (법무법인 광장 담당변호사 박우동 외 3인)

【피고, 피상고인】 동양마샬 주식회사 (소송대리인 변호사 윤영철)

【원심판결】 서울고법 1997. 11. 26. 선고 97나22760 판결

【주문】 : 상고를 기각한다. 상고비용은 원고의 부담으로 한다.

【이유】

상고이유를 판단한다.

1. 중재법 제13조 제1항 제4호 후단의 '중재판정에 이유를 붙이지 아니하였을 때'란 중재판정서에 전혀 이유의 기재가 없거나 이유의 기재가 있더라도 불명료하여 중재판정이 어떠한 사실상 또는 법률상의 판단에 기인하고 있는가를 판명할 수 없는 경우와 이유가 모순인 경우를 말하고, 중재판정서에 이유의 설시가 있는 한 그 판단이 실정법을 떠나 공평을 그 근거로 삼는 것도 정당하며, 중재판정에 붙여야 할 이유는 당해 사건의 전제로 되는 권리관계에 대하여 명확하고 상세한 판단을 나타낼 것까지는 요구되지 않고 중재인이 어떻게 하여 판단에 이른 것인지를 알 수 있을 정도의 기재가 있으면 충분하고, 또한 그 판단이 명백하게 비상식적이고 모순인 경우가 아닌 한, 그 판단에 부당하거나 불완전한 점이 있다는 것은 이유를 붙이지 아니한 때에 해당하지 아니한다고 할 것이다(대법원 1989. 6. 13. 선고 88다카183, 184 판결, 1998. 3. 10. 선고 97다21918, 21925 판결 참조).

2. 원심판결 이유에 의하면, 원심은 그 판결에서 채용하고 있는 증거들을 종합하여, 이 사건 중재판정은 그 이유에서 판시와 같이 원고가 피고와의 사이에 이 사건 용역계약에 따른 피고의 손해를 배상할 책임이 있다고 설시한 다음, 그 손해배상의 범위와 관련하여서는, 이는 원고의 계약불이행행위와 상당인과관계가 있는 손해범위와 일치할 것인데, 개별적 계약위반행위로 인한 손해의 범위를 산정하는 것은 불가능하므로 피고가 이 사건 용역기본계약 체결 후 중재 신청시까지 투자행위를 한 관계로 입은 적극적 손해와 이 사건 용역계약이 예상하고 있는 기대이익 중 계약기간 5년 가운데 계약 체결시 당사자가 경험칙 및 관례적으로 예상이 가능한 연도인 1995년, 1996년, 1997년, 및 1998년 상반기의 기대이익을 상실한 소극적 손해를 합산한 금액을 기본계약 불이행으로 인한 총체적 손해로 봄이 타당하다고 하여, ㉮ 원고가 그 이익을 보장하였다고 피고가 주장한 1995년 금 299,698,740원, 1996년 금 458,812,500원, 1997년 금 571,905,000원, 1998년 금 539,685,000원, 1999년 금 507,465,000원 합계 금 2,377,566,240원의 5년간의 영업이익에 대하여는 원고가 피고에게 제시한 장래의 영업이익은 피고의 사업 참여를 권유하기 위한 참고자료로서 작성된 것일 뿐 원고가 성공 보증을 특약한 것으로 볼 수 없고 5년간의 영업이익 중 1995년 금 299,698,740원, 1996년 금 458,812,500원, 1997년 금 571,905,000원, 1998년 상반기 금 269,842,500원(539,685,000원×1/2) 합계 금 1,600,258,740원만을 합리적인 소극적 손해배상의 범위라고 판단하였고, ㉯ 한편 피고 주장의 나머지 손해 중 알루미늄 인고트와 이 사건 제품의 가격 하락으로 인한 손해는 위 영업이익의 손해에 포함되고, 신용 하락으로 인한 손해는 그 산정이 불가능하거나 불명확하다는 이유로 배척하면서, 경영유지 손해액, 클레임 손해액, 부도어음 손해액에 관하여만 적극적 손해로 피고가 계약 체결 후 중재 신청시까지 금 409,353,056원의 경영유지 손해와 이 사건 제품의 외상대금 170,152,235원 상당의 손해, 빌레트 기계성능불량으로 인한 금 5,523,875원의 손해를 입었다고 판단하여 피고의 총손해액을 금 2,185,287,906원으로 확정한 사실을 인정하였다.

원심은 나아가 이 사건 중재판정에는 손해배상의 범위에 관한 이유에 모순이 있어 이는 중재법 제13조 제1항 제4호 후단 소정의 취소사유에 해당한다는 원고의 주장에 대하여, 위 인정 사실에 의하면, 이 사건 중재판정에서 손해배상의 범위는 원고의 계약불이행 행위와 상당인과관계 있는 손해범위와 일치한다는 전제하에 그 중 적극적 손해인 경영유지 손해액, 클레임 손해액, 부도어음 손해액에 관하여는 위 증거들에 의하여 원고가 이 사건 용역계약을 위반함으로써 발생한 손해라고 판단하여 역시 그 이유를 설시하였으며, 소극적 손해에 관하여도 개별적 계약위반행위로 인한 손해의 범위를 산정하는 것이 불가능하다는 이유로 이 사건 용역기본계약이 예상하고 있는 기대이익 중 계약기간 5년 가운데 기본계약 체결시 당사자가 경험칙 및 관례적으로 예상이 가능한 연도인 1995년, 1996년, 1997년, 1998년 상반기의 기대이익만을 소극적 손해의 범위로 한정한 후, 원고가 피고에게 제시한 장래 발생되는 영업이익에 관한 것은 피고의 사업 참여를 권유하기 위한 참고자료로서 작성될 뿐 이로써 성공 보증을 특약한 것으로 볼 수 없다 하여 5년간의 영업이익 전부에 대한 피고의 주장을 배척하면서 다만 앞서 본 기간 동안의 기대이익에 대한 구체적 수액 산정에 있어서만 이를 참고로 하여 그 액수를 1995년 금 299,698,740원, 1996년 금 458,812,500원, 1997년 금 571,905,000원, 1998년 상반기 금 269,842,500원(=539,685,000원×1/2) 합계 금 1,600,258,740원으로 한다고 그 이유를 실시하였는 바, 이 사건 중재판정이 위와 같이 손해액 산정의 기준으로 원고가 작성한 연도별 손익추정서에 의거한 것임을 명시하고 그 결과 또한 그것에 의하여 손해액을 산정한 것임이 수액상 명백한 이상 이로써 중재판정이 어떤 사실상 또는 법률상의 판단에 기인하고 있는가를 판명하는데 아무런 어려움이 없고, 원고가 피고에게 제시한 장래 발생되는 영업이익에 관한 것(위 손익추정서 포함)을 피고의 사업 참여를 권유하기 위한 참고자료로서 작성된 것일 뿐 성공보장에 관한 특약을 한 것으로 볼 수 없다 하여도 그것이 증거로서의 가치까지 부정되는 것이 아닌 이상 이를 손해액 산정의 기초로 삼았다고 하여 이에 어떠한 논리적 모순이 있다고 할 수 없으며, 나아가 중재인의 이러한 기대이익에 대한 산정기간이나 기대이익의 구체적 수액에 대한 판정은 그 거시 증거를 기초로 하여 공평을 근거로 판단한 것으로 못볼 바 아니어서 다소 그 판단에 부당하거나 불완전한 점이 있다 하더라도 이 점만으로는 중재법 제13조 제1항 제4호 후단 소정의 취소사유가 있다 볼 수 없다고 판단하여, 원고의 위 주장을 배척하였다.

원심의 이러한 판단은 앞서 본 법리에 따른 것으로 수긍이 가고, 거기에 상고이유에서 지적하는 바와 같은 법리오해 등의 위법이 있다고 할 수 없다. 상고이유는 받아들일 수 없다.

3. 그러므로 상고를 기각하고, 상고비용은 상고인인 원고의 부담으로 하기로 관여 법관의 의견이 일치되어 주문과 같이 판결한다.

대법관 박준서(재판장) · 정귀호 · 김형선 · 이용훈(주심)

평석 → 목영준, 중재판정취소사유인 '중재판정에 이유를 붙이지 않았을 때, 민사재판의 제문제 10권(2000.04) 914-941, 한국사법행정학회

---

14. 대법원 1998. 3. 10. 선고 97다21918,21925 판결 【중재판정에의한집행 · 중재판정취소】

[공1998.4.15.(56),979]

【판시사항】

[1] 중재법 제13조 제1항 제4호 후단 소정의 '중재판정에 이유를 붙이지 아니한 때'의 의미 및 그 이유의 기재 정도

[2] 중재판정 이유에서 계약 당사자를 회사의 대표이사 자격이 아닌 개인 자격으로 표시한 후 법률판단 부분에서는 그 법률효과가 회사에게 발생하는 것으로 판시한 중재판정에 취소사유가 없다고 한 사례

【판결요지】

[1] 중재법 제13조 제1항 제4호 후단의 '중재판정에 이유를 붙이지 아니한 때'란 전혀 이유의 기재가 없거나 있더라도 불명료하여 중재판정이 어떠한 사실상 또는 법률상의 판단에 기하고 있는지 알 수 없는 경우와 이유가 모순인 경우를 말하지만, 중재판정에 붙여야 할 이유는 당해 사건의 전제로 되는 권리관계에 대하여 명확하고 상세한 판단을 나타낼 것까지는 요구되지 않고 중재인이 어떻게 하여 판단에 이른 것인지를 알 수 있을 정도의 기재가 있으면 충분하다.

[2] 중재판정부가 중재판정 이유에서 합의 약정의 당사자를 '갑 회사의 대표이사 을'로 기재하여야 할 것을 '을'로만 기재하고 그 법률판단 부분에서는 위 합의에 의한 법률효과가 '을'이 아닌 '갑 회사'에게 발생하는 것으로 판시한 경우, 그 기재상의 잘못은 인정되나 나머지 중재판정 이유를 살펴볼 때 중재판정부가 '갑 회사의 대표이사 을'로 표현할 의사를 가지고서 실수로 '을'로만 표현하고 있음을 쉽게 알 수 있으므로, 그 중재판정서만으로도 중재인이 어떻게 하여 그와 같은 결론에 이른 것인지를 알 수 있어서, 그 중재판정에 중재법 제13조 제1항 제4호 후단의 취소사유가 없다고 본 사례.

【참조조문】

[1] 중재법 제13조 제1항 제4호 / [2] 중재법 제13조 제1항 제4호

【참조판례】

[1] 대법원 1989. 6. 13. 선고 88다카183, 184 판결(공1989, 1056)

【전 문】

【원고(반소피고),상고인】 금정기업 주식회사 외 1인(변호사 이건웅 외 4인)

【피고(반소원고),피상고인】 서경덕 (소송대리인 변호사 진성규)

【원심판결】 서울고법 1997. 4. 24. 선고 96나31453, 31460 판결

【주문】

원심판결 중 원고 금정기업 주식회사(반소피고)에 대한 부분을 모두 파기하고 이 부분 사건을 서울고등법원에 환송한다. 원고 문화물산 주식회사(반소피고)의 상고를 모두 기각한다. 상고비용 중 원고 문화물산 주식회사(반소피고)와 피고(반소원고) 사이에서 생긴 부분은 같은 원고(반소피고)의 부담으로 한다.

【이유】

상고이유를 판단한다.

1. 제1점에 대하여

원심은, 이 사건 중재판정서가 1990. 1. 31.자 제3차 합의서의 요지를 설명함에 있어서 계약 당사자를 '신청인 금정기업 주식회사 대표이사 김희수'로 하지 않고 '김희수'라고만 한 후, 법률판단 부분에서는 위 합의에 의한 법률효과가 자연인 '김희수'가 아닌 이 사건 원고 금정기업 주식회사(반소피고, 이하 원고 금정기업이라 한다)를 뜻하는 '신청인'에게 발생하는 것처럼 판시하고 있는바, 그렇다면 어떠한 이유로 이 사건 금원이 자연인 '김희수'가 아닌 원고 금정기업에게 귀속되어야 하는지 그 이유가 불명료하여 중재판정이 어떠한 사실상 또는 법률상의 판단에 기인하고 있는가를 알 수 없거나 이유가 모순인 경우에 해당한다 할 것이므로, 원고 금정기업에 대하여는 중재법 제13조 제1항 제4호 후단의 중재판정 취소의 사유가 있다고 판단하였다.

중재법 제13조 제1항 제4호 후단의 '중재판정에 이유를 붙이지 아니한 때'란 전혀 이유의 기재가 없거나 있더라도 불명료하여 중재판정이 어떠한 사실상 또는 법률상의 판단에 기하고 있는지 알 수 없는 경우와 이유가 모순인 경우를 말하지만, 중재판정에 붙여야 할 이유는 당해 사건의 전제로 되는 권리관계에 대하여 명확하고 상세한 판단을 나타낼

것까지는 요구되지 않고 중재인이 어떻게 하여 판단에 이른 것인지를 알 수 있을 정도의 기재가 있으면 충분하다 할 것이다(당원 1989. 6. 13. 선고 88다카183, 184 판결 참조).

이와 같은 관점에서 위 중재판정의 이유를 살펴보면, 중재판정부가 위 제3차 합의의 내용을 설명함에 있어서 당사자를 원고 금정기업의 대표이사 김희수로 기재하여야 할 것을 '김희수'로만 기재하는 잘못을 범하였음을 알 수 있으나, 위 3차 합의서에 관한 설명 전후의 나머지 중재판정 이유를 살펴보면, 중재판정부가 원고 금정기업의 대표이사 김희수를 표현할 의사를 가지고서 실수로 '김희수'로만 표현하고 있음을 쉽게 알 수 있으므로, 위 중재판정서만으로도 중재인이 어떻게 하여 그와 같은 결론에 이른 것인지를 알 수 있다 할 것이어서, 중재판정에 원심이 인정한 바와 같은 취소사유가 있다고 볼 수 없다 할 것이고, 따라서 이 점을 지적하는 논지는 이유가 있다.

2. 제2점에 대하여

이 사건 중재판정의 이유에 의하면, 중재신청인들 중 이 사건 원고 문화물산 주식회사(반소피고, 이하 원고 문화물산이라 한다)가 어떠한 근거로 피고(반소원고, 이하 피고라 한다)에 대하여 금 2,000,000,000원의 반환청구권을 갖는지 그 이유가 전혀 나타나 있지 아니하므로, 중재판정 중 원고 문화물산에 대한 부분은 전혀 이유의 기재가 없어 중재법 제13조 제1항 제4호 후단이 정한 취소사유가 있다고 할 것이다. 그러므로 같은 취지의 원심판결은 정당하고 논지는 이유가 없다.

3. 제3점에 대하여

원심은, 중재판정부가 이 사건 합작투자계약과 1990. 1. 31.자 제3차 합의약정이 해제되었다고 판단한 이상, 원고 금정기업은 그 원상회복의무의 이행으로서 원고 문화물산의 자본금을 회수하고 원고 문화물산을 합작투자계약 이전의 상태로 환원함으로써 합작투자계약 체결 이전과 마찬가지로 피고가 대주주로서 경영지배권을 갖는 회사로 되돌려 놓거나, 만약 원고 문화물산을 피고에게 환원하는 것이 불가능하여 원고 문화물산을 계속하여 원고 금정기업의 지배 아래에 둘 수밖에 없다면 원고 문화물산이 가진 이 사건 서원곡유원지 개발사업권을 피고에게 반환하여야 할 의무를 진다고 할 것인데, 중재판정부는 피고가 원고 문화물산의 이러한 원상회복의무를 동시이행의 항변으로 주장하였음에도 불구하고 이에 관하여 전혀 판단하지 아니하였는바, 그렇다면 이 사건 중재판정에는 중재법 제13조 제1항 제5호, 민사소송법 제422조 제9호 소정의 '판정에 영향을 미칠 중요한 사항에 관하여 판단을 유탈한 때'에 해당하는 중재판정 취소사유가 있다고 판단하였다.

그러나 기록에 의하면, 원고 금정기업과 피고는 피고가 대주주 및 대표이사로서 경영권을 행사하고 있었고 서원곡유원지 개발사업권을 가지고 있던 원고 문화물산에 대하여 합작투자계약을 체결하였는데, 그 합작투자계약의 주된 내용은 원고 문화물산이 위 유원지 개발사업을 수행할 자금을 확보하기 위하여 원고 금정기업이 원고 문화물산에 출자를 하되 그 방법으로 원고 문화물산의 자본금을 대폭 증자하여 원고 금정기업과 피고의 주식비율이 9:1이 되도록 한다는 것 및 원고 문화물산의 이사진을 개편하여 새로 대주주가 될 원고 금정기업이 경영권을 행사하도록 한다는 것 등인바, 그 합작투자계약서 제20조 제1항은 당사자 일방이 일정한 기간 동안 자신의 채무를 이행하지 않으면 상대방은 합작투자계약을 해지할 수 있다고 규정하고 있고, 그 제2항은 "전항의 규정에 의하여 본계약이 해지되는 경우에는 당해 귀책 당사자는 그가 보유하고 있는 주식을 이사회가 합리적으로 정하는 조건에 의거 상대방 당사자 또는 제3자에게 양도하여야 한다."고 규정하고 있음을 알 수 있다. 그렇다면 위 합작투자계약은 설령 원고 금정기업의 귀책사유로 계약이 해제될 경우라도 자본을 감소하여 원고 문화물산을 합작투자계약 이전의 상태로 환원하지는 않는다는 것을 전제로 하고 있으므로, 자본감소의 방법에 의하여 원고 문화물산을 본래의 자본금과 경영진을 가진 상태로 원상회복하는 것은 허용되지 않는다고 할 것이고, 또한 위 합작투자계약서 제20조 제2항은 어느 쪽이든 귀책 당사자가 원고 문화물산에서 완전히 철수하고 유원지 개발사업권은 여전히 원고 문화물산이 계속하여 갖는다는 것을 전제로 하고 있으므로, 원상회복으로 유원지사업권이 원고 문화물산에서 피고에게 양도되어야 한다는 피고의 주장도 받아들일 수 없는 것이라 할 것이다(도시계획사업인 유원지 개발사업이 사인간에 임의로 양도될 수 있다고 보여지지도 아니한다). 결국 합작투자계약서 제20조 제2항은 피고의 귀책사유로 계약이 해제된다고 하더라도 사업권을 가진 원고 문화물산을 여전히 원고 금정기업이 지배하기로 하는 약정이라 할 것인바, 그렇다면 원고 금정기업이 그러한 사업권을 갖는 원고 문화물산의 경영권을 취득하는 대가로 피고에게 상당한 금원을 지급하기로 한 약정 역시 합작투자계약의 해제에도 불구하고 여전히 유효하다고 할 것이고, 다만 원고 금정기업으로서는 자기가 주장하는 피고의 채무불이행으로 인하여 손해가 발생하였을 경우 그 배상을 청구할 수 있을 뿐이라 할 것이다.

그렇다면 중재판정부가 피고에게 피고가 지급받은 경영권의 대가(사업지구 안에 있는 피고의 토지 및 수목의 대가와 합쳐져 있음)를 원고에게 반환하도록 명한 것은 잘못이라 할 것이지만, 그러한 잘못은 피고가 주장한 동시이행의 항변을 판단하지 않음으로 말미암은 것이 아니라, 중재판정부가 합작투자계약서의 해석을 그르친 데 연유한 것이고, 피고가 한 원상회복의무 상호간의 동시이행의 항변은 앞서 본 바와 같은 이유로 이유가 없으므로, 결국 중재판정부가 피고의 위 동시이행의 항변에 관하여 전혀 판단하지 아니하였다고 하더라도 그와 같은 판단유탈은 판정에 영향을 미치지 않았다고 보아야 할 것이다.

그럼에도 불구하고 원심은 중재판정부의 위와 같은 판단유탈이 판정에 영향을 미쳤다고 판단하고 말았으니, 원심판결에는 계약해제로 인한 원상회복과 중재판정 취소사유로서의 판단유탈에 대한 법리를 오해한 위법이 있다고 할 것이다. 논지는 이유가 있다.

4. 제4점에 대하여

이 부분 상고이유로 주장하는 바는 원심이 판결의 결론과 상관없이 방론으로 설시하고 있는 부분에 대한 것으로서, 설령 원심의 이 부분에 대한 판단이 잘못되었다고 하더라도 원심판결에는 아무런 영향을 미치지 아니하므로, 이 부분 주장은 받아들일 수 없다.

5. 그렇다면 원심판결 중 원고 금정기업에 대한 부분에서 위에서 본 바와 같은 파기사유가 있다고 할 것이므로, 원심판결 중 원고 금정기업에 대한 부분을 파기하여 이 부분 사건을 원심법원에 환송하고 원고 문화물산에 대한 상고는 이유 없어 이를 기각하기로 하며, 상고가 기각된 부분에 대한 상고비용은 패소자의 부담으로 하기로 하여, 관여 법관의 일치된 의견으로 주문과 같이 판결한다.

대법관 최종영(재판장) · 이돈희 · 이임수(주심) · 서성

평석 → 김상수, 중재판정취소의 소의 적법성, 중재 299호(2001 봄)(2001.03) 106-111

---

15. 대법원 1992.4.14. 선고 91다17146, 91다17153(반소) 판결 【중재판정취소, 집행청구】

[공1992.6.1.(921),1558]

【판시사항】

가. 영업양도계약서상 "본계약내용에 관하여 당사자간에 해결할 수 없는 법적 분쟁"을 중재대상으로 규정하고 있는 중재조항의 규정취지

나. 위 "가"항에 있어 양도목적물의 하자로 하자담보책임과 불법행위책임이 경합하는 경우에 그 불법행위책임의 존부에 관한 분쟁이 위 중재조항이 규정하는 중재대상에 포함되는지 여부(적극)

다. 3인의 중재인 중 1인이 불참한 채로 심문종결할 것을 당사자들이 동의한 경우 2인의 중재인만이 관여하여 한 중재판정의 효력 유무

【판결요지】

가. 영업양도계약서의 중재조항에 "본계약내용에 관하여 당사자 간에 해결할 수 없는 법적 분쟁"을 중재대상으로 규정하고 있는 경우, 본계약내용에 관한 법적 분쟁이라고 함

은 단순히 계약내용의 의미해석에 관한 분쟁만이 아니라 계약내용의 성립과 그 이행 및 그 효력의 존부에 직접 관련되거나 밀접하게 관련된 분쟁까지도 포함하는 취지라고 보아야 한다.

나. 양도목적물의 숨은 하자로부터 손해가 발생한 경우에 양도인이 양수인에 대하여 부담하는 하자담보책임은 그 본질이 불완전이행책임으로서 본계약내용의 이행과 직접 관련된 책임인바, 동일한 사실관계에 기하여 하자담보책임과 불법행위책임이 경합하는 경우에 그 불법행위책임의 존부에 관한 분쟁은 본계약내용의 이행과 밀접하게 관련된 분쟁으로서 위 "가"항의 중재조항이 규정하는 중재대상에 포함된다고 보는 것이 타당하다.

다. 심문기일에서 당사자들이 중재인 3인 중 1인이 불참한 채로 심문기일을 진행하고 심문종결을 하는 데에 동의하였더라도 이로써 나머지 2인의 중재인만으로 중재판정을 하는 것까지도 동의한 것으로 볼 수는 없고, 그 밖에 달리 위와 같은 2인의 중재인에 의한 중재판정에 당사자들이 동의하였다고 인정할만한 자료가 없다면 당사자의 동의 없이 3인의 중재인 중 2인만이 관여하여 한 중재판정은 중재법 제13조 제1항 제1호 소정의 중재절차가 중재법이나 중재계약에 의하지 아니한 때에 해당하여 취소를 면할 수 없다.

【참조조문】

가.나. 중재법 제2조 / 나. 민법 제580조 제1항, 제750조 / 다. 중재법 제13조 제1항 제1호

【전 문】

【원고(반소피고), 피상고인】 한국중공업주식회사(법무법인 중앙국제, 변호사 조태연 외 3인

【피고(반소원고), 상고인】 금성전선주식회사(법무법인 한미합동. 변호사 유경희 외 6인)

【원심판결】 서울고등법원 1991.4.12. 선고 90나50902(본소), 90나50919(반소) 판결

【주 문】

상고를 기각한다.

상고비용은 피고(반소원고)의 부담으로 한다.

【이 유】

피고(반소원고, 이하 피고라 한다)소송대리인의 상고이유를 본다.

1. 원심판결 이유에 의하면 원심은 그 거시증거에 의하여 원고(반소피고, 이하 원고라 한다)가 1983.10.10. 피고와 사이에 원고 소유의 군포공장과 그 부속건물일체 및 영업권을 피고에게 양도하기로 하는 영업양도계약을 체결하고 피고에게 이를 인도하여 피고가 점유 사용하고 있던 중, 1985.1.31. 14:30경 연면적 9,109.30평방미터의 지하1층, 지상7층

의 철근콘크리트조 기숙사건물 1동(이하 "이 사건 건물"이라고 한다)의 지하층에서 폭발이 일어나 지하실과 지상 1층, 2층 약 660평방미터의 바닥이 파괴되는 사고가 발생하여 이로 인하여 피고 직원 1명이 사망하고 21명이 중경상을 입은 사실, 이에 피고는 원고를 상대로 대한상사중재원에 중재를 신청하여 변호사인 소외 강신옥을 중재의장, 변호사인 소외 김일두와 한양대학교 교수인 소외 선병택을 중재인으로 하는 중재절차가 개시되고, 1986.9.8. 제1차 심문기일이래 1990.1.11. 최종 심문기일을 거쳐 1990.2.6. 중재판정이 내려진 사실, 위 중재판정의 내용은, 이 사건 사고가 하천부지상에 건축된 이 사건 건물의 하부 토양층에서 발생한 메탄가스가 건물지하실 바닥과 지면 사이의 밀폐된 공간에 농축되어 있다가 피고 회사 시설부 직원인 소외 김한수 외 2명이 결빙된 화장실 배관파이프를 녹이기 위하여 LPG 용접봉으로 배관파이프를 가열하던 중 위와 같이 축적되어 있던 메탄가스에 용접봉의 불꽃이 닿아서 인화폭발되었다고 인정하고, 원고가 이 사건 건물을 건축하면서 안전을 소홀히 하고 폭발할 숨은 위험성에 대한 주의를 이 사건 매매 당시 알리지 아니한 잘못이 있으나 한편 신청인인 피고도 이 사건 건물을 양수받고 1년 이상 점유 사용한 점으로 보아 이 사건 건물에 관한 안전에 대해 주의를 다하였다고 볼 수 없다는 이유로 피고가 주장하는 손해액의 절반인 금 1,216,064,962원 50전 및 이에 대한 지연손해금을 원고에게 배상할 것을 명한 사실을 인정한 다음, 원고가 이 사건 폭발사고로 발생한 손해에 관하여 원고에게 불법행위로 인한 손해배상책임을 묻는 피고의 이 사건 중재신청은 위 영업양도계약의 중재조항에서 정한 계약내용에 관하여 발생한 법적 분쟁에 관한 것이라고 볼 수 없으므로 중재합의의 범위를 벗어난 것으로서 이 사건 중재판정은 중재법 제13조 제1항 제1호 소정의 취소사유에 해당한다고 주장한 데에 대하여, 이 사건에 있어서와 같이 영업양도계약 그 자체의 불이행이 아니라 양도목적 고정자산의 숨은 하자로 인한 적극적 채권침해에 대하여 불법행위를 원인으로 손해배상을 구하는 경우까지 중재판정의 대상이 되는지를 판단함에 있어서는 당사자가 중재합의를 함에 있어서 이러한 분쟁을 충분히 예측할 수 있었던 것인지의 여부 등을 참작하여 해석하여야 할 것이라고 전제하고, 그 거시증거에 의하면 영업양도계약서에 첨부되어 위 계약의 내용이 된 매각조건에서 원·피고는 "양도의 대상이 되는 고정자산에 대하여는 여하한 경우에도 하자담보책임을 묻지 못한다"고 규정하여 양도인인 원고의 하자담보책임을 면제하고 있는 사실을 인정할 수 있으므로, 이러한 사실로 미루어 보면 원·피고는 이 사건 건물의 하자로 인하여 발생한 적극적 채권침해에 대하여 불법행위로 인한 손해배상을 구하는 경우까지도 예측하여 이를 법원의 판결에 의하지 않고 중재인의 중재판정에 의하기로 약정하였다고는 보기 어려운 것이어서, 결국 이 사건 중재판정은 원고와 피고 사이에 그 분쟁에 관한 중재합의가 존재하지 아니함에도 불구하고 이루어진 것으로서 중재법 제13조 제1항 제1호에 의하여 취소되어야 한다고 판단하여 원고 주장을 받아들이고 있다.

2. 이 사건 영업양도계약서(갑 제2호증) 제14조의 중재조항에 의하면 "본계약내용에 관하여 당사자간에 해결할 수 없는 법적분쟁"을 중재대상으로 규정하고 있는바, 위에서 본계약내용에 관한 법적 분쟁이라고 함은 단순히 계약내용의 의미해석에 관한 분쟁만이 아니라 계약내용의 성립과 그 이행 및 그 효력의 존부에 직접 관련되거나 밀접하게 관련된 분쟁까지도 포함하는 취지라고 보아야 할 것이다.

이 사건과 같이 양도목적물의 숨은 하자로부터 손해가 발생한 경우에 양도인이 양수인에 대하여 부담하는 하자담보책임은 그 본질이 불완전이행책임으로서 본계약내용의 이행과 직접 관련된 책임인바, 동일한 사실관계에 기하여 하자담보책임과 불법행위책임이 경합하는 경우에 그 불법행위책임의 존부에 관한 분쟁은 본계약내용의 이행과 밀접하게 관련된 분쟁으로서 위 중재조항이 규정하는 중재대상에 포함된다고 보는 것이 타당하다.

원심은 원·피고가 담보책임면제의 약정을 하였음을 들어 불법행위책임에 관한 분쟁은 계약당시 당사자가 예측할 수 없었던 분쟁이라고 판단하였으나, 담보책임의 면제약정을 할 정도라면 담보책임과 경합관계에 있는 불법행위책임도 예측가능하였다고 보는 것이 타당하므로, 가사 당사자가 부주의로 이를 예측하지 못하여 계약조항에 불법행위책임에 관한 면제약정을 빠뜨렸다고 하여도 예측할 수 없었던 분쟁이라고 말하기는 어려운 것이다.

결국 원심판결은 위 중재조항이 규정하는 중재대상에 관한 해석을 그르쳐 판결에 영향을 미친 위법을 저지른 것으로서 이 점을 지적하는 논지는 이유 있다.

3. 그러나 원심이 적법히 확정한 사실에 의하면 이 사건 중재의 제14차 심문기일은 1990.1.11. 14:00에 시작되어 심문 후 종결되었는데, 3인의 중재인 중 선병택이 위암으로 인하여 위 심문기일에 출석하지 아니하고 같은 날 23:00경 사망함으로써 위 중재심문종결시부터 중재판정시까지 3인 중재인들 사이에 중재의 합의가 없었다는 것인바, 원심이 채용한 갑 제5호증의 14 기재에 의하면 위 제14차 심문기일에서 당사자들은 중재인 선병택이 불참한 채로 심문기일을 진행하고 심문종결을 하는 데에 동의한 사실이 인정되나, 이러한 동의를 나머지 2인의 중재인만으로 중재판정을 하는 것까지도 동의한 것으로 볼 수는 없고 그 밖에 달리 위와 같은 2인의 중재인에 의한 중재판정에 당사자들이 동의하였다고 인정할 만한 자료가 없다.

그렇다면 이 사건 중재판정은 당사자의 동의없이 3인의 중재인 중 2인의 중재인만이 관여하여 한 것으로서 중재법 제13조 제1항 제1호 소정의 중재절차가 중재법이나 중재계약에 의하지 아니한 때에 해당하여 취소를 면할 수 없다고 할 것이다.

위와 같은 취지로 판단한 원심판결은 정당하므로 위에서 본 바와 같이 원심의 이유설시에 잘못된 부분이 있기는 하나 위 중재판정의 취소를 명한 결론은 정당하여 원심판결은 유지될 수밖에 없다.

4. 그러므로 상고를 기각하고 상고비용은 패소자의 부담으로 하여 관여 법관의 일치된 의견으로 주문과 같이 판결한다.

대법관 배만운(재판장) · 이회창 · 이석수

평석 → 1. 한충수, 한국에 있어서의 외국중재제정 및 조정의 승인 · 집행, 국제사법연구 8호(2003.08) 419-450, 법영사
2. 박희수, 중재합의의 범위 및 중재절차의 하자와 당사자의 동의, 대법원판례해설 17호(92년 상반기)(92.12) 333-342, 법원도서관

---

16. 대법원 1992.1.21. 선고 91다7774,91다7781(반소) 판결 【중재판정금, 중재판정취소】

[공1992.3.15.(916),875]

【판시사항】

가. 중재계약 당사자 중 일방의 중재절차를 거치지 않은 제소에 대하여 상대방이 중재계약의 존재를 들어 항변을 제기하지 않고 본안판결을 받은 경우 위 중재계약의 해지에 대한 묵시적 합의가 이루어진 것으로 볼 수 있는지 여부(소극)

나. 상사중재규칙 제54조에 기한 정정이 가능한 범위

다. 중재판정문에 기판력 주장에 관한 판단이 있으나 그 주장을 배척한 근거를 일일이 설명하지 않은 것 등이 중재판정의 취소사유에 해당하는 판단유탈이라 할 수 있는지 여부(소극)

【판결요지】

가. 계약 당사자 사이에 중재약정이 있는 경우 당사자 중 일방의 중재절차를 거치지 않은 제소에 대하여 상대방이 중재계약의 존재를 들어 항변을 제기하지 않고 본안판결을 받았다 하여 당사자 사이에 위 중재계약을 해지하기로 하는 묵시적인 합의가 이루어진 것으로 볼 수 없다.

나. 상사중재규칙 제54조는 판정문에 숫자 계산의 착오나 서기 또는 타자원의 과실 기타 이와 유사한 사유로 인하여 발생한 명백한 오류에 한하여 본안의 결론에 영향을 미치지 않는 범위 내에서 정정할 수 있다는 취지이며 내용을 수정하는 정도에 이르는 것은

정정의 대상이 되지 않는 것이다.

다. 중재판정문에 기판력 주장에 관한 판단이 있는 이상 그 주장을 배척한 근거에 대하여 일일이 설명하지 않았다거나 판단 내용상에 소홀함이나 잘못이 있다 하더라도 이를 중재판정의 취소사유에 해당하는 판단 유탈이라 할 수 없다.

【참조조문】

가. 중재법 제2조, 제3조 / 나. 상사중재규칙 제54조(민사소송법 제422조 제1항 제9호) 다. 제13조 제1항 제5호 /

【참조판례】

다. 대법원 1989.9.12. 선고 89재다카58 판결(공1989,1466), 1990.2.13. 선고 89재누106 판결(공1990,666), 1990.3.9. 선고 89재다카140 판결(공1990,863)

【전 문】

【원고(반소피고), 피상고인】 주식회사 중원건설 소송대리인 변호사 박정현 외 1인

【피고(반소원고), 상고인】 한국전력공사 소송대리인 법무법인 한미합동법률사무소 담당변호사 유경희 외 4인

【원심판결】 서울고등법원 1991.1.25. 선고 90나33907(본소),90나33914(반소) 판결

【주 문】

상고를 기각한다.

상고비용은 피고(반소원고)의 부담으로 한다.

【이 유】

상고이유를 본다.

(1) 기록에 의하면 이 사건 중재판정의 책임원인은 피고(반소원고, 이하 피고라고만 한다)가 원고(반소피고, 이하 원고라고만 한다)에 대하여 한 입찰자격 제한의 제재처분이 불법행위를 구성한다는 것이고 피고의 위 제재처분은 원고의 매매계약상의 대금지급의무불이행을 그 원인으로 하고 있음이 분명하며 이에 대하여 원고는 매매대금이 목적물의 하자에 비추어 부당하게 고가이어서 대금감액의 중재신청을 하는 등의 사정으로 인하여 대금을 제때에 지급하지 않았을 뿐 매매계약상의 의무위반사실이 없다고 다투고 있어 위 제재처분의 당부는 원고의 계약위반사실의 유무에 달려 있다 할 것인바 원·피고 사이에 체결된 매매계약서 제26조에 의하면 계약서에서 별도로 규정한 것을 제외하고는 계약에서 발생하는 문제에 관한 분쟁을 계약당사자가 합의에 의하여 해결하되 합의가 성립

되지 못할 시는 당사자는 관계법률에 의하여 설치된 조정위원회의 중재에 의하여 해결하기로 합의한 사실이 인정되므로 위 제재처분의 당부 즉 계약위반여부에 관한 분쟁은 위 매매계약상의 문제에 관한 분쟁에 해당하는 것으로서 이 사건 중재계약의 범위에 포함되는 것이라고 할 것이다.

같은 취지의 원심판단은 정당하고 거기에 소론과 같은 중재계약의 효력범위에 관한 법리를 오해한 위법이 있다고 할 수 없다.

그리고 원고가 위 제재처분의 무효확인을 구하는 소송을 제기하였다 하여 위 제재처분이 중재범위에 포함되지 않음을 자인한 것이라 할 수 없고, 또 원고의 위와 같은 제소에 대하여 피고가 중재계약의 존재를 들어 항변을 제기하지 않고 본안판결을 받았다 하여 원·피고 사이에 위 중재계약을 해지하기로 하는 묵시적인 합의가 이루어진 것으로 볼 수 없을 뿐만 아니라 중재계약해지에 관한 주장은 상고심에서 처음으로 내세운 주장으로서 적법한 상고이유가 되지 못하는 것이며 원심이 그에 관하여 심리를 하지 아니하였다 하여 위법이라 할 수 없다.

(2) 원심판결 이유에 의하면 원심은 원고가 피고를 상대로 서울지방법원 동부지원 84가합398호로 위 제재처분의 무효확인청구소송을 제기하였으나 1984.6.7. 원고청구기각의 판결이 선고되어 그 무렵 확정되었고 다시 원고가 피고를 상대로 서울고등법원 83구1152호로 위 제재처분의 무효확인을 구하는 행정소송을 제기하였으나 1984.8.30. 위 제재처분이 행정소송의 대상이 아니라는 이유로 소각하의 판결이 선고되고 이에 원고가 불복 대법원84누647호로 상고하였으나 1985.1.22. 상고기각의 판결이 선고된 사실, 이 사건 중재절차에서 피고는 원고의 중재신청이 위3건의 판결의 기판력에 저촉된다는 항변을 제기하였고 이 사건 중재판정문에서는 위 항변에 대하여 판단하기를 위 대법원 사건에서 원고가 위 제재처분의 무효확인을 구하였고 이에 대하여 법원은 이러한 주장을 배척하고 청구를 기각하였다 하더라도 민사소송법의 소위 기판력은 그 주문에 관하여만 발생하는 것이며 그 이유에서 판단된 사실에는 미치지 않는 것이라는 이유로 이를 배척한 사실, 대한상사중재원은 1990.11.26. 이 사건 중재판정문상의 "84누647(대법원)사건"을 "84누647(대법원)사건 등"으로 정정하는 결정을 한 사실 등을 인정한 다음 이 사건 중재판정문이 위와 같이 정정된 점과 앞에 나온 3건의 판결 중 본안 판단을 한 것은 위 동부지원의 판결뿐인데 위 중재판정문에 "청구를 기각하였다 하더라도"라는 기재가 있는 점을 고려하면 이 사건 중재판정에 피고의 위 동부지원 판결에 기한 기판력의 항변에 관한 판단도 포함되어 있다고 봄이 상당하다 하여 판단 유탈을 이유로 한 피고의 중재판정취소 주장을 배척하였다.

상사중재규칙 제54조에 의하면 판정문에 숫자계산의 착오나 서기 또는 타자원의 과실 기타 이와 유사한 사유로 인하여 발생한 명백한 오자 또는 오류를 발견하였을 때는 결정으로 이를 정정할 수 있게 되어 있는 바 이는 표현상의 명백한 오류에 한하여 본안의 결론에 영향을 미치지 않는 범위 내에서 정정할 수 있다는 취지이며 내용을 수정하는 정도에 이르는 것은 정정의 대상이 되지 않는 것이라 할 것인데 이 사건의 경우와 같이 판정문상의 사건 표시 뒤에 "등"을 삽입하게 되면 외형상 판단의 대상이 확대되는 결과가 되어 판단·유탈 여부에 관한 판정문의 내용을 수정하는 것과 유사하게 되므로 이는 위 규칙이 정한 정정 요건에 맞지 않는 것으로서 위와 같은 정정은 그 효력이 없다고 할 것이다.

그러나 피고가 위에 나온 3건의 판결 모두를 들어 기판력의 항변을 한 데 대하여 중재판정문에서 피고의 주장 내용을 인용 설시하면서 그중 일부를 누락하였다 하더라도 기판력 주장을 배척하는 판단부분에서는 포괄적인 표현을 하고 있으므로 이는 누락부분을 포함한 피고의 기판력 주장 전부에 관한 판단이라고 볼 여지가 있을 뿐 아니라 중재판정에서 인용한 피고 주장가운데 본안판결의 존재를 전제로 한 "….주장을 배척하고 청구를 기각 하였는 바"라는 부분과 "…위 조치의 위법, 부당 여부에 관하여는 기판력이 발생하였으므로 …"라는 표현이 있음에 비추어 앞에 나온 판결 중 유일한 본안판결인 동부지원 판결의 기판력에 관한 판단이 포함되어 있는 것으로 봄이 상당하다. 그리고 이 사건 중재판정문에 피고의 기판력 주장에 관한 판단이 있는 이상 그 주장을 배척한 근거에 대하여 일일이 설명하지 않았다거나 판단내용상에 소홀함이나 잘못이 있다 하더라도 이를 중재판정의 취소사유에 해당하는 판단유탈이라 할 수 없다(당원 1989.9.12. 선고 89재다카58 판결; 1990.2.13. 선고 89재누106 판결; 1990.3.9. 선고 89재다카140 판결 등 각 참조), 이에 관한 원심의 설시는 다소 미흡한 감이없지 않으나 피고의 판단유탈 주장을 배척한 결론에 있어서는 정당하고 거기에 소론과 같은 법리오해 등의 위법이 있다고 할 수 없다.

(3) 논지는 어느 것이나 이유 없으므로 상고를 기각하고 상고비용은 패소자의 부담으로 하여 관여 법관의 일치된 의견으로 주문과 같이 판결한다.

대법원 이재성(재판장) · 이회창 · 배만운 · 김석수

평석 →1. 김교창, 일부 중재합의의 허부(허부), 중재 307호(2003년 봄)(2003.03) 24-35

2. 이정일, 미국중재제도에 있어서 중재의 법원으로부터의 자주성, 중재학회지 6권(96.12) 70-92, 한국중재학회

---

17. 대법원 1990.4.10. 선고 89다카20252 판결 【집행판결】

[집38(1)민,172;공1990.6.1.(873),1043]

【판시사항】

가. 뉴욕협약에 의하여 집행되기 위한 적극적 요건의 입증책임

나. 매매계약서에 부동문자로 인쇄된 중재조항의 내용을 당사자가 충분히 이해하고 계약서에 서명한 경우 서면에 의한 중재합의에 해당한다고 본 사례

다. 뉴욕협약 제2조의 '중재합의'의 요건과 위 조항 소정의 유효한 중재합의가 있었다고 본 사례

라. 대리인을 통하여 외국인과 중재계약을 체결한 경우에 있어 그 대리행위에 관한 준거법

마. 준거법인 외국법에 대한 조사가 직권조사 사항인지 여부(적극)와 그 조사방법

바. 중재합의의 철회 가능여부에 관한 준거법 및 영국법에 의하면 서면에 의한 중재합의의 철회가 가능한지 여부(소극)

사. 뉴욕협약 제5조 제1항 나호에 의하여 중재판중의 승인 및 집행을 거부할 수 있는 경우의 범위와 그에 대한 판단기준

아. 뉴욕협약 제5조 제2항 나호의 규정 취지와 그에 대한 판단을 함에 있어 고려할 사항

자. 국제 상거래에 있어서 채무불이행으로 인한 지연손해금 지급에 관한 관습과 이에 따른 지연손해금의 지급을 명한 것이 우리나라의 공공질서에 반하는지 여부(소극)

【판결요지】

가. 뉴욕협약(1973.2.17. 조약 제471호, 이하 뉴욕협약이라고 한다) 제4조는 외국중재판정의 승인과 집행을 얻기 위하여 승인과 집행을 신청하는 당사자는 신청서에 (가) 정당하게 인증된 중재판정원본 또는 정당하게 증명된 그 등본, (나) 제2조에 규정된 합의의 원본 또는 정당하게 증명된 그 등본 및 공증된 이들의 번역문을 제출하여야 한다고 규정하고 있는데 이는 뉴욕협약에 따른 외국중재판정의 집행을 위한 적극적 요건으로서 위 중재판정의 승인 및 집행을 신청하는 당사자가 그 입증책임을 부담한다고 할 것이다.

나. 영국회사 갑과 한국회사 을의 대리인이라 칭하는 병사이에 작성된 강철봉 매매계약서 앞면 좌측 상단에는 '뒷면의 조건에 따라 공급하여 주십시오(Please supply, subject to conditions overleaf)'라고 부동문자로 인쇄되고 있고, 뒷면의 조건 중 제13조에는 '본 계약의 효력, 해석 및 이행은 영국법에 따라 규율되며, 그 효력, 해석 및 이행을 포함하여

본 계약하에서 또는 그와 관련하여 발생하는 모든 분쟁은 본 계약일의 런던중재 법원규칙에 따라 중재에 의하여 결정된다......'라고 기재되어 있고, 병이 그 조항의 내용을 충분히 이해하고서 위 매매계약서에 서명한 경우 위 뉴욕협약 제2조 제2항 소정의 '계약문중의 중재조항'으로서 같은조 제1항 소정의 '분쟁을 중재에 부탁하기로 하는 취지'의 서면에 의한 중재합의에 해당한다고 할 것이다.

다. 매매계약서에 '......본 계약하에서 또는 그와 관련하여 발생하는 모든 분쟁은 본 계약일의 런던중재법원 규칙에 따라 중재에 의하여 결정된다.......'라는 중재조항이 포함되어 있는 경우, 뉴욕협약 제2조에 의하면 같은 협약이 적용되는 중재합의는 '분쟁을 중재에 부탁하기로 하는 서면에 의한 합의'로서 족하고 중재장소나 중재기관 및 준거법까지 명시할 것을 요건으로 하고 있지는 아니할 뿐 아니라, 위 조항에는 중재장소와 중재기관 및 중재절차의 준거법이 한꺼번에 모두 명시되었다고 볼 것이므로 위 조약 제2조 소정의 유효한 중재합의가 있었다고 할 것이다.

라. 임의대리에 있어서 대리인 혹은 대리인으로 칭한 자와 거래를 한 상대방에 대하여 본인에게 거래당사자로서의 책임이 있는지의 여부는 거래의 안전 내지 상대방 보호를 위한 측면을 고려할 때 대리행위지법에 의하여 판단되어야 함이 상당하다고 하겠으므로 영국에서 한국회사인 을의 런던사무소책임자인 병이 을을 대리하여 영국회사인 갑과 사이에 중재계약을 체결한 경우에 있어서 위 병의 중재계약상의 대리행위에 관한 준거법은 대리 행위지법인 영국법이다.

마. 우리나라 법률상으로는 준거법으로서의 외국법의 적용 및 조사에 관하여 특별한 규정을 두고 있지 아니하나 외국법은 법률이어서 법원이 권한으로 그 내용을 조사하여야 하고, 그 방법에 있어서 법원이 합리적이라고 판단하는 방법에 의하여 조사하면 충분하고, 반드시 감정인의 감정이나 전문가의 증언 또는 국내외 공무소, 학교등에 감정을 촉탁하거나 사실조회를 하는 등의 방법만에 의하여야 할 필요는 없다.

바. 중재합의의 철회가 가능한지 여부는 결국 중재합의의 효력에 관한 문제로서 이 점에 관하여 뉴욕협약 제5조 제1항 가호 후단은 1차적으로 당사자 들이 준거법으로 지정한 법령에 의하고, 그 지정이 없는 경우에는 중재판정을 내린 국가의 법령에 의하여 판단하도록 규정하고 있는 바, 매매계약서에 '...본 계약하에서 또는 그와 관련하여 발생하는 모든 분쟁은 본 계약일의 런던중재법원규칙에 따라 중재에 의하여 결정된다.......'라는 조항이 포함되어 있는 경우에는 당사자가 중재합의의 준거법으로 영국법을 지정하였다고 볼 것이고, 영국법에 의하면 위와 같은 서면에 의한 중재합의(written arbitration agreement)는 당사자의 일방이 임의로 철회할 수 없게 되어 있다.

사. 뉴욕협약 제5조 제1항 나호에 의하면, 중재판정이 불리하게 원용되는 당사자가 중재인의 선정이나 중재절차에 관하여 적절한 통고를 받지 아니하였거나 또는 기타 이유에

의하여 방어할 수 없었던 경우에는 집행국 법원이 중재판정이 승인 및 집행을 거부할 수 있게 되어 있는 바, 이 규정의 취지는 위와 같은 사유로 당사자의 방어권이 침해된 모든 경우를 말하는 것이 아니라 그 방어권침해의 정도가 현저하게 용인할 수 없는 경우만으로 한정되는 것이라고 해석되고, 또 중재당사자의 방어권보장은 절차적 정의실현과 직결되어 공공의 질서의 일부를 이루는 것이므로 이는 집행국 법령의 기준에 의하여 판단하여야 할 것이다.

아. 뉴욕협약 제5조 제2항 나호에 의하면 중재판정의 승인이나 집행이 그 국가의 공공의 질서에 반하는 경우에는 집행국 법원은 중재판정의 승인과 집행을 거부할 수 있게 규정하고 있는바, 이는 중재판정이나 승인이 집행국의 기본적인 도덕적 신념과 사회질서를 보호하려는데 그 취지가 있다할 것이므로 그 판단에 있어서는 국내적인 사정뿐만 아니라 국제적 거래질서의 안정이라는 측면도 함께 고려하여 제한적으로 해석하여야 할 것이다.

자. 국제상거래에 있어서 일방당사자의 채무불이행에 관하여는 일반적으로 승인된 적절한 국제 금리에 따른 지연손해금의 지급을 명함이 관행이라 할 것인데, 영국 런던중재법원이 일반적으로 적용되는 국제금리인 미국은행 우대금리(그 최고이율도 연 2할 5리로서 우리나라 이자제한법의 제한범위 내이다)에 따른 지연손해금의 지급을 명한 것은 상당하므로 우리나라의 공공질서에 반하지 아니한다.

【참조조문】

가. 뉴욕협약(1973.5.9. 조약 제471호) 제4조 / 나.다. 뉴욕협약(1973.5.9. 조약 제471호) 제2조 제1항, 제2항 / 라. 섭외사법 제9조 / 마. 민사소송법 제265조, / 바. 뉴욕협약(1973.5.9. 조약 제471호)제5조 제1항 가호 / 사. 뉴욕협약(1973.5.9. 조약 제471호) 제5조 제1항 나호 / 아. 뉴욕협약(1973.5.9. 조약 제471호) 제5조 제2항 나호 / 자. 섭외사법 제28조, 상법 제1조, 뉴욕협약(1973.5.9. 조약 제471호)제5조 제2항 나호

【참조판례】

라. 대법원 1987.3.24. 선고 86다카715 판결(공1987,709), 1988.2.9. 선고 84다카1003 판결(공1988,491) / 마. 대법원 1981.2.10 선고 80다2189 판결(공1981,13727), 1982.12.28 선고 80누316 판결(공1983,373)

【전 문】

【원고, 피상고인】 지 케이 엔 인터내쇼날 트레이닝(런던) 리미티드, 변호사 김의재
【피고, 상고인】 주식회사 국제상사 소송대리인 변호사 김용철 외 1인
【환송판결】 대법원 1988.2.9. 선고 84다카1003 판결

【원심판결】 서울고등법원 1989.6.26. 선고 88나8410 판결
【주 문】 : 상고를 기각한다. 상고비용은 피고의 부담으로 한다.

【이 유】
피고소송대리인들의 상고이유를 판단한다.
1. 중재합의에 관련된 상고이유를 본다.
가. 중재조항에 관한 논지
기록에 의하면, 우리나라가 1973.5.9. 가입하여 그때부터 조약 제471호로서 국내법과 같은 효력을 가지는 "외국중재판정의승인및집행에관한협약"(Convention on the Recognition and Enforcement of Arbitral Awards, 이하 뉴욕협약이라 한다) 제1조 제1항에 의하면, 이 협약은 그 승인 및 집행의 요구를 받은 국가(이하 집행국이라 한다) 이외의 국가의 영토에서 내려진 중재판정 및 집행국에서 내국판정이라고 인정되지 아니하는 중재판정의 승인 및 집행에 적용한다고 규정하고 있고, 우리나라는 위 협약가입시 같은 협약 제1조 제3항의 유보 조항에 따라 타체약국의 영토내에서 내려진 중재판정의 승인과 집행에 한하여, 또 계약적 성질의 것이거나 아니거나 불문하고 국내법상 상사상의 것이라고 인정되는 법률관계로부터 발생하는 분쟁에 한하여(즉 상사중재판정에 한하여) 위 협약을 적용한다고 선언하였음을 알 수 있다.
따라서 뉴욕협약의 체약국인 영국의 영토내에서 내려지고, 그 성질상 상사분쟁임이 분명한 이 사건 분쟁에 관하여 내려진 이 사건 외국중재판정의 대한민국에 의한 승인 및 집행에 관하여는 뉴욕협약이 우선적으로 적용되어야 하는 것이다.
그런데 뉴욕협약 제2조에는 각 체약국은 중재에 의하여 해결이 가능한 사항에 관한 일정한 법률관계에 대한 분쟁을 중재에 부탁하기로 하는 취지의 당사자간의 서면에 의한 합의(계약문 중의 중재조항 또는 당사자간에 서명되었거나 교환된 서신이나 전보에 포함되어 있는 중재의 합의를 포함한다)를 승인하여야 한다고 규정하고 있으며 그 제3조에서는 각 체약국은 위의 중재판정을 다음 조항에 규정한 조건하에서 구속력있는 것으로 승인하고 그 판정이 원용될 영토의 절차규칙에 따라서 그것을 집행하여야 한다고 규정하고 제4조에서는 전조에서 언급된 승인과 집행을 얻기 위하여 승인과 집행을 신청하는 당사자는 신청서에 ㉮ 정당하게 인증된 중재판정원본 또는 정당하게 증명된 그 등본, ㉯ 제2조에 규정된 합의의 원본 또는 정당하게 증명된 그 등본 및 공증된 이들의 번역문을 제출하여야 한다고 규정하고 있는데 이는 뉴욕협약에 따른 외국중재판정의 집행을 위한 적극적 요건으로서 위 중재판정의 승인 및 집행을 신청하는 당사자가 그 입증책임을 부담한다고 할 것이다.
기록에 의하면, 원고는 영국 런던중재법원의 1981.5.1.자 중재판정서의 정당하게 증명

된 등본 및 그 인증된 번역문(갑제4호증의 1)과 서면에 의한 중재합의서의 증명된 등본 및 그 인증된 번역문이라면서 원고와 피고 회사를 대리한 소외 이상준 사이에 작성된 것으로 되어 있고 중재조항이 포함되어 있는 각 매매계약서의 등본과 그 번역문(갑제4호증의 2 내지 4)을 제출하였으므로 집행국법원으로서는 위 각 매매계약서 중 중재조항이 뉴욕협약 제2조 소정의 서면에 의한 중재합의에 해당하는지 아니면 논지의 지적과 같이 단순히 부동문자로 인쇄된 이른바 예문에 불과한지의 여부를 판단하여야 할 것이다.

이에 관하여 원심이 채용한 위 갑제4호증의 2 내지 4의 각 기재에 의하면, 원고와 피고 회사의 대리인이라 칭하는 소외 이상준 사이에(그 대리행위의 효력유무는 뒤에서 본다) 작성된 이 사건 강철봉 매매계약서 앞면 좌측상단에는 "뒷면의 조건에 따라 공급하여 주십시오(Please supply, subject to conditions overleaf)"라고 부동문자로 인쇄되어 있고, 뒷면의 조건 중 제13조에는 "본 계약의 효력, 해석 및 이행은 영국법에 따라 규율되며, 그 효력, 해석 및 이행을 포함하여 본 계약하에서 또는 그와 관련하여 발생하는 모든 분쟁은 본 계약일의 런던 중재법원규칙에 따라 중재에 의하여 결정된다......."라고 기재되어 있으며, 원심이 적법하게 인정한 바와 같이 위 이상준은 그 조항의 내용을 충분히 이해하고서 위 매매계약서에 서명한 사실을 알 수 있다. 그렇다면 이 사건 매매계약서 뒷면에 기재된 중재조항은 위 뉴욕협약 제2조 제2항 소정의 "계약문 중의 중재조항"으로서 같은 조 제1항 "분쟁을 중재에 부탁하기로 하는 취지"의 서면에 의한 중재합의에 해당한다고 할 것이다.

따라서 위 중재조항을 뉴욕협약상의 서면에 의한 중재합의로 본 원심의 판단은 그 판단의 순서 및 이유설시에는 다소 미흡한 점이 있으나 결론에 있어서는 정당하고, 위 중재조항이 이른바 예문에 불과하다는 논지는 이유없다.

논지는 나아가, 이 사건 매매계약서 뒷면에 기재된 중재조항에는 중재장소,중재기관 및 준거법 등이 명시되어 있지 아니하여 당사자 사이에 유효한 중재합의가 있는 것으로 볼 수 없다고 하나 뉴욕협약 제2조에 의하면 같은 협약이 적용되는 중재합의는 "분쟁을 중재에 부탁하기로 하는 서면에 의한 합의"로서 족하고 중재장소나 중재기관 및 준거법까지 명시할 것을 요건으로 하고 있지는 아니할 뿐 아니라 위 중재조항에 의하더라도 "......본 계약하에서 또는 그와 관련하여 발생하는 모든 분쟁은 본 계약일의 런던중재법원규칙에 따라 중재에 의하여 결정된다......."라고 되어 있어, 중재장소와 중재기관 및 중재절차의 준거법이 한꺼번에 모두 명시되었다고 볼 것이므로 이점에 관한 논지도 이유없다.

나. 외국법의 조사에 관한 논지

피고가 소외 이상준의 대리권을 부인하고 있는 이 사건에 있어서 피고를 대리한 소외 이상준과 원고 사이에 체결된 이 사건 중재합의의 효력이 피고에게 미치는가 즉 위 이상준이 피고를 적법하게 대리하였거나 또는 표현대리로 인정되어 원·피고 사이에 뉴욕협약 제2조 소정의 중재합의가 존재하는가 하는 점에 관하여 본다.

이 사건은 대한민국 국민의 섭외적 생활관계에 관한 것이므로 이에 적용될 준거법의 확정이 선행되어야 할 것인 바, 임의대리에 있어서 대리인 혹은 대리인으로 칭한 자와 거래를 한 상대방에 대하여 본인에게 거래당사자로서의 책임이 있는지의 여부는 거래의 안전 내지 상대방 보호를 위한 측면을 고려할 때 대리행위지법에 의하여 판단되어야 함이 상당하다고 하겠으므로(당원 1987.3.24. 선고 86다카715 판결; 1988.2.9. 선고 84다카1003 판결 각 참조) 위 이상준의 이 사건 중재계약상의 대리행위에 관하여는 그 준거법은 대리행위지법인 영국법이라 할 것이므로 이를 적용하여 판단하여야 할 것이다.

우리나라 법률상으로는 준거법으로서의 외국법의 적용 및 조사에 관하여 특별한 규정을 두고 있지 아니하나 외국법은 법률이어서 법원이 직권으로 그 내용을 조사하여야 하고, 그 방법에 있어서 법원이 합리적이라고 판단하는 방법에 의하여 조사하면 충분하고, 반드시 감정인의 감정이나 전문가의 증언 또는 국내의 공무소, 학교등에 감정을 촉탁하거나 사실조회를 하는 등의 방법만에 의하여야 할 필요는 없는 것이다.

원심은 위 이상준의 대리권의 존재 및 표현대리의 성부에 관하여 영국법을 적용하여, 설시와 같은 표현대리성립에 관한 네 가지 요건을 밝히고 나서, 거시증거에 의하여 위 이상준의 행위에 관하여 표현대리의 성립을 인정하였는 바, 원심이 판시한 위 표현대리에 관한 영국법의 내용은 원심이 조사한 것으로 볼 수 있는 증거인 런던 왕립법원 변호사이자 상사법을 30년 이상 전공한 그 분야의 권위자인 사이크스(Sykes)의 각 선서 진술서(갑제38호증의1, 제39호증, 제40호증)와 사이크스가 편집 자문으로 되어 있는 정평있는 교과서인 고어브라운의 회사법(Gore-Browne on Companies) (갑 제38호증의3), 영국고등법원(the High Court)의 1964년 보고서(Freeman & Lockyer v.Buckhurst Park Properties(Mangal) Ltd. 1964, 사건, 갑제38호증의2)등에 나타난 학설과 판례등에 의하여 충분히 뒷받침됨을 알 수 있으므로 원심의 판단은 정당하고 그 과정에 논지의 지적과 같은 외국법의 조사에 관한 채증법칙위배나 심리미진의 위법이 있다 할 수 없으므로 이 점에 관한 논지도 이유 없다.

다. 중재합의의 철회에 관한 논지

중재합의의 취소란 중재합의에 취소사유가 존재함을 전제로 하여 그 의사표시의 효력을 소급적으로 소멸시키는 당사자의 일방적 의사표시를 의미하므로 소론의 "취소"라는 용어는 그러한 사유없이 장래에 향하여 그 의사표시의 효력을 상실시키는 당사자의 일방적 의사표시 즉 중재합의의 철회를 의미한다고 하겠는 바, 중재합의의 철회가 가능한지 여부는 결국 중재합의의 효력에 관한 문제로서 이 점에 관하여 뉴욕협약 제5조 제1항 가호 후단은 1차적으로 당사자들이 준거법으로 지정한 법령에 의하고, 그 지정이 없는 경우에는 중재판정을 내린 국가의 법령에 의하여 판단하도록 규정하고 있다.

그런데 원고와 피고 회사를 대리한 소외 이상준사이에 작성된 이 사건 매매계약서 뒷면의 조건 제13조에 의하면 "......본 계약하에서 또는 그와 관련하여 발생하는 모든 분쟁은 본 계약일의 런던 중재법원규칙에 따라 중재에 의하여 결정된다......"라고 기재되어 있음은 앞서 본 바와 같은 바, 이는 당사자가 중재합의의 준거법으로 영국법을 지정하였다고 볼 것이다.

그러므로 기록에 의하여 영국법상 중재합의의 철회문제를 살펴보면 이 사건에 있어서와 같은 서면에 의한 중재합의(Written arbitration agreement)는 당사자의 일방이 임의로 철회할 수 없게 되어 있으므로 당사자의 일방이 중재판정 선고전에 서면에 의한 중재합의를 철회할 수 있음을 전제로 하는 논지는 이유없고, 이 점에 관한 이유설시에 미흡한 점이 있으나 같은 취지에서 위 철회의 주장을 배척한 원심판단은 정당하다.

2. 뉴욕협약 제5조 제1항, 제2항의 해석과 관련된 상고이유를 본다.

가. 뉴욕협약 제5조 제1항 나호에 관한 논지

뉴욕협약 제5조 제1항 나호에 의하면, 중재판정이 불리하게 원용되는 당사자가 중재인의 선정이나 중재절차에 관하여 적절한 통고를 받지 아니하였거나 또는 기타 이유에 의하여 방어할 수 없었던 경우에는 집행국 법원이 중재판정의 승인 및 집행을 거부할 수 있게 되어 있는바, 이 규정의 취지는 위와 같은 사유로 당사자의 방어권이 침해된 모든 경우를 말하는 것이 아니라 그 방어권 침해의 정도가 현저하여 용인할 수 없는 경우만으로 한정되는 것이라고 해석되고, 또 중재당사자의 방어권 보장은 절차적 정의실현과 직결되어 공공의 질서의 일부를 이루는 것이므로 이는 집행국 법령의 기준에 의하여 판단하여야 할 것이니 우리나라의 법령을 기준삼아 피고에 대한 중재절차 통고의 흠결로 인한 방어권침해여부에 관하여 본다. 원·피고 사이의 중재조항인 이 사건 매매계약서(갑제4호증의 2 내지 4)의 뒷면에 기재된 조건 제13조에 의하면, 이 사건 중재절차에 있어서의 통지는 계약서에 표시된 당사자의 주소에서 행한 송달로써 충분하다고 되어 있는 바, 갑제39호증(영국내 외국회사등기부 등본)의 기재에 의하면 피고회사 런던사무소의 주소가 위 계약서상의 주소와 동일하게 기재되어 있고 그 송달영수인은 위 런던사무소의 책임자인 소외 이상준으로 신고되어 있음을 알 수 있다.

한편 원심이 확정한 사실에 의하면, 피고 회사는 1979.1.5. 위 이상준을 대한민국 본사에서 근무하도록 발령하고 그 후임자를 파견하지 아니하여 직접 위 중재법원이 위 런던사무소로 보낸 중재절차상의 통지를 받지 못하였고 중재절차에도 참석하지 아니한 것은 사실이나, 원심이 채용한 갑제2호증의 3 내지 5(등기편지), 갑제35 내지 37호증(등기우편으로 보낸 통지서), 각 기재와 원심증인 정 윤석의 증언을 종합하여 보면, 런던 중재법원이 1980.9.23. 임명한 중재인 폴 시그하트 당사자들 사이의 위 중재합의에 따라 피고 회사 런던사무소에 중재절차에 관한 통지를 수차 등기우편으로 보내었으나 피고가 출석하지 아니하고 서면도 제출하지 아니하므로 1981.4.15. 심리를 종결하고 같은 해 5.1. 이 사건 중재판정을 내린 사실, 피고 회사 런던사무소는 위 이상준이 1979.1.5. 대한민국 본사로 발령난 후 같은 해 9.21. 사실상 폐쇄되고, 그날 같은 장소에 피고 회사가 100퍼센트 주식을 소유하는 자회사인 코벤(Koben)이 현지법인으로 설립되어 외국회사 등기소에 등기를 마쳤으며 피고 회사의 직원인 소외 장 영재, 이 철재 등 2명이 파견나와 근무하고 있었고 위 피고 회사 런던사무소는 외국회사등기소에 1981.8.26.자로 말소등기가 된 사실을 알 수 있고, 기록상 위 발송우편물이 반송된 점은 엿보이지 아니하므로 위 중재절차에 관한 통지는 피고 회사 런던사무소에 송달되었다고 추정되고, 더욱이 위 갑제7호증의 16, 17, 갑제9호증의 2, 4, 갑제8호증의 1(합의각서), 갑제9호증의 3의 각 기재에 의하면 원고는 피고 회사 본사와 사이에 이 사건 매매계약에 따른 분쟁으로 인하여 여러차례 텔렉스로 교신하고, 1979.10.9.에는 원고 회사를 대리한 드러리 및 커닝햄이 직접 서울에 와서 피고 회사의 한 병일 이사 및 이훈 지배인과 절충끝에 합의각서를 작성하는 등 원만한 타협을 모색하였으나 피고 회사 이사회의 승인을 얻지 못하여 결국 결렬되자 1980.5.19.에는 수주일 이내에 피고 회사에게 런던 중재법원의 절차개시통고가 될 것이라고 통지까지 하여 주었음을 엿볼 수 있으니 피고 회사로서는 이 사건 중재절차에 관하여 원고로부터 본사에서 직접 사전통고를 받았고, 런던사무소 및 그 후신격인 코벤회사에 근무중이던 자기회사 직원들로부터 중재절차 진행중에 중재법원으로부터의 각종 통지들을 충분히 전달받았으리라고 추정됨에도 불구하고 스스로 위 절차진행중 필요한 서면을 제출하거나 심리기일에 출석하여 의견으로 진술하는 등 방어권을 행사하지 아니하였고, 또 원심이 적법하게 채용한 갑제3호증의 기재에 의하면 피고 회사 본사가 중재판정서 사본을 원고 회사로부터 송달받고도 영국법에 따른 불복절차를 전혀 취하지 아니하였음을 알 수 있으니 이러한 사정을 종합하여 보면 이 사건 중재절차에 있어서 그것이 적절히 통고되지 아니하여 피고의 방어권이 부당하게 박탈되었다고 볼 수는 없다.

따라서 이와 같은 취지의 원심판단은 옳고 이 점에 관한 논지는 이유없다.

나. 뉴욕협약 제5조 제1항 라호에 관한 논지

뉴욕협약 제5조 제1항 라호에 의하면, 중재기관의 구성이나 중재절차가 당사자간의 합의와 합치하지 아니하는 경우 또는 이러한 합의가 없는 경우에는 중재를 행하는 국가의 법령에 합치하지 아니하면 중재판정의 승인과 집행을 거부할 수 있게 되어 있다.

논지는 이 사건 매매계약서에 기재된 중재조항에는 그 중재기관의 구성이나 중재절차에 관하여 당사자 사이에 유효한 합의가 없으므로 결국 이 사건 중재기관의 구성이나 중재절차는 중재지법인 영국법에 따라야 할 것인데 원심이 이 점에 관한 영국법의 조사를 거치지 아니한 채 원고 제출의 일부 서증에 의하여 이 사건 중재기관의 구성 및 중재절차가 영국의 법령에 합치한다고 판시한 것은 위 제5조 제1항 라호에 위반된 것이라고 함에 있으나 이 사건 매매계약서(갑제4호증의 2 내지 4) 뒷면 조건 제13조에 "......이 계약하에서 또는그와 관련하여 발생하는 모든 분쟁은 이 계약일 당시의 런던중재법원의 규칙에 따라 중재에 의하여 결정된다"고 기재되어 있는 것은 전형적인 중재조항으로서 중재장소는 영국 런던, 중재기관은 런던중재법원, 준거절차법은 런던중재법원의 규칙(즉 영국법)으로 정한 당사자 사이의 합의라고 해석되고 이 사건 중재판정은 위 중재기관 및 중재절차에 관한 원・피고 사이의 합의에 따라서 내려진 것임이 갑제4호증의1(중재판정)의 기재에 의하여 명백하므로 같은 취지의 원심판단은 정당하고 위 논지도 이유없다.

다. 뉴욕협약 제5조 제2항 나호에 관한 논지

뉴욕협약 제5조 제2항 나호에 의하면 중재판정의 승인이나 집행이 그 국가의 공공의 질서에 반하는 경우에는 집행국 법원은 중재판정의 승인과 집행을 거부할 수 있게 규정하고 있는바, 이는 중재판정이나 승인이 집행국의 기본적인 도덕적 신념과 사회질서를 보호하려는데 그 취지가 있다 할 것이므로 그 판단에 있어서는 국내적인 사정뿐만 아니라 국제적 거래질서의 안정이라는 측면도 함께 고려하여 제한적으로 해석하여야 할 것이다.

논지는 이 사건 중재판정에 있어서 피고가 불출석한 채 원고의 일방적인 출석으로 심리를 종결하였고, 중재법원은 피고가 원고에게 배상할 금액을 결정함에 있어서 논리와 합리적 고려를 도외시함으로써 당초의 매매대금보다 더 큰 배상금액을 인정하였을 뿐 아니라 그 지연이자 계산에 있어서도 뚜렷한 근거없이 준거법인 영국의 법정이율로 하지 아니하고 고율인 미국의 우대금리를 적용하였으며, 중재판정문에 이유를 붙이지 아니하였으니 위 중재판정의 승인이나 집행은 대한민국의 공공질서(이자에 관한 법질서)에 반하므로 원심으로서는 그 승인을 거부하였어야 할 것임에도 불구하고 이 점에 관한 피고의 주장을 제대로 판단하지 아니한 채 위 중재판정을 승인함으로써 판단을 유탈하여 이유를 갖추지 못하고 뉴욕협약 제5조 제2항 나호의 법리를 오해한 위법을 저질렀다는 것이다.

기록에 의하여 살펴보면, 원심의 판단에는 위와 같은 주장을 배척한 취지가 포함되어 있다고 볼 수 있고, 이 사건 중재절차에 있어서 통지에 관한 특약이 우리나라의 법 원리에 반한다고 볼 수 없는 이상, 앞에서 본 바와 같이, 설시의 사유로 피고가 참석하지 못한 가운데 이 사건 중재판정이 내려졌다 하여 그 집행이 우리나라의 공공질서에 반하는 것은 아니며, 중재법원이 인정한 배상금액에 관한 집행이 우리나라의 공공질서에 반한다고 볼 근거가 없고, 한편 국제 상거래에 있어서 일방당사자의 채무불이행에 관하여는 일반적으로 승인된 적절한 국제금리에 따른 지연손해금의 지급을 명함이 관행이라 할 것인데 영국 런던중재법원이 피고에 대하여 일반적으로 적용되는 국제금리인 미국은행 우대금리(그 최고이율도 연 2할 5리로서 우리나라 이자제한법의 제한범위내이다)에 따른 지연손해금의 지급을 명한 것은 상당하고, 중재판정서에 자세한 이유기재가 없다 하더라도 그것만으로는 우리나라의 공공질서에 반한다고 볼 수 없으니 같은 취지의 원심판단은 정당하고 이 점에 관한 위 논지는 모두 이유 없다.

그러므로 상고를 기각하고, 상고비용은 패소자의 부담으로 하기로 관여 법관의 의견이 일치되어 주문과 같이 판결한다.

대법관 이회창(재판장)·배석·김상원·김주한

평석 → 목영준, 외국중재판정의 집행거부사유인 공공질서 : 우리나라와 미국의 판례를 중심으로, 상사판례연구 V권(2000.07) 413-438, 박영사

---

18. 대법원 1988.2.9. 선고 84다카1003 판결 【집행판결】

[집36(1)민,12;공1988.4.1.(821),491]

【판시사항】

가. 외국중재판정이 외국중재판정의승인및집행에관한협약에 의하여 승인, 집행되기 위한 요건

나. 집행국법원이 외국중재판정의 본안에서 판단된 사항에 대하여 독자적으로 심리판단할 수 있는 경우

다. 대리인을 통하여 외국인과 매매계약을 체결한 경우에 있어 그 대리행위의 유효여부에 관한 준거법

【판결요지】

가. 외국중재판정의승인및집행에관한협약(1973.2.17 조약 제471호) 제1조 제1호, 제2조, 제3조, 제4조, 제5조의 각 규정을 종합해 보면, 외국중재판정이 위 협약에 의하여 승인, 집행될 수 있으려면 우선 당해 중재판정이 위 협약의 적용대상인 동 협약 제1조 제1호 소정의 중재판정이어야 하고 또한 당해 중재판정이 당사자간의 서면에 의한 중재합의에 근거한 것이어야 하므로 위 협약에 의거한 외국중재판정의 승인 및 집행요구를 받은 집행국법원으로서는 신청인이 제출한 중재판정서와 중재합의서를 검토하여 당해 중재판정이 위의 조건에 들어맞는 것이 아니라고 판단되면 집행거부사유의 유무에 대한 판단에 나아갈 것도 없이 이 점에서 당해 중재판정의 승인 및 집행을 거부하여야 한다.

나. 집행국법원에 중재판정의 내용에 대한 당부를 심판할 권한은 없지만 집행조건의 충족여부 및 집행거부사유의 유무를 판단하기 위하여 필요한 범위내에서는 본안에서 판

단된 사항에 대하여도 집행국법원이 독자적으로 심리판단할 수 있다.

다. 한국회사인 갑의 런던사무소 책임자인 을이 갑을 대리하여 영국회사인 병과 사이에 상품매매계약을 체결한 경우에 있어 대리인 혹은 대리인으로 칭한 자(을)와 거래를 한 상대방(병)에 대하여 본인(갑)에게 거래당사자로서의 책임이 있는지의 여부는 거래의 안전 내지 상대방보호를 위한 측면을 고려할 때 대리행위지법에 의하여 판단되어야 함이 상당하다.

【참조조문】

가.나. 뉴욕협약(1973.2.17조약 제471호)제1조 , 제2조 , 제3조 , 제4조 , 제5조 / 나. 섭외사법 제9조

【참조판례】 : 대법원 1987.3.24 선고, 86다카715 판결

【전 문】

【원고, 상고인】 지케이엔 인터내쇼날 트레이딩(런던) 리미티드 변호사 김의재, 오성환

【피고, 피상고인】 주식회사 국제상사 소송대리인 변호사 임동진 외 2인

【원심판결】 서울고등법원 1984.4.9 선고 83나1105 판결

【주 문】

원심판결을 파기하고, 사건을 서울고등법원에 환송한다.

【이 유】

상고이유(상고이유보충서의 기재는 상고이유를 보충하는 범위내에서)를 판단한다.

1. 상고이유 제1점에 대하여,

가. 우리나라와 영국이 모두 당사국으로 가입하고 있는 외국중재판정의승인및집행에 관한협약(1973.2.17 조약 제471호, 이하 뉴욕협약이라 부른다) 제1조 제1호에 의하면, 이 협약은 그 승인 및 집행의 요구를 받은 국가(이하 집행국이라 한다)이외의 국가의 영토에서 내려진 중재판정 및 집행국에서 내국판정이라고 인정되지 아니하는 중재판정의 승인및 집행에 적용한다고 규정하고 있고 그 제2조에는 각 체약국은 중재에 의하여 해결이 가능한 사항에 관한일정한 법률관계에 대한 분쟁을 중재에 부탁하기로 하는 취지의 당사자간의서면에 의한 합의(서신이나 전보의 교환에 의한 합의를 포함한다)를 승인하여야 한다고 규정하고 있으며 나아가 그 제3조에서는 각 체약국은 위의 중재판정을 다음 조항에 규정한 조건하에서 구속력있는 것으로 승인하고 그 판정이 원용될 영토의 절차규칙에 따라서 그것을 집행하여야 한다고 규정한 다음 제4조에서는 전조에서 언급된 승인과 집행을 얻기 위하여 승인과 집행을 신청하는 당사자는 신청서에 (가) 정당하게 인증된 중

재판정 원본 또는 정당하게 증명된 그 등본,(나) 제2조에 규정된 합의의 원본 또는 정당하게 증명된 그 등본 및 공증된 이들의 번역문을 제출하여야 한다고 규정하였고, 이어 그 제5조에서는 중재판정이 불리하게 원용되는 당사자가 집행국의 권한있는 기관에게 동조 제1호 (가) 재지 (마) 소정사유에 대한 증거를 제출한 경우와 집행국의 권한있는 기관이 동조 제2호 (가), (나) 소정사유가 있다고 인정하는 경우에는 중재판정의 승인 및 집행을 거부할 수 있다고 규정하고 있다.

이상의 각 규정을 종합해 보면, 외국 중재판정이 뉴욕협약에 의하여 승인, 집행될 수 있으려면 우선 당해 중재판정이 뉴욕협약의 적용대상인 동 협약 제1조 제1호 소정의 중재판정이어야 하고 또한 당해 중재판정이 당사자간의 서면에 의한 중재합의에 근거한 것이어야 하므로 뉴욕협약에 의거한 외국 중재판정의 승인 및 집행요구를 받은 집행국법원으로서는 신청인이 제출한 중재판정서와 중재합의서를 검토하여 당해 중재판정이 위의 조건에 들어맞는 것이 아니라고 판단되면 집행거부사유의 유무에 대한 판단에 나아갈 것도 없이 이 점에서 당해 중재판정의 승인 및 집행을 거부하여야 할 것이다.

그리고 집행국법원에 중재판정의 내용에 대한 당부를 심판할 권한은 없지만 위에서 본 집행조건의 충족여부 및 집행거부사유의 유무를 판단하기 위하여 필요한 범위내에서는 본안에서 판단된 사항에 대하여도 집행국법원이 독자적으로 심리판단할 수 있다고 하여야 할 것이다.

나. 원심판결 이유에 의하면, 원심은 그 채택증거를 종합하여 이 사건 강철봉 매매계약(중재합의를 포함한다. 이하 같다)의 체결경위와 그 전후사정을 그 설시와 같이 인정한 다음, 위 인정에 의할 때 소외 이상준은 피고회사를 대표하여 이 사건 매매계약을 체결하였다고 보기 어려울 뿐만 아니라 원고에게 소외 이상준이 피고회사를 대표하거나 피고회사를 위하여 이 사건 매매계약을 체결할 권한을 가지고 있었다고 믿을만한 정당한 이유가 있었다고도 보기 어려우므로 피고회사를 이 사건 매매계약(중재합의 포함)의 당사자로 볼 수 없다 하여 원고의 청구를 기각하였는 바, 원심의 판단이유를 뉴욕협약에 비추어 새겨보면, 원고가 이 사건 중재판정의 근거가 되는 원·피고간의 중재합의서라 하여 제출한 갑 제4호증의2 내지 4(중재합의조항이 포함된 매매계약서)는 소외 이상준의 중재에 의하여 원고와 소외 한일실업주식회사 사이에 체결된 계약서이지 원·피고 사이에 체결된 계약서가 아니며 나아가 설사 이들을 피고를 대리한 피고회사 런던사무소 책임자인 소외 이상준과 원고사이에 체결된 계약서로 본다 하더라도 대한민국법에 의하면, 피고회사 런던사무소 책임자인 위 이상준에게는 피고를 대리하여 이 사건 매매계약을 체결할 대리권이 없을 뿐만 아니라 이 사건 매매계약의 체결경위에 비추어 볼 때 표현대리도 성립될 수 없어 위의 갑 제4호증의2 내지 4는 어느 모로 보나 원·피고간의 중재합의서로 볼 수 없으므로 이 사건 중재판정은 결국 원·피고간의 서면에 의한 중재합의에 근거한

것으로 볼 수 없다는 취지로 귀착된다.

이와 같이 원심이 이 사건 중재판정은 중재판정당사자인 원·피고간의 서면에 의한 중재합의에 근거한 것이 아니라는 취지에서 그에 대한 승인 및 집행을 거부한 이상 이는 뉴욕협약에 따른 판단임이 분명하므로 원심판결에 뉴욕협약을 위배하여 본안에 대하여 판단한 위법이 있다는 논지는 이유없다.

2. 상고이유 제2점 내지 제5점에 대하여,

가. 원고가 이 사건 중재판정의 근거가 되는 원·피고간의 중재합의서라 하여 제출한 위의 갑 제4호증의2 내지 4를 기록에 의하여 살펴보면, 위 각 서류는 강 철봉의 주문자인 원고회사가 피고회사를 그 주문의 상대방으로 하여 구매조건 및 이 계약으로 인하여 발생하는 계약당사자 사이의 모든 분쟁은 런던중재법원 규칙에 따라 중재에 의하여 결정된다는 내용의 중재합의 약관을 제시하고 매수청약을 한데 대하여 소외 이상준이 이를 수락하는 내용으로 되어있고, 한편 원심이 채택한 제1심 및 원심증인 이상준의 증언에 의하면 소외 이상준은 위 각 서류에 서명할 당시 피고회사의 런던사무소 책임자인 사실을 알아볼 수 있으므로 다른 특별한 사정이 없는 한 이 사건 강철봉 매매계약서(중재합의 포함)는 피고회사를 대리한 피고회사 런던사무소 책임자 소외 이상준과 원고사이에 체결된 계약서로 봄이 상당하다 할 것인바, 원심의 인정사실과 같이 소외 이상준이 위의 각 매매계약서상의 계약당사자 서명란 에 피고의 명칭이나 동인의 직책을 표기함이 없이 개인서명만을 하였고, 또한 위 이상준의 서명밑에 전 혁의 서명이 부기되어 있고 이 사건 매매계약에 의한 신용장의 수혜자가 소외 한일실업주식회사로 되어 있다 하여도 이와 같은 사정만으로서는 이를 달리 볼 수 없으며 또한 원심이 취신한 소외 이상준의 증언중 이 사건 매매계약상의 매도인은 피고가 아니고 소외 한일실업주식회사라는 취지의 증언 부분은 위에서 본 갑 제4호증의2 내지 4의 각 기재내용에 비추어 경험칙상 이를 그대로 받아들이기 어렵고, 그 밖에 이를 달리 볼 자료를 기록상 찾아볼 수 없으므로 원심이 위 이상준의 증언을 비롯한 그 채택증거에 의하여 위 갑 제4호증의2 내지 4를 원고와 소외 한일실업주식회사간에 체결된 매매계약서라고 단정한 것은 채증법칙에 위배되는 사실인정이라고 아니할 수 없다.

나. 다만 이 사건 강 철봉 매매계약(중재합의 포함)을 피고를 대리한 위 이상준과 원고간에 체결된 계약으로 보는 경우에 있어서도 피고가 위 이상준의 대리권을 부인하고 있는 이 사건에 있어서는 위 이상준에게 피고를 대리하여 이 사건 매매계약을 체결할 수 있는 대리권이 있거나 또는 표현대리 등의 법리에 의하여 위 이상준이 체결한 이 사건매매계약의 효력이 본인인 피고에게 귀속된다고 인정될 때에 비로소 위 갑 제4호증의2 내지 4를 뉴욕협약제4조 제1호 (나) 소정의 원·피고사이의 중재합의서로 볼 수 있다 할 것

이고, 나아가 이 사건소송은 섭외사법 제1조에 규정된 대한민국 국민의 섭외적 생활관계에 관한 사건이므로 소외 이상준에게 피고를 대리하여 이 사건 매매계약을 체결할 대리권이 있는지의 여부와 표현대리가 성립되는지의 여부를 판단함에 있어서는 거기에 적용될 준거법의 확정이 선행되어야 할 것인바, 임의대리에 있어서 대리인 혹은 대리인으로 칭한 자와 거래를 한 상대방에 대하여 본인에게 거래당사자로서의 책임이 있는 지의 여부는 거래의 안전 내지 상대방 보호를 위한 측면을 고려할 때 대리행위지법에 의하여 판단되어야 함이 상당하다 할 것이므로(당원 1987.3.24 선고86다카715 판결 참조) 이 사건에서 소외 이상준에게 피고를 대리할 대리권이 있는지의 여부 및 표현대리가 성립하는지의 여부는 이 사건 강철봉 매매계약의 체결지인 영국법에 의하여 판단되어야 할 것이다.

따라서 원심으로서는 소외 이상준의 이사건 매매계약체결 행위의 효력이 그 준거법인 영국법에 의할 때 본인인 피고에게 미치는지의 여부를 따져본 후 피고가 이 사건 매매계약(중재합의 포함)의 당사자인 여부를 판단하였어야 옳았을 것인데, 원심이 이에 이르지 아니하고 대한민국법령에 의할 때 위 이상준에게는 피고를 대리할 대리권이 있다고 볼수 없고 또한 표현대리도 성립되지 아니한다 하여 피고를 이 사건 매매계약의 당사자가 아니라고 판단한 것은 채증법칙을 위반하여 사실을 오인하고 나아가 대리권의 존부 및 표현대리의 성부의 판단에 적용될 준거법을 오해하여 심리를 다하지 아니함으로써 판결결과에 영향을 미친 위법을 범하였다 할 것이므로 이점을 지적하는 논지는 이유있다.

3. 그러므로 원심판결을 파기하고, 사건을 원심법원에 환송하기로 관여법관의 의견이 일치되어 주문과 같이 판결한다.

대법관 윤일영(재판장) · 이준승 · 황선당

---

19. 대법원 1957.2.22. 4289행상111 【행정처분취소】 [집5(1)행,021]

【판시사항】

노동쟁의 당사자 일방의 교섭대표자와 노동위원회 중재판정 관여

【판결요지】

노동쟁의 당사자에 일방적인 서울지역 자동차노동조합의 교섭대표자인 소외 류갑천이가 서울특별시 노동위원회위원으로서 동쟁의의 시비를 판단할 판정위원을 겸임하는 것은 일방은 대표자로서 노동조합에 충성을 다하고 동시에 판정위원으로서 지공을 기하기 어려운 처지에 있고 또 일반으로부터 의혹을 살 우려가 많다 할 것이므로 여사한 경우는

노동위원회규칙 제5조 에서 규정한 위원은 자기(여기에서 자기라 함은 반드시 일개사인에 국한한 것이 아닌 것으로 해석할 것임)에게 직접 이해관계있는 사건에는 참가하지 못한다는 금지규정에 해당한다고 할 것이다

【참조조문】
노동조합법 제33조, 제34조, 노동위원회규칙 제5조

【전 문】
【원고, 피상고인】 서울특별시내여객자동차운송사업조합 대표자이사장 김유
【피고, 상고인】 중앙노동위원회 위원장 김세완
【원 심】 서울고등법원 1956. 5. 14. 선고 55행250
【주 문】
본건 상고를 기각한다.
상고비용은 피고의 부담으로 한다.

【이 유】
피고의 상고이유는 원판결에 의하면 「서울특별시 노동위원회가 원고 대 서울지구 자동차노동조합간의 노동쟁의를 중재 판정함에 있어서 소외 유갑천이가 우 위원회의 위원의 일인으로서 관여하여 중재판정을 한 사실 피고가 차 판정에 대한 원고의 재심요구를 각하하는 판정을 한 사실은 당사자간 다툼이 없는바 노동위원회규칙(단기 4287년 3월 17일 노동위원회 규칙 제1호) 제5조에 의하면 (위원은 자기에게 직접 이해관계있는 사건에 대하여는 기 의결에 참가하지 못한다라고 규정되어 있으며 당사자간 성립에 다툼이 없는 갑 제8호증의 기재에 증인 홍순봉의 증언을 종합하면 소외 유갑천은 서울지구자동차노동조합 교섭대표로서 원고 조합과 노동쟁의에 관한 교섭을 행한 자임을 인정할 수 있으므로 동인은 우 규칙 제5조에 의하여 서울특별시 노동위원회의 본건 노동쟁의중 재판정에 참가할 수 없는 자임에도 불구하고 차에 참가하였으므로 우 판정은 위법이며 차 판정에 대한 재심요구를 받은 피고가 해판정이 적법하다고 인정하고 재심요구를 각하하는 판정을 한 것은 위법이 있다고 하였다」 그러나 소외 유갑천은 대한노총 서울노동조합연합회 위원장 대한노총 조운서울지점 노동조합위원장 대한노동조합총연합회 문화부장 서울특별시노동위원회 근로자위원의 직을 가지고 있으며 즉 조운서울지점」 조운노동조합맹원으로서 서울지구 자동차노동조합의 맹원이아닌 것은 명백한 사실인바 차점을 간과하고 제8호증의 기재에 증인 홍순봉의 증언을 종합하면 소외 유갑천은 서울지구 자동차노동조합의 교섭대표로서 원고 조합과 노동쟁의에 관한 교섭을 행한자 임을 인정할 수 있으므

로 동인 우 규칙 제5조에 의하여서 서울특별시 노동위원회의 본건 노동쟁의중재판정에 참가할 수 없는 자임에도 불구하고 차에 참가하였으므로 우 판정은 위법이라는 취지이나 생각컨대 노동조합교섭대표는 조합원 즉 맹원이 아닌 자도 할 수 있는 것은 노동법령의 명언하는 바이다(조합법 제33조 군정법령 제97조 참조) 쟁의 급 재심요구당시 자동차 운송사업조합 전무이사 즉 당사자인 홍순봉의 증언 갑 제8호증에 유 갑천이가 교섭대표로 기재된 점을 유일한 증거로 직접 이해관계가 있다고 속단한 것은 사실 심리부진의 위법이 있다고 아니할 수 없다 갑 제8호증은 4287년 12월 6일 자동차노동조합 선전부에서 쟁의상태가 일단중지된다는 취지의 설명서이며 동성명서에 유갑천이가 교섭대표의 한사람으로 기재된 것은 확인할 수 있으나 차 유갑천이가 자동차노조원이 아닌 이상 직접이해관계가 없다는 취지에서 하등 위법성이 없는 것인즉 원판결은 파훼를 불면일 것이다 또 백보를 양하여 행정소송에 있어 설사 기 수속에 위법이 있다고 가정하드라도 그 결론이 정당하며 취소변경이 공공복지에 적합하지 아니한 경우에는 행정처분이 유지되는 것이 행정소송의 특례인데도 불구하고 차점을 검토하지 아니한 위법이 있다라고 운하다.

심안컨대 서울특별시 노동위원회가 원고대 서울지구 자동차노동조합간의 노동쟁의를 중재판정함에 있어서 소외 유갑천이가 우 위원회위원의 일인으로 중재판정에 관여하였음은 당사자 변론의 전취지에 의하여 명백하고 동 소외인이 서울지구 자동차노동조합원은 아니다 동 조합으로부터 우 노동쟁의에 관한 교섭대표로 선임되어 동 교섭에 당한 자임은 원심이 증거에 의하여 적법히 인정한 바이므로 동 소외인은 노동조합법 제33조에서 운하는 교섭에 관하여 위임받은 자에 해당하고 따라서 동조 소정의 권한 행사 및 동 제34조 소정의 의무수행에 관하여 서울지구 노동조합정규의 대표자와 동일한 자격을 가진 자로서 선량한 관리자의 주의의무를 부담한다할 것이며 또 일면 서울특별시 노동위원회 위원으로서 공평히 쟁의사건을 판정처리할 책무가 있다할 것이다 그러므로 소외 유갑천은 쟁의당사자의 일방인 서울지구 자동차노동조합의 교섭대표자인 동시에 동 쟁의의 시비를 판단할 판정위원을 겸유하였다할 것이므로 대표자로서 노동조합에 충성을 다하고 동시에 판정위원으로서 지공을 기하기 어려운 처지에 있고 또 일반으로부터 의혹을 살 우려가 많다할 것이다 따라서 동 소외인이 여사한 처지에 있음에도 불구하고 판정위원으로 참여하였음은 노동위원회 규칙 제5조 제1항에서 규정한 「위원은 자기(여기에 자기라 함은 반드시 일개사인에 국한한 것이 아닌 것으로 해석할 것임) 에게 직접 이해관계있는 사건에는 참가하지 못한다」는 금지규정에 위반한 위법의 판정이라 할 것이니 피고의 재심판정을 취소한 원판결은 타당하다할 것이며 또 소론 행정소송 특별적용의 주장은 본건에 있어서 적합치 않다 할 것이므로 논지는 모두 이유없다.

자에 행정소송법 제14조 민사소송법 제401조, 제95조, 민사소송법을 적용하여 주문과 같이 판결한다.

대법관 김병로(재판장) · 김갑수 · 허진 · 백한성 · 대리판사 한환진

---

20. 헌법재판소 2000. 11. 30. 98헌바83 전원재판부 【중재법제4조제3항위헌소원】

[헌공제51호]

【판시사항】

가. 당해사건이 부적법하여 법원에서 각하된 이상 제청신청된 중재법 제4조 제3항의 위헌 여부는 재판의 전제성을 결여한다고 본 사례

나. 청구인이 주장하는 사유로는 집행판결 후 중재판정취소의 소를 제기할 수 없도록 제한하고 있는 중재법 제15조가 청구인의 재판청구권을 침해하는지 여부(소극)

【결정요지】

가. 당해사건이 부적법하여 법원에서 소각하 판결이 선고되어 확정되었다면, 중재법 제4조 제3항에 대한 청구인의 위헌소원은 재판의 전제성을 결여하여 부적법하다.

나. 청구인이 주장하는 바와 같이 집행판결의 소에서 이미 한 차례 법관에 의하여 판단을 받을 기회가 보장되어 있었던 취소사유로는 중재판정취소의 소를 제기할 수 없도록 제한하고 있는 중재법 제15조는, 당사자의 태만으로 인한 상대방 지위의 불안정을 방지하고 법원의 반복심리에 따른 소송경제의 낭비를 막는 등 공공복리를 위한 입법으로서 헌법상의 정당성과 합리성이 인정되므로, 청구인의 재판청구권을 침해하는 조항이 아니다.

【심판대상조문】

중재법(1993.3.6. 법률 제4541호- 1997.12.13. 법률 제5454호 사이) 제4조 제3항

【참조조문】

중재법 제7조 제3항, 제13조 제1항, 제2항, 제14조 제1항, 제2항, 제15조

【참조판례】

헌재, 1992.8.19. 92헌바36, 판례집 4, 572 헌재 , 2000. 2. 8. 2000헌바8 헌재 , 1994. 4. 28. 91헌바15등, 판례집 6-1, 317 헌재 , 1996. 3. 28. 93헌바27, 판례집 8-1, 179

【전 문】

【청구인】 성림산업진흥 주식회사 대표이사 최순철

【대리인 변호사】 장상재

【당해사건】 서울고등법원 98나9351 중재판정취소

【주 문】 : 이 심판청구를 각하한다.

【이 유】

1. 사건개요 및 심판대상

가. 사건개요

청구인은 대한상사중재원이 1997. 6. 28. 한 상사중재판정(96111-0059)의 당사자로서 서울지방법원에 중재판정취소소송(97가합59246)을 제기하였다가 1998. 1. 16. 청구기각 판결을 받고, 서울고등법원에 항소(98나9351)하면서 중재법 제4조 제3항의 위헌 여부가 재판의 전제가 된다는 이유로 위헌제청신청(98카262)을 하였으나 각하되자 같은 해 10. 23. 이 헌법소원심판을 청구하였다.

나. 심판대상

심판대상은 중재법(1993. 3. 6. 법률 제4541호로 개정되어 1997. 12. 13. 법률 제5454호로 개정되기 전의 것, 이하 "법"이라 한다) 제4조 제3항(이하 "이 법률조항"이라 한다)의 위헌 여부이고, 이 법률조항 및 관련규정의 내용은 아래와 같다.

법 제4조(중재인의 선정) ③ 상행위로 인하여 발생되는 법률관계에 관한 중재(이하 "상사중재"라 한다)계약에서 중재인의 선정을 약정하지 아니하였거나 당사자의 의사가 분명하지 아니하는 경우에는 전 항의 규정에 불구하고 상공자원부장관이 지정하는 사단법인의 상사중재규칙에 의하는 것으로 추정한다.

〔관련규정〕

법 제7조(중재절차) ③ 상사중재절차에 관하여 당사자의 합의가 없거나 당사자의 의사가 분명하지 아니한 경우에는 전 항의 규정에 불구하고 상공자원부장관이 지정하는 사단법인의 상사중재규칙에 의하는 것으로 추정한다.

법 제13조(중재판정취소의 소) ① 당사자는 다음 각 호의 1에 해당하는 경우에는 중재판정의 취소의 소를 제기할 수 있다.

1. 중재인의 선정 또는 중재절차가 이 법이나 중재계약에 의하지 아니한 때
2. 중재인의 선정 또는 중재절차에 있어서 당사자가 소송무능력자이거나 대리인이 적법하게 선임되지 아니하였을 때
3. 중재판정이 법률상 금지된 행위를 할 것을 내용으로 한 때
4. 중재절차에 있어서 정당한 사유없이 당사자를 심문하지 아니하였거나 중재판정에

이유를 붙이지 아니하였을 때

5. 민사소송법 제422조 제1항 제4호 내지 제9호에 해당하는 사유가 있을 때

② 전 항 제4호의 사유에 관하여 당사자 간에 따로 합의하였을 때에는 중재취소의 소를 제기할 수 없다.

법 제14조(중재판정에 의한 강제집행) ① 중재판정에 의하여 하는 강제집행은 법원의 집행판결로 그 적법함을 선고한 때에 한하여 할 수 있다.

② 전 항의 집행판결은 중재판정취소의 소를 제기할 수 있는 이유가 있는 때에는 하지 못한다.

법 제15조(집행판결 후의 중재판정취소의 소) 집행판결을 한 후에는 중재판정의 취소의 소는 제13조 제1항 제5호의 사유를 이유로 한 경우에 한하여 중재판정취소의 소를 제기할 수 있다. 다만, 당사자가 과실없이 집행판결 절차에서 그 취소의 이유를 주장할 수 없었다는 것을 소명한 때에 한한다.

2. 청구인의 주장 및 관계기관의 의견

가. 청구인의 주장

헌법 제27조 제1항은 "모든 국민은 헌법과 법률이 정한 법관에 의하여 법률에 의한 재판을 받을 권리를 가진다"고 규정하고 있으므로, 재판에 의하지 않고 중재절차를 이용하여 상사분쟁 해결을 하려면 당사자의 의사에 따라 중재인이 선정되어야 한다. 이 법률조항은 당사자의 의사가 명확하지 아니하는 경우 대한상사중재원의 중재인을 선정하는 것으로 추정하고 그 반대 사정을 내세워 추정을 번복하도록 규정한 것은 대한상사중재원의 중재를 강요하는 결과가 되어 청구인의 재판받을 권리를 침해하는 것이다.

나. 법무부장관은 합헌의견을 개진하였다.

3. 판 단

가. 청구인의 이 사건 상사중재판정에 대한 당해사건은 서울고등법원에서 1998. 9. 25. 소각하 판결을 하고, 이어서 2000. 6. 23. 대법원도 상고기각 판결을 하였다. 당해사건은 법원의 집행판결(법 제14조 제1항) 후의 중재판정취소를 구하는 것으로서 법 제15조에 규정된 사유를 이유로 내세우지 아니한 부적법한 청구라는 것이 패소이유의 요지였다.

나. 청구인은 이 심판청구에서 법 제13조 제1항 제1호 소정의 "중재인의 선정(이) …… 중재계약에 의하지 아니한 때"에 해당하는 위법사유가 있다는 취지로 주장한다. 이 사건 심판대상인 이 법률조항(중재인의 선정)이 재판의 전제성 요건을 갖추려면, 집행판결 후의 법 제13조 제1항 제1호 사유로 중재판정취소의 소를 제기할 수 없도록 제한하고 있는 법 제15조가 청구인의 재판청구권을 침해하는 것인지 여부를 판단하여야 하므로 이

점을 살피기로 한다.

중재판정으로 불이익을 받게 된 일방(또는 쌍방) 당사자는 중재판정취소의 소에 의하거나(법 제13조 제1항), 또는 집행판결의 소에서 방어방법(법 제14조 제2항)으로 중재판정 취소사유를 주장할 수 있다(법 제13조 제1항 제1호 내지 제5호). 중재판정에 의한 강제집행은 법원이 집행판결로 그 적법함을 선고한 때에 한하고(법 제14조 제1항), 이 집행판결의 소는 적법한 중재판정의 존재와 중재판정 취소사유의 유무(같은 조 제2항)가 심리대상이 되는 것이다.

그런데 집행판결 절차에서 이미 중재판정 취소사유를 주장할 수 있었는데도 불구하고 중재판정의 번복 가능성을 제한하지 않고 집행판결 후의 중재판정취소의 소에서 다시 동일한 취소사유를 주장할 수 있게 허용한다면 분쟁해결의 실효성은 거둘 수 없게 된다. 이에 법 제15조도 집행판결 후에는 취소사유 중 법 제13조 제1항 제5호가 규정한 민사소송법 제422조 제1항 제4호 내지 제9호에 해당하는 사유만 당사자가 과실없이 집행판결 절차에서 그 취소의 이유를 주장할 수 없었다는 것을 소명한 때에 한하여 집행판결 후의 중재판정취소의 소를 제기할 수 있게 한 것이다.

집행판결의 소에서 이미 한 차례 법관에 의하여 판단을 받을 기회가 보장되어 있던 중재판정 취소사유 중 법 제13조 제1항 제1호 내지 제4호로는 중재판정취소의 소를 제기할 수 없도록 제한하고 있는 법 제15조는, 당사자의 태만으로 인한 상대방 지위의 불안정을 방지하고 법원의 반복심리에 따른 소송경제의 낭비를 막는 등 공공복리를 위한 입법으로서 헌법상의 정당성과 합리성이 인정되므로 기본권제한의 한계를 벗어난 것이 아니다.

다. 따라서 법 제15조는 청구인의 재판청구권을 침해하는 조항이 아니므로 이 법률조항은 재판의 전제성의 요건을 갖추지 못한 부적법한 청구라고 볼 수밖에 없다.

4. 결 론

이상의 이유로 관여한 재판관 전원의 일치된 의견으로 주문과 같이 결정한다.

재판관 윤영철(재판장) · 이영모(주심) · 한대현 · 하경철 · 김영일 · 권 성 · 김효종 · 김경일 · 송인중

부 록

- 중재법
- 중재규칙
- 부표 : 요금표

중 재 법

법률제1767호(1966年 3월16일 공포)
법률제2537호(1973年 2월17일 개정)
법률제6083호(1999年 12월31일 개정)
법률제6465호(2001年 4월 7일 개정)
법률제6626호(2002年 1월26일 개정)

제1장 총 칙

제1조 (목적) 이 법은 중재에 의하여 사법상의 분쟁을 적정·공평·신속하게 해결함을 목적으로 한다.

제2조 (적용범위) ① 이 법은 제21조의 규정에 의한 중재지가 대한민국안인 경우에 이를 적용한다. 다만, 제9조 및 제10조의 규정은 중재지가 아직 정하여지지 아니하였거나 대한민국안이 아닌 경우에도 적용하며, 제37조 및 제39조의 규정은 중재지가 대한민국안이 아닌 경우에도 적용한다.

② 이 법은 중재절차를 인정하지 아니하거나 이 법의 중재절차와는 다른 절차에 의하여 중재에 회부할 수 있도록 정한 법률과 대한민국에서 발효중인 조약에 대하여는 영향을 미치지 아니한다.

제3조 (정의) 이 법에서 사용하는 용어의 정의는 다음과 같다.

1. "중재"라 함은 당사자간의 합의로 사법상의 분쟁을 법원의 재판에 의하지 아니하고 중재인의 판정에 의하여 해결하는 절차를 말한다.
2. "중재합의"라 함은 계약상의 분쟁인지의 여부에 관계없이 일정한 법률관계에 관하여 당사자간에 이미 발생하였거나 장래 발생할 수 있는 분쟁의 전부 또는 일부를 중재에 의하여 해결하도록 하는 당사자간의 합의를 말한다.
3. "중재판정부"라 함은 중재절차를 진행하고 중재판정을 내리는 단독중재인 또는 다수의 중재인으로 구성되는 중재인단을 말한다.

제4조 (서면의 통지) ① 당사자간에 다른 합의가 없는 경우에 서면의 통지는 수신인 본인에게 서면을 직접 교부하는 방법에 의한다.

② 제1항의 규정에 의한 직접 교부의 방법에 의할 수 없는 경우에는 서면이 수신인의 주소·영업소 또는 우편연락장소에 정당하게 전달된 때에 수신인에게 통지된 것으로 본다.

③ 제2항의 규정을 적용함에 있어서 적절한 조회를 하였음에도 수신인의 주소·영업소 또는 우편연락장소를 알 수 없는 경우에는 최후로 알려진 수신인의 주소·영업소 또는 우편연락장소로 등기우편 기타 발송을 증명할 수 있는 우편방법에 의하여 서면이 발송된 때에 수신인에게 통지된 것으로 본다.

④ 제1항 내지 제3항의 규정은 법원이 행하는 송달에는 이를 적용하지 아니한다.

제5조 (이의신청권의 상실) 당사자가 이 법의 임의규정 또는 중재절차에 관한 당사자간의 합의에 위반한 사실을 알고도 지체없이 이의를 제기하지 아니하거나 정하여진 이의제기기간 내에 이의를 제기하지 아니하고 중재절차가 진행된 때에는 그 이의신청권을 상실한다.

제6조 (법원의 관여) 법원은 이 법이 정한 경우를 제외하고는 이 법에 관한 사항에 관여할 수 없다.

제7조 (관할법원) ① 다음 각호의 사항에 대하여는 중재합의에서 지정한 지방법원 또는 지원 (이하 이 조에서 "법원"이라 한다)이, 그 지정이 없는 경우에는 중재지를 관할하는 법원이 관할하며, 중재지가 아직 정하여지지 아니한 경우에는 피신청인의 주소 또는 영업소를 관할하는 법원이, 주소 또는 영업소를 알 수 없는 경우에는 거소를 관할하는 법원이, 거소도 알 수 없는 경우에는 최후로 알려진 주소 또는 영업소를 관할하는 법원이 관할한다.

1. 제12조제3항 및 동조제4항의 규정에 의한 중재인의 선정
2. 제14조제3항의 규정에 의한 중재인의 기피신청에 대한 법원의 기피결정
3. 제15조제2항의 규정에 의한 중재인의 권한종료신청에 대한 법원의 권한종료결정
4. 제17조제6항의 규정에 의한 중재판정부의 권한심사신청에 대한 법원의 권한심사
5. 제27조제3항의 규정에 의한 감정인의 기피신청에 대한 법원의 기피결정

② 제28조의 규정에 의한 증거조사는 증거조사가 행하여지는 지역을 관할하는 법원이 관할한다.

③ 다음 각호의 사항에 대하여는 중재합의에서 지정한 법원이, 그 지정이 없는 경우에는 중재지를 관할하는 법원이 관할한다.

1. 제32조제4항의 규정에 의한 중재판정원본의 보관
2. 제36조제1항의 규정에 의한 중재판정취소의 소

④ 제37조 내지 제39조의 규정에 의한 중재판정의 승인과 집행청구의 소는 다음 각호의 1에 해당하는 법원이 관할한다.

1. 중재합의에서 지정한 법원
2. 중재지를 관할하는 법원
3. 피고소유의 재산소재지를 관할하는 법원
4. 피고의 주소 또는 영업소, 주소 또는 영업소를 알 수 없는 경우에는 거소, 거소도 알 수 없는 경우에는 최후로 알려진 주소 또는 영업소를 관할하는 법원

제 2 장 중재합의

제8조 (중재합의의 방식) ① 중재합의는 독립된 합의 또는 계약중 중재조항의 형식으로 할 수 있다.

② 중재합의는 서면으로 하여야 한다.

③ 다음 각호의 1에 해당하는 경우에는 이를 서면에 의한 중재합의로 본다.

1. 당사자들이 서명한 문서에 중재합의가 포함되어 있는 경우

2. 서신 · 전보 · 전신 및 모사전송 기타 통신수단에 의하여 교환된 문서에 중재합의가 포함되어 있는 경우
3. 일방 당사자가 당사자간에 교환된 문서의 내용에 중재합의가 있는 것을 주장하고 상대방 당사자가 이를 다투지 아니하는 경우

④ 계약이 중재조항을 포함한 문서를 인용하고 있는 경우에는 중재합의가 있는 것으로 본다. 다만, 그 계약이 서면으로 작성되고 중재조항을 그 계약의 일부로 하고 있는 경우에 한한다.

제 9 조 (중재합의와 법원에의 제소) ① 중재합의의 대상인 분쟁에 관하여 소가 제기된 경우에 피고가 중재합의존재의 항변을 하는 때에는 법원은 그 소를 각하하여야 한다. 다만, 중재합의가 부존재 · 무효이거나 효력을 상실하였거나 그 이행이 불가능한 경우에는 그러하지 아니하다.

② 피고는 제1항의 항변을 본안에 관한 최초의 변론을 할 때까지 하여야 한다.

③ 제1항의 소가 법원에 계속중인 경우에도 중재판정부는 중재절차를 개시 또는 진행하거나 중재판정을 내릴 수 있다.

제10조 (중재합의와 법원의 보전처분) 중재합의의 당사자는 중재절차의 개시전 또는 진행중에 법원에 보전처분을 신청할 수 있다.

제 3 장 중재판정부

제11조 (중재인의 수) ① 중재인의 수는 당사자간의 합의로 정한다.

② 제1항의 합의가 없는 경우에는 중재인의 수는 3인으로 한다.

제12조 (중재인의 선정) ① 당사자간에 다른 합의가 없는 경우에 중재인은 국적에 관계없이 선정될 수 있다.

② 중재인의 선정절차는 당사자간의 합의로 정한다.

③ 제2항의 합의가 없는 경우에는 다음 각호의 1에서 정하는 방법에 따라 중재인을 선정한다.

1. 단독중재인에 의한 중재의 경우: 일방 당사자가 상대방 당사자로부터 중재인의 선정을 요구받은 후 30일 이내에 당사자들이 중재인의 선정에 관하여 합의하지 못한 때에는 일방 당사자의 신청에 의하여 법원이 중재인을 선정한다.
2. 3인의 중재인에 의한 중재의 경우: 각 당사자는 각 1인의 중재인을 선정하고, 이에 따라 선정된 2인의 중재인들이 합의하여 나머지 1인의 중재인을 선정한다. 이 경우 일방 당사자가 상대방 당사자로부터 중재인의 선정을 요구받은 후 30일 이내에 중재인을 선정하지 아니하거나 선정된 2인의 중재인들이 선정된 후 30일 이내에 나머지 1인의 중재인을 선정하지 못한 때에는 일방 당사자의 신청에 의하여 법원이 그 중재인을 선정한다.

④ 제2항의 합의가 있더라도 다음 각호의 1에 해당하는 때에는 당사자의 신청에 의하여 법원이 중재인을 선정한다.

1. 일방 당사자가 합의된 절차에 따라 중재인을 선정하지 아니하는 때
2. 양당사자 또는 중재인들이 합의된 절차에 따라 중재인을 선정하지 못한 때
3. 중재인의 선정을 위임받은 기관 기타 제3자가 중재인을 선정할 수 없는 때

⑤ 제3항 및 제4항의 규정에 의한 법원의 결정에 대하여는 항고할 수 없다.

제13조 (중재인에 대한 기피사유) ① 중재인이 되어 달라고 요청받은 자 또는 선정된 중재인은 자신의 공정성이나 독립성에 관하여 의심을 야기할 수 있는 사유가 있는 때에는 지체없이 이를 당사자들에게 고지하여야 한다.

② 중재인은 제1항의 사유가 있거나 당사자들이 합의한 중재인의 자격을 갖추지 못한 사유가 있는 때에 한하여 기피될 수 있다. 다만, 당사자는 자신이 선정하였거나 선정절차에 참여하여 선정한 중재인에 대하여는 선정후에 알게 된 사유에 한하여 기피신청을 할 수 있다.

제14조 (중재인에 대한 기피절차) ① 중재인에 대한 기피절차는 당사자간의 합의로 정한다.

② 제1항의 합의가 없는 경우에 중재인을 기피하고자 하는 당사자는 중재판정부가 구성된 날 또는 제13조제2항의 사유를 안 날부터 15일 이내에 중재판정부에 서면으로 기피신청을 하여야 한다. 이 경우 기피신청을 받은 중재인이 사임하지 아니하거나 상대방 당사자가 기피신청에 동의하지 아니하면 중재판정부는 그 기피신청에 대한 결정을 하여야 한다.

③ 제1항 및 제2항의 규정에 의한 기피신청이 받아들여지지 아니하는 경우에는 기피신청을 한 당사자는 그 결과의 통지를 받은 날부터 30일이내에 법원에 해당 중재인에 대한 기피신청을 할 수 있다. 이 경우 기피신청이 법원에 계속중인 때에도 중재판정부는 중재절차를 진행하거나 중재판정을 내릴 수 있다.

④ 제3항의 규정에 의한 기피신청에 대한 법원의 기피결정에 대하여는 항고할 수 없다.

제15조 (중재인의 직무불이행으로 인한 권한종료) ① 중재인이 법률상 또는 사실상의 사유로 직무를 수행할 수 없거나 정당한 사유없이 직무수행을 지체하는 경우에는 그 중재인의 사임 또는 당사자간의 합의에 의하여 중재인의 권한은 종료된다.

② 제1항의 규정에 의한 중재인의 권한종료여부에 관하여 다툼이 있는 경우에 당사자는 법원에 이에 대한 결정을 신청할 수 있다.

③ 제2항의 규정에 의한 권한종료신청에 대한 법원의 권한종료결정에 대하여는 항고할 수 없다.

제16조 (보궐중재인의 선정) 중재인의 권한이 종료되어 중재인을 다시 선정하는 경우 그 선정절차는 대체되는 중재인의 선정에 적용된 절차에 의한다.

제17조 (중재판정부의 판정권한에 관한 결정) ① 중재판정부는 자신의 권한 및 이와 관련된 중재합의의 존부 또는 유효성에 대한 이의에 대하여 결정할 수 있다. 이 경우 중재합의가 중재조항의 형식으로 되어 있는 때에는 계약중 다른 조항의 효력은 중재조항의 효력에 영향을 미치지 아니한다.

② 중재판정부의 권한에 관한 이의는 본안에 관한 답변서를 제출할 때까지 제기되어야 한다. 이 경우 당사자는 자신이 중재인을 선정하였거나 선정절차에 참여하였더라도 이의를 제기할 수 있다.

③ 중재판정부가 중재절차의 진행중에 그 권한의 범위를 벗어났다는 이의는 그 사유가 중재절차에서 다루어지는 즉시 제기하여야 한다.

④ 중재판정부는 제2항 및 제3항의 규정에 의한 이의가 동항에 규정된 시기보다 늦게 제기되었더라도 그 지연에 정당한 이유가 있다고 인정하는 경우에는 이를 받아들일 수 있다.

⑤ 중재판정부는 제2항 및 제3항의 규정에 의한 이의에 대하여 선결문제로서 결정하거나 본안에 관한 중재판정에서 함께 판단할 수 있다.

⑥ 중재판정부가 제5항의 규정에 의하여 선결문제로서 그 권한이 있다고 결정한 경우에 이의당사자는 당해 결정의 통지를 받은 날부터 30일 이내에 법원에 중재판정부의 권한에 대한 심사를 신청할 수 있다.

⑦ 중재판정부는 제6항의 규정에 의한 신청으로 재판이 계속중인 경우에도 중재절차를 진행하거나 중재판정을 내릴 수 있다.

⑧ 제6항의 규정에 의한 권한심사신청에 대한 법원의 권한심사에 대하여는 항고할 수 없다.

제18조 (임시적 처분) ① 당사자간에 다른 합의가 없는 경우에 중재판정부는 일방 당사자의 신청에 따라 결정으로 분쟁의 대상에 관하여 필요하다고 인정하는 임시적 처분을 내릴 수 있다. 이 경우 중재판정부는 피신청인에게 임시적 처분에 갈음하여 제공할 담보의 금액을 정할 수 있다.

② 중재판정부는 임시적 처분의 신청인에게 적절한 담보를 제공할 것을 명할 수 있다.

제 4 장 중재절차

제19조 (당사자에 대한 동등한 대우) 양당사자는 중재절차에서 동등한 대우를 받아야 하고, 자신의 사안에 대하여 변론할 수 있는 충분한 기회를 가져야 한다.

제20조 (중재절차) ① 이 법의 강행규정에 반하지 아니하는 한 당사자들은 중재절차에 관하여 합의할 수 있다.

② 제1항의 합의가 없는 경우에는 중재판정부가 이 법의 규정에 따라 적절한 방식으로 중재절차를 진행할 수 있다. 이 경우 중재판정부는 증거의 능력, 관련성 및 증명력에 관하여 판단할 권한을 가진다.

제21조 (중재지) ① 중재지는 당사자간의 합의로 정한다.

② 제1항의 합의가 없는 경우에 중재판정부는 당사자의 편의와 당해 사건에 관한 제반 사정을 고려하여 중재지를 정한다.

③ 당사자간에 다른 합의가 없는 경우에 중재판정부는 제1항 및 제2항의 규정에 의한 중재지외의 적절한 장소에서 중재인들간의 협의, 증인·감정인 및 당사자 본인에 대한 신문, 물건·장소의 검증 또는 문서의 열람을 할 수 있다.

제22조 (중재절차의 개시) ① 당사자간에 다른 합의가 없는 경우에 중재절차는 피신청인이 중재요청서를 수령한 날부터 개시된다.

② 제1항의 중재요청서에는 당사자, 분쟁의 대상 및 중재합의의 내용을 기재하여야 한다.

제23조 (언어) ① 중재절차에서 사용될 언어는 당사자간의 합의에 의하고, 합의가 없는 경

우에는 중재판정부가 지정하며, 중재판정부의 지정이 없는 경우에는 한국어로 한다.

② 제1항의 언어는 달리 정함이 없는 한 당사자의 준비서면, 구술심리, 중재판정부의 중재판정 및 결정 기타 의사표현에 사용된다.

③ 중재판정부는 필요하다고 인정하는 경우에는 서증과 함께 제1항의 언어로 작성된 번역문을 제출할 것을 당사자에게 명할 수 있다.

제24조 (신청서와 답변서) ① 신청인은 당사자들이 합의하였거나 중재판정부가 정한 기간내에 신청취지와 신청원인사실을 기재한 신청서를 중재판정부에 제출하고, 피신청인은 이에 대하여 답변하여야 한다.

② 당사자는 신청서 또는 답변서에 중요하다고 인정하는 서류를 첨부하거나 장래 사용할 증거방법을 표시할 수 있다.

③ 당사자간에 다른 합의가 없는 경우에 당사자는 중재절차의 진행 중에 자신의 신청이나 공격방어방법을 변경 또는 보완할 수 있다. 다만, 중재판정부가 변경 또는 보완에 의하여 절차가 현저히 지연될 우려가 있다고 인정하는 경우에는 그러하지 아니하다.

제25조 (심리) ① 당사자간에 다른 합의가 없는 경우 중재판정부는 구술심리를 할 것인지 또는 서면만에 의한 심리를 할 것인지의 여부를 결정한다. 다만, 당사자들이 구술심리를 하지 아니하기로 합의한 경우를 제외하고는 중재판정부는 일방 당사자의 신청에 따라 적절한 단계에서 구술심리를 하여야 한다.

② 중재판정부는 구술심리기일 또는 그 밖의 증거조사기일에 관하여 사전에 충분한 시간을 두고 당사자에게 통지하여야 한다.

③ 일방 당사자가 중재판정부에 제출하는 준비서면·서류 기타 자료는 상대방 당사자에게 고지되어야 한다.

④ 중재판정부가 판정에서 기초로 삼으려는 감정서 또는 서증은 양당사자에게 고지되어야 한다.

제26조 (일방 당사자의 해태) ① 신청인이 제24조제1항의 규정에 의하여 신청서를 제출하지 아니하는 경우에 중재판정부는 중재절차를 종료하여야 한다.

② 피신청인이 제24조제1항의 답변서를 제출하지 아니하는 경우에 중재판정부는 이를 신청인의 주장에 대한 자백으로 간주하지 아니하고 중재절차를 계속 진행하여야 한다.

③ 일방 당사자가 구술심리에 출석하지 아니하거나 정하여진 기간내에 서증을 제출하지 아니하는 경우에 중재판정부는 중재절차를 계속 진행하여 제출된 증거를 기초로 중재판정을 내릴 수 있다.

④ 제1항 내지 제3항의 규정은 당사자간에 다른 합의가 있거나 중재판정부가 상당한 이유가 있다고 인정하는 경우에는 이를 적용하지 아니한다.

제27조 (감정인) ① 당사자간에 다른 합의가 없는 경우에 중재판정부는 특정 쟁점에 대한 감정을 위하여 감정인을 지정할 수 있다. 이 경우 중재판정부는 당사자로 하여금 감정인에게 필요한 정보를 제공하고 감정인의 조사를 위하여 관련 문서와 물건 등을 제출하거나 그에 대한 접근을 허용하도록 할 수 있다.

② 당사자간에 다른 합의가 없는 경우에 중재판정부는 직권으로 또는 당사자의 신청에

의하여 감정인을 구술심리기일에 출석하여 당사자의 질문에 답변하도록 할 수 있다.

③ 제13조 및 제14조의 규정은 중재판정부가 지정한 감정인에 관하여 이를 준용한다.

제28조 (증거조사에 관한 법원의 협조) ① 중재판정부는 직권으로 또는 당사자의 신청에 의하여 법원에 증거조사를 촉탁할 수 있다.

② 제1항의 경우에 중재판정부는 조서에 기재할 사항 기타 증거조사가 필요한 사항을 서면으로 지정할 수 있다.

③ 수탁법원은 증거조사를 마친 후 증인신문조서등본 · 검증조서등본 등 증거조사에 관한 기록을 지체없이 중재판정부에 송부하여야 한다.

④ 중재판정부는 증거조사에 필요한 비용을 수탁법원에 납부하여야 한다.

제 5 장 중재판정

제29조 (분쟁의 실체에 적용될 법) ① 중재판정부는 당사자들이 지정한 법에 따라 판정을 내려야 한다. 특정 국가의 법 또는 법체계가 지정된 경우에 달리 명시되지 아니하는 한 그 국가의 국제사법이 아닌 분쟁의 실체에 적용될 법을 지정한 것으로 본다.

② 제1항의 지정이 없는 경우에 중재판정부는 분쟁의 대상과 가장 밀접한 관련이 있는 국가의 법을 적용하여야 한다.

③ 중재판정부는 당사자들이 명시적으로 권한을 부여하는 경우에 한하여 형평과 선에 따라 판정을 내릴 수 있다.

④ 중재판정부는 계약에서 정한 바에 따라 판단하고 해당 거래에 적용될 수 있는 상관습을 고려하여야 한다.

제30조 (중재판정부의 의사결정) 당사자간에 다른 합의가 없는 경우에 3인 이상의 중재인으로 구성된 중재판정부의 의사결정은 과반수의 결의에 의한다. 다만, 중재절차는 당사자간의 합의가 있거나 중재인 전원이 권한을 부여하는 경우에는 절차를 주재하는 중재인이 단독으로 이를 결정할 수 있다.

제31조 (화해) ① 중재절차의 진행중에 당사자들이 화해에 이른 경우에 중재판정부는 그 절차를 종료한다. 이 경우 중재판정부는 당사자들의 요구에 의하여 그 화해내용을 중재판정의 형식으로 기재할 수 있다.

② 제1항의 규정에 의한 화해내용을 기재한 중재판정은 제32조의 규정에 따라 작성되어야 하며, 중재판정임이 명시되어야 한다.

③ 화해중재판정은 당해 사건의 본안에 관한 중재판정과 동일한 효력을 가진다.

제32조 (중재판정의 형식과 내용) ① 중재판정은 서면으로 작성하여야 하며, 중재인 전원이 서명하여야 한다. 다만, 3인 이상의 중재인으로 구성된 중재판정부의 경우에 과반수에 미달하는 일부 중재인에게 서명할 수 없는 사유가 있는 때에는 다른 중재인이 그 사유를 기재하고 서명하여야 한다.

② 중재판정에는 그 판정의 근거가 되는 이유를 기재하여야 한다. 다만, 당사자간에 합의가 있거나 제31조의 규정에 의한 화해중재판정인 경우에는 그러하지 아니하다.

③ 중재판정에는 작성일자와 중재지를 기재하여야 한다. 이 경우 중재판정은 당해 일자와 장소에서 내려진 것으로 본다.

④ 제1항 내지 제3항의 규정에 따라 작성·서명된 중재판정의 정본은 제4조제1항 내지 제3항의 규정에 의하여 각 당사자에게 송부하고, 중재판정의 원본은 그 송부사실을 증명하는 서면을 첨부하여 관할법원에 송부·보관한다.

제33조 (중재절차의 종료) ① 중재절차는 종국판정 또는 제2항의 규정에 의한 중재판정부의 결정에 의하여 종료된다.

② 중재판정부는 다음 각호의 1에 해당하는 때에는 중재절차의 종료결정을 하여야 한다.

1. 신청인이 중재신청을 철회하는 경우. 다만, 피신청인이 이에 동의하지 아니하고 중재판정부가 피신청인에게 분쟁의 최종적 해결을 구할 정당한 이익이 있다고 인정하는 경우에는 그러하지 아니하다.
2. 당사자들이 중재절차의 종료에 합의하는 경우
3. 중재판정부가 중재절차를 속행하는 것이 불필요하거나 불가능하다고 인정하는 경우

③ 중재판정부의 권한은 제34조의 경우를 제외하고는 중재절차의 종료와 함께 종결된다.

제34조 (중재판정의 정정·해석 및 추가판정) ① 당사자들이 달리 기간을 정하지 아니하는 한 각 당사자는 중재판정의 정본을 받은 날부터 30일 이내에 다음 각호의 1에 규정된 정정·해석 또는 추가판정을 중재판정부에 신청할 수 있다.

1. 중재판정의 오산·오기 기타 이에 유사한 오류의 정정
2. 당사자간의 합의가 있는 경우에 중재판정의 일부 또는 특정쟁점에 대한 해석
3. 중재절차에서 주장되었으나 중재판정에 포함되지 아니한 청구에 관한 추가판정. 다만, 당사자간에 다른 합의가 있는 때에는 그러하지 아니하다.

② 제1항의 신청을 하는 경우에 신청인은 상대방 당사자에게 그 취지를 통지하여야 한다.

③ 중재판정부는 제1항제1호 및 제2호의 신청에 대하여는 신청을 받은 날부터 30日 이내에, 동항 제3호의 신청에 대하여는 신청을 받은 날부터 60일 이내에 이를 판단하여야 한다. 이 경우 제1항 제2호의 해석은 중재판정의 일부를 구성한다.

④ 중재판정부는 판정일부터 30일 이내에 직권으로 제1항제1호의 정정을 할 수 있다.

⑤ 중재판정부는 필요하다고 인정하는 때에는 제3항의 기간을 연장할 수 있다.

⑥ 제32조의 규정은 중재판정의 정정·해석 또는 추가판정의 형식에 관하여 이를 준용한다.

제6장 중재판정의 효력 및 불복

제35조 (중재판정의 효력) 중재판정은 당사자간에 있어서 법원의 확정판결과 동일한 효력을 가진다.

제36조 (중재판정취소의 소) ① 중재판정에 대한 불복은 법원에 제기하는 중재판정취소의 소에 의하여만 할 수 있다.

② 법원은 다음 각호의 1에 해당하는 때에 한하여 중재판정을 취소할 수 있다.

1. 중재판정의 취소를 구하는 당사자가 다음 각목의 1에 해당하는 사유를 증명하는 경우

가. 중재합의의 당사자가 그 준거법에 의하여 중재합의 당시 무능력자이었던 사실 또는 중재합의가 당사자들이 지정한 법에 의하여 무효이거나 그러한 지정이 없는 경우에는 대한민국의 법에 의하여 무효인 사실
나. 중재판정의 취소를 구하는 당사자가 중재인의 선정 또는 중재절차에 관하여 적절한 통지를 받지 못하였거나 기타의 사유로 인하여 본안에 관한 변론을 할 수 없었던 사실
다. 중재판정이 중재합의의 대상이 아닌 분쟁을 다룬 사실 또는 중재판정이 중재합의의 범위를 벗어난 사항을 다룬 사실. 다만, 중재판정이 중재합의의 대상에 관한 부분과 대상이 아닌 부분으로 분리될 수 있는 경우에는 대상이 아닌 중재판정부분만을 취소할 수 있다.
라. 중재판정부의 구성 또는 중재절차가 이 법의 강행규정에 반하지 아니하는 당사자간의 합의에 따르지 아니하거나 그러한 합의가 없는 경우에는 이 법에 따르지 아니하였다는 사실

2. 법원이 직권으로 다음 각목의 1에 해당하는 사유가 있다고 인정하는 경우
가. 중재판정의 대상이 된 분쟁이 대한민국의 법에 따라 중재로 해결될 수 없는 때
나. 중재판정의 승인 또는 집행이 대한민국의 선량한 풍속 기타 사회질서에 위배되는 때.

③ 중재판정취소의 소는 중재판정의 취소를 구하는 당사자가 중재판정의 정본을 받은 날부터 또는 제34조의 규정에 의한 정정·해석 또는 추가판정의 정본을 받은 날부터 3월 이내에 제기하여야 한다.

④ 당해 중재판정에 관하여 대한민국의 법원에서 내려진 승인 또는 집행판결이 확정된 후에는 중재판정취소의 소를 제기할 수 없다.

제 7 장 중재판정의 승인과 집행

제 37 조 (중재판정의 승인과 집행) ① 중재판정의 승인 또는 집행은 법원의 승인 또는 집행판결에 의한다.

② 중재판정의 승인 또는 집행을 신청하는 당사자는 다음 각호의 서류를 제출하여야 한다. 다만, 중재판정 또는 중재합의가 외국어로 작성되어 있는 경우에는 정당하게 인증된 한국어의 번역문을 첨부하여야 한다.

1. 중재판정의 정본 또는 정당하게 인증된 그 등본
2. 중재합의의 원본 또는 정당하게 인증된 그 등본

제 38 조 (국내중재판정) 대한민국내에서 내려진 중재판정은 제36조제2항의 사유가 없는 한 승인 또는 집행되어야 한다.

제 39 조 (외국중재판정) ① 외국중재판정의승인및집행에관한협약의 적용을 받는 외국중재판정의 승인 또는 집행은 동 협약에 의한다.

② 민사소송법 제217조, 민사집행법 제26조제1항 및 제27조의 규정은 외국중재판정의승

인및집행에관한협약의 적용을 받지 아니하는 외국중재판정의 승인 또는 집행에 관하여 이를 준용한다.

제 8 장 보 칙

제 40 조 (상사중재기관에 대한 보조) 정부는 이 법에 의하여 국내외 상사분쟁을 공정·신속하게 해결하고 국제거내질서를 확립하기 위하여 산업자원부장관이 지정하는 상사중재를 행하는 사단법인에 대하여 필요한 경비의 전부 또는 일부를 보조할 수 있다.

제 41 조 (중재규칙의 제정 및 승인) 제40조의 규정에 의하여 상사중재기관으로 지정받은 사단법인이 중재규칙을 제정하거나 변경하는 때에는 대법원장의 승인을 얻어야 한다.

부 칙

① (시행일) 이 법은 공포한 날부터 시행한다.

② (중재진행중인 사건에 대한 경과조치) 이 법 시행전에 중재절차가 진행중인 사건에 대하여는 종전의 규정에 의한다.

③ (상사중재기관지정 등에 따른 경과조치) 이 법 시행당시의 사단법인 대한상사중재원은 제40조의 개정규정에 의한 상사중재를 행하는 사단법인으로 지정된 것으로 보며, 사단법인 대한상사중재원의 상사중재규칙은 제41조의 개정규정에 의한 대법원장의 승인을 얻은 것으로 본다.

중 재 규 칙

(1989. 11. 16 대법원승인)
(1993. 12. 14 대법원승인)
(1996. 8. 5 대법원승인)
(2000. 4. 27 대법원승인)
(2004. 12. 13 대법원승인)

제1장 총 칙

제1조 (목적) 이 규칙은 사단법인 대한상사중재원(이하 중재원이라 한다)이 중재법에 의하여 상사중재를 공정·신속하게 하기 위한 절차를 규정함을 목적으로 한다.

제2조 (중재의 분류) 제1조의 상사중재(이하 중재라 한다)는 국내중재와 국제중재로 나눈다.

국내중재는 국내에 주된 영업소나 주소를 두고 있는 당사자간의 중재를 말하며 국제중재는 위의 국내중재를 제외한 중재를 말한다.

제3조 (사무국) ① 중재원은 중재에 관한 사무를 처리하기 위하여 중재원의 본부 또는 지부에 사무국을 둔다.

② 사무국의 조직 및 그 직능과 운영은 중재원이 별도로 정한다.

제4조 (중재인명부) 중재원은 중재인명부를 작성·유지하며, 사무국에서 중재인을 선정하는 경우에는 이 규칙이 정하는 바에 의하여 이 중재인명부 중에서 선정한다.

제5조 (중재판정부) ① 당사자간의 분쟁해결을 위하여 이 규칙에 의해 선정된 1인 또는 수인의 중재인은 중재판정부를 구성한다.

② 중재판정부의 사무소는 중재원의 본부 또는 지부에 둔다.

제6조 (중재서기) ① 중재원은 각 중재사건의 사무를 처리하기 위하여 그 사무국의 직원 중에서 1인 또는 수인의 중재서기(이하 서기라 한다)를 지명한다.

② 서기는 지정된 중재사건에 관하여 이 규칙이 정하는 직무를 수행한다.

제7조 (중재의 대리) 당사자는 이 규칙에 의한 절차의 대리를 변호사 또는 상당하다고 인정되는 자로 하여금 하게 할 수 있다. 그러나 중재판정부가 대리인이 중재절차 대리에 부적당하다고 판단하는 경우 동 대리인을 거부할 수 있다.

제8조 (비공개) 중재절차는 공개하지 아니한다.

제2장 당사자의 합의

제9조 (당사자의 합의) 당사자가 계약중의 중재조항으로 또는 현존하는 분쟁을 중재에 의하여 해결하기로 하는 합의로 이 규칙에 의한 중재 또는 중재원의 중재에 의하기로 합의한 경우에는 이 규칙 중 중재절차에 관한 규정을 그 중재합의의 일부로 한 것으로 본다.

제 3 장 중재의 신청

제10조 (신청) ① 이 규칙에 의한 중재를 신청하고자 하는 자는 중재원의 사무국에 중재신청서와 함께 제9장 소정의 중재비용 및 다음과 같은 서면을 제출하여야 한다.

1. 중재의 합의를 인증하는 서면
2. 대리인이 있는 경우 위임장

② 중재신청서에는 다음 사항을 기재하여야 한다.

1. 당사자의 성명 및 주소(법인인 경우에는 그 대표자의 성명 및 주소를 함께 기재한다)
2. 대리인이 있는 경우에는 그 성명 및 주소
3. 중재신청의 취지
4. 중재신청의 이유 및 입증방법

제11조 (신청의 접수 및 통지) ① 사무국은 중재의 신청서를 제출받음과 동시에 당해 신청이 제10조의 규정에 적합한 것인지의 여부를 확인하고 적합한 경우에는 이를 접수한다.

② 사무국이 중재의 신청을 접수하였을 때에는 쌍방 당사자에게 이를 접수하였다는 뜻을 통지한다. 이 경우에 피신청인에게는 중재신청서 1부를 첨부하여야 한다.

제12조 (답변) ① 피신청인은 제11조 제2항의 규정에 의한 통지의 수령일(이하 기준일이라 한다)로부터 국내중재의 경우 15일, 국제중재의 경우 30일 이내에 그 통지를 한 사무국에 다음의 서류를 제출하여 답변할 수 있다.

1. 답변서
2. 답변의 이유를 증명하는 서증이 있는 경우에는 그 서증의 원본 또는 사본
3. 대리인이 답변하는 경우에는 그 위임장

② 제1항 제1호의 답변서에는 다음 사항을 기재하여야 한다.

1. 피신청인과 상대방의 성명 및 주소(당사자가 법인인 경우에는 법인의 명칭 및 주소 이외에 그 대표자의 성명 및 주소를 병기한다)
2. 대리인이 있는 경우에는 그 성명 및 주소
3. 답변의 취지
4. 답변의 이유 및 입증방법

③ 사무국은 답변서를 제출받음과 동시에 그 답변이 제2항의 규정에 적합한 것인지의 여부를 확인하고 적합한 경우에는 이를 접수한다.

④ 사무국이 답변을 접수하였을 때는 쌍방 당사자에게 이를 접수하였다는 뜻을 통지한다. 이 경우에는 신청인에게는 답변서 1부를 첨부하여야 한다.

⑤ 제1항의 기간내에 답변서의 제출이 없는 경우에는 신청인이 주장하는 청구의 기각을 구하는 것으로 본다.

제13조 (제출서류의 부수) 제10조 제1항 및 제12조 제1항(이상의 규정을 제14조 제3항 및 제16조 제3항에서 준용하는 경우를 포함한다)의 규정에 의하여 당사자가 제출하는 서류의 부수는 그 서류가 위임장인 경우를 제외하고는 5부(원본을 제출하였을 경우에는 그 원본을 포함하여 5부)로 한다. 다만, 사무국은 필요에 따라 제출서류의 부수를 가감할 수

있다.

제14조 (반대신청) ① 피신청인은 중재절차 중 반대신청을 할 수 있다. 다만, 중재판정부는 반대신청이 시기에 늦어 상대방의 이익을 해하거나, 절차의 완결을 지연하게 하는 것으로 인정하는 경우에는 직권 또는 상대방의 신청에 의하여 이를 허가하지 아니할 수 있다.

② 피신청인의 반대신청은 신청인의 중재신청과 병합심리한다.

③ 반대신청 그 접수 및 통지와 반대신청에 대한 답변에 관하여는 제10조 내지 제13조의 규정을 준용한다.

제15조 (중재판정부에 의한 반대신청의 요구) 중재판정부가 답변의 취지 또는 이유가 반대신청의 내용을 포함하고 있다고 판단할 경우 중재판정부는 피신청인에게 그 부분에 대하여 제14조의 규정에 의한 반대신청을 할 것인지의 여부를 명확히 하도록 요구할 수 있다.

제16조 (신청 및 답변의 변경 또는 보완) ① 신청서 또는 답변서의 제출 후에 당사자의 일방 또는 쌍방이 신청을 변경하거나 신청의 보완을 하는 경우에는 이를 서면으로 작성하여 사무국에 제출하여야 한다.

② 중재절차 진행 중에 신청과 답변을 변경하거나 신청의 보완을 하고자 할 때에는 중재판정부의 허가를 받아야 한다. 다만, 중재판정부는 그 변경 또는 보완이 시기에 늦어 상대방의 이익을 해하거나, 절차의 완결을 지연하게 하는 것으로 인정하는 경우에는 직권 또는 상대방의 신청에 의하여 이를 허가하지 아니할 수 있다.

③ 제1항의 변경에 관하여는 제10조 내지 제13조의 규정을 준용한다.

제17조 (중재장소의 결정) 중재를 실시할 장소는, 당사자간에 별도의 약정이 없는 한, 당해 사건에 관한 당사자의 편의, 증거조사 방법 등을 고려하여 사무국이 정한다.

제18조 (조정에 의한 해결) ① 기준일로부터 국내중재의 경우 15일, 국제중재의 경우 30일 이내에 당사자 쌍방의 조정요청이 있는 경우 사무국은 중재절차를 개시하기 전에 분쟁을 조정에 회부한다.

② 사무국은 중재인명부 중에서 1인 또는 3인을 조정인으로 선정한다. 조정의 절차와 방법은 조정인이 정한다.

③ 조정이 성립하면 그 조정인은 당사자의 합의에 의하여 선정된 중재인으로 보며 조정의 결과는 제53조의 화해에 의거한 판정의 방식으로 처리되는 동시에 판정과 동일한 효력을 가진다.

④ 조정인이 선정된 날로부터 30일 이내에 조정이 성립되지 아니하는 경우에는 그 조정절차는 종료되며, 즉시 이 규칙에 의한 중재인의 선정 및 중재절차가 개시된다. 그러나 당사자는 합의에 의하여 위 기간을 연장할 수 있다.

⑤ 조정절차의 비용은, 당사자간 별도의 합의가 없는 한, 당사자 각자 부담으로 한다.

⑥ 제9장 소정의 중재비용에 관한 규정은 각각 조정의 경우에 이를 준용하며, 본조 제4항에 의거 중재로 계속된 때에는 조정비용은 중재비용의 일부로 본다.

제 4 장 중재인의 선정

제19조 (중재인의 자격) 중재의 결과에 관하여 법률적 또는 경제적 이해관계가 있는 자는 중재인이 될 수 없다. 그러나 당사자가 중재인에게 위와 같은 사정이 있음을 알면서도 서면으로 그 중재인을 선정하기로 합의한 경우에는 그러하지 아니하다.

제20조 (당사자의 합의에 의한 선정) ① 당사자의 합의에 의하여 중재인(의장으로 행동할 의장중재인을 포함한다. 이하 같다)을 선정하거나 또는 중재인의 선정방법을 정하였을 경우에는 이에 따라서 중재인이 선정된다.

② 법 제12조 제2항의 당사자의 합의로 중재인을 선정하는 경우에는 다음 각 호에서 정하는 방법에 따라 중재인을 선정한다.

1. 당사자가 중재인을 직접 선정하였을 경우에는 기준일로부터 국내중재의 경우 15일, 국제중재의 경우 30일 이내에 그 중재인의 성명, 주소 및 직업을 기재한 서면에 중재인취임수락서를 첨부하여 사무국에 제출하여야 한다.
2. 사무국은 중재인을 선정하고자 하는 당사자의 요구가 있으면 중재원의 중재인명부를 제시하여야 한다.
3. 당사자의 합의에서 중재인 선정기간을 정하고서도 당사자가 그 기간내에 선정을 하지 아니하는 경우에는 사무국이 중재인을 선정한다.
4. 당사자의 합의에서 중재인 선정기간을 정하지 아니하였을 경우에는 사무국은 즉시 당사자에게 중재인을 선정하도록 통지하고 통지의 수령후 국내중재의 경우 15일, 국제중재의 경우 30일 이내에 선정하지 아니하는 경우에는 사무국이 중재인을 선정한다.
5. 당사자의 합의에 의하여 당사자가 선정한 중재인이 다른 중재인을 선정하도록 되어 있는 경우, 당사자 사이에 그 다른 중재인의 선정기간의 정함이 없거나, 그 정함이 있는 경우에도 그 선정기간내 다른 중재인이 선정되지 아니하는 경우에는, 사무국은 당사자가 선정한 중재인에게 다른 중재인을 선정하도록 통지하고 통지의 수령후 국내중재의 경우 15일, 국제중재의 경우 30일 이내에 당사자가 선정한 중재인이 다른 중재인을 선정하지 아니하는 때에는 사무국이 그 중재인을 선정한다.

③ 제1항에 따라 당사자가 중재인을 선정하지 아니하거나 선정방법을 정하지 아니한 경우 또는 제2항 제3호 및 제4호에서 사무국이 중재인을 선정하는 경우에는 제21조를 준용하여 사무국이 선정한다.

제21조 (사무국에 의한 선정) ① 사무국은 중재신청이 접수되면 제18조의 규정에 의한 조정의 가망이 없거나 조정이 성립되지 아니하였을 경우 지체없이 중재인명부 중에서 중재인 후보자 수인을 선택하고 그 명단을 당사자 쌍방에게 송부하여야 한다.

② 각 당사자는 제1항의 명단의 수령일로부터 국내중재의 경우 15일, 국제중재의 경우 30일 이내에 후보자명 위에 의장중재인과 중재인을 각각 구별하여 선정의 희망순위를 표시하기 위한 번호를 붙여서 이를 사무국에 반송하여야 한다. 위의 기간내에 그 명단을 반송하지 아니하는 경우에는 그 명단에 기재된 후보자 전원에 대하여 동일순위로 지명한 것

으로 보고, 반송된 명단 중 동일순위로 지명된 2인 이상의 후보자나 희망순위 표시가 없는 후보자나 말소된 후보자에 대하여는 상대방의 희망순위를 참작하여 중재원이 희망순위를 조정한다. 희망순위의 조정은 동일순위로 지명된 2인 이상의 후보자, 희망순위 표시가 없는 후보자, 말소된 후보자 순으로 조정한다.

③ 사무국은 제2항에서 지명된 후보자의 순위에 따라 중재인의 취임수락서를 받아야 한다. 다만, 희망순위가 동일한 후보자가 복수일 때에는 사무국이 그 복수후보자 중에서 중재인을 선정한다.

④ 당사자 쌍방이 지명한 중재인이 취임수락을 거절하거나 또는 다른 이유로 직무를 행할 수가 없는 경우에는 이미 제출된 명단에서 순위에 따라 지명된 중재인으로부터 취임수락을 받는다. 그러나 이미 제출된 명단에서 선정할 수 없으면 본조에서 정하는 방법에 따라 중재인을 다시 선정하여야 한다.

⑤ 사무국은 중재인에게 취임수락을 요청할 때에는 이 규칙 제25조의 요건에 관하여 중재인의 주의를 환기시켜야 하며, 이 규칙 1부를 첨부하여야 한다.

제22조 (중재인선정의 제한) 당사자의 국적이나 거주하는 국가가 다른 경우 사무국이 중재인을 선정함에 있어서는 단독중재인이나 의장중재인은 당사자의 어느 일방의 요구가 있으면 당사자의 어느 편에도 속하지 아니하는 제3국인 중에서 선정하여야 한다. 다만, 제3국인 선정요청은 동규칙 제21조 제2항의 중재인 후보자명단 반송시까지에 한한다.

제23 조 (중재인의 수) 중재합의에서 중재인의 수를 정하였을 경우에는 그 수에 따르고, 그 수를 정하지 아니하였을 경우에는 중재인의 수는 사무국이 1인 또는 3인으로 정한다.

제24조 (중재인선정의 통지) 이 규칙에 의하여 중재인 전원이 선정되었을 경우에는 사무국은 쌍방 당사자 및 중재인 모두에게 지체없이 중재인 전원의 성명, 주소 및 직업을 서면으로 통지하여야 한다.

제25조 (중재인의 부적격 고지) ① 선정의 통지를 받은 중재인은 그 자신의 공정성 또는 독립성에 관하여 정당한 의문을 야기시킬 수 있는 사유가 있을 때에는 지체없이 서면으로 이를 모두 사무국에 고지하여야 한다.

② 사무국이 제1항의 고지를 접수하였을 때에는 즉시 이를 중재판정부와 당사자에게 통지하여야 하며 중재인을 기피하고자 하는 당사자는 중재판정부가 구성된 날로부터 또는 중재인에 대한 기피사유를 안 날로부터 15일이내에 서면으로 중재판정부에 대한 기피신청을 해야 한다. 그러나 당사자가 위 기간내에 이의를 제기하지 아니하였을 경우에는 다시 그 사정을 이유로 그 중재인의 자격에 대하여 이의를 제기할 수 없다.

③ 당사자의 일방이 고지받은 사정을 이유로 그 사정이 있는 중재인을 선정함에 대하여 이의를 제기함으로써 발생되는 중재인의 결원은 제26조에서 정하는 방법으로 보충된다.

제26조 (중재인의 보궐) ① 중재인이 사임, 사망 또는 기타의 사유로 인하여 결원이 되었을 경우에는 그 중재인을 당사자가 선정한 경우에는 당사자가 그 중재인 선정의 방식에 따라 이에 대신할 중재인을 새로 선정 통지하여야 하고, 그 중재인을 사무국이 선정한 경우에는 제21조 제3항 및 제4항의 방식에 따라 선정 통지하여야 한다.

② 제1항의 경우에는 당사자간에 따로 합의가 있는 경우를 제외하고 양당사자 또는 중재

판정부가 신 중재인에게 종전의 심리결과를 진술 또는 설명하여 신 중재인이 이의를 제기하지 아니하면 절차를 속행한다. 다만, 종전 심리한 증인에 대하여 당사자가 다시 심리를 신청한 때에는 중재인은 그 심리를 하여야 한다.

제 5 장 심리절차

제27조 (일시와 장소) ① 중재심리의 일시, 장소와 방식은 중재판정부가 정한다.

② 사무국은 제1항의 결정을 심리개시 국내중재의 경우 10일, 국제중재의 경우 20일전까지 당사자에게 통지하여야 한다. 그러나 당사자가 위 기간을 변경하는 경우에는 그러하지 아니하다.

③ 중재판정부가 제1항의 심리의 방식을 정함에 있어서는 집중심리 등을 통하여 절차상 지연됨이 없도록 충분한 배려를 하여야 한다.

제28조 (속기록의 작성 등) ① 사무국은 당사자의 일방 또는 쌍방의 요구가 있으면 당사자의 진술이나 증언의 녹음 또는 속기록을 작성하는데 필요한 준비를 하여야 한다.

② 중재판정부의 지시에 의하여 사무국이 제1항의 준비를 할 경우의 비용은 이 규칙 제65조에 의하여 당사자가 예납한 금액에서 지급한다.

제29조 (번역문 제출) 당사자는 사무국 또는 중재판정부의 요구가 있으면, 사무국 또는 중재판정부에 제출하는 서면, 서증 또는 기타 문서의 번역문을 제출하여야 한다.

제30조 (통역 또는 번역) ① 사무국은 당사자의 일방 또는 쌍방의 요구가 있거나 중재판정부가 필요하다고 인정하여 지시하는 경우에는 통역 또는 번역에 필요한 준비를 하여야 한다.

② 중재판정부의 지시에 의하여 사무국이 제1항의 준비를 할 경우의 소요경비는 이 규칙 제65조에 의하여 당사자가 예납한 금액에서 지급한다.

제31조 (심리에의 출석) ① 당사자는 심리에 출석할 수 있다.

② 당사자이외의 자로서 중재판정 결과에 이해관계가 있는 자는 중재판정부에 이해관계가 있음을 소명하고 중재판정부의 허가를 받아 심리에 출석할 수 있다.

③ 중재판정부는 증인의 증언 중 다른 증인의 퇴석을 요구할 수 있다.

제32조 (심리의 연기 또는 속행) 중재판정부는 상당한 이유가 있으면 직권 또는 당사자의 요구에 의하여 심리를 연기 또는 속행할 수 있다. 다만, 심리기일 연기신청은 심리기일 3일 전까지 하여야 하며 그 다음 기일은 국내중재의 경우 15일, 국제중재의 경우 30일 이내로 정하도록 하며, 계속하여 2회 이상 연기하지 않도록 하여야 한다.

제33조 (중재판정부의 의사결정) 중재인이 수인인 경우에는 중재판정을 포함한 모든 결정은, 당사자간에 별도의 합의가 없는 한 중재인의 과반수 결의에 의한다. 다만, 중재심리절차에 관한 사항에 관하여 다수결이 이루어지지 아니하는 경우에는 의장중재인이 정한다.

제34조 (심리) ① 중재판정부는 당사자에게 심리절차를 신속·정확하게 진행할 수 있도록 하기 위하여 사전에 주장과 증거방법 및 상대방 주장에 대한 의견을 기재한 준비서면과 답변서를 제출하게 할 수 있다.

② 중재판정부는 필요하다고 인정하는 경우 또는 당사자 쌍방의 요청이 있는 때에는, 당사자가 제출한 준비서면과 답변서를 요약하여 제출하게 하거나 중재판정부가 이를 요약한 다음 당사자의 확인을 받을 수 있다. 이 경우에 중재판정부는 요약된 쟁점에 대해서만 심리·판정할 수 있다.

제35조 (심리절차) ① 심리는 사건과 당사자의 호명으로 개시된다.

② 중재판정부는 심리를 하기 전에 분쟁의 쟁점을 설명하는 진술을 요구할 수 있다.

③ 중재를 신청한 당사자는 신청취지 및 신청이유의 진술과 동시에 증거서류를 제출하고 증인을 출석시키며 중재의 피신청인인 당사자는 항변과 동시에 증거서류를 제출하고 증인을 출석시킨다.

④ 당사자의 일방이 증거물을 제출하는 경우에는 중재판정부는 이를 증거로서 접수할 수 있다. 접수되면 서기는 번호를 붙여서 기록의 일부로 한다.

⑤ 중재판정부는 필요하다고 인정하는 경우에는 심리절차를 변경할 수 있다. 그러나 당사자 쌍방에게 증거 및 관계자료를 제출할 수 있는 공평하고 충분한 기회를 주어야 한다.

⑥ 당사자가 준비서면을 수차에 걸쳐 중복 제출함으로써, 공격·방어방법의 요지를 파악하기 어렵다고 인정한 때는 중재판정부는 심리의 종결에 앞서 요약된 준비서면의 제출을 명할 수 있다.

제36조 (당사자의 해태) 중재를 신청한 당사자가 신청취지를 특정하지 아니하거나, 신청이유 및 입증방법을 명시 또는 제출하지 아니하거나 당사자 쌍방이 주장 및 입증을 태만히 하여 중재절차의 계속적 진행이 부적절하다고 판단하는 경우에는 중재판정부는 중재절차의 종료를 결정할 수 있다.

제37조 (당사자의 불출석) ① 당사자의 일방이 정당하게 통지 또는 고지되었는데도 불구하고 출석하지 아니하거나 출석하여도 심리에 응하지 아니하는 경우에도 중재는 그대로 진행시킬 수 있다.

② 제1항의 경우에는 결석하거나 심리에 응하지 아니한 당사자가 제출한 서면 기타의 증거가 있을 때에는 이를 진술 또는 제출한 것으로 보고 출석한 당사자에게 판정에 필요한 심리를 진행할 수 있다.

③ 당사자 쌍방이 정당하게 통지 또는 고지가 되었는데도 불구하고 2회 이상 출석하지 아니하거나, 출석하여도 심리에 응하지 아니하는 경우에는 중재판정부는 중재절차의 종료를 결정할 수 있다.

제38조 (중재신청의 철회) ① 중재신청인은 중재판정에 이르기까지 중재신청의 전부 또는 일부를 서면에 의하여 철회할 수 있다. 다만, 피신청인이 답변서를 제출하거나 심리절차에서 진술한 후에는 피신청인의 동의를 얻어야 한다.

② 제1항의 경우 중재신청 철회의 서면이 발송된 날로부터 국내중재의 경우 15일, 국제중재의 경우 30일 이내에 상대방이 이의를 제기하지 아니한 때는 철회에 동의한 것으로 본다.

제39조 (준비서면 및 기타 문서의 제출) ① 심리시에 중재판정부에 제출하지 못하고 심리당시의 합의 또는 그 이후의 합의 및 중재판정부의 요구에 의하여 제출하는 모든 준비서면

및 기타 문서는 사무국이 접수하여 중재판정부에 송달하여야 한다. 이 경우에는 쌍방의 당사자에게 이 서류를 조사할 수 있는 기회를 주어야 한다.

② 제1항에 의한 준비서면 및 기타 문서가 중재판정부에서 정한 기간내에 제출되지 아니한 경우에도, 중재판정부는 심리를 진행시킬 수 있다.

제40조 (검증) 중재판정부는 검증을 할 필요가 있을 경우에는 검증하기 전에 검증의 목적, 일시 및 장소를 정하여 사무국으로 하여금 이를 당사자에게 통지하도록 한다. 당사자는 검증에 입회할 수 있다.

제41조 (임시적 처분) ① 중재판정부는 당사자의 어느 일방의 신청이 있는 경우에는 당사자의 권리나 분쟁의 최종판정과는 관계없이 분쟁의 대상이 된 재산을 보호하기 위하여 필요한 조치를 당사자의 어느 일방에게 지시할 수 있다.

② 중재판정부는 임시적 처분의 신청인에게 적절한 담보를 제공할 것을 명할 수 있다.

제42조 (증거) ① 당사자는 자기의 주장을 입증할 수 있는 증거를 제출하거나 증인 또는 감정인의 임의출석을 신청할 수 있다. 다만, 중재판정부는 제출된 증거와 당사자의 주장이 서로 관련이 없다고 인정할 때는 이를 조사하지 아니할 수 있다.

② 중재판정부는 필요하다고 인정할 때는 증거의 제출이나 증인 또는 감정인의 임의의 출석을 요구할 수 있다. 그러나 중재판정부가 정한 기간내에 증거가 제출되지 아니하거나, 증인 또는 감정인이 출석하지 않은 경우에도 중재판정부는 심리를 진행시킬 수 있다.

③ 중재판정부가 중재판정에 필요하다고 인정하는 증거의 조사를 직접 할 수 없는 것은 직권 또는 당사자의 요구에 의하여 관할법원에 이를 신청할 수 있다.

④ 모든 증거는 당사자 전원이 출석하고, 단독중재인 또는 중재인의 과반수가 출석한 자리에서 제출 조사되어야 한다. 그러나 어느 당사자가 정당한 사유없이 출석하지 아니하거나 출석할 권리를 포기한 경우에는 그러하지 아니하다.

⑤ 중재인은 제출된 증거의 신빙성과 유용성을 자유심증으로 판단한다.

제43조 (심리의 종결) ① 중재판정부는 당사자가 주장 및 입증을 다하였다고 인정할 때는 심리의 종결을 선언하여야 한다.

② 이 규칙에서 정하는 요약준비서면 등의 제출이 요구되는 경우에는 중재판정부가 동 서류의 제출을 위하여 정한 최종기일에 심리종결이 있는 것으로 본다.

제44조 (심리의 재개) ① 중재판정부는 직권에 의하여 또는 당사자의 일방이 상당한 이유를 제시하여 신청하였을 경우에는 판정전이면 언제든지 심리를 재개할 수 있다.

② 제1항의 경우에 있어서 당사자가 중재합의에서 정한 기간내에 판정을 할 수 없게 되면 당사자가 그 기간을 연장할 것을 합의하여야 심리를 재개할 수 있다.

③ 심리가 재개되었을 경우의 심리종결일은 그 재개된 심리가 종결된 날로 한다.

제45조 (서면심리에 의한 절차) ① 당사자는 서면에 의한 합의에 의하여 분쟁을 구술심리에 의하지 아니하고 서면심리에 의한 중재에 붙일 수 있다.

② 당사자가 절차에 관하여 따로 정하지 아니하였을 경우에는 중재는 본조와 저촉하는 규정을 제외하고는 이 규칙에 의하여 행하여진다.

③ 사무국은 아래의 절차에 따라서 필요한 문서와 증거를 제출하도록 당사자에게 통지한다.

④ 당사자는 원인사실의 진술을 포함한 쟁점에 관한 진술서에 증거를 첨부하여 사무국에 제출하여야 하며 이에는 요약서를 첨부할 수 있다.
⑤ 모든 서류는 진술서와 증거를 제출하도록 통지된 일로부터 국내중재의 경우 15일, 국제중재의 경우 30일 이내에 사무국이 요구하는 부수의 사본을 구비하여 제출되어야 한다.
⑥ 사무국은 일방의 당사자로부터 제출된 진술서 및 증거의 사본을 상대방에게 송부한다. 각 당사자는 상대방의 진술서 및 증거에 대하여 답변하거나 의견을 진술할 수 있다. 그러나 그 송부후 국내중재의 경우 15일, 국제중재의 경우 30일 이내에 당사자가 답변서 내지 의견서를 제출하지 아니한 경우에는 그 당사자는 답변 내지 의견진술의 권리를 포기한 것으로 본다.
⑦ 사무국은 모든 증거 및 서류를 이 규칙 제4장에서 정하는 바에 따라서 구성된 중재판정부에 송달한다. 중재판정부는 그 송달일로부터 10일 이내에 당사자에게 추가증거의 제출을 요구할 수 있다. 사무국은 이 요구를 당사자에게 통지하고 당사자는 통지일로부터 국내중재의 경우 15일, 국제중재의 경우 30일 이내에 추가증거를 제출하여야 한다.
⑧ 사무국은 당사자의 일방으로부터 제출된 추가진술서 및 증거의 사본을 상대방 당사자에게 송부한다. 각 당사자는 그 진술서 및 증거에 대하여 답변 내지 의견을 진술할 수 있다. 그러나 서류의 송부 후 국내중재의 경우 15일, 국제중재의 경우 30일 이내에 답변 내지 의견진술을 하지 아니하는 당사자는 답변 내지 의견을 진술하는 권리를 포기한 것으로 본다.
⑨ 본조 각항 규정에 따라서 제출된 모든 서류를 중재판정부에 송달하였을 경우에는 심리절차는 그 때 종결된 것으로 본다.

제 6 장 특별조항

제46조 (이의신청권의 상실) 당사자가 이 규칙의 규정 또는 요건이 지켜지지 아니한 것을 알았거나 알 수 있으면서 이에 대하여 지체없이 이의를 제기하지 아니하고 중재절차를 진행한 경우에는 이에 대한 이의신청권을 상실한다.

제47조 (기간의 변경) 당사자는 서면에 의한 합의로 이 규칙에서 정한 기간을 변경할 수 있다. 중재판정부는 상당한 이유가 있으면 판정을 하는 기간을 제외하고는 이 규칙에서 정한 기간을 연장할 수 있다. 기간을 연장하는 경우에 중재판정부는 사무국을 통하여 그 연장기간 및 이유를 당사자에게 통지하여야 한다.

제 7 장 판 정

제48조 (중재판정 등) ① 판정은 신속히 하여야 한다. 중재판정부는 당사자의 합의 또는 법률의 규정 중 다른 정함이 없는 한 심리종결일로부터 30일 이내에 판정하여야 한다.
② 중재인이 수인인 경우, 중재인 일부가 중재판정에의 참여를 거부하거나, 정당한 이유 없이 중재판정합의에 불참한 경우에는 과반수에 해당하는 나머지 중재인들만의 합의로

결정한다.

③ 사무국은 중재판정에 영향을 미치지 않는 범위내에서 중재판정의 형식에 관하여 중재판정부에 의견을 제시할 수 있다.

제49조 (판정의 형식) ① 중재판정은 다음 사항을 서면으로 작성하고 중재인이 서명하여야 한다. 다만, 당사자간에 합의가 있거나 제53조 화해중재판정의 경우에는 판정이유의 기재를 생략할 수 있다.

1. 당사자의 성명, 또는 명칭과 주소, 대리인이 있는 경우에는 그 대리인의 성명과 주소
2. 판정주문 및 판정이유
3. 작성년월일
4. 중재지

② 수인의 중재인에 의한 중재판정의 경우, 과반수에 미달하는 일부 중재인이 중재판정에 서명을 거부하거나 서명할 수 없을 때에는 다른 중재인이 그 사유를 기재하고 서명하여야 한다.

제50조 (언어) 당사자간에 다른 합의가 없는 경우에 중재절차에서 사용될 언어는 한국어로 써 한다. 다만, 당사자의 일방 또는 쌍방으로부터 요구가 있거나 또는 중재인 중에서 외국의 국적을 가진 자가 있을 때는 한국어와 영어를 공용할 수 있으며 이에 따라 국문과 영문으로 작성되는 중재판정문은 모두 이를 정본으로 한다. 그러나 국문과 영문의 중재판정문에 해석상 차이가 있을 때는 한국어에 의하여 해석한다.

제51조 (규칙의 해석 및 적용) ① 개개의 분쟁사건에 대한 이 규칙의 해석 및 적용은 그 분쟁사건을 담당하는 중재판정부가 한다.

② 제1항의 경우 중재판정부를 구성하는 중재인간에 의견일치를 보지 못하는 경우에는 다수결에 의한다.

제52조 (판정의 범위) ① 중재판정부는 중재합의의 범위내에서 계약의 현실이행 뿐만 아니라 공정하고 정당한 배상이나 기타의 구제를 명할 수 있다.

② 중재판정부는 책임있는 일방 또는 쌍방의 당사자에게 제9장 소정의 중재비용의 부담비율을 명하여야 한다.

③ 중재판정부는 상당하다고 인정되는 범위 내에서 이자, 지연손해금에 대하여 그 지급을 명할 수 있다.

제53조 (화해중재판정) 당사자가 중재절차 중에 화해를 하였을 경우에 당사자가 요구하면 중재판정부는 합의된 화해의 내용을 판정으로써 기재할 수 있다.

제54조 (중재판정의 정정, 해석 및 추가판정) ① 중재판정부는 중재판정문에서 수자계산의 착오나 과실 기타 이와 유사한 사유로 인하여 발생한 명백한 오자 또는 오류를 발견하였을 때는 결정으로 이를 정정할 수 있다. 다만, 당해 중재판정부가 정정할 수 없는 때에는 사무국이 이를 할 수 있다.

② 중재판정부는 당사자간의 합의가 있는 경우에 중재판정의 일부 또는 특정쟁점의 해석에 대하여 당사자가 중재판정의 정본을 받은 날로부터 30일이내에 신청하면, 신청을 받은 날로부터 30일 이내에 판단하여야 한다.

③ 중재판정부는 중재절차에서 주장되었으나 중재판정에 포함되지 아니한 청구에 대한 추가판정은 당사자의 신청을 받은 날로부터 60일 이내에 판단하여야 한다.

④ 위 제1항 내지 제3항은 중재판정의 일부를 구성한다.

제55조 (중재판정문의 송부) ① 사무국은 중재판정의 정본을 당사자 또는 대리인에게 법 제4조 제1항 내지 제3항의 규정에서 정하는 방법에 따라 송부하고, 중재판정의 원본은 그 송부사실을 증명하는 서면을 첨부하여 관할법원에 송부한다.

② 제1항에 의한 송달은 다른 사정이 없는 한 당사자가 부담하여야 할 제9장 소정의 중재비용의 전액이 사무국에 납입된 후에 행할 수 있다.

제 8 장 신속절차

제56조 (적용범위) 당사자간에 이 장의 절차에 따르기로 하는 별도의 합의가 있는 중재사건 또는 신청금액이 1억원 이하인 국내중재의 경우에는 이 장의 신속절차를 적용한다. 다만, 1억원 이하인 국내중재의 경우 기준일 이후의 신청금액의 증액은 허용하지 아니한다.

제57조 (중재인의 선정) 사무국은 당사자간에 별도의 합의가 없는 경우 이 규칙 제21조의 방법에 의하지 아니하고 중재인명부 중에서 1인의 중재인을 선정한다.

제58조 (심리절차) ① 중재판정부는 심리의 일시와 장소를 결정하며, 사무국은 이를 심리개시 3일전에 구술, 인편, 전화 또는 서면 등 적합한 방법으로 당사자에게 통지하여야 한다.

② 심리는 1회로 종결함을 원칙으로 한다. 다만, 중재판정부는 상당한 이유가 있다고 인정하는 경우에는 심리를 재개할 수 있다.

③ 피신청인은 심리종결전까지 반대신청을 할 수 있다.

제59조 (판정기한) 중재판정부는 심리종결일로부터 10일 이내에 판정하여야 한다.

제60조 (준용) 이 장에서 규정하지 않은 사항은 이 규칙의 나머지 조항을 준용한다.

제 9 장 중재비용

제61조 (중재비용) ① 중재비용은 이 규칙 제62조 내지 제64조에 규정하는 요금, 경비, 수당으로 구분한다.

② 제1항의 중재비용은 중재판정에 의하여 결정되는 부담비율에 따라 부담한다. 다만, 중재판정에서 중재비용의 전부 또는 일부를 어느 일방 당사자 또는 쌍방 당사자의 부담으로 정하지 아니하였을 경우에는 당사자 쌍방의 균등부담으로 한다.

③ 제45조의 서면심리에 의한 절차의 중재비용의 경우에도 본조 내지 제65조의 규정을 적용한다.

④ 중재비용 예납에 따라 발생할 수 있는 이자는 반환하지 아니한다.

제62조 (요금) ① 요금은 관리요금과 심리기일연기요금으로 구분하며 신청인이 예납하여야 한다. 다만, 심리기일연기요금은 그 연기가 중재판정부의 직권으로 이루어진 경우에는 부과하지 아니한다.

② 제1항의 관리요금은 이 규칙 제16조의 규정에 의한 신청의 변경으로 인하여 신청요금의 감액이 있는 경우에도 그 차액은 반환되지 아니한다.

③ 요금의 실행요율과 예납방법 또는 반환요율과 반환방법에 관하여는 부표에 의한다. 부표에서 명시되지 아니한 것은 중재원이 정하는 바에 의한다.

제63조 (경비) ① 중재인 및 서기의 소요경비, 증거, 증인, 또는 감정인의 소요경비, 검사 또는 조사경비, 녹음 또는 속기록의 작성경비, 통역 또는 번역경비, 기타 중재에 소요되는 일체의 경비는 당사자의 신청에 의한 경우에는 그 당사자가 예납한다.

② 제1항의 경비가 중재판정부 지시에 의한 것일 경우에는 당사자간에 따로 정함이 없는 한 신청인이 예납한다.

제64조 (수당) 신청인은 중재원이 정하는 중재인의 수당을 예납하여야 한다.

제65조 (예납방법 등) ① 이 규칙에 달리 정함이 없는 경우에는 중재의 신청인은 제62조 내지 제64조 소정의 중재비용을 중재의 신청과 동시에 사무국이 지정하는 통화로 예납하여야 한다.

② 제1항의 예납액이 부족될 것으로 인정되는 경우에는 사무국은 신청인에게 추가예납을 요구할 수 있다. 신청인이 제1항 및 제2항의 예납을 이행하지 아니하거나 피신청인이 이를 대납하지 아니하는 경우에는 중재판정부의 결정에 따라 중재절차의 진행을 종료할 수 있다.

③ 사무국은 심리가 종결되면 예납액의 수지계산서를 작성하고 중재판정문이 작성되었을 때는 그 정산서를 작성하여 중재판정문과 함께 송부한 후 해당 당사자에게 정산잔액을 반환한다.

부 칙

① 이 규칙은 1994년 3월 1일부터 시행한다.

② 이 규칙 시행당시 중재신청이 접수된 사건은 그대로 종전의 예에 따라 처리될 수 있는 것으로 한다.

부 칙

① 이 규칙은 1996년 9월 1일부터 시행한다.

② 이 규칙 시행당시 중재신청이 접수된 사건은 종전의 예에 따라 처리될 수 있는 것으로 한다.

부 칙

① 이 규칙은 2000년 5월 15일부터 시행한다.

② 이 규칙 시행당시 중재신청이 접수된 사건은 종전의 예에 따라 처리될 수 있는 것으로

한다.

부 칙

① 이 규칙은 2005년 1월 15일부터 시행한다.
② 이 규칙 시행당시 중재신청이 접수된 사건은 종전의 예에 따라 처리될 수 있는 것으로 한다.

〈부 표〉

요 금 표

1. 요 금

종 별	예납자	부담자	부담비율	요 율	비고
1. 관리요금	신청인	중재판정에서 결정	중재판정에서 결정	1천만원이하, 2% (단, 최저 5만원) 1천만원 초과 5천만원이하, 20만원에 1천만원 초과액의 1.5% 가산 5천만원 초과 1억원이하, 80만원에 5천만원 초과액의 1% 가산 1억원 초과 50억원이하, 130만원에 1억원 초과액의 0.5% 가산 50억원 초과 100억원이하, 2,580만원에 50억원 초과액의 0.25% 가산 100억원 초과, 3,830만원에 100억원 초과액의 0.2% 가산 신청금액이 없는 경우, 100만원	
2. 심리기일 연기요금	상동	상동	상동	매 연기당 10만원	

2. 요금반환규정

(1) 중재신청의 접수통지가 발송되기 전에 사건의 해결 또는 철회를 서면으로 사무국에 통지하였을 경우에는 5만원을 초과하는 요금은 반환한다.

(2) 중재판정부의 구성이 완료되기 전에 사건의 해결 또는 철회를 서면으로 사무국에 통지하였을 경우에는 5만원을 초과하는 관리요금의 3분의 1을 제외한 나머지 요금을 반환한다.

(3) 제1차 심리예정일(심리에 의하지 아니하는 절차의 요금에 대하여서는 첫 증거 및 서류가 중재인에게 송달된 일자)보다 적어도 48시간 이전에 사건의 해결 또는 철회를 서면으로 사무국에 통지하였을 경우에는 5만원을 초과하는 관리요금의 2분의 1을 제외한 나머지 요금을 반환한다.

찾아보기

[저자 소개]

• 신한동

건국대학교 상경대학 무역학과(경영학석사, 경제학 박사)
무역사 자격취득(상공부 장관)
동덕여자대학교, 중앙대학교, 충남대학교, 건국대학교 강사
미국 일리노이주립대학(어바나 샴페인) 수학
국가공무원 9급 및 7급관세행정직 시험출제위원
한국무역학회 부회장 및 한국관세학회 부회장
전 관세청 관세심사위원회 위원 및 관세청 6급승진 평가위원
현 대한상사중재원 중재인
현 관세청시행 관세사 자격시험 출제위원
현 한남대학교 무역학과 교수

〈저서〉
『최신무역영어』(삼영사, 2000).
『국제무역실무』(신영사, 2001).
『무역분쟁과 상사중재』(도서출판 두남, 2003).
『국제무역영어』(한남대학교 출판부, 2005).

• 오병석

단국대학교 경영학박사
전 청운대학교 무역학과 교수
충청경제사회연구원 자문역
미국 University of Puget Sound (WA) 객원교수
협성대학교 홍보연구처장, 학생처장
한국무역학회 사무차장, 부회장
한국관세학회 사무국장, 부회장
한국경영컨설팅학회 부회장(현)
도실버신문 논설위원(현)
관세청 관세평가위원(현)
협성대학교 기획처장(현)
현, 협성대학교 국제통상학과 교수

〈논문 및 저서〉
『국제무역실무』(신영사) 외 다수
"우리나라 무역대리업의 발전방안에 관한 연구" 외 다수

무역분쟁과 상사중재

2008년 8월 15일 초판인쇄
2008년 8월 20일 초판발행

저 자 신한동 · 오병석
발행인 유 성 렬
발행처 청목출판사
서울특별시 영등포구 신길동 233-96
전화 (02) 849-6157(代) · 2820
FAX (02) 849-0817
등록 제318-1994-000090호

파본은 바꾸어 드립니다. 값 20,000원

http : //www.chongmok.co.kr

ISBN 978-89-5565-259-8